Grundausgabe
Nordrhein-Westfalen

Doppel-Klick

Das Sprach- und Lesebuch

7

Herausgegeben von
Werner Bentin, Renate Krull

Erarbeitet von
Werner Bentin, Ulrich Deters, Martin Felber, Filiz Feustel,
Sandra Heidmann-Weiß, Svea Hummelsheim,
Renate Krull, Martina Panzer, Katrin Placzek, Silke Quast,
Gerda Steininger, Stephan Theuer

Unter Beratung von
August-Bernhard Jacobs

DOPPEL-KLICK IM ÜBERBLICK

Inhalt

Die Themen

S	T	K	M
Sprache	Texte	Kommu-nikation	Medien

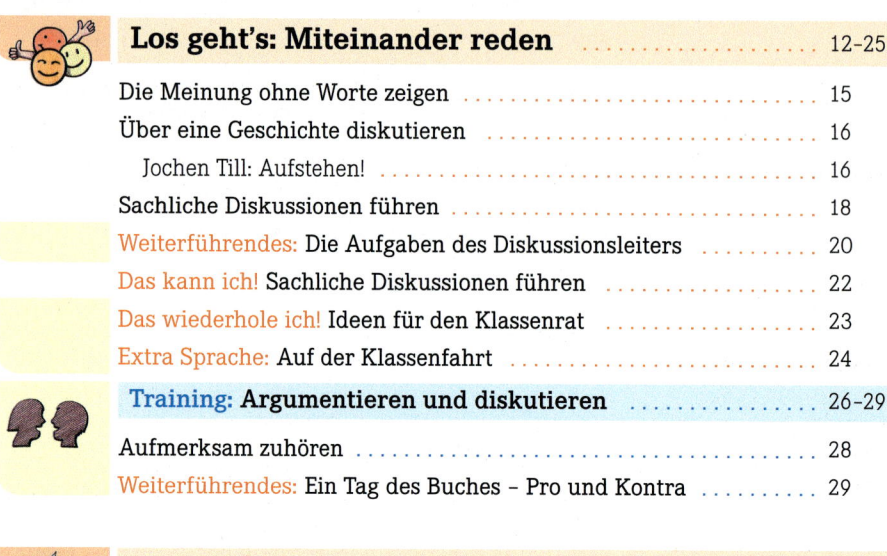

zusätzliche Seiten zur Differenzierung, zum Anwenden und Weiterüben, zum Fördern und Fordern

Medien und Gattungen

Analysierendes Schreiben (Typ 4)
- Gedichte untersuchen
- Merkmale von Gedichten untersuchen: Vers, Strophe, Reim, Form, Sprecher
- sprachliche Mittel erkennen: Personifikation, Vergleich, Metapher
- Gedichte gestaltend vortragen
- Mehrsprachigkeit bewusst machen

Analysierendes Schreiben (Typ 4)
- Balladen analysieren
- Merkmale von Balladen untersuchen
- sprachliche Mittel erkennen
- Balladen gestaltend vortragen
- eine Ballade mündlich nacherzählen
- eine Ballade szenisch umsetzen

eine Ballade mit Hilfe einer Checkliste untersuchen

indirekte Rede

Informierendes Schreiben (Typ 2)
eine Inhaltsangabe schreiben

Analysierendes Schreiben (Typ 4)
- literarische Texte analysieren
- Vermutungen zum Text anstellen und prüfen
- Informationsquellen nutzen
- Informationen in einer Wandzeitung zusammenfassen

Informierendes Schreiben (Typ 2)
eine Person beschreiben

Inhalt

Nachschlagen und üben

Rechtschreiben

Grammatik

S

Strukturen und Bedeutung von Wörtern untersuchen (Wortfelder)
den Wortschatz erweitern

Wortarten erkennen und unterscheiden
Funktionen von Wortarten untersuchen

Strukturen des Satzes beschreiben

Satzgefüge und Satzreihen bilden

Thematische und sachliche Verknüpfungen der einzelnen Kapitel miteinander

VERKNÜPFUNGEN →

Die Themen Medien und Gattungen	angehängte Trainingseinheiten	Nachschlagen und üben	Rechtschreiben	Grammatik
Zusätzliche Kapitel zur Differenzierung, zum Anwenden und Weiterüben, zum Fördern und Fordern				
1. Los geht's: **Miteinander reden** S. 12–25	Argumentieren und diskutieren S. 26–29	Der Aufgaben-knacker S. 198–199	Schrift und Schreiben S. 224–227	Wortarten wiederholen S. 260–263
2. Knifflige Fälle – **Detektivgeschichten** S. 166–175			7. Trainingseinheit S. 240–241	Adverbien des Ortes und der Zeit S. 264–265 Satzglieder verwenden S. 272–275
3. Wasser, das man **nicht sieht** S. 30–45	Eine Grafik erschließen S. 46–47	Versuche beschreiben S. 220–223	2. Trainingseinheit S. 230–231	Das Passiv S. 268–270
4. Geschichten in **Gedichten: Balladen** S. 140–151	Eine Ballade zusammenfassen S. 152–153		Dein Rechtschreib-Check S. 246–251	Der Konjunktiv I S. 271
5. Spieglein, Spieglein **an der Wand ...** S. 48–63	Eine eigene Geschichte überarbeiten S. 64–67 Eine Person beschreiben S. 68–69	Texte überarbeiten: Eine Personen-beschreibung S. 210–213	1. Trainingseinheit S. 228–229	Verben verwenden S. 266–267
6. Die abenteuerlichen **Reisen des Marco Polo** S. 154–163	Eine Person beschreiben und charakterisieren S. 164–165		8. Trainingseinheit S. 242–243 Rechtschreibkartei S. 255	
7. Ich und das Internet S. 110–125	Meinungen äußern und begründen S. 126–129	Einen Text mit Grafiken lesen S. 206–209 Briefe schreiben und überarbeiten S. 216–219	5. Trainingseinheit S. 236–237	Adverbiale Bestimmungen S. 274–277
8. Gedichte **an die Sonne** S. 130–139			Verbreihen trainieren S. 254	Satzgefüge I S. 278–281
9. Komm auf Touren, **du!** S. 70–85	Berufe erkunden und vorstellen S. 86–89	Wiederholung: Der Textknacker S. 200–203	4. Trainingseinheit S. 234–235	Wortfamilien und Wortfelder S. 256–259
10. Was für ein Theater! S. 176–185		Selbstständig planen und arbeiten S. 214–215	6. Trainingseinheit S. 238–239	Satzgefüge II S. 282–285
11. Urzeittiere – **unter uns** S. 90–105	Ein Kurzreferat vorbereiten: Die giftigsten Tiere S. 106–109	Lesestrategie: Texte flüssig lesen und vorlesen S. 204–205	3. Trainingseinheit S. 232–233	
12. Leseecke: **Jugendbücher von** **Kirsten Boie** S. 186–193	Die Inhaltsangabe S. 194–197		Training mit Wörterlisten S. 244–245	

SCHULJAHRESVERLAUF

Los geht's: Miteinander

Ich war gestern wirklich zu lange auf.

So ein Schwachsinn! Du willst mir doch nicht erzählen, dass du jeden Abend brav um neun ins Bett gehst.

das Gespräch

der Streit

Leon! Aufwachen!

Wieso, zum Teufel, muss ich um kurz nach sieben aufstehen?

1 Klassengespräch!
Was seht ihr auf den Bildern?
Was lest ihr in den Sprechblasen?

2 Über viele Themen kann man gut diskutieren.
Um welches Thema geht es hier?

 1 argumentieren, begründen, diskutieren, rufen, schreien, sprechen, streiten

reden

Meiner Meinung nach muss jeder selbst wissen, wie viel Schlaf er braucht.

Wir sollten noch diskutieren, welche Folgen Schlafmangel hat. Wer möchte beginnen?

3

die Diskussion

4

die Diskussion mit Diskussionsleiter

Frühstück ist fertig.

Oh, Mann, sie weiß doch, dass ich morgens keinen Appetit habe.

Darüber denkt Leon nach
- Schulbeginn um acht Uhr
- heimlich Computer ...

3 Über welche Themen diskutiert ihr?
In welchen Situationen diskutiert ihr?
Sammelt gemeinsam Themen und Situationen.

Stoff für Diskussionen gibt es jeden Tag!
Aber wie findet ihr die richtigen Argumente?
Und wie geht ihr beim Diskutieren fair miteinander um?
In diesem Kapitel könnt ihr es üben.

 3 diskutieren über Fußball / Fernsehserien / die Schule / die Ferienplanung / Schlafenszeiten ...
im Deutschunterricht / in der Pause / mit den Eltern / nach der Schule / im Bus ...

Jeder hat eine Meinung

Manchmal geht es in der 7c sehr lebendig zu.

Luca: So ein Schwachsinn! Du willst mir doch nicht erzählen, dass du jeden Abend brav um neun Uhr ins Bett gehst?

Darja: Was laberst du mich denn hier so schräg von der Seite an? Mit dir habe ich doch gar nicht gesprochen!

5 **Hamed:** Das hat er bestimmt nicht so gemeint. Ich würde auch gern wissen, ob du immer um neun schlafen musst.

Darja: Ach, ich weiß gar nicht, was euch das angeht. Gestern ist es eben später geworden. Und heute krieg ich nichts auf die Reihe.

Luca: Hat die Mammi dich nicht rechtzeitig ins Bett gebracht, du Arme …

10 **Hamed:** Komm, hör auf …

Darja: Mit dir hab ich doch gar nicht gesprochen.

Hamed: Lass dich doch nicht provozieren. – Ich kenne das auch: Manchmal höre ich Musik und vergesse dabei total die Zeit.

Darja: Ja, genau so war das. Eigentlich darf ich das so spät nicht mehr.

15 Mein Vater meint, dass man davon einen unruhigen Schlaf bekommt.

Luca: Was mischt **der** sich denn ein?

Darja: Na, aber das ist doch mein **Vater** …

Luca: Also ich kann ohne Musik überhaupt nicht einschlafen. Manchmal vergesse ich sogar abzuschalten. Und ich finde,

20 meine Eltern geht das gar nichts an.

Hamed: Also wir haben zu Hause Absprachen …

1 Klassengespräch!
Worum geht es in dem Gespräch?
Beschreibt die Situation.

2 • **Wie** sprechen die drei miteinander?
• Welche Stellen im Gespräch sind sachlich?
Welche Stellen sind eher unsachlich?
• Wie verhalten sich die drei im Einzelnen?
Bewertet das Gespräch.

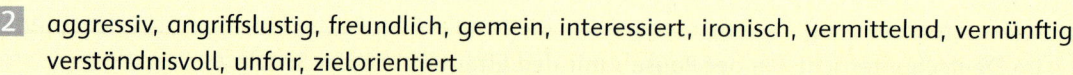

2 aggressiv, angriffslustig, freundlich, gemein, interessiert, ironisch, vermittelnd, vernünftig, verständnisvoll, unfair, zielorientiert

Die Meinung ohne Worte zeigen

Auch mit der Körperhaltung (Gestik) und
dem Gesichtsausdruck (Mimik) drückt ihr eure Meinung aus.

3 a. Seht euch noch einmal das Foto auf Seite 14 an.
b. Beschreibt die Körperhaltung und den Gesichtsausdruck
   der vier Personen.
c. Was sagen Körper und Gesicht über die Gefühle der vier?

4 a. Lest das Gespräch auf Seite 14 mit verteilten Rollen.
   • Betont die Sätze so, dass man die Gefühle „hören" kann.
   • Probiert verschiedene Möglichkeiten aus.
b. Stellt die Szene in einem Standbild nach.   → ein Standbild bauen: Seite 296

Was könnt ihr noch in Gesichtern erkennen?
Die folgenden Fotos zeigen es ganz nah und sehr genau.

5 Klassengespräch!
   • Wie wirken die drei Personen auf euch?
   • Was könnten die Personen gerade fühlen?
   • Wie unterscheiden sich die drei Gesichter?

Z 6 a. Ihr erkennt die Gefühle der drei Personen. Woran liegt das?
b. Probiert selbst den Gesichtsausdruck der drei aus.
c. Denkt euch weitere Gefühle aus, die ihr darstellen möchtet:
   die Fröhlichkeit, die Traurigkeit …
d. Die anderen sagen, was ihr dargestellt habt.

Z 7 a. Spielt das Gespräch von Seite 14 als Szene.
   Setzt passende Mimik und Gestik ein.
b. Wie hat die Szene auf die Zuschauer und
   auf die Schauspieler gewirkt?
   Wertet es gemeinsam aus.
Tipp: Nehmt die einzelnen Gruppen mit einer Kamera auf.

 3 die Aggressivität, die Ausgelassenheit, die Bedrücktheit, die Boshaftigkeit, die Müdigkeit,
die Verschlossenheit, die Verunsicherung, die Verwunderung, die Wut

Über eine Geschichte diskutieren

Das Leben ist schön und könnte oft noch schöner sein, wenn …

1 **Vor dem Lesen:**
    a. Sieh dir die Geschichte als Ganzes an: die Bilder, die Überschrift.
    b. Worum geht es?
        Schreibe es auf.

2 **Das erste Lesen:**
    Lies die Geschichte einmal still durch.

Aufstehen!   Jochen Till

1 „Leon! Aufwachen!"
Verdammt, wer spricht da? Ich schlafe noch!
„Leon! Hörst du?"
Das ist meine Mutter. Na super. Das kann nur eins
5 bedeuten. Heute ist ein Schultag. Mist.
„Leon! Du musst aufstehen! Es ist kurz nach sieben!"
Genau das ist ja das Problem. Wieso, zum Teufel,
muss ich um kurz nach sieben aufstehen? Kann
die blöde Schule nicht später anfangen? Acht Uhr
10 Schulbeginn ist definitiv zu früh. Wer ist denn da
schon richtig wach und fähig, etwas zu lernen?
Selbst die meisten Lehrer sind um diese Uhrzeit
noch nicht fit. Ich bin mir sicher, wenn die Schule
erst um neun anfangen würde, hätte ich
15 viel bessere Noten. Zumindest in den Fächern,
die ich in der ersten Stunde habe.

2 „Leon! Bist du wach?"
Nein, Mama. Wie soll ich denn wach sein, wenn ich
gestern noch bis halb eins heimlich online Computer
20 gezockt habe? Ja, ich weiß, das darf ich eigentlich nicht.
Aber wann soll ich das denn sonst machen?
Tagsüber habe ich mehr als genug zu tun.
Schule, Hausaufgaben, Mathe-Nachhilfe, Fußballtraining –
da bleibt keine Zeit mehr für ein bisschen Entspannung.
25 Oh, apropos Mathe. Habe ich die Hausaufgaben
eigentlich gestern noch alle geschafft? Ich glaube nicht.
Oder doch? Na ja, egal, notfalls muss ich den Rest
noch schnell in der Pause von Niklas abschreiben.

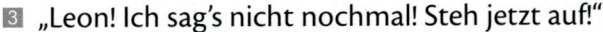

3 „Leon! Ich sag's nicht nochmal! Steh jetzt auf!"

30 Nur noch fünf Minuten, Mama. Lass mich nur noch fünf Minuten schlafen. Ich frühstücke dann auch schneller, versprochen. So früh am Tag kriege ich sowieso kaum etwas runter. Eine Scheibe Toast würde mir völlig reichen. Aber sagt das mal meiner Mutter. Bei ihr gleicht jedes Frühstück einem All-You-Can-Eat-Buffet[1]. Jede Wette,

35 da draußen wartet schon wieder ein großer Teller mit Rührei auf mich. Obwohl sie ganz genau weiß, dass ich es nicht essen werde. Sind eigentlich alle Mütter so drauf?

4 „Leon! Du weißt ganz genau, was passiert, wenn du jetzt nicht aufstehst!"

40 Ja, ich weiß. Dann verpasse ich wieder den Bus. Und Papa muss mich mitnehmen. Und das ist für ihn ein Riesenumweg. Und das mag er gar nicht, dann ist er die ganze Fahrt über stinkig.
„Na gut, Leon! Ich habe dich gewarnt!"
Ja, ja, von mir aus. Hauptsache, ich kann noch fünf Minuten schlafen.

45 Ich höre, wie meine Zimmertür sich öffnet. Schritte nähern sich.
„Letzte Chance, Leon!" Letzte Chance? Wofür? Weiterzuschlafen?
Danke, diese Chance nutze ich gern.

5 „Okay, du hast es nicht anders gewollt."
Ich fühle einen Luftzug an der Hüfte. Im nächsten Augenblick

50 spüre ich etwas Eiskaltes auf meinem Bauch.
Ich schreie laut auf und springe erschreckt und plötzlich hellwach aus dem Bett.
„Na also, geht doch", sagt meine Mutter und hebt grinsend das Eispack vom Boden auf, das mich mehr als gründlich geweckt

55 hat. „Frühstück ist fertig. Willst du dein Rührei lieber mit oder ohne Schinken?"
Oh, Mann. Jeden Morgen dasselbe. Ich bin mir sicher, sie hat diese Eispacks nur für diesen Zweck gekauft. Und ich falle immer wieder darauf rein. Hoffentlich sind bald Ferien.

3 **Die Geschichte genau lesen:**
  a. Lies die Geschichte genau und in Ruhe – Absatz für Absatz.
  b. Schreibe zu jedem Abschnitt eine Überschrift auf.
     Lasse immer zwei Zeilen frei.
  c. Schreibe die Schlüsselwörter aus jedem Absatz dazu.
Tipp: In den Absätzen **1** und **2** sind die Schlüsselwörter hervorgehoben.

4 • Wie fühlt sich Leon?
   • Über welche Themen denkt Leon nach?
Notiere die verschiedenen Gefühle und Themen in Stichworten.

[[1] das **All-You-Can-Eat-Buffet**: [sprich: all-ju-kän-iet-büffee]: Hier kann man so viel essen, wie man schafft.

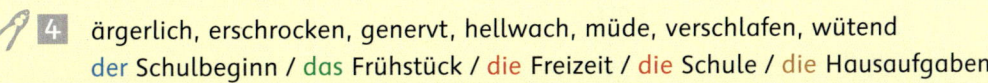
4 ärgerlich, erschrocken, genervt, hellwach, müde, verschlafen, wütend
der Schulbeginn / das Frühstück / die Freizeit / die Schule / die Hausaufgaben

Sachliche Diskussionen führen

5 Nach dem Lesen:
Klassengespräch!
- Wie ist es morgens vor der Schule bei euch?
- Welche Gemeinsamkeiten und Unterschiede zu Leons Morgen gibt es?

Leon denkt beim Aufwachen über verschiedene Themen nach.

W 6 Tragt die Themen an der Tafel zusammen.
Wählt aus:
- Ihr schreibt die Themen als Liste auf.
- Oder ihr legt eine Mindmap zu den Themen an.

Tipp: Verwendet eure Notizen aus Aufgabe 4.

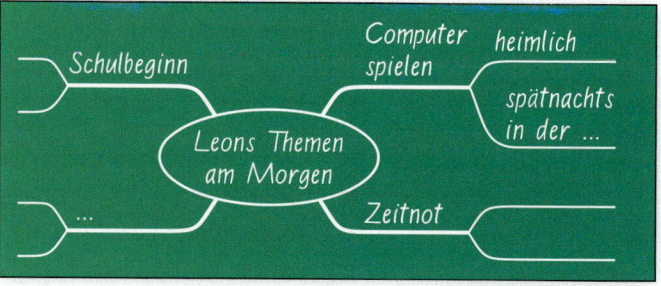

7 Welche Meinungen hat Leon zu den verschiedenen Themen?
Ergänzt euer Tafelbild.

📖 **Die 7 c diskutiert über Leons Themen.**

Wenn die Schule später anfangen würde, hätte ich am Nachmittag gar keine Zeit mehr.

Wenn ich meinen eigenen Laptop hätte, würde ich auch die ganze Nacht im Netz sein.

Aber das ist doch blöd! Dann nimm dir doch weniger vor.

Der hat Sorgen! Ich wäre froh, wenn mir einer Frühstück machen würde.

Hausaufgaben abschreiben bringt doch auch nichts.

Leon	meint denkt ist der Meinung ist überzeugt davon	,	dass	...

8 Klassengespräch!
- Welche Meinungen gibt es in der 7c?
- Welche Meinungen sind sachlich formuliert? Welche eher unsachlich?
- Welche Meinungen werden mit einem Argument begründet?

Ihr könnt nun selbst diskutieren.

W 9 Welche Meinungen habt ihr zu den Aussagen oder Themen?
- Wählt euch ein Thema aus, das euch am meisten interessiert.
  Das kann eines von Leons Themen sein oder ein ganz anderes.
- Führt selbst eine erste kurze Diskussion.

> - Tragt eure Meinungen sachlich vor.
> - Begründet eure Meinungen mit starken Argumenten.
> - Unterstützt eure Argumente mit Beispielen.

> Meinung
> Argument
> Beispiel

10 a. Wertet eure Diskussion aus:
- Wart ihr immer sachlich?
- Habt ihr eure Meinungen begründet?

b. Wählt zwei bis drei eurer Meinungen aus.
- Tragt an der Tafel zu jeder Meinung möglichst viele starke Argumente zusammen.
- Fallen euch noch weitere Beispiele dazu ein?

Nun könnt ihr über Themen diskutieren, die euch wichtig sind.
Vorher legt ihr noch eure Regeln für die Diskussion fest.

W 11 Welche Regeln für die Diskussion wollt ihr festlegen?
Gestaltet dazu ein Plakat. Wählt aus:
- Ihr könnt die Regeln selbst zusammentragen.
- Ihr könnt in „Wissenswertes auf einen Blick" nachlesen. → diskutieren: Seite 292
- Ihr könnt mit Hilfe der folgenden Vorschläge Regeln auswählen und formulieren.

> - niemanden auslachen
> - nur zum Thema sprechen
> - genau zuhören
> - Meinungen mit Argumenten begründen
> - niemanden beleidigen
> - uns gegenseitig ausreden lassen
> - eine Sitzordnung festlegen
>
> - klar und deutlich sprechen
> - Meinungen sachlich formulieren
> - andere Meinungen einbeziehen
> - eine Diskussionsleiterin oder einen Diskussionsleiter wählen
> - Beispiele nennen
> - die anderen beim Sprechen ansehen

9 Ist es fair, dass die Mutter Leon mit einem Eispack „weckt"?
Sollten Jugendliche selber entscheiden dürfen, wie lange sie Computer spielen?
Sollte die Schule später beginnen?
Sollten Jugendliche einen eigenen Fernseher im Zimmer haben?

☑ Die Aufgaben der Diskussionsleiterin oder des Diskussionsleiters

Diskussionen gelingen mit Hilfe einer Diskussionsleiterin oder eines Diskussionsleiters besser.

> Die Diskussionsleiterin oder der Diskussionsleiter eröffnet die ...

> ... verteilt die Aufgaben, die während ... wichtig sind, zum Beispiel Protokoll schreiben.

> ... notiert Wortmeldungen und erteilt den Schülerinnen und Schülern das Wort.

1 Welche Aufgaben hat eine Diskussionsleiterin oder ein Diskussionsleiter?
   a. Lest die Sprechblasen.
   b. Überlegt euch weitere Aufgaben.
   c. Schreibt alle Aufgaben in vollständigen Sätzen auf.

2 Müsst ihr noch Aufgaben ergänzen?
   Prüft und ergänzt die Aufgaben mit diesem Notizzettel.
   Tipp: Eine sinnvolle Reihenfolge müsst ihr selbst festlegen.

> - zum Schluss zusammenfassen
> - auf die Einhaltung der Regeln achten
> - auf die Zeit achten
> - ruhige/schweigsame Schülerinnen und
>   Schüler in das Gespräch mit einbeziehen

Die 7c diskutiert über eine schon lange geplante Exkursion.
Der Diskussionsleiter Domenik eröffnet die Diskussion:

📖 „Liebe Klasse 7c, wir wollen heute diskutieren,
wie wir unsere nächste Exkursion[1] gestalten wollen. Wir haben
eine halbe Stunde Zeit, um eure Vorschläge zu besprechen.
Bitte meldet euch, wenn ihr etwas sagen wollt.
Dann kann ich euch das Wort erteilen[2].
Wer schreibt die Vorschläge an der Tafel mit?
Dann können wir zum Schluss abstimmen."

[1] **die Exkursion:** ein Ausflug, auf dem die Schülerinnen und Schüler etwas lernen
[2] **jemandem das Wort erteilen:** jemanden auffordern zu sprechen, jemanden „drannehmen"

3 Wie eröffnet Domenik die Diskussion? Was regelt er?
Schreibt es auf.

Die 7c sammelt Vorschläge für die Exkursion an der Tafel und diskutiert jeden einzelnen genau. Doch plötzlich kommt es zum Streit.

Joana: Wir könnten doch in den Zoo gehen. Dann können wir auch gleich das Projekt über die Reptilien anfangen und uns Informationen holen.

Shari: Du immer mit deinem Zoo! Beim letzten Mal haben wir auch schon eine Exkursion zu einem biologischen Thema gemacht. Das nervt.

5 **Joana:** Ich darf doch wohl eine Meinung haben! Nur weil dich wieder gar nichts interessiert …

Shari: Was soll das denn heißen? Ich hab doch schon den Vorschlag mit der Papierwerkstatt …

Joana: … aber bloß, weil dein toller Cousin da arbeitet.

10 **Shari:** Das stimmt doch gar nicht. Du bist doch bloß neidisch, dass …

4 a. Untersucht den Streit zwischen Joana und Shari:
   • Warum ist es zum Streit gekommen?
   • Welche Äußerungen sind sachlich? Welche unsachlich?
   b. Wie könnte der Diskussionsleiter Domenik eingreifen?
   Spielt den Streit nach und probiert dabei eure Vorschläge aus.

Die Ideen der 7c für die Exkursion stehen an der Tafel.

5 Wie kann der Diskussionsleiter die Diskussion beenden?
   • Fasst das Ergebnis zusammen.
   • Überlegt euch ein bis zwei geeignete Schlusssätze.

Z 6 Führt selbst eine Diskussion durch.
Wählt dazu eine Diskussionsleiterin oder einen Diskussionsleiter.

> Unsere nächste Exkursion
> Unsere nächste Klassenfeier
> Unsere nächste Klassenfahrt

Z Auf den weiterführenden Seiten 310 und 311 könnt ihr einen Jugendbuchauszug zum Thema lesen und eine Diskussion untersuchen. → Seite 310–311

🖉 **4** „Entschuldigt, dass ich euch unterbreche, aber …" / „Bitte haltet euch an folgende Regeln: …"

🖉 **5** „Wir haben über … diskutiert." / „Wir haben uns darauf geeinigt, dass …" / „In der Diskussion hat gut/nicht gut geklappt, dass …" / „Vielen Dank."

Sachliche Diskussionen führen

In diesem Kapitel habt ihr gelernt, eine sachliche Diskussion zu führen und dabei bestimmte Regeln einzuhalten.

W 1 Wählt ein Thema für eure Diskussion aus.
- Ihr könnt eigene Themen an der Tafel sammeln und darüber abstimmen.
- Ihr könnt auch ein Thema aus den Vorschlägen auswählen.

> **A** Das Tierheim steht wegen Geldmangels vor der Schließung.
> Welche Spendenaktion könnt ihr organisieren?

> **B** Einige von euch wollen einen „Tag ohne Technik" im Monat einführen.
> Oder einen „Tag ohne Fleisch" oder einen „Tag des Buches" oder ...
> Diskutiert die Vorteile und die Nachteile.

2 Am besten bereitet ihr euch zu zweit auf die Diskussion vor.
- Sprecht über das Thema.
  Tauscht kurz eure Meinungen aus.
- Tragt Argumente zusammen, die eure Meinungen begründen.
- Findet Beispiele, die eure Argumente stützen.
- Macht euch übersichtliche Notizen,
  am besten auf einzelnen Karteikarten.

> Meinung
> Argument
> Beispiel

3 a. Lest noch einmal eure gemeinsamen Regeln für die Diskussion.
b. Legt euch eine Checkliste für die Auswertung am Ende an.

Checkliste: Sachlich diskutieren	ja	nein
Haben wir nur zum Thema gesprochen?	☐	☐
Haben wir uns genau _____ ?	☐	☐
Haben wir uns gegenseitig _____ ?	☐	☐
_____		

Z 4 a. Wählt eine Diskussionsleiterin oder einen Diskussionsleiter.
b. Stellt Tische und Stühle so hin, dass ihr euch alle gegenseitig ansehen könnt.

5 a. Führt die Diskussion.
Beachtet dabei die Regeln für die Diskussion.
b. Wertet die Diskussion mit Hilfe der Checkliste aus.
Tipp: Notiert Tipps für eure nächste Diskussion.
Ihr könnt auch euer Plakat mit den Regeln ergänzen.

2 Ich denke/meine/glaube, dass ..., weil ... / Zum Beispiel ... / Beispielsweise ...

Ideen für den Klassenrat

Eine Aktion gegen „Killerphrasen"

Die falschen Worte können eine gute Diskussion stören.
Und sie können sogar verletzen.

> Na, das ist mal wieder typisch: Immer nur an den eigenen Vorteil denken!

> Das haben wir doch schon tausendmal durchgekaut!

> Mit dir kann man doch sowieso nicht reden.

> Musst du immer so superzickig reagieren?

1 Tauscht euch über diese Fragen aus:
   • In welchen Situationen könnten diese Sätze gefallen sein?
   • Wer könnte sie wem gegenüber geäußert haben?
   • Warum stören diese Sätze die Diskussion?

2 Warum heißen solche Sätze „Killerphrasen"?
   Findet es heraus, zum Beispiel im Internet.

**Im Klassenrat könnt ihr gemeinsam darüber beraten,
was ihr gegen „Killerphrasen" tun könnt.**

3 Organisiert einen Klassenrat.
   Die Hinweise in der Arbeitstechnik helfen euch dabei.

4 Was könnt ihr gegen „Killerphrasen" tun?
   Sammelt gemeinsam Ideen und diskutiert sie.
   • Ihr könnt Beispiele aus eigenen Erfahrungen besprechen.
   • Ihr könnt besprechen, was ihr stattdessen sagen könntet.
   • Ihr könnt euch witzige Antworten auf „Killerphrasen" ausdenken.
   • Ihr könnt zehn Mutmacher-Sätze oder Komplimente
     auf ein Plakat schreiben.

Arbeitstechnik

Diskutieren im Klassenrat

   • Schreibt auf einzelne **Zettel**, über welche **Probleme** oder **Themen** ihr sprechen wollt.
   • Sammelt eure Vorschläge in einem **Ideenkasten**.
   • Wählt vor jedem Klassenrat eine **Präsidentin** oder einen **Präsidenten**.
     Sie oder er **eröffnet** den Klassenrat und **leitet** das Gespräch oder die **Abstimmung**.
   • Beratet zuerst über die **Reihenfolge** der Themen.
   • Notiert während und nach der **Diskussion** die **Ergebnisse**.
   • Wenn nötig, **fragt** eure Lehrerin oder euren Lehrer **um Rat**.

2 to kill (englisch): töten
   die Phrase: eine Redewendung

Auf der Klassenfahrt: Mein Koffer ist weg!

Samira, Mila und Jana haben im Zimmer ein großes Durcheinander.

Wo ist mein ...?

1 Welche Dinge sind verschwunden?
   a. Schreibe die Sprechblasen ab.
   b. Markiere die Possessivpronomen.

Merkwissen

Possessivpronomen sagen, wem etwas gehört.
der Koffer / das Handy → mein, dein, sein / sein / ihr, unser, euer, ihr Koffer / Handy
die CD / die Schuhe   → meine, deine, seine / seine / ihre, unsere, eure, ihre CD / Schuhe

2 Was könnten Samira, Mila und Jana noch suchen?
   Schreibe weitere Sprechblasen auf.

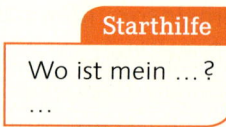

Starthilfe

Wo ist mein ...?
...

Am Ende haben Samira, Mila und Jana ihr Zimmer aufgeräumt.

Mila hat ▯▯▯ Hose unter dem Bett gefunden.
Jana hat ▯▯▯ Koffer vom Schrank genommen.
Samira hat ▯▯▯ Buch wiedergefunden.
Mila hat ▯▯▯ CD im Schrank gesehen.
Samira hat ▯▯▯ Handy im Bett entdeckt.

3 a. Schreibe die Sätze ab.
       Ergänze dabei die Possessivpronomen.
   b. Markiere die Endungen der Possessivpronomen.

✎ [1] [3] der Koffer, der Pullover, das Buch, das Handy, die Hose, die Schere, die Schuhe, die CDs
Wen oder was? → Akkusativ:
Ich suche meinen Schal / mein Tuch / meine Schere / meine Socken.
Sie sucht ihren Schal / ihr Tuch / ihre Schere / ihre Socken.

Auch im Zimmer der Jungen suchen alle ihre Sachen.

Erdem: Hat jemand meine CDs gesehen?
Nikolas: Ich kann meinen Schlüssel nicht finden, aber
ich habe deine CDs unter dem Tisch entdeckt.
Tom: Wer hat meinen Fußball zuletzt benutzt?
Nikolas: Tom, ich habe deinen Fußball gefunden.
Tom: Danke, jetzt müssen wir Nikolas helfen,
seinen Schlüssel zu finden.
Erdem: In zehn Minuten muss unser Zimmer
komplett in Ordnung sein.

4 Wen oder was suchen Erdem, Nikolas und Tom?
Schreibe Sätze auf.

> **Starthilfe**
>
> Erdem sucht seine …

> **Merkwissen**
>
> **Possessivpronomen im Akkusativ**
> Wenn du mit **Wen oder was?** fragst, können sich die **Endungen verändern**:
> der Ball → ich suche mein**en**, dein**en**, sein**en**/sein**en**/ihr**en**, unser**en**, eur**en**, ihr**en** Ball
> das Handy → … mein, dein, sein/sein/ihr, unser, euer, ihr Handy
> die CD/die Socken → … meine, deine, seine, seine, ihre, unsere, eure, ihre CD/Socken

Und was machst du mit den Sachen?

5 a. Schreibe mit Hilfe der Satzschalttafel Sätze.
b. Ändere in deinen Sätzen die Personalpronomen.
Wie verändert sich dann dein Possessivpronomen?
Schreibe weitere Sätze in dein Heft.

Ich	suche verliere entdecke	meinen mein meine	Stift. Koffer. Handy. Buch. Tasche. Schere.
Du	findest suchst vergisst	deinen dein deine	

Z 6 Wen oder was suchst du oft?
Wen oder was verlierst du manchmal?
Schreibe eigene Sätze auf.

6 der Fußball, der Schlüssel, das Heft, das Mäppchen, die Brille, die Geldbörse
→ Ich suche oft meinen …/mein …/meine …

Training:
Argumentieren und diskutieren

Sachlich diskutieren

Die Schülerinnen und Schüler der Klasse 7c möchten im Deutschunterricht ein Buch lesen. Sie diskutieren darüber, welches Buch sie auswählen möchten.

Jan: Ich finde „Harry Potter" toll. Den würde ich nochmal lesen.

Tobias: Ja, und dann könnten wir auch die Filme dazu gucken!

Mark: „Harry Potter" ist doch schon alt, den kennen doch alle. Außerdem sind die Bände viel zu teuer.

5 **Sarina:** Aber einen Fantasy[1]-Roman fände ich gut. „Die Tribute von Panem" kennt fast niemand. Das ist auch ein Buch, in dem wirklich viel passiert und nicht nur geredet wird. Es geht darum, wie die Welt in der Zukunft aussehen könnte.

10 Das finde ich spannend!

Jan: Dazu würde ich aber keinen Fantasy-Roman aussuchen. Dann lasst uns lieber ein Sachbuch über die Zukunft lesen, wie „Die nächste GENeration". Da ist nicht alles bloß ausgedacht und trotzdem ist

15 es spannend und man lernt eine Menge – zum Beispiel über das Klonen[2] von Lebewesen.

Joschka: Ich habe noch ein witziges Sachbuch zu Hause: „Wie man mit einem Schokoriegel die Lichtgeschwindigkeit misst". Da kann man ganz lustige Experimente machen.

20 **Tim:** Ich finde Experimente sowieso doof!

Sarah: Ich möchte ein Buch über Computer lesen.

Elim: Was ist denn mit der „Chatroom-Falle"? Da geht es um zwei Mädchen, die im Internet ein paar Jungs kennen lernen wollen.

25 **Arvid:** Genau! Und die Autorin war selbst mal bei der Kriminalpolizei. Die weiß, worüber sie schreibt! Dann ist es doch auch ein bisschen wie ein Sachbuch!

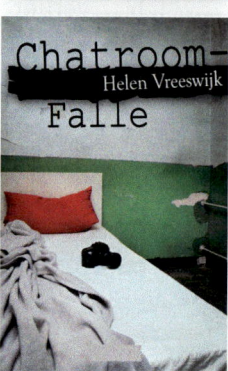

Tobias: Am besten noch eine Liebesgeschichte! So was Langweiliges!

---

[1] **der Fantasy-Roman** [sprich: fäntesi]: ein Buch über eine fantastische, zauberhafte oder geheimnisvolle Welt
[2] **klonen**: völlig gleiche Kopien von Lebewesen herstellen

Am Ende fasst die Diskussionsleiterin Melek
die wichtigsten Ergebnisse zusammen.

30 **Melek:** Wir haben heute über Bücher diskutiert, die wir im Deutschunterricht
lesen möchten. Es gab unterschiedliche Vorschläge.
„Harry Potter" war der erste Vorschlag. Dafür spricht, dass wir uns
vielleicht auch die Verfilmung ansehen können. Dagegen spricht,
dass schon viele die Romane kennen. „Die Tribute von Panem" …

1 Setze die Zusammenfassung fort.
   a. Welche Bücher standen zur Diskussion?
     Schreibe die Titel auf.
     Tipp: Lasse darunter jeweils zwei Zeilen frei.
   b. Schreibe unter jeden Titel die Pro-Argumente und
     die Kontra-Argumente.

2 Welches Buch findest du interessant?
  Begründe deine Meinung.

3 Bewerte die Diskussion.
  • Welche sachlichen Argumente überzeugen am meisten?
  • Welche Meinungen oder Argumente waren nicht sachlich?
  Schreibe je zwei Beispiele auf.

**Sollten die Schülerinnen und Schüler selbst die Bücher
für den Deutschunterricht auswählen?
Oder sollten die Lehrerinnen und Lehrer darüber entscheiden?**

4 Bereitet zu diesem Thema eine Diskussion vor.
  • Entscheidet euch für eine Meinung.
  • Macht eine Liste mit Argumenten für eure Position.
  • Findet Beispiele für eure Argumente.

| Meinung |
| Argument |
| Beispiel |

5 Führt die Diskussion.
  Tipp: Wählt eine Diskussionsleiterin oder
  einen Diskussionsleiter.

6 Wertet eure Diskussion aus:
  • Wart ihr immer sachlich?
  • Habt ihr starke Argumente gefunden?
  • Waren eure Beispiele hilfreich?

1 das Pro-Argument: ein Argument für etwas
das Kontra-Argument: ein Argument gegen etwas

Aufmerksam zuhören

Celine hat eine ganz andere Meinung zu Büchern.
Nach der Stunde diskutiert sie mit Emma.
Paul kommt dazu.

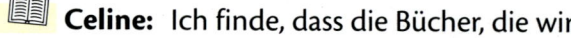 **Celine:** Ich finde, dass die Bücher, die wir
im Deutschunterricht lesen, gar nicht so wichtig sind.
Die Themen haben nichts mit unserem Alltag zu tun.
Die Helden in den Büchern haben ganz andere Probleme
5   oder leben in ganz anderen Zeiten als wir.
Emma: Ich bin nicht deiner Meinung. Für mich ist es spannend,
Bücher über vergangene Zeiten oder fremde Länder zu lesen.
Celine: Klar! Du weißt ja immer alles besser!
Paul: Hey! Was ist denn hier los? Schon wieder Streit!
10 **Celine:** Emma sagt, dass meine Meinung zu Büchern dumm ist.
Emma: So ein Quatsch, das habe ich gar nicht gesagt. Aber das,
was du da vorhin erzählt hast, war absoluter Blödsinn.

1
- Was hat Emma wirklich zu Celine gesagt?
- Und was hat Celine verstanden?
 a. Sprecht über die Missverständnisse in dem Gespräch.
 b. Was hätten die beiden anders machen können? Sammelt Vorschläge.
Tipp: Ihr könnt die Szene auch nachspielen und neu spielen.

2
- Habt ihr schon einmal etwas missverstanden?
- Oder wurdet ihr schon missverstanden?
- In welchen Situationen entstehen zum Beispiel Missverständnisse?
Erzählt davon.

 Tipps zum aktiven Zuhören   ➜ aktiv zuhören: Seite 293
Wenn ihr aufmerksam zuhört, vermeidet ihr Missverständnisse.
Denn dann könnt ihr den anderen wirklich verstehen.
Gut zuhören heißt, dass der ganze Körper aktiv ist!

 Sieh deinen Partner an.   Wende dich deinem Partner zu.

 Höre genau zu.
Unterbrich deinen Partner nicht.   Frage, ob du alles richtig
verstanden hast.

 Konzentriere dich auf das Wichtige.

3 Gestaltet mit den Tipps zum aktiven Zuhören ein Plakat für euer Klassenzimmer.

Z Ein Tag des Buches – Pro und Kontra

Die Klasse 7c hat sich für ein Buch entschieden. Da jedoch weitere interessante Bücher vorgeschlagen wurden, haben die Schülerinnen und Schüler die Idee, einen Tag des Buches in der Schule zu veranstalten. Nachdem die Klassensprecher ihren Vorschlag in der Schülervertretung vorgetragen haben, kommt es zu unterschiedlichen Äußerungen.

> Wir lernen dadurch Bücher kennen, die wir sonst nicht lesen würden.

> Wir könnten doch so auch Autoren kennen lernen. Es wäre schön, wenn die Autoren ihre Bücher vorstellen. Danach können wir darüber sprechen.

> Autoren wollen vielleicht Geld haben.

> Das ist mal eine Abwechslung im Schulalltag.

> Im Unterricht müssen wir sonst immer alle dasselbe lesen.

> Es macht viel Arbeit und man braucht viele freiwillige Helferinnen und Helfer.

> Wichtiger Unterricht fällt aus.

> Schüler, die keine Lust dazu haben, stören vielleicht an so einem Tag.

1 Ordnet die Pro- und Kontra-Argumente in eine Tabelle ein.
   a. Sucht unter den Pro- und Kontra-Argumenten die heraus, die zusammenpassen.
   b. Ergänzt weitere Pro- und Kontra-Argumente.

Starthilfe

Ein Tag des Buches an unserer Schule	
Pro	Kontra
Abwechslung im Schulalltag	wichtiger Unterricht fällt aus
...	...

2 Schreibt jeweils zu einem Pro-Argument und einem Kontra-Argument ein passendes Beispiel auf.

Starthilfe

Argument	Beispiel
Das ist mal eine Abwechslung im Schulalltag.	Sonst sitzen wir sechs oder acht Stunden auf den Stühlen und lernen alle das Gleiche. So könnte ...
...	

3 Führt in der Klasse eine Diskussion zum Thema „Ein Tag des Buches an unserer Schule" durch.

Wasser, das man nicht

??? Liter

2455 Liter

4100 Liter

In jedem Produkt ist viel Wasser!

Wieso? Das T-Shirt ist doch trocken!

1 a. Was seht ihr auf den Bildern?
        Beschreibt es.
     b. Was lest ihr unter den Bildern
        und in den Sprechblasen?
        Besprecht es.

2 Wo könnt ihr Wasser erkennen?
     Tauscht euch darüber aus.

		einen / den Wassertropfen / Jungen / Döner.
Ich sehe	ein / das Weizenbrot / Weizenfeld / T-Shirt.
	eine / die Tüte Chips / Packung Milch / Bewässerungsanlage.

3

1600 Liter

4

??? Liter

1000 Liter

13 Liter

185 Liter

185 Liter Wasser in einer Tüte Chips??!

In allen diesen Produkten ist viel Wasser „versteckt": Wasser, das nicht zu sehen ist.

3 Wie kommt das Wasser bloß in die Produkte? Stellt gemeinsam Vermutungen an.

In diesem Kapitel informiert ihr euch und andere über Wasser, das in Produkten versteckt ist.

 3 Ich glaube, dass … / Ich vermute, dass … / Wahrscheinlich kommt das Wasser in die Produkte, weil …

So viel Wasser in den Produkten!

Für die Herstellung der Produkte auf den Seiten 30 und 31 benötigt man sehr viel Wasser. Man sieht es ihnen aber nicht an.

1 a. Seht euch noch einmal die Bilder an.
b. Sammelt Fragen dazu.

1000 Liter   4100 Liter   185 Liter   2455 Liter

2 Klassengespräch!
• Worüber staunt ihr?
• Was bedeuten wohl die versteckten Wassertropfen?

In einer einzigen Tomate stecken 13 Liter Wasser.
Dieses Wasser kann man nicht sehen. Man nennt es virtuelles Wasser.

13 Liter Wasser in einer Tomate? Die müsste doch so groß sein wie ein Kürbis!?!

3 Wie kommen 13 Liter Wasser in eine Tomate?
Erklärt es.

Z 4 Und was hat elektrischer Strom mit Wasser zu tun?
Erklärt es.

Kraftwerk

5 a. Seht euch noch einmal die Bilder auf den Seiten 30 und 31 an:
Über welche Wassermengen wundert ihr euch am meisten?
b. Wofür wurde wohl jeweils so viel Wasser benötigt?
Sprecht über eure Vermutungen.

1 Wie kommt …? Woher …? Warum …? Wann …?

2 Mich überrascht, dass … / Ich staune darüber, dass … / Ich finde interessant, dass …

Badewannen-Rechnungen

Wie viel sind 13 Liter Wasser? Das kann sich jeder noch ungefähr vorstellen. Aber wie viel sind eigentlich 1000 Liter?

1000 Liter?

6 Schätzt einmal:
- Passen 1000 Liter vielleicht in ein Schwimmbecken?
- Oder eher in fünf Badewannen?
- Oder aber in zehn Wassereimer?

In eine mittelgroße Badewanne passen 200 Liter Wasser.

7 Welches Produkt von Seite 32 enthält die Wassermenge von fünf Badewannen?
Rechne es aus und finde das Produkt.

8 Wie viele Badewannen müsstest du für ein T-Shirt zeichnen?
a. Sieh auf Seite 32 nach.
b. Rechne die Anzahl der Badewannen aus.

Und wie viel virtuelles Wasser verbrauchst *du* jeden Tag?
Du verbrauchst Tag für Tag rund 130 Liter reales, also „sichtbares" Wasser plus weitere 4000 Liter virtuelles Wasser
– eine unglaubliche Menge!

9
- Wie viele Badewannen müsstest du für die beiden Wassermengen zeichnen?
- Wofür verbrauchst du jeden Tag **reales** Wasser?
- In welchen Produkten steckt bei dir **virtuelles** Wasser? Schreibe es auf.

Tipp: Überlege, was du den ganzen Tag über tust und welche Produkte du dafür brauchst.

 9 der Bus, der Kaffee, der Kakao, das Frühstück, das Mittagessen, das Obst, das Schulheft, die Kleidung, die Orange, die Pizza, die Jeans

essen, mit dem Bus fahren, auf die Toilette gehen, kochen, schreiben, spielen, trinken, sich waschen

Einen Sachtext mit dem Textknacker lesen

Den folgenden Sachtext knackst du mit dem Textknacker.

> 1. Schritt: Vor dem Lesen
> 2. Schritt: Das erste Lesen
> 3. Schritt: Den Text genau lesen
> 4. Schritt: Nach dem Lesen

Zum Schluss beantwortest du diese Frage:
? Wie kommt es, dass in Tims trockenem T-Shirt und in seinem Döner so viel virtuelles Wasser versteckt ist?

1. Schritt: Vor dem Lesen
Du siehst dir den Text als Ganzes an.

1 a. Sieh dir den Sachtext auf der Seite 35 an.
- Worauf fällt dein Blick als Erstes?
- Was erzählen dir die Bilder?
b. Beantworte diese Fragen schriftlich:
- Wie heißt die Überschrift?
- Worum könnte es in dem Sachtext gehen?

2. Schritt: Das erste Lesen
Du überfliegst den Text.

2 a. Überfliege den Sachtext.
b. Welche Wörter und Wortgruppen fallen dir auf?
c. Überprüfe deine Vermutung aus Aufgabe 1 b.
d. Was ist **für dich** interessant an dem Sachtext?

3. Schritt: Den Text genau lesen
Du liest den Text genau und in Ruhe – Absatz für Absatz.
So findest du die wichtigen Informationen.

3 Lies den ganzen Sachtext auf den Seiten 35 bis 36.

Virtuelles Wasser

1 Wasser ist lebensnotwendig[1]. Wasser ist wertvoll. Wasser ist teuer. Die Trinkwasservorräte auf der Erde sind begrenzt[2]. Im täglichen Leben gibt es viele Möglichkeiten, Trinkwasser zu sparen. Doch ohne es zu merken, verbrauchen wir täglich
5 1500 bis 4000 Liter Wasser – nämlich als virtuelles Wasser. Das ist Wasser, das man nicht sehen, nicht fühlen, nicht trinken kann. Wasser, das in den Produkten „versteckt" ist.

2 Morgens vor der Schule zieht Tim ein sauberes T-Shirt aus Baumwolle an. Seine Mutter kauft Sachen aus Baumwolle,
10 sie sagt, das sei umweltbewusst. Was aber hat Tims T-Shirt mit Wasser zu tun? Na ja, es muss gewaschen werden, ziemlich oft sogar, denn Tim mag es nicht, wenn ein Fleck darauf ist oder wenn er geschwitzt hat.

3 Und was hat Tims T-Shirt mit virtuellem Wasser zu tun?
15 Baumwolle wächst nur in warmem Klima. Deshalb kommt die Baumwolle für das T-Shirt vielleicht aus Texas, einem Bundesland in den USA mit viel Sonne und wenig Regen. Dort muss die Baumwolle bewässert werden, sie braucht zum Wachsen sehr viel Wasser. Die Baumwollpflanzen für Tims T-Shirt werden dann
20 geerntet und vielleicht nach Indien exportiert[3]. Wenn das T-Shirt farbig sein soll, muss die Baumwolle gefärbt und hinterher mit viel Wasser gespült werden. Danach wird die Baumwolle zu T-Shirts verarbeitet, die z. B. in Deutschland importiert[4] werden. Wenn Tim nun sein T-Shirt anzieht, weiß er nicht, dass dafür mehr
25 als 4000 Liter reales Wasser verbraucht wurden. Von dem Wasser aber ist nichts mehr zu sehen, es ist zu virtuellem Wasser geworden.

4 Mittags nach der Schule hat Tim Hunger. Er holt sich einen Döner. Er beißt in das Fladenbrot mit dem warmen Fleisch, dem Salat und der Tomate. Lecker! Im Rindfleisch von Tims Döner
30 stecken 2400 Liter Wasser. 2400 Liter? So viel? Wie kommt das? Der Futterbedarf[5] für große Tierhaltungen ist so hoch, dass in Deutschland Anbauflächen[6] dafür fehlen. Also muss Futter importiert werden, hauptsächlich Soja, z. B. aus Brasilien. Die Sojapflanzen dort müssen wegen des heißen und trockenen
35 Klimas bewässert werden. Wenn die Sojabohnen als Futtermittel über den Atlantik verfrachtet werden, haben sie in Brasilien bereits reales Wasser verbraucht, das nun als virtuelles Wasser im Viehfutter in Deutschland ankommt. Außerdem müssen die Tiere in den großen Rindertierhaltungen auch trinken.
40 Auch dieses Wasser ist am Ende im Döner nicht mehr zu sehen.

---

[1] **etwas ist lebensnotwendig:** Man braucht es unbedingt zum Leben.
[2] **etwas ist begrenzt:** Es ist irgendwann verbraucht.
[3] **exportiert:** aus einem Land *aus*geführt
[4] **importiert:** aus einem anderen Land *ein*geführt
[5] **der** Futterbedarf: die benötigte Menge an Futter
[6] **die** Anbauflächen: die Ackerflächen, auf denen das Futter wächst

5 In Tims Döner liegen eine Scheibe Tomate und Salatstückchen. Lieferant für Salat und Tomaten ist oft Spanien, wo diese Pflanzen auf riesigen Feldern mit künstlicher Bewässerung gezüchtet werden. Die Tomate für Tims Döner brauchte 13 Liter Wasser, 45 um zu wachsen und reif zu werden. Dieses Wasser ist in der Tomate nun nicht mehr zu sehen, es ist virtuell. 13 Liter sind so viel Wasser, dass es die Füße in der Badewanne bedecken würde.

6 Ein Kilogramm Weizen verbraucht 1600 Liter Wasser, die 33 Gramm Weizen, die in Tims Brötchen stecken, benötigen 50 also 52 Liter, das ist ungefähr eine Viertel Badewanne voll.

7 Nicht nur für Tims Döner und sein T-Shirt wird viel Wasser real verbraucht. Auch viele andere Dinge benötigen reales Wasser zur Produktion. Und am Ende steckt dieses Wasser unsichtbar als virtuelles Wasser in den Produkten.

Weiter mit dem 3. Schritt: Den Text genau lesen

Absätze gliedern den Text. Was in einem Absatz zusammensteht, gehört inhaltlich zusammen.

4 Lies jeden Absatz noch einmal genau.

5 Worum geht es in den einzelnen Absätzen?
  a. Finde für jeden Absatz eine passende Überschrift.
  b. Schreibe die Überschriften auf.
     Tipp: Lass unter jeder Überschrift zwei Zeilen frei.

Virtuelles Wasser
1. Absatz: Was ist ▨ *?*

2. ▨

Manche Wörter sind zum Verstehen besonders wichtig: Sie sind Schlüsselwörter.

6 Schreibe die Schlüsselwörter unter jede Absatz-Überschrift.

 5 So könnten zum Beispiel deine Überschriften heißen:
   4. Absatz: Viel Wasser in wenig Rindfleisch
   7. Absatz: Zusammenfassung: Virtuelles Wasser

Manchmal gibt es Bilder im oder am Text.

7 Was siehst du auf den Bildern?
Schreibe es für jedes Bild auf.

> Bild 1: Trinkwasser läuft aus dem Wasserhahn
> Bild 2:

Manche Wörter werden unter dem Text erklärt.

8 Welche Wörter werden unten auf den Seiten 35 bis 36 erklärt?
Schreibe die Wörter mit den Erklärungen auf.

Für manche Wörter brauchst du ein Lexikon.

Z 9 **a.** Finde diese Wörter im Lexikon:
Klima, Soja, Rindertierhaltung, Produkt.
b. Schreibe die Wörter mit Artikel auf.
Schreibe die Erklärungen dazu.
Tipp: Schlage weitere schwierige Wörter im Lexikon nach.

Für manche Wörter brauchst du einen Atlas oder eine Landkarte.

10 Welche Länder werden im Text genannt?
a. Schreibe sie auf.
b. Finde die Länder im Atlas oder auf der Landkarte.
c. Schreibe auf, in welchen Kontinenten die Länder liegen.

4. Schritt: Nach dem Lesen
Du arbeitest mit dem Inhalt des Textes.

11 Wie viel virtuelles Wasser ist in Tims T-Shirt und im Döner versteckt?
a. Lies noch einmal im Text nach.
b. Schreibe die Wassermenge in Litern (l) in eine Liste.

> **Starthilfe**
> Virtuelles Wasser
> in einem T-Shirt: … l
> in einem Döner: … l
> in einer Tomate: … l
> im Brot des Döners: … l

12 Nun kannst du die Frage vom Anfang beantworten:
? Wie kommt es, dass in Tims trockenem T-Shirt und in seinem Döner so viel virtuelles Wasser versteckt ist?
Fasse den ganzen Text schriftlich zusammen.
Tipp: Verwende die Schlüsselwörter, die du aufgeschrieben hast.

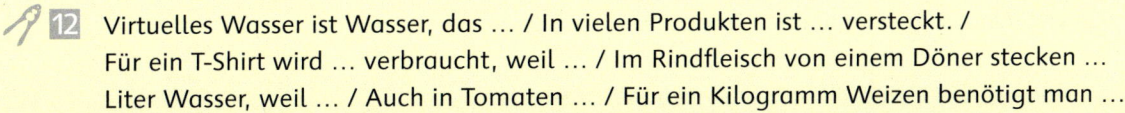

12 Virtuelles Wasser ist Wasser, das … / In vielen Produkten ist … versteckt. /
Für ein T-Shirt wird … verbraucht, weil … / Im Rindfleisch von einem Döner stecken …
Liter Wasser, weil … / Auch in Tomaten … / Für ein Kilogramm Weizen benötigt man …

Folien zum Sachtext gestalten

Möchtest du andere über virtuelles Wasser informieren?
Dann kannst du über dieses Thema nicht nur sprechen.
Du kannst den anderen auch etwas zeigen,
zum Beispiel eine Folie mit Bildern und Stichworten.
So eine Folie kannst du hier mit dem Computer gestalten.

? Wie viel virtuelles Wasser steckt in einer Tomate?

1. Schritt: Die Informationen finden und auswerten

1 Der Sachtext auf den Seiten 35 bis 36 gibt Antwort auf diese Frage.
Finde den passenden Absatz.

2 Welche Schlüsselwörter aus dem Absatz beantworten die Frage?
Schreibe sie auf.

3 Wo könntest du dich außerdem noch informieren?
   a. Finde geeignete Bücher oder Internetseiten.
   b. Schreibe weitere Stichworte zum Thema auf.
   c. Finde auch weitere passende Bilder.

2. Schritt: Die Stichworte und die Bilder ordnen

4 a. Lies die Stichworte auf dem Kärtchen.
   b. Prüfe, ob sie vollständig sind.
   c. Schreibe weitere Stichworte auf.

> - Tomaten auf riesigen Tomatenfeldern
> - Spanien
> - künstliche Bewässerung
> -

5 Welches Bild passt am besten zum Thema der Folie?
Wähle es aus.

3. Schritt: Eine Überschrift finden

6 Überlege dir eine Überschrift für die Folie.

✏ **6** Wo ist das Wasser in der Tomate?
So viel Wasser in einer kleinen Tomate?

4. Schritt: Die Folie gestalten

Zunächst kümmerst du dich darum, was du aufschreiben möchtest.

7 Schreibe die Folie mit dem Computer.
Tipp: Wähle ein geeignetes Programm auf deinem Computer.
- Schreibe deine Überschrift auf.
- Schreibe nur wenige Stichworte auf.
  Schreibe sie in der richtigen Reihenfolge auf.

Als Nächstes kümmerst du dich darum, wie die Folie aussehen soll.
Beispiel:

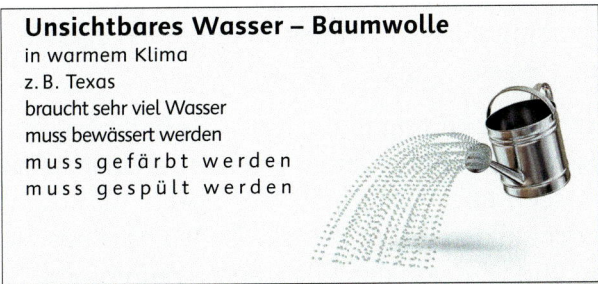

> **Unsichtbares Wasser – Baumwolle**
> in warmem Klima
> z. B. Texas
> braucht sehr viel Wasser
> muss bewässert werden
> muss gefärbt werden
> muss gespült werden

8 Berate mit einer Partnerin oder einem Partner über das Beispiel.
- Wie ist die Folie gestaltet?
- Was gefällt dir gut?
- Was könnte noch verbessert werden?

9 Gestalte deine Folie mit Schriften, Farben und Bildern.
- Verwende eine gut lesbare große Schrift, z. B. Schriftgröße 24.
- Hebe die Überschrift besonders hervor, z. B. durch eine auffällige Farbe.
- Hebe die wichtigsten Wörter oder auch Zahlen
  mit Farbe oder fetter Schrift hervor.
- Füge an passender Stelle ein Bild ein.

5. Schritt: Die Folie präsentieren

10 Präsentiere deine Folie.
Die Arbeitstechnik
hilft dir dabei.

> **Arbeitstechnik**
>
> ### Eine Folie präsentieren
>
> - Stelle dich so hin, dass du die Folie **nicht verdeckst**.
> - **Erkläre** deine Folie: Sprich **frei** und **in ganzen Sätzen**.
> - **Zeige** manchmal auf die passenden Stellen auf der Folie.
>   Dann kann die Klasse dir besser folgen.
> - Erkundige dich **zum Schluss**, ob es **Fragen** gibt.

10 Ich habe zum Thema … eine Folie vorbereitet. / Ich möchte euch mit einer Folie
über das Thema … informieren. / Ihr seht hier ein Foto mit … / Dieses Foto zeigt … /
Hier oben / unten / rechts / links / in der Mitte seht ihr … / Da könnt ihr … erkennen. /
Gibt es noch Fragen? / Hat jemand eine Frage? / Vielen Dank. / …

Mich und andere informieren

? Was ist der Wasserfußabdruck?

1 Lies den Text mit dem Textknacker.

1. Vor dem Lesen
2. Das erste Lesen
3. Den Text genau lesen
4. Nach dem Lesen

Der Wasserfußabdruck

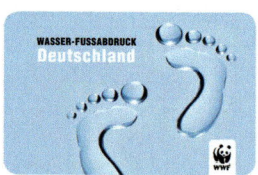

1 Bei der Herstellung eines Produkts wird eine bestimmte Menge Wasser verbraucht. Man nennt das auch den Wasserfußabdruck eines Produkts. Der Wasserfußabdruck setzt sich aus drei Bestandteilen zusammen: dem grünen Wasser,
5 dem blauen Wasser und dem grauen Wasser.

2 Grünes Wasser kommt in der Natur als Bodenwasser und Regenwasser vor. Wenn Pflanzen wachsen, entziehen[1] sie dem Boden dieses Wasser und ein Teil davon verdunstet[2]. Als Regen kommt es dann wieder auf den Boden zurück. Ein Teil des Regenwassers
10 sickert ein und wird von den Pflanzen aufgenommen.

3 Wenn das grüne Wasser nicht ausreicht, müssen die Pflanzen künstlich bewässert werden. Dazu verwendet man meist Oberflächenwasser aus Flüssen oder Seen oder auch das Grundwasser. Während des Pflanzenwachstums verdunstet
15 ein Teil davon wieder. Für die Bewässerung von Pflanzen in der Landwirtschaft wird also Wasser verbraucht. Es ist das blaue Wasser, das am Ende in den landwirtschaftlichen Produkten steckt.

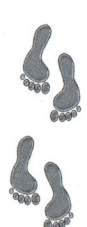

4 Grünes Wasser bleibt normalerweise sauber, auch das blaue.
20 Aber bei der Produktion kann das Wasser auch verschmutzt werden. Verschmutzt wird es zum Beispiel durch Düngemittel oder durch Pflanzenschutzmittel. Die Wassermenge, die notwendig wäre, um schadstoffhaltiges Wasser[3] so zu verdünnen, dass es keinen Schaden mehr anrichten kann, nennt man
25 graues Wasser. Es ist also nicht wirklich im Produkt enthalten.

2 Gestalte eine Folie mit den Informationen aus dem Text.
Tipp: Du kannst eigene Grafiken oder Bilder finden.

3 Präsentiere deine Folie der Klasse.

---

[1] **etwas entziehen:** etwas wegnehmen
[2] **verdunstet:** Es steigt in Form von sehr kleinen Wassertropfen in die Luft.
[3] **das schadstoffhaltige Wasser:** Wasser, das Stoffe enthält, die Pflanzen, Tieren oder Menschen schaden

Textverknüpfer erkennen und verstehen

4 Lies den Text mit dem Textknacker.

Kleine Fußabdrücke – große Fußabdrücke

1 Der Wasserfußabdruck eines Produkts, zum Beispiel eines Brotes, ist die Menge Wasser, die für die Herstellung notwendig ist. Aber sind überall auf der Welt die Wasserfußabdrücke gleich groß? Sie können – wie du richtig vermutest – ganz unterschiedlich sein.

5 2 In wärmeren Ländern verdunsten Pflanzen mehr Wasser. Deshalb haben sie dort auch einen wesentlich höheren Wasserbedarf, benötigen also mehr grünes und blaues Wasser als in Mitteleuropa. Um ein Brot zu backen, braucht man Wasser für den Teig, aber auch für die Reinigung der Backstuben, der Verkaufsräume und auch der Transportfahrzeuge braucht man Wasser,
10 vor allem graues Wasser. Das steht dann nicht mehr für andere Zwecke zur Verfügung[1].

Mittelwert für alle Länder:
1600 Liter Wasser für
1 Kilogramm Weizenbrot

3 Graues Wasser gibt es auch beim Getreideanbau[2], wenn der Boden gedüngt oder mit Pflanzenschutzmitteln behandelt wird. Diese Schadstoffe werden durch Wasser verdünnt, das dann nicht mehr als grünes oder
15 blaues Wasser zur Verfügung steht. Der Wasserfußabdruck eines Produkts kann also sehr unterschiedlich sein, je nachdem, wo und wie es hergestellt, transportiert und verwendet wird.

Die „kleinen" Wörter im Text ersetzen oder erklären Wörter oder Wortgruppen genauer, die vorher stehen.

5 Welche Wörter oder Wortgruppen werden in dem Text ersetzt oder erklärt?
Schreibe die „kleinen" Wörter zusammen mit den Wörtern und Wortgruppen auf, die vorher stehen.
Tipp: Du kannst zunächst eine Folie über den Text legen und die Wörter in den Absätzen 2 und 3 orange markieren.

---

[1] **etwas steht nicht mehr zur Verfügung:** Etwas kann nicht mehr genutzt werden.
[2] **der Getreideanbau:** der Anbau von Weizen, Roggen oder Gerste

ⓩ Ein T-Shirt färben und Wassermusik machen

Für das Klassenfest hat die Klasse 7b etwas Besonderes vorbereitet:
Eine Gruppe hat T-Shirts gebatikt.

> **ba|ti|ken →** (javanisch „mbatik" = mit Wachs schreiben):
> Batiken ist eine alte Handwerkskunst aus Asien, mit der
> Stoff gefärbt wird. Wachs wird in Mustern auf Stoff
> aufgetragen, sodass die gewachsten Stellen nicht
> mitgefärbt werden. Dadurch entstehen bleibende Muster.
> Heute bindet man dazu auch den Stoff mit einer Schnur ab.

1 a. Beschreibe das T-Shirt.
   b. Was ist **Batiken**? Lies den Lexikoneintrag.
   c. Was hat Batiken mit virtuellem Wasser zu tun? Erkläre es.

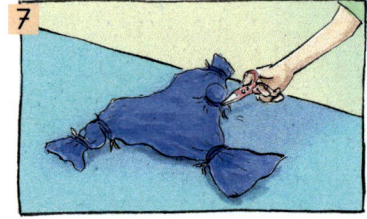

Dieses Material wird benötigt:
• ein gewaschenes T-Shirt aus Baumwolle
• eine Packung Batik-Farbe
• 250 g Salz
• Essig zum Fixieren der Farbe
• ein Wasserkocher
• ein großer Eimer mit Wasser (Temperatur: 30–40 °C)
• ein langer Holzlöffel / ein Stock
• eine feste Schnur oder Gummiringe
• eine kleine Schere
• Gummihandschuhe

1 bunt / farbig / gefärbt / gemustert / gesprenkelt / gestreift

Auch du kannst ein T-Shirt batiken.

2 Wie batikt man ein T-Shirt?
Beschreibe die einzelnen Arbeitsschritte.
Schreibe eine zusammenhängende Anleitung in der **man**-Form.
Tipps: • Schreibe die Anleitung auf ein extra Blatt.
So kannst du sie immer wieder verwenden und
sogar laminieren.
• Schreibe die benötigten Materialien als Stichworte auf.

> **Starthilfe**
>
> So batikt man ein T-Shirt
> Bevor man beginnt, legt man das Material bereit:
> Benötigt werden:
> • ein gewaschenes …
> …
> Zuerst erwärmt man …

3 Wie viel virtuelles Wasser enthält das T-Shirt nun zusätzlich?

Z **4** Batike dein eigenes T-Shirt.

**Eine andere Gruppe hat Musikinstrumente
aus Gläsern mit Wasser hergestellt.**

> **Dieses Material wird benötigt:**
> • Gläser (aus dünnem Glas,
>   z. B. Wein- oder Sektgläser)
> • Wasser
> …

5 a. Beschreibe die Musikinstrumente.
b. Beschreibe, was man mit dem Material tut.
c. Schreibe die Anleitung auf.

Z **6** a. Probiert es aus: Bringt die Gläser zum Klingen.
b. Welches Glas erzeugt einen hohen Ton?
Welches Glas erzeugt einen tiefen Ton?
Hört genau hin und vergleicht.
Tipps: • Probiert aus, wie ihr den Ton eines Glases verändern könnt.
• Verändert die Tonhöhen so, dass sie mit anderen Instrumenten
gleich sind. So könnt ihr mit mehreren Instrumenten spielen.

2 Dann löst man … auf. / Mit einer festen Schnur bindet man … /
Danach gibt man … ins Wasser. / Mit einem großen Löffel rührt man … / Schließlich nimmt
man … / Am Ende legt man …

Wird Metall von Wasser getragen?

Mit realem Wasser können viele Versuche gemacht werden.
Ein Versuch gibt die Antwort auf die Frage:
Sinkt eine Büroklammer aus Metall in einem Glas mit Wasser
oder wird sie vom Wasser getragen?

Material:
Dieses Material wird gebraucht:
- ein Glas, Wasser
- eine Gabel
- eine Büroklammer
- ein kleines Stück
  von einem Papiertaschentuch

 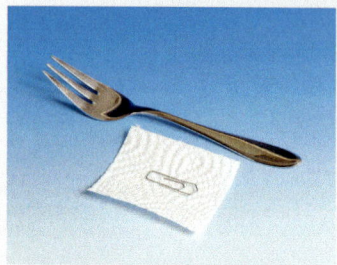

Durchführung:
So wird der Versuch durchgeführt:
Das Glas wird mit Wasser gefüllt.
Die Büroklammer wird
auf dem Stück Papiertaschentuch
auf die Wasseroberfläche gelegt.

Ergebnis:
Das wird zum Schluss erkannt:
Das leichte Stück Papier wird nicht
vom Wasser getragen.
Die Büroklammer aus Metall
schwimmt auf dem Wasser.

Erklärung:
So wird das Ergebnis erklärt:
Das Stück Papier saugt sich mit Wasser voll
und sinkt zu Boden.
Die Büroklammer kann sich nicht vollsaugen.
Und durch das Papier bleibt die Oberflächenspannung
des Wassers erhalten, sodass die Klammer
getragen wird.

 1 Probiert den Versuch zu zweit aus:
- Einer liest die Versuchsbeschreibung Schritt für Schritt vor.
- Der andere führt die einzelnen Schritte aus.

Versuchsbeschreibungen werden oft mit Verbformen im Passiv geschrieben: werden geschrieben.

2 Schreibe die Versuchsbeschreibung ab.

3 Markiere die Verbformen im Passiv.

Starthilfe

Material:
Dieses Material wird gebraucht:
– ein …

Merkwissen

Das **Passiv** wird gebildet aus einer Form von **werden** und dem **Partizip Perfekt**.
*Die Anleitung **wird geschrieben**.*
*Die Versuche **werden durchgeführt**.*

Zweiter Versuch: Kann auch eine Nähnadel aus Metall auf dem Wasser schwimmen oder durchsticht sie mit ihrer Spitze die Wasseroberfläche?

4 Führe den Versuch durch.

5 a. Schreibe eine Versuchsbeschreibung mit Verbformen im Passiv.
   b. Markiere die Verbformen im Passiv.

Das Passiv wird häufig verwendet – auch ohne Versuchsbeschreibung.

6 a. Schreibe mit Hilfe der Tabelle sinnvolle Sätze.
   Tipp: Du kannst in den Sätzen eigene Wörter ergänzen.
   b. Markiere die Verbformen im Passiv.
   c. Schreibe den Infinitiv jeweils hinter den Satz.

Person + eine Form von werden		Partizip Perfekt
ich werde	vom Freund	bewundert
du wirst	von der Freundin	belohnt
er / es / sie wird	von den Eltern	angerufen
wir werden	…	besucht
ihr werdet		nach Hause gebracht
sie werden		geliebt

Starthilfe

Ihr werdet nach dem Spiel vom Trainer abgeholt. (abholen)
…

 6 anrufen, belohnen, besuchen, bewundern, bringen, lieben

Training: Eine Grafik erschließen

? Wie viel Wasser wird in Deutschland zu Hause verbraucht?
Die Antwort findest du mit Hilfe des Textknackers in der folgenden Grafik.
Zum Schluss beschreibst du die Grafik und wertest sie schriftlich aus.

1. Schritt: Vor dem Lesen

Du siehst dir die Grafik als Ganzes an.

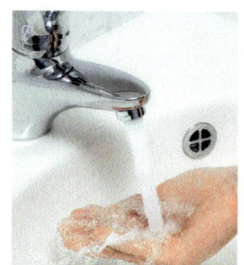

1 **a.** Sieh dir die Grafik an.
Schreibe die Überschrift auf.
b. Worüber gibt die Grafik Auskunft?
Schreibe es auf.

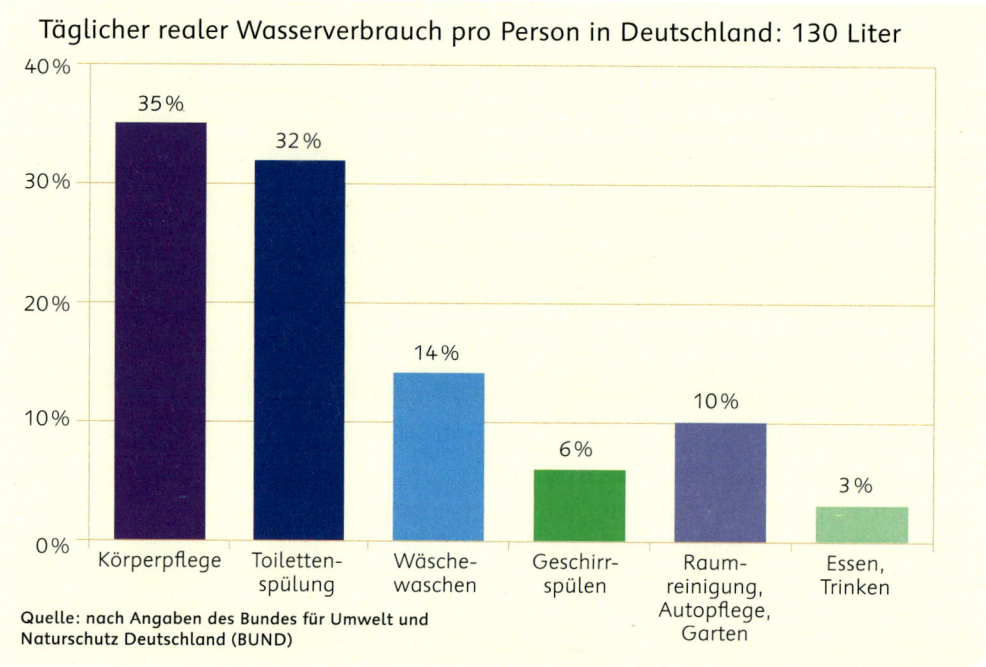

Täglicher realer Wasserverbrauch pro Person in Deutschland: 130 Liter

- Körperpflege: 35%
- Toilettenspülung: 32%
- Wäschewaschen: 14%
- Geschirrspülen: 6%
- Raumreinigung, Autopflege, Garten: 10%
- Essen, Trinken: 3%

Quelle: nach Angaben des Bundes für Umwelt und Naturschutz Deutschland (BUND)

2. Schritt: Das erste Lesen

Du siehst dir die Grafik genauer an und liest die Angaben.

2 **a.** Sieh dir die Grafik genauer an.
Lies auch die Beschriftung der Säulen.
b. Beantworte die Leitfragen
in Stichworten.

> **Form:** Welche Form hat die Grafik:
> Balkendiagramm, Kreisdiagramm
> oder Säulendiagramm?
> **Quelle:** Wer hat die Grafik veröffentlicht?
> **Beschriftung:** Welche Angaben liest du?

✎ **1** Die Grafik zeigt / veranschaulicht / gibt Auskunft über ...

✎ **2** Es handelt sich um ... / Die Form eines ... / In Form eines ...
Die Quelle steht unten: ... / Die Informationen stammen von ... / Die Grafik gibt an ...

3. Schritt: Die Grafik genau untersuchen

Du untersuchst und beschreibst einzelne Informationen, um sie zu verstehen.

3 Welche einzelnen Informationen kannst du der Grafik entnehmen?
   a. Sieh dir die Säulen an.
   b. Was geben die einzelnen Säulen an?
      Notiere es.

> **Starthilfe**
>
> Säule 1: Körper... 35%
> Säule ...

4 Insgesamt verbraucht eine Person 130 Liter Wasser am Tag.
   Wie viele Liter benötigt man für die einzelnen Tätigkeiten?
   Rechne es aus.

> **Starthilfe**
>
> 100% = 130 Liter Wasser am Tag
> 1% = ... Liter Wasser
> ...% = ... Liter Wasser für Körper...
> ...

5 Wofür verbraucht man am wenigsten und wofür am meisten Wasser?
   a. Ordne die Bereiche und schreibe sie untereinander auf.
      Schreibe den Wasserverbrauch in Litern dazu.
   b. Beantworte die Frage in vollständigen Sätzen.

> **Starthilfe**
>
> Für das Geschirrspülen werden ... Liter Wasser verbraucht.

4. Schritt: Nach dem Lesen

Du hast nun alle Informationen für die Beantwortung der ? Frage.

6 Was stellt die Grafik dar?
   Beschreibe es in einem zusammenhängenden Text.
   Verwende deine Ergebnisse aus den Aufgaben 1 bis 5.

Z 7 Schreibe deinen Text aus Aufgabe 6 weiter.
   Ergänze deine eigene Einschätzung:
   • Was fällt dir besonders an der Grafik auf?
   • Was überrascht dich?
   • Wie bewertest du deinen eigenen Wasserverbrauch?

→ eine Grafik erschließen auf einen Blick: Seite 289

3 Die Grafik ist mit folgenden Wörtern beschriftet: ... Die Säulen sind ... / Die Zahlen sind in ...

5 Die Grafik zeigt: Am meisten/wenigsten Wasser wird für/beim ... verbraucht.

7 Das ist überraschend/erstaunlich. Das hätte ich vorher nicht gedacht/vermutet/geahnt.

Spieglein, Spieglein an

Spieglein, Spieglein an der Wand …

Fast jeder Mensch sieht täglich in den Spiegel.

1 Klassengespräch!
- Was seht ihr auf den Bildern?
- Wer sieht jeweils in den Spiegel?
- Was sehen die Personen im Spiegel?
- Worüber wundert ihr euch?

 1 die Ballerina, die Familie aus einem Comic, die Glatze, die Königin, der Geschäftsmann
ähnlich, anders, böse, dick, dünn, erfolgreich, kritisch, normal, schön

der Wand ...

Selbstporträt Frederike Frei

Ich stehe stundenlang
vorm Spiegel und
wundere mich, dass
ich
bin.

Auch ihr seht täglich in den Spiegel.

2 • Wann seht ihr in den Spiegel?
• Warum seht ihr in den Spiegel?
• Was seht ihr im Spiegel?

3 Wie wirkt das Gedicht auf euch?
Sprecht darüber.

In diesem Kapitel denkt ihr über euch und andere Menschen nach.
Ihr lest Geschichten, beschreibt Personen und schreibt eigene Texte
über die Personen oder euch selbst.

 3 bekannt, fremd, komisch, seltsam, überraschend, vertraut

Zu Spiegelbildern schreiben

Spiegel zeigen die Wahrheit. Spiegel zeigen auch Träume und Wünsche.
Was könnt ihr sehen?

 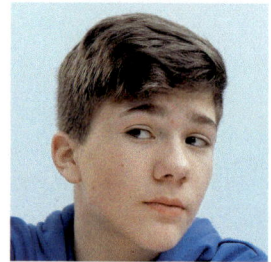

1 a. Was drücken die beiden Gesichter aus?
Beschreibt es.
b. Sind die beiden zufrieden mit ihrem Spiegelbild?
Schreibt eure Meinung auf.

2 Das Bild **2** stammt aus einem Märchen.
• Aus welchem Märchen stammt das Bild?
• Wen zeigt das Bild?
• Was sagt die Person?
• Was antwortet der Spiegel?
• Was bedeutet die Figur oben auf dem Spiegel?
Schreibt die Antworten auf.

3 Welche Wünsche oder Träume haben
die Personen auf den Bildern **3** und **8**?
a. Tauscht euch darüber aus.
b. Wählt jeder ein Bild aus:
Was könnte die Person gerade denken?
Zeichnet eine große Gedankenblase und schreibt die Gedanken hinein.
Tipp: Ihr könnt auch das ganze Bild in euerm Heft skizzieren.

Ach, ich wäre so gern …
Wenn ich doch nur …

 3 Ich würde gern … / Ich wünschte, ich wäre …

Das Gedicht auf der Seite 49 ist spiegelverkehrt geschrieben.

4 Klassengespräch!
- Wie könnt ihr euch das Lesen des Gedichts erleichtern?
- Worüber wundert sich „das Ich" in diesem Gedicht?
- Warum wundert sich „das Ich" wohl?
- Wann habt ihr euch schon einmal über etwas Ähnliches gewundert?

Z 5 a. Zeichne einen großen Spiegel auf ein Blatt Papier.
b. Schreibe das Gedicht in deiner schönsten Schrift hinein.
c. Gestalte das Blatt mit Farben und Bildern.
   Tipp: Du kannst auch deine Gedanken zum Gedicht aufschreiben.

W 6 Was siehst du, wenn du in den Spiegel siehst?
Was denkst du?
Wähle aus:
- Du kannst einen kurzen Text über deine Gedanken,
  Wünsche und Träume schreiben.
- Du kannst dich selbst vor dem Spiegel zeichnen oder fotografieren.
  Dann kannst du mit Bildern und Sätzen eine Collage
  rund um das Bild von dir gestalten.

Auch Eva und Joshua sehen in den Spiegel.

7 Wie sehen Eva und Joshua in Wirklichkeit aus?
Beschreibe die beiden Personen.

→ eine Person beschreiben: Seite 291

W 8 Welche Wünsche und Träume haben Eva und Joshua?
Wähle eine der beiden Personen aus.
Schreibe einen kurzen Text über die Person.

 6   sich gefallen – ich gefalle mir / sich betrachten – ich betrachte mich /
sich wünschen – ich wünsche mir

Einen Jugendbuchauszug lesen

An manchen Tagen gefällt uns unser Spiegelbild, an anderen Tagen nicht.

1 Was sieht Eva im Spiegel?
Lies den Auszug aus dem Jugendbuch
„Bitterschokolade" mit dem Textknacker.

Eva   Mirjam Pressler

1 Eva stand im Badezimmer vor dem Spiegel.
Zum Glück gab es in der ganzen Wohnung keinen großen Spiegel außer
dem auf der Innenseite einer Tür des Schlafzimmerschrankes. Eva ging
ganz nah an den Spiegel, so nah, dass sie mit ihrer Nase das Glas berührte.
5 Sie starrte sich in die Augen, graugrün waren ihre Augen, dunkelgrau
gesäumte Iris, grünliche, sternförmige Maserung. Ihr wurde schwindelig.
Sie trat einen Schritt zurück und sah wieder ihr Gesicht, umrahmt
von Flaschen mit Mundwasser und Zahnbürsten, rot, blau, grün und gelb.

2 Mutters Lippenstift lag da. Eva nahm ihn und malte ein großes Herz
10 um dieses Gesicht im Spiegel. Sie lachte und beugte sich vor zu diesem Gesicht
im Spiegel, das so fremd war und so vertraut. „Du bist gar nicht so übel",
sagte sie. Das Gesicht im Spiegel lächelte. „Du bist Eva", sagte sie.
Das Gesicht im Spiegel formte einen Kussmund. Die Nase war ein bisschen
zu lang. „Das ist Evas Nase", sagte Eva. Sie öffnete ihren Pferdeschwanz,
15 ließ die Haare auf die Schultern fallen, lange Haare, lockig, fast kraus.
Sie zog sich mit dem Kamm einen Scheitel in der Mitte, kämmte die Haare
mehr nach vorn. So war es richtig. Würde es Michel gefallen? Sie schob
ihre Lippen etwas vor, warf sie auf, nur ein bisschen, und senkte die Lider. […]

3 Aber sie sah wirklich nicht schlecht aus, ein bisschen auffällig,
20 das schon, aber nicht schlecht. Sie war dick. Aber es musste doch auch
schöne Dicke geben. Und was war das überhaupt: schön? Waren nur
die Mädchen schön, die so aussahen wie die auf den Fotos
einer Modezeitschrift? Worte fielen ihr ein, wie langbeinig, schlank, rassig,
schmal, zierlich. Sie musste lachen, als sie an die Frauen auf den Bildern
25 alter Meister dachte, voll, üppig, schwer. Eva lachte. Sie lachte
das Mädchen im Spiegel an. Dann geschah es.

4 Das Fett schmolz zwar nicht[1], es war ganz anders, als sie erwartet hatte,
dass es sein würde […], eigentlich geschah nichts Sichtbares, und trotzdem
war sie plötzlich die Eva, die sie sein wollte. Sie lachte, sie konnte nicht
30 mehr aufhören zu lachen, lachte in Franziskas erstauntes Gesicht hinein
und sagte, während ihr das Lachen fast die Stimme nahm: „Wie
ein Sommertag sehe ich aus. So sehe ich aus. Wie ein Sommertag."

| [1] **Das Fett schmolz […] nicht:** Das Fett wurde nicht weniger.

Eva betrachtet sich lange im Spiegel.
Dabei gehen ihr viele Gedanken durch den Kopf.

2 Was denkt Eva beim Blick in den Spiegel?
    a. Sieh dir noch einmal die Bilder neben dem Text an.
    b. Fülle die Gedankenblasen:
       Schreibe Evas Gedanken auf.
      Tipps: • Lies noch einmal im jeweiligen Absatz nach.
             • Schreibe die Textüberschrift und
              die Autorin darüber.

> Zum Glück gibt es den Spiegel im …
> Da kann ich mir einfach nur ins Gesicht schauen.
> Ja, starr mich ruhig an, Eva!
> Deine graugrünen …

3 Was gefällt Eva an sich selbst?
    Was gefällt ihr wohl nicht?
    a. Finde die passenden Textstellen.
    b. Schreibe sie heraus.

Starthilfe
Das gefällt Eva: Zeile …: ihre Augen
                     Zeile …
Das gefällt ihr nicht: Zeile …

4 Wie sieht Eva auf Bild **2** aus?
    Beschreibe Eva in Stichworten.
    Beachte dabei die Arbeitstechnik.

Starthilfe
Personenbeschreibung: Eva …
…
Augen: …
Haare: schulterlang …

Arbeitstechnik

Eine Person beschreiben

• Wie sieht die Person **insgesamt** aus?
• Wie sieht ihr **Gesicht** aus?
• Wie sind ihre **Haare**?
• Wie sieht ihre **Kleidung** aus?
• Was **fällt** dir besonders **auf**?
• **Wie wirkt** die Person auf dich?

5 Im zweiten Teil des Textes lacht Eva über einen Gedanken.
    a. Findet diese Textstelle und lest sie vor.
    b. Worüber lacht Eva? Sprecht darüber.

6 Am Ende des Textes vergleicht sich Eva mit einem Sommertag.
    a. Schreibt die Textstelle auf.
    b. Was könnte Eva damit meinen?
       Sprecht darüber und notiert eure Gedanken.

 4 altertümlich, dunkel, geblümt, glänzend, hell, kurz, lang, seidig, wunderschön

Einen zweiten Jugendbuchauszug lesen

Und was sieht Joshua in seinem Spiegelbild?

1 Lies den Auszug aus dem Jugendbuch „Drei Freunde"
mit dem Textknacker.

Joshua   Myron Levoy

1 Es war Anfang Mai, und langsam kam die Zeit wieder,
wo man zum Baden an den See gehen konnte. Joshua Freeman
betrachtete sich in dem großen Spiegel an der Wand –
seinen schmalen Körper, das Gesicht mit den großen,
5 dunklen Augen, die herabhängenden Arme. Das stimmte
alles nicht, würde nie stimmen. Aber es war ja auch nicht wichtig.
Wieso sollte sich denn überhaupt ein Mädchen was
aus ihm machen, ob er nun nackt oder angezogen war oder
sich auf den Kopf stellte. Er würde dieses Jahr wieder
10 nicht an den See gehen.

2 „Joshua!" Es war die Stimme seiner Mutter, die ihn
von unten rief. „Joshua, schläfst du noch?"
Er spannte die Armmuskeln an und sah,
wie sich seine beiden Bizepse[1] leicht wölbten, aber sie waren
15 dünn und sehnig, ohne Kraft. Ja, er hatte nicht genug Kraft,
und es fehlte an der richtigen Koordination[2], er bewegte sich
zu ungeschickt. Er hatte verzweifelt versucht, Basketball und
Tennis zu spielen und einen richtigen Hechtsprung[3]
hinzukriegen, aber schon wenn er seinen Körper
20 zu den einfachsten Bewegungen zwingen wollte, kam bloß
eine unbeholfene Pantomime dabei heraus. Wenn andere Jungen
vom Steg in den See sprangen, dann glitten sie immer
kerzengerade und elegant wie Wurfmesser durch die Luft.
Joshua hatte ihnen oft voller Neid zugeschaut. […]

25 3 Er würde nie eine Freundin haben oder heiraten oder
sonst was, weil er sich dann dauernd genieren[4] müsste.
Sie würden ihn auslachen. Witze machen. Schrecklich.
„Joshy!", rief seine Mutter noch mal.
„Ich schlaf noch!", rief er zurück.
30 „Komm jetzt bitte runter!"
„Ich kann jetzt nicht! Ich bin mitten
in einem wichtigen Traum!" Ja. In einem Alptraum,
dachte er. Und dieser Alptraum war sein Körper.

---

[1] der Bizeps – die Bizepse: ein Muskel am Oberarm
[2] die Koordination: die Geschicklichkeit
[3] der Hechtsprung: Sprung kopfüber ins Wasser
[4] sich genieren: sich schämen

Joshua betrachtet sich kritisch im Spiegel.

2 Beschreibe Joshuas Gedanken:
- Was gefällt Joshua?
- Was gefällt ihm nicht?
- Warum gefällt ihm manches nicht?

Schreibe deine Antworten auf.

> **Starthilfe**
>
> Joshua gefällt an sich selbst …
> Ihm gefallen … nicht, weil …
> …

Joshua beschließt, auch in diesem Jahr nicht an den See zu gehen.

3 a. Warum genau will Joshua nicht an den See?
   Lest noch einmal die Textstelle.
   b. Könnt ihr Joshuas Entschluss verstehen?
   Oder könnt ihr ihn nicht verstehen?
   Sprecht gemeinsam darüber.

Joshua betrachtet andere Jungen „voller Neid", heißt es im Textauszug.

4 a. Sieh dir das Bild an.
   b. Was wünscht sich Joshua? Wovon träumt er?
   Schreibe seine Wünsche und Träume auf.
   c. Lies noch einmal Absatz **2**.
   d. Was wünscht sich Joshua noch?
   Schreibe es auch auf.

5 Joshua denkt, er sei in einem Alptraum.
- Was ist ein Alptraum?
- Was empfindet Joshua in seinem Leben als Alptraum?
  Beschreibe es.

Z 6 Warst du schon einmal voller Neid?
   Hast du dich schon einmal wie in einem Alptraum gefühlt?
- Beschreibe die Situationen.
- Erkläre deine Gefühle.

 4 Joshua hätte gern … / Joshua wünscht sich, er würde … / Joshua träumt von …

Zu den Texten schreiben und spielen

Einen persönlichen Brief schreiben

Eva und Joshua erzählen ihrer besten Freundin oder
ihrem besten Freund von ihren Gedanken und Gefühlen.

W 1 Du kannst als Freundin oder als Freund einen Brief
an einen der beiden schreiben.
Wähle aus: Schreibst du an Eva oder an Joshua?
Erkläre, was dir an der jeweiligen Person gut gefällt.

> So Eva, jetzt schreibe ich
> dir auf, was ich so toll
> an dir finde ...

> Lieber Joshua,
> ich möchte dir in diesem
> Brief ...

→ einen persönlichen Brief schreiben: Seite 293

Den Brief „überbringen"

Eva und Joshua erhalten den Brief.
Wie verändern sich ihre Gefühle?
Das könnt ihr als kurze Szene spielen.

2 Wie kommt der Brief bei Eva und Joshua an?
Drei Schauspieler können diese Szene jeweils gestalten:
Joshua (oder Eva), der Spiegel und der Brief-„Bote".
- Joshua (oder Eva) und der Spiegel stehen sich gegenüber.
- Joshua (oder Eva) betrachtet sich zunächst kritisch:
  das Gesicht, die Haare, den Körper von allen Seiten.
- Der Spiegel „spiegelt" alle Bewegungen und Gesichtsausdrücke.
- Dann beginnt der Bote, langsam den Brief vorzulesen.
- Joshua (oder Eva) verändert entsprechend die Körperhaltung und
  den Gesichtsausdruck.
- Der Spiegel „spiegelt" erneut alles.

3 Klassengespräch!
- Wie haben sich Joshua (oder Eva) und der Spiegel gefühlt?
- Wie hat die Szene auf die Zuschauer gewirkt?

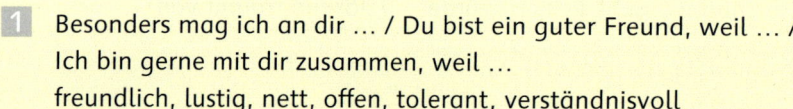

1 Besonders mag ich an dir ... / Du bist ein guter Freund, weil ... /
Ich bin gerne mit dir zusammen, weil ...
freundlich, lustig, nett, offen, tolerant, verständnisvoll

Positives formulieren

Was denken andere über Joshua und Eva?
Ihr könnt die beiden aus der Sicht von ihren Freunden oder
der Familie betrachten.
Sagt Joshua und Eva etwas Positives – macht ihnen Mut!

… hat schöne Augen

… lacht so mitreißend

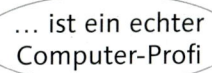

… ist ein echter Computer-Profi

… ein/e gute/r Basketballer/in

… geht sicher mit einer Bohrmaschine um

… kann super Mathe

…

4 Was könntet ihr Positives über Joshua und Eva sagen?
- Verwendet die Ideen aus den Sprechblasen.
- Sammelt weitere Vorschläge.

W **5** a. Bildet Gruppen von drei oder vier Mitgliedern.
b. Entscheidet euch für eine Person: Joshua oder Eva.
c. Wählt aus:
Möchtet ihr etwas Positives **sagen**
oder lieber **schreiben**?

→ ein Gespräch unter Freunden spielen: Aufgabe 6
→ ein Mut-Plakat gestalten: Aufgabe 7

Ein Gespräch unter Freunden

6 Zwei aus der Gruppe: Joshua (oder Eva) und ein Freund oder eine Freundin.
- Joshua (oder Eva) sagt einen kritischen Satz über sich.
- Der Freund oder die Freundin setzt einen positiven Satz dagegen.
  Er oder sie kann zum Beispiel auch den kritischen Satz entkräften.
- Die anderen aus der Gruppe unterstützen mit kleinen Tipps oder
  weiteren Vorschlägen für die Sätze.

Ein Mut-Plakat

7 Gestaltet ein Mut-Plakat für Joshua (oder Eva).
a. Zeichnet Joshua (oder Eva) auf ein großes Blatt, am besten auf A3-Karton.
b. Was mögt ihr an Joshua (oder Eva)?
Worüber soll er (oder sie) sich keine Gedanken machen?
Schreibt rings um euer Bild herum Mut-Wörter und Mut-Sätze auf.

→ ein Plakat gestalten: Seite 295

 **6** **7** Nimm es nicht so schwer. / Na und, ich habe auch … / Es gibt Wichtigeres im Leben,
zum Beispiel … / Ich finde das gar nicht so schlimm, denn … / Dafür kannst du gut … /
Dafür bist du besonders …

Das kann ich!

Zu Texten und Bildern eine Geschichte schreiben

Was wäre, wenn …
… sich Joshua und Eva begegneten?
… die beiden sich mögen würden?

1 Was passiert nacheinander?
Schreibe Stichworte auf.

Starthilfe

– Eva kommt mit Büchern …
– Joshua rennt …
…

2 • Was sagen Joshua und Eva jeweils?
• Was denken sie?
Schreibe es auf.
Tipp: Du kannst Sprech- oder Denkblasen zeichnen.

Z 3 • Wie fühlen sich Joshua und Eva jeweils?
• Wie wirken ihre Körperhaltung und ihre Mimik?
Beschreibe es in Stichworten.

4 a. Schreibe deine vollständige Geschichte über Joshua und Eva auf.
Schreibe zum Schluss auch eine Überschrift dazu.
b. Überarbeite deine Geschichte.
c. Lies sie einer Partnerin oder einem Partner vor.
Tipp: Du kannst sie auch der Klasse vorlesen.

→ Texte überarbeiten üben: Seiten 64–67
→ Texte überarbeiten auf einen Blick: Seite 290

1 in Gedanken sein, aus Versehen, vertieft sein, anrempeln, erschrecken, hinunterfallen, Telefonnummern austauschen, miteinander ins Gespräch kommen, verlegen sein, sich sympatisch finden

Einen spannenden Anfang schreiben

Der Anfang einer Geschichte soll die Leserinnen und Leser neugierig machen.
Er soll auch zum Weiterlesen anregen.

5 Lies die folgenden drei Geschichtenanfänge.

Wenn der 45-Bus, mit dem Sina morgens zur Schule fährt, noch nicht da ist,
wartet sie auf der Bank unter dem Aludach und studiert die Graffiti und
die Sprüche, die an die Glaswand gemalt sind. Manche mit Lippenstift,
manche mit fettem, grellem Marker, manche mit Sprühdose. [...]
Brigitte Blobel: „Chaos im Kopf"

Die Augen, die Augen und das Grübchen. Die dunkelbraunen Augen und
das Grübchen am Kinn. Gitta lachte leise auf. Ihr Lachen reichte bis
in den Bauch, verteilte sich dort, wohlig und aufregend zugleich. Sie ließ
das Fahrrad laufen, die abschüssige Straße erhöhte die Geschwindigkeit,
bis die Pedale keinen Widerstand mehr boten, nur noch ins Leere drehten. [...]
Regina Rusch: „Schön, einfach nur schön"

Letzte Woche rief Daniel mich an. Die Telefonnummer hatte er
von meiner Mutter. Ich fiel aus allen Wolken, als ich seine Stimme hörte. [...]
Andreas Steinhöfel: „Daniel zu lieben"

6 Wie regen die drei Geschichtenanfänge zum Weiterlesen an?
    a. Lies noch einmal jeweils den ersten Satz.
    b. Was möchtest du anschließend wissen?
       Schreibe es auf.
    c. Wie wirken die Anfänge auf dich?
       Schreibe es auch auf.

7 Wie regt **dein** Anfang die Leserinnen und Leser an?
    a. Lies noch einmal den Anfang deiner Geschichte von Seite 58.
    b. • Wie kannst du deine Leserinnen und Leser noch neugieriger machen?
       • Was sollten sich deine Leserinnen und Leser
         nach den ersten Sätzen fragen?
       Überarbeite den Anfang deiner Geschichte.
       Tipp: Lies deinen Anfang jemandem vor.
             Lass dir Tipps zum Überarbeiten geben.

➜ Texte überarbeiten auf einen Blick: Seite 290

 6 Was passiert/passierte danach? Wie fühlt/fühlte sich ...? Was tut/tat ... dann?
Was sagt/sagte ...?

☒ Spiegelgedichte

📖 Der Spiegel   August Corrodi

Kind.
Du bist ein böser Spiegel, du!
Ich komme dir so nahe zu,
Und hässlicher nur zeigst du mich.
5 Wart', Spiegel, ich zerbreche dich!

Spiegel.
Mein Kind, es tut mir leid dafür,
Dass du so gerne kommst zu mir;
Ich muss dich zeigen, wie du bist,
10 Da dieses meine Art so ist.

Kind.
So bleib' ich lieber fort von dir,
Da du so wenig schmeichelst mir.

Spiegel.
15 Mach's, wie du willst, denn treu und rein
Und wahrhaft muss ein Spiegel sein.

Igel im Spiegel   Heidrun Gemähling

Es war einmal ein Igel,
der schaute in den Spiegel,
sah seine vielen Stacheln,
und im Spiegel Kacheln.

5 Daneben stand 'ne schwarze Katze,
die ihn stieß mit der Tatze,
der Igel wurd' zu einem Rund,
Katze verstachelte sich den Mund,
schrie und fauchte im Spiegel,
10 ganz lässig blieb der Igel.

Das war der Schwarzen eine Lehre,
gab seitdem dem Igel Ehre,
grüßte mit der samten Pfote,
so kam alles wieder ins Lote.

W 1 Welche Rolle spielt der Spiegel in den Gedichten?
a. Wähle ein Gedicht aus.
   Beschreibe in eigenen Worten, worum es geht.
b. Beschreibe die Rolle des Spiegels.
c. Wie wirkt das Gedicht auf dich?
   Schreibe es auf.

W 2 Du kannst ein Gedicht ausdrucksvoll vortragen.
a. Wähle ein Gedicht aus.
   Übe, das Gedicht mit Betonung zu sprechen.
   Tipp: Lerne das Gedicht am besten auswendig.
b. Trage das Gedicht möglichst frei vor.

➜ ausdrucksvoll vortragen: Seite 287

Z Ein Spiegelcomic

1 a. Schreibe zu der Bildergeschichte eine eigene Geschichte.
   b. Überarbeite deine Geschichte.   → Texte überarbeiten auf einen Blick: Seite 290

1 sich begrüßen, sich wohlfühlen / sich unwohl fühlen, sich spiegeln, sich verändern,
   sich wundern, ausgelassen, erwachsen, fröhlich, kindlich, ruhig, traurig, unterschiedlich, wild

Es spiegelte schon in der Steinzeit

Schon immer fanden die Menschen Gefallen daran, sich selbst im Spiegel zu bewundern. Ihre ersten Spiegelbilder sahen sie auf der Oberfläche von ruhigen Gewässern.

Eine glänzende Erfindung

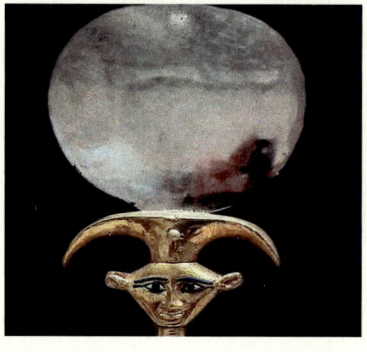

Vielleicht der älteste künstliche Spiegel ist über 8000 Jahre alt. Gefunden wurde er in dem kleinen Ort Çatalhöyük[1] in der heutigen Türkei. Dieser Spiegel besteht
5 aus einem besonderen Gestein namens Obsidian. Die Urzeitmenschen glätteten die Oberfläche zunächst grob mit Steinen, dann polierten sie das Gestein mit Sand. Am Ende war der Stein so glatt, dass er wie ein Spiegel funktionierte.
10 Ein Mensch brauchte mindestens acht Stunden, bis er den Stein so geglättet hatte, dass er spiegelte.

Die alten Ägypter erfanden den ersten Spiegel aus Metall. Sie schafften es, Kupferplatten so zu polieren, dass sie ihr Spiegelbild darin
15 sehen konnten. Heutzutage wird ein Spiegel meist aus Glas hergestellt. Er bekommt die spiegelnden Eigenschaften durch eine Metallschicht.

1 Beantworte diese Fragen in Sätzen:
 • Wo wurden die ersten Spiegel gefunden?
 • Wer erfand den ersten Spiegel aus Metall?
 • Woraus bestehen Spiegel heute?

2 In dem Text sind Personalpronomen und Wortgruppen hervorgehoben.
 a. Schreibe die Personalpronomen untereinander auf.
   Tipp: Personalpronomen schreibst du klein.
 b. Welche Wortgruppen ersetzen die Personalpronomen?
   Schreibe die Wortgruppen neben
   die passenden Personalpronomen.

   Starthilfe

   er – der älteste künstliche …

[1] Çatalhöyük [sprich: tschatalhöjük]

3
a. Lies die folgenden Sätze.
b. Welche Wortgruppen werden in den Sätzen wiederholt?
   Ersetze die wiederholten Wortgruppen
   durch passende Personalpronomen.
c. Schreibe die Sätze mit Personalpronomen auf.

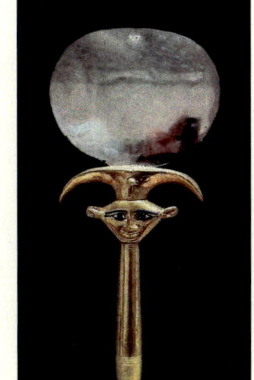

Der Pharao von Ägypten wünschte sich, einmal sein eigenes Gesicht
zu sehen. Der Pharao bekam einen Spiegel geschenkt.
Der Pharao freute sich über das Geschenk von seinem Volk.
Der Pharao dankte den Menschen sehr.
Das Gestein Obsidian ließ sich sehr glatt polieren.
Das Gestein wurde deshalb in der Steinzeit für die Herstellung
von Spiegeln benutzt. In der Steinzeit kannte man den Glasspiegel noch nicht.
Die Menschen spiegelten sich in glatten Seen, um den Glasspiegel zu ersetzen.

 Z **4**
a. Lies noch einmal das Selbstporträt von Frederike Frei.
b. Schreibe ein eigenes Selbstporträt.
   Verändere dabei das Personalpronomen.
   Tipp: Die Verbformen verändern sich auch!

> **Starthilfe**
>
> Er steht stundenlang vorm Spiegel … /
> Wir stehen stundenlang …

Selbstporträt   Frederike Frei

Ich stehe stundenlang
vorm Spiegel und
wundere mich, dass
ich ich
bin.

4   er / es / sie wundert sich

Training: Eine eigene Geschichte überarbeiten

Was wäre, wenn Eva und Joshua sich begegneten?
Aylin hat dazu eine Geschichte geschrieben.
Den Anfang kannst du hier lesen.

Eines Tages ging Eva wieder in den Park. Eva mochte den Park.
Sie läuft oft dorthin. Sie setzte sich auf die Bank.
Sie hatte sich vorher noch ein Eis gekauft, das sie jetzt aß.

Sie war müde. Die Schule war anstrengend.
5 Es geht ihr heute nicht gut.

Dann stand ein Junge vor ihr. Er lächelte sie an und sagte:
„Hallo. Ich bin Joshua."

Dann wurde Eva rot. Sie fragte sich, warum der Junge sie
ansprach. Sie war ja nicht sehr hübsch. Und pummelig war
10 sie auch. Am Morgen stand sie ja noch vor dem Spiegel.
Das war nicht so schön!

Joshua ist auch nervös. Er sprach doch nie ein Mädchen an!
Er dachte an den Morgen, als er vor dem Spiegel stand.
Er fand sich nicht sehr hübsch und das mit dem Kopfsprung
15 konnte er ja auch nicht. Schließlich war es ja erst gestern gewesen,
als er sich im Freibad so blamiert hatte. Aber das wusste
das Mädchen ja nicht. Er hatte nach der Schule keine Lust gehabt,
sofort nach Hause zu gehen.

Dann stellte sich Eva auch vor. Sie machte ihm Platz, damit
20 er sich auf die Bank setzen konnte. Sie isst weiter ihr Eis.
Sie konnte ihn nicht angucken. Er erzählte ihr, dass er
auf dieselbe Schule ging wie sie. Das war ein Zufall!

...

Sprechblasen:
- Warum ging es ihr nicht gut?
- Wo kommt der Junge her? Was will er?
- Was war nicht so schön? Was passierte vorm Spiegel?
- Was für ein Kopfsprung? Was passierte vor dem Spiegel?
- Wieso spricht Joshua Eva einfach an?
- Kennt er Eva also schon aus der Schule?

1 Wie begegnen sich Eva und Joshua?
Schreibe zwei bis drei Sätze dazu auf.

Aylins Geschichte kannst du noch lebendiger und interessanter erzählen.
Die folgenden Tipps helfen dir bei der Überarbeitung.

Tipp 1: Bleiben in der Geschichte noch Fragen offen?
Ist vielleicht nicht alles gut verständlich?
Dann ergänze die Geschichte und „fülle die Lücken".

2   a. Lies die Geschichte noch einmal in Ruhe – Absatz für Absatz.
   b. Welche Fragen bleiben für dich offen?
      Schreibe deine Fragen auf.
   c. Lies auch die Fragen neben Aylins Geschichte.
      Wähle zwei bis drei davon aus.
      Schreibe sie auch auf.

3   Mache die Geschichte lebendiger und verständlicher.
   Sieh dir die Bilder an:
   Welches Bild könnte zu welcher Frage passen?

4   Überlege dir Antworten auf die Fragen.
   Schreibe die Antworten so auf,
   dass sie in die Geschichte passen.

> **Starthilfe**
>
> Warum ging es Eva nicht gut?
> Eva hatte morgens unzufrieden
> vor dem Spiegel gestanden.
> Sie hatte sich über ihr Aussehen
> geärgert, denn sie fand sich
> nicht hübsch. Was war …

Tipp 2: Mache die Geschichte mit anschaulichen und treffenden Adjektiven noch lebendiger. Denn so können sich die Leserinnen und Leser genauer vorstellen, was alles geschieht.

Eines Tages ging Eva wieder in den Park. Eva mochte den Park.
Sie läuft oft dorthin. Sie setzte sich auf die Bank.
Sie hatte sich vorher noch ein Eis gekauft, das sie jetzt aß.

Sie war müde. Die Schule war anstrengend.
Es geht ihr heute nicht gut.

---

nahe gelegenen
beliebt
gemütlich
grün
einsam
leer / frei
erfrischend
kühl
…

5 Probiere es mit den ersten beiden Absätzen aus.
    a. Lies die Absätze noch einmal.
    b. An welchen Stellen könntest du mit Hilfe von Adjektiven noch etwas lebendiger erzählen?
        Ergänze diese Stellen.

Z **6** Du kannst an manchen Stellen sogar längere Wortgruppen oder ganze Sätze ergänzen, die lebendige Adjektive enthalten.

> **Starthilfe**
> … Es war schon früher Abend.
> Langsam dämmerte es und die ersten Laternen fingen sanft an zu glühen …

7 Mache nun auch die anderen Absätze der Geschichte anschaulich und lebendig.
    Gehe so vor wie in den Aufgaben 5 und 6.

Tipp 3: Gestalte die Satzanfänge abwechslungsreich.
        Dann lesen die Leserinnen und Leser mit Interesse weiter.

8 In den Zeilen 6, 8 und 19 beginnen die Sätze mit „Dann …".
    Das wirkt meist langweilig, aber du kannst es sehr einfach vermeiden:
    a. Stelle diese Sätze um.
        Tipps: • Du kannst die Sätze auch ergänzen und etwas hinzuerfinden.
                • Oder du verwendest noch zusätzlich einen anderen Satzanfang.
    b. Gehe mit den anderen nicht so abwechslungsreichen Satzanfängen ebenso vor.

> **Starthilfe**
> … Eva zuckte zusammen:
> Plötzlich stand wie aus dem Nichts ein Junge vor ihr …

---

8 Satzanfänge: Im nächsten Moment … / Danach … / Später … /
Auf einmal … / Plötzlich … / Schließlich …

Tipp 4: Verwende die richtige Zeitform.
Geschichten erzählt man schriftlich meist im Präteritum.

9 Auch Aylin hat ihre Geschichte im Präteritum erzählt.
Aber in vier Sätzen steht eine andere Zeitform.
a. Lies noch einmal Aylins Geschichte auf Seite 64.
Finde die Verbformen, die nicht im Präteritum stehen.
b. Schreibe die Verbformen im Präteritum auf.

Tipp 5: Schreibe die Geschichte zusammenhängend auf.
Schreibe sie in guter Schrift auf.

10 Du hast deine Korrekturen an verschiedenen Stellen notiert.
• Trage nun alles zusammen.
• Schreibe deinen vollständigen neuen Text auf.

Tipp 6: Korrigiere die Rechtschreibung. Fehler stören beim Lesen.

11 Wende den Rechtschreib-Check auf deinen Text an. ➔ der Rechtschreib-Check: Seiten 246–247

Tipp 7: Überlege dir eine Überschrift, die neugierig macht.

12 a. Lies noch einmal deine Geschichte.
b. Finde eine passende Überschrift und schreibe sie über deine Geschichte.

Z **13** Schreibe die Geschichte noch einmal mit dem Computer auf.

Z **Mit den Tipps aus dieser Trainingseinheit kannst du alle deine eigenen
Geschichten und auch andere Texte selbstständig überarbeiten.**

14 • Dazu kannst du dir eine Checkliste anlegen.
• Oder du kannst dir die Tipps zum Überarbeiten auf Karton schreiben.

Checkliste: Einen Text überarbeiten	ja	nein
Ist der Text gut verständlich?		
Sind alle „Lücken" gefüllt?		

➔ die Tipps zum Überarbeiten auf einen Blick: Seite 290

Training: Eine Person beschreiben

Hast du einen Lieblingsstar im Fernsehen? Was ist so toll an ihm oder ihr?
Hier kannst du üben, deinen Lieblingsstar zu beschreiben.
Die beiden auf dem Foto sind zum Beispiel bei vielen beliebt.

1 Was fällt dir spontan zu diesen Personen ein?
Notiere Stichworte.

1 finde ich ... / gefallen mit gut, weil ...
sympathisch/unsympathisch, freundlich, sehr jung/alt/etwas älter

Die Person Schritt für Schritt beschreiben

Du beschreibst nun Schritt für Schritt eine Person deiner Wahl.

W 2 a. Sieh dir die beiden Personen genau an.
b. Wähle aus: Welche der beiden Personen möchtest du beschreiben?
Tipp: Du kannst auch sofort deinen eigenen Lieblingsstar beschreiben.

3 • Wie sieht die Person insgesamt aus?
• Was ist das für eine Person?
• Wie alt ist die Person ungefähr?
• Was fällt dir besonders an der Person auf?
Schreibe ganze Sätze auf.

> **Starthilfe**
> Die Person ist eine Frau / ein Mann …
> Sie ist etwa … Jahre …
> …

> eine Frau, ein Mann
> die Figur,
> der erste Eindruck:
> groß, klein,
> schlank, kräftig,
> etwas übergewichtig,
> muskulös, zierlich,
> modern gekleidet,
> geschmackvoll,
> gepflegt, schick …

4 Beschreibe den Kopf der Person genauer.
Schreibe ganze Sätze.
a. Beschreibe das Gesicht:
die Form, die Augen, die Nase, den Mund.
b. Beschreibe die Haare:
die Farbe, die Haarlänge, die Frisur.

> das Gesicht: schmal, rund, breit …
> das Haar / die Haare: lang, kurz,
> schulterlang, braun, blond,
> wellig, glatt …
> die Nase / der Mund: groß, schmal,
> klein, unauffällig, auffällig …

5 • Welche Kleidung trägt die Person?
• Was für Schuhe hat sie an?
Schreibe Sätze auf.
Tipp: Beginne mit dem, was dir besonders auffällt.

Z 6 Manchmal kannst du noch weitere Besonderheiten entdecken:
eine Brille, ein Tattoo, Schmuck oder
sogar einen Gipsarm oder Ähnliches.
Beschreibe auch das in treffenden Sätzen.

7 Wie wirkt die Person auf dich?
Das kannst du am Schluss in ein bis zwei Sätzen zusammenfassen.
Tipp: Auch diese Fragen könntest du dabei beantworten:
• Wärst du gern mit ihr befreundet oder verwandt?
Warum?
• Was gefällt dir besonders?
Was gefällt dir vielleicht nicht?

 **5** Die Person trägt … / hat … an / ist mit … bekleidet.

7 entspannt, ernst, glücklich, nachdenklich, traurig, wütend

Komm auf Touren,

mein Praktikum

mein Traumberuf

1 Seht euch die Bilder an.
- Wen seht ihr?
- In welchen Situationen?

2 Welche Berufe probieren die Jugendlichen aus?
a. Beschreibt die Tätigkeiten.
b. Was wisst ihr über diese Berufe?

[**Komm auf Touren:** Fang an! Werde aktiv! Beweg dich!

 1 der Kindergarten, die Kindertagesstätte, die Werkstatt, die Schreinerwerkstatt,
die Kfz-Werkstatt, die Schneiderei

du!

meine Berufe-Mappe

meine Stärken

Was hab ich drauf?	Was hält mich auf?
Schulfächer: Deutsch Englisch	Physik
Eigenschaften: Hilfsbereitschaft einfallsreich	ungeduldig
Freizeit: Streetball mit meinem Bruder spielen	selbstständig aufräumen

Ein Rap für dich!

Komm auf Touren, du!
Der Countdown läuft.
Steig jetzt ein
in deine Zukunft.
Zeig deine Power,
mach dich schlauer!

3 a. Lest die kleinen Texte. Worum geht es?
b. Die Zeilen „Komm auf Touren, du! ..." sind aus einem Rap-Song.
Wer wird in dem Song angesprochen?

In diesem Kapitel entdeckt ihr eure Stärken und denkt über eure Zukunft nach.
Ihr tragt in einer Berufe-Mappe zusammen, wie ihr seid und was ihr alles könnt.

 3 Der Countdown [sprich: ˌkaunt'daun] läuft: Die Zeit wird weniger.
die Power: die Kraft
der Rap: rhythmischer Sprechgesang

Entdecke deine Stärken!

Jeder Mensch hat seine Stärken und besondere Fähigkeiten.
Aber welche Stärken und Fähigkeiten braucht man in welchem Beruf?

1 Die Jugendlichen auf den Fotos „testen" ihre Stärken im Praktikum.
Sprecht mit einer Partnerin oder einem Partner über die Fotos:
   • Was tun die einzelnen Personen auf den Fotos?
   • Wie fühlen sie sich?

2 Was muss man noch in diesen Berufen tun?
   a. Ordnet die folgenden Tätigkeiten zu.
   b. Schreibt die Namen der Berufe auf: in der männlichen **und**
      in der weiblichen Form.
      Tipp: Die Buchstaben vor den Tätigkeiten helfen dabei.
   c. Schreibt jeweils die passenden Tätigkeiten dazu.

T unterschiedliche Werkzeuge verwenden	H die Werkbank aufräumen
E mit Kindern spielen	L Holzmöbel reparieren
R gemeinsam singen	E Konflikte unter Kindern lösen
I Werkstücke abmessen	H trösten
S genaue Skizzen zeichnen	E zu Spiel und Basteln anregen
Z Kinder unterstützen und fördern	E Maße berechnen
I Kinder sicher im Straßenverkehr begleiten	R Holz und anderes Material bestellen
C Holz bearbeiten	R zu Bewegung und Sport anregen

3 Sprecht mit der Partnerin oder dem Partner über **euch selbst**:
Welche Tätigkeiten aus Aufgabe 2 mögt ihr?
Begründet.

1 beobachten, erklären, erziehen, sägen, trösten, werken, zuschauen,
gestresst, glücklich, interessiert, konzentriert, motiviert, neugierig, stolz, überfordert

2 die Werkstücke: Gegenstände, die noch verarbeitet werden müssen

Für die beiden Berufe von Seite 72 sind bestimmte Stärken und Fähigkeiten wichtig.

die Genauigkeit   die Hilfsbereitschaft   das Einfühlungsvermögen

die Fingerfertigkeit   das räumliche Denken   der Ideenreichtum

4 **W**

a. Wählt aus:
  • Ihr könnt zunächst Worterklärungen für die einzelnen Stärken finden.
  • Oder ihr könnt sofort den beiden Berufen die passenden Stärken und Fähigkeiten zuordnen.
  Tipp: Manche Stärken können zu verschiedenen Berufen passen.
b. Schreibt eure Ergebnisse auf.

Worterklärungen für die Stärken:
• Ich kann Werkzeuge und Geräte auch für Feinarbeiten geschickt nutzen.
• Ich kann mir vorstellen, wie ein gezeichneter Gegenstand in Wirklichkeit aussieht.
• Ich kann mich gut in andere Menschen hineinversetzen.
• Ich arbeite genau und achte auch auf Kleinigkeiten, um keine Fehler zu machen.
• Ich erkenne, wenn jemand Hilfe braucht, und ich helfe gern.
• Ich habe immer gute und neue Ideen und kann sie kreativ umsetzen.

5 Sprecht mit der Partnerin oder dem Partner über **eure eigenen** Stärken und Fähigkeiten:
  • Welche Stärken aus Aufgabe 4 treffen auf euch zu?
  • Nennt auch Beispiele.

**Auch in dem Rap-Song „Komm auf Touren, du!"
geht es um deine Stärken.**

6
a. Lest die Strophe.
b. Sprecht die Strophe halblaut. Am besten, ihr versucht zu rappen.
c. Worum geht es in der Strophe? Sprecht darüber.

7 Schreibt die Strophe in der **Ich**-Form auf.
  Tipps: • Alles Orange müsst ihr verändern.
  • Die zweite Zeile beginnt mit „**ich**".

Die Zukunft liegt in deinen Händen,
▬▬▬ lass dich ein und spiel,
du brauchst nur ein Ziel.
Wo liegt deine Stärke?
Jetzt kommt's auf dich an!
Jetzt bist du dran!

5 die Freundlichkeit, die Geduld, die Kreativität, die Zuverlässigkeit
Meine Stärke ist Hilfsbereitschaft, weil ich …

Finde den Weg zum richtigen Beruf

Der Rap-Song „Komm auf Touren, du!"
stellt viele Fragen.
Im folgenden Text erfährst du,
wie andere diese Fragen
für sich beantwortet haben.

Wo geht's lang?
Was will ich tun?
Wo will ich hin?
Was hab ich drauf?
Wer will ich sein?
Was hält mich auf?

 1   a. Lies die Zeilen aus dem Rap-Song.
b. Sieh dir die Bilder an. Lies die Textüberschrift.
c. Überfliege den Text: Worum geht es?

1. Vor dem Lesen
2. Das erste Lesen

Drehleiter oder Nähnadel? – Du hast die Wahl!

1 Er sitzt am Sandkasten, er erzählt Geschichten, singt Kinderlieder.
Er liest vor, bindet Schleifen, wechselt Windeln, kocht und füttert –
und das von Montag bis Freitag, täglich acht Stunden.
David Nunjev ist Erzieher und arbeitet in einer Kindertagesstätte.
5 Früher haben Bekannte ihn manchmal belächelt. „Weshalb hast du
einen Frauenberuf gewählt?", fragten sie. „Das liegt mir und macht
viel Freude", erwiderte er dann. „Ich bin gern mit Menschen zusammen,
die Arbeit ist abwechslungsreich[1]. Und ich finde, Kinder erziehen ist
die schönste Aufgabe der Welt." Wenn David zu Fortbildungen[2] fährt, ist
10 er meist der einzige Mann unter vielen Erzieherinnen. Doch David meint,
das wird nicht mehr lange so bleiben. Denn immer mehr junge Männer
entdecken diesen Beruf für sich. Und jeder hat seine eigenen Gründe,
so wie David: „In der Schule war ich immer gut in Deutsch, Sport
und Musik. Mathe und Physik konnte ich nicht so gut. Dafür hatte ich
15 viele Ideen für Klassennachmittage und Ausflüge. Mein erstes Praktikum
habe ich im Computerbereich absolviert. Das fanden damals
viele gut und ich dachte, da könnte man eine Menge Geld verdienen.
Gefallen hat es mir nicht. Als ich dann mein zweites Praktikum
in einem Kindergarten machte, wusste ich: Das ist genau das Richtige
20 für mich. Inzwischen bin ich selbst Vater und trage selbstverständlich
auch zu Hause meinen Teil der Verantwortung."

2 Auch Marina Baric hat ihre ganz persönliche Geschichte. „Ich habe
weder einen grünen Daumen[3] noch rede ich gern und viel. Am liebsten
arbeite ich mit den Händen. Mein Lieblingsfach in der Schule war Technik.
25 Ich habe immer gern gebastelt und meinem Vater in seiner Werkstatt
geholfen. Als dann die Praktika begannen, habe ich mich zunächst
für die Krankenpflege interessiert, weil meine Freundinnen das machten.
Schnell hab ich aber gemerkt, dass mir das nicht liegt.

[1] **abwechslungsreich**: jeden Tag anders
[2] **die Fortbildungen**: Unterricht für Berufstätige
[3] **einen grünen Daumen haben**: gut mit Pflanzen umgehen können

Mein zweites Schulpraktikum absolvierte ich dann in einer Kfz-Werkstatt.
30 Ja, das war mein Ding! Und so bewarb ich mich um eine Ausbildung
im Kfz-Handwerk. Das war gar nicht so einfach: Ich musste
viele Bewerbungen schreiben. Und ich musste damit klarkommen,
dass nicht jeder es gut fand, dass ich als junge Frau Autos reparieren
wollte. Aber ich habe mich nicht einschüchtern lassen[4]. Als es dann
35 endlich mit dem Ausbildungsplatz zur Service-Mechanikerin klappte,
war ich glücklich. Meine männlichen Kollegen haben inzwischen
verstanden, dass ich genauso wie sie in die Werkstatt gehöre.

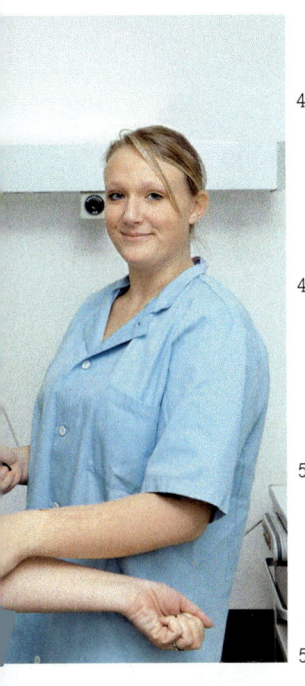

3 Corinna Schäfers erzählt: „Im 7. Schuljahr begann ich, ernsthaft
über einen Beruf für mich nachzudenken. Mir hat der „Girls' Day"
40 sehr dabei geholfen: Wir Mädchen durften einen Tag lang in Berufe
„hineinschnuppern", die sonst eher Jungen wählen. Und die Jungen hatten
umgedreht ihren „Boys' Day". Ich entschied mich für einen Tag
bei der Berufsfeuerwehr. Mein Vater ist Feuerwehrmann mit Leib und
Seele. Am Vormittag besichtigte ich das Gelände und hörte einen Vortrag
45 über die Ausbildung bei der Berufsfeuerwehr. Am Nachmittag haben wir
uns die Fahrzeuge genauer angesehen. Auf dem Hof wurde sogar
die Drehleiter ausgefahren, und ich durfte im Rettungskorb
bis auf 30 Meter hinauffahren. Oben wurde mir schwindlig.
Ja, das war eine neue Erfahrung. Trotzdem war es ein großartiger Tag.
50 Ich habe seitdem noch mehr Respekt vor der Arbeit meines Vaters.
Über einen Beruf, der zu mir passt, denke ich weiter nach.
Meine Lieblingsfächer sind Deutsch und Bio. Und ich spiele Handball
in einem Verein. Mein Praktikum habe ich in einem Krankenhaus
gemacht. Ich war viel auf der Kinderstation und das hat mir
55 super gefallen. Vielleicht möchte ich Krankenschwester werden."

4 „Noch vor ein paar Jahren habe ich davon geträumt, Gitarrist
in einer Band zu werden", erzählt Carlo Bertani. „Dafür hätte ich sicher
härter und regelmäßig üben müssen. Also bleibt es ein Traum, aber
meine Freunde freuen sich, wenn ich ab und zu mal für sie spiele.
60 Dafür kann ich etwas anderes richtig gut: Schon seit mehreren Jahren
helfe ich meiner Mutter in ihrer Änderungsschneiderei[5]. Mit den Händen
bin ich sehr geschickt. Ich konnte schon immer gut mit Schere, Nadel und
Faden umgehen. In der Schule bin ich besonders gut in Kunst,
Textilgestaltung und Technik. Deutsch, Englisch und Erdkunde liegen mir
65 weniger. Am „Boys' Day" durfte ich Gast in einer Modeschneiderei sein.
Ich wurde herzlich aufgenommen und fühlte mich sofort wohl.
Der Chef merkte gleich, dass ich schon vieles konnte. Er meinte, jemanden
mit meinen Fähigkeiten könne er gut gebrauchen. Er bot mir sogar
ein Praktikum an. Da war ich total stolz und konnte meine Zukunft
70 deutlich vor mir sehen. Seit dem Tag will ich unbedingt Modeschneider
werden. Dafür werde ich alles tun."

[4] **sich nicht einschüchtern lassen:** sich nicht den Mut nehmen lassen
[5] **die Änderungsschneiderei:** Werkstatt eines Schneiders, der nur Änderungen
vornimmt und keine neuen Stücke näht

Den Text mit dem Textknacker erschließen

Wo geht's lang?
Was will ich tun?
Wo will ich hin?
Was hab ich drauf?
Wer will ich sein?
Was hält mich auf?

Wie haben David, Marina und die anderen die Fragen
aus dem Rap-Song für sich beantwortet?
Mit dem Textknacker kannst du es herausfinden.

2 Du liest den Text genau und in Ruhe –
Absatz für Absatz.

3. Den Text genau lesen

Deine Arbeitsergebnisse schreibst du auf ein Blatt Papier.
- **a.** Schreibe die Textüberschrift ganz oben auf das Blatt.
- **b.** Schreibe zu jedem Absatz eine Überschrift auf.
- **c.** Schreibe jeweils die Schlüsselwörter dazu.
  - **Tipps:** • Im ersten Absatz sind die Schlüsselwörter schon hervorgehoben.
    - • Lege eine Folie über den Text.
      Markiere die weiteren Schlüsselwörter.

3 **a.** Welche Fragen hast du an den Text? Notiere sie.
Notiere auch mögliche Antworten.
- **b.** Kläre unbekannte Wörter mit den Fußnoten unter dem Text und
mit einem Wörterbuch.

„Wo geht es lang? Was will ich tun? Wo will ich hin?"   **4. Nach dem Lesen**

4 Beantworte die folgenden Fragen zum Text auf deinem Blatt.
- • Welche Berufe oder Berufswünsche haben die vier Personen heute?
- • Welche Praktika hat Marina absolviert?

- • Wozu dienen der „Girls' Day" und der „Boys' Day"?
- • Was erzählt Carlo von seinem Traum?

„Was hab ich drauf? Was hält mich auf?"

5 Welche Stärken und Schwächen haben David, Marina, Corinna und
Carlo an sich selbst erkannt?
Schreibe die Antworten in eine Tabelle.

Name	Was hab ich drauf? ↓ Lieblingsfächer und Stärken	Was hält mich auf? ↓ Schwächen und Abneigungen
David	- Deutsch … - immer viele … …	…
…	…	…

✏ **3** Warum ist David Nunjev Erzieher geworden?
Wie kam es, dass Maria Baric … ? Wann … ? Wer … ? Welche Fähigkeiten … ?

Meine Berufe-Mappe

Was hab ich drauf? Was hält mich auf?

Für deine Antworten legst du eine Berufe-Mappe an.
Diese Mappe nennen manche auch Berufsportfolio.
Darin sammelst du alle wichtigen Materialien
auf deinem Weg in den Beruf.

1 a. Besorge dir einen Hefter in deiner Lieblingsfarbe.
   Tipp: Lege auch einen Locher und farbigen Karton bereit.
   b. Dein erstes Blatt für die Berufe-Mappe hast du schon fertig!
   Es sind deine Arbeitsergebnisse zum Text „Drehleiter oder
   Nähnadel?".

   > Textblatt 1

2 Auf dem nächsten Blatt kannst du deine persönlichen Gedanken
   zu David, Marina, Corinna und Carlo aufschreiben.
   Diese Fragen können dir helfen:
   • Was war für dich besonders interessant an dem Text?
   • Welche Person hat ähnliche Stärken oder Schwächen wie du?
   • Was würdest du Corinna oder Carlo empfehlen?
   • Was lernst du aus dem Text für deinen eigenen Weg in den Beruf?

   > Textblatt 2

W Von den Aufgaben 3 und 4 kannst du dir eine auswählen.

W 3 a. Schreibe die Rap-Zeilen von Seite 76 auf ein neues Blatt.
   b. Wähle zwei bis drei Fragen aus dem Rap für dich aus.
   Markiere sie farbig.
   c. Schreibe deine Gedanken und Gefühle zu diesen Fragen auf.
   Schreibe vollständige Sätze.

   > Rap-Blatt 1

W 4 Welche Stärken und Schwächen hast du?
   Schreibe spontan auf, was dir in diesem Moment dazu einfällt.

   > Stärkenblatt 1

Was hab ich drauf?	Was hält mich auf?
Schulfächer: Deutsch	Physik
Englisch	
Eigenschaften: Hilfsbereitschaft	ungeduldig
einfallsreich	
Freizeit: Streetball	selbstständig aufräumen
mit meinem Bruder spielen	

3 Ich möchte … / Ich wünsche mir … / Ich plane … / Ich fühle mich …
beunruhigt, besorgt, ermutigt, gespannt, neugierig, stark, vorbereitet, zuversichtlich

Meine Stärken und Fähigkeiten

Mit Hilfe deiner Klasse, deiner Familie und Freunde findest du noch mehr über deine Stärken und deine Fähigkeiten heraus.

Hab ich zwei linke Hände?
Bin ich voll kreativ? (...)
Werd ich'n Sesselpooper?
Ich liebe meinen PC!
Oder ackere ich draußen
im hammerhohen Schnee?

5 a. Lest in der Klasse die Zeilen aus dem Rap-Song vor.
 b. Welche Zeilen treffen vielleicht auch auf euch zu?
 Tauscht euch darüber aus.
 Tipp: Erklärt gemeinsam die ungewöhnlichen Wörter.

Z 6 Lest, untersucht und besprecht den vollständigen Rap.

→ Seite 312

7 Was machst du gern in deiner Freizeit?
 Was machst du am Nachmittag, am Wochenende, in den Ferien?
 • Schreibe Hobbys, Lieblingsbeschäftigungen,
 Dinge, die du gern unternimmst, untereinander in eine Liste.
 • Warum machst du diese Dinge gern?
 Welche Fähigkeiten zeigst du dabei?
 Schreibe die Gründe und die Fähigkeiten jeweils daneben.

Stärkenblatt 2

Meine Stärken

Was ich gern mache   *Gründe und Fähigkeiten*

8 Welche Lieblingsfächer hast du?
 • Schreibe sie ebenfalls in die Liste.
 • Ergänze daneben Gründe und Fähigkeiten.

Z 9 Was kannst du sonst noch gut?
 Gibt es eine Tätigkeit, die du nicht unbedingt gern magst,
 die du aber gut kannst?
 • Schreibe sie ebenfalls in deine Liste.
 • Schreibe auch auf, welche Fähigkeit du dabei zeigst.
 • Begründe, warum du die Tätigkeit nicht magst.

10 Was finden andere an dir stark?
 a. Frage deine Mitschülerinnen und Mitschüler, deine Freunde,
 Eltern und Bekannten.
 Tipp: Lass sie Stichworte über dich notieren.
 So gibst du ihnen Zeit, über deine Stärken nachzudenken.
 b. Gestalte ein Blatt zu deiner Umfrage.

Stärkenblatt 3

11 a. Lies noch einmal deine „Stärkenblätter".
 b. Welche drei Stärken sind dir am wichtigsten? Markiere sie.

6 9 das Durchhaltevermögen, das Einfühlungsvermögen, die Aufmerksamkeit,
 die Hilfsbereitschaft, die Rücksichtnahme, die Selbstständigkeit, die Sorgfalt,
 die Teamfähigkeit, die Zuverlässigkeit

Unsere Traumberufe

In seinen Träumen wollte Carlo eigentlich Gitarrist in einer Band werden.
Im echten Leben findet Carlo, dass er ein guter Schneider werden kann.
Wovon träumt ihr? Und welche Träume können wirklich wahr werden?

Rettungsassistentin
Rettungsassistent

Präsidentin
Präsident

Berufskraftfahrerin
Berufskraftfahrer

Fernsehmoderatorin
Fernsehmoderator

Frisörin
Frisör

Fliesenlegerin
Fliesenleger

Landwirtin
Landwirt

Rapperin
Rapper

Pilotin
Pilot

Bundeskanzlerin
Bundeskanzler

Tiefseetaucherin
Tiefseetaucher

Model

Einzelhandelskauffrau
Einzelhandelskaufmann

Mechatronikerin
Mechatroniker

Floristin
Florist

Profifußballerin
Profifußballer

11 Startet eine schriftliche Befragung in eurer Klasse.
Jeder beantwortet zwei Fragen:
- Was ist dein absoluter Traumberuf?
- Über welchen Beruf möchtest du dich ernsthaft informieren?

12 a. Wertet die Befragung aus: Berufeblatt 1
- Rechnet alles zusammen.
- Gestaltet eure Ergebnisse mit dem Computer: als Listen,
  Tabellen oder Grafiken.
- Schreibt Ranglisten: Welche Traumberufe sind die beliebtesten?
  Welche „echten" Berufswünsche habt ihr am häufigsten genannt?
- Wie unterscheiden sich die Wünsche der Mädchen
  von denen der Jungen?
b. Präsentiert die Ergebnisse in der Klasse, vielleicht sogar
mit dem Beamer.
c. Kopiert die Ergebnisse für alle eure Berufe-Mappen.

Z 13 Klassengespräch!
- Welche Berufswünsche bleiben wahrscheinlich Träume? Warum?
- Welche Träume können vielleicht wahr werden?

Z 14 Für jeden Beruf auf dieser Seite braucht ihr bestimmte Stärken   Berufeblatt 2
und Fähigkeiten.
Schreibt für jeden Beruf die benötigten Stärken und Fähigkeiten auf.   **Starthilfe**

> der Einzelhandelskaufmann / die Einzelhandelskauffrau:
> kontaktfreudig, höflich, Pünktlichkeit, muss rechnen können …

12 Die Befragung hat gezeigt, dass …
Die Tabelle stellt dar, dass …
Aus der Grafik lässt sich ablesen, dass …

Eine Berufe-Mappe führen – meine Stärken erkennen

Welche Materialien gehören in deine Berufe-Mappe?
Du kannst sie nun zusammentragen, ordnen und beschriften.

1 a. Lege die Blätter für deine Berufe-Mappe bereit.
Schreibe das Datum auf jedes Blatt.
b. Lies noch einmal deine Arbeitsergebnisse.
c. Ordne die Blätter in einer sinnvollen Reihenfolge.
d. Loche sie und hefte sie ein.

2 Gestalte ein Inhaltsverzeichnis.
Tipp: Verwende Trennblätter aus Karton.
Beschrifte sie mit deinen Überschriften.
So wird deine Berufe-Mappe noch übersichtlicher.

Inhaltsverzeichnis

3 Auf einem Deckblatt notierst du einige Angaben über dich selbst.
Tipp: Du kannst dafür farbigen Karton nehmen.
• Schreibe eine Überschrift auf: Was ist das für eine Mappe?
• Schreibe deinen Namen, deine Klasse und deine Adresse auf.
• Schreibe einen Steckbrief mit den wichtigsten Angaben zu dir.
Du kannst Ideen aus den Beispielen nehmen.
Du kannst auch einen ganz anderen Steckbrief gestalten.

Deckblatt

Das möchte ich: viel Geld verdienen
Mein Ziel: gut kochen lernen
Mein Traumberuf: Chefkoch

Das bin ich
Name: Josy Liebicz
Alter: 13 Jahre
Schule: Habermann-Schule

Das kann ich: tanzen
Lieblingsfächer: Deutsch und Englisch
Hobbys: backen und singen
Besondere Fähigkeiten: Spagat

Daher komme ich: Griechenland
Geburtsort: Serres
Eltern: Christos und Maria Georgiou
Adresse: Karliner Str.

Das mag ich: mein Bike
Lieblingsessen: Pizza
Lieblingsbeschäftigung: reparieren
Sport: Körbe werfen!

Ein Tipp zum Schluss:
Deine Berufe-Mappe begleitet dich in den nächsten Jahren.
Du kannst sie immer wieder mit Materialien rund um das Praktikum,
die Bewerbung und den Beruf ergänzen.

2 *Mögliche Überschriften für das Inhaltsverzeichnis:*
„Drehleiter oder Nähnadel?" / Meine Gedanken zu David, Marina, Corinna
und Carlo / Die beliebtesten Berufe unserer Klasse …

Meine Stärken präsentieren

Was hast du über dich selbst zusammengetragen?
Welche Stärken hast du?
Was hast du vielleicht sogar Neues über dich erfahren?
Du kannst deine Arbeitsergebnisse in einem Kurzvortrag präsentieren.

4 Welche Stärken möchtest du präsentieren?
   a. Blättere deine Berufe-Mappe durch.
   b. Entscheide dich für drei Stärken.
   Schreibe sie auf einzelne Karteikarten.

5 Ergänze die Karteikarten in Stichworten:
   • Welche Fähigkeiten brauchst du für deine Stärken?
   • Kannst du Beispiele nennen oder von bestimmten Situationen erzählen?
   • In welchen Berufen sind deine Stärken gefragt?
   • Hast du schon Ideen für ein Praktikum?

Es gibt verschiedene Möglichkeiten, deine Stärken zu präsentieren.

6 **a.** Wie präsentieren die Personen auf den Bildern ihre Stärken?
   b. Mit welchen Hilfsmitteln möchtest du deinen Kurzvortrag unterstützen?

7 **a.** Bereite den Kurzvortrag und deine Präsentation vor.
   b. Ordne deine Karteikarten. Markiere Wichtiges.
   c. Übe den Vortrag, z. B. vor dem Spiegel oder vor deinen Eltern.

8 • Halte den Vortrag in der Klasse.
   • Bitte die anderen um ihre Meinung und um Ideen, z. B. für dein Praktikum.
   • Lass dir von den anderen am Ende Fragen stellen.

→ Tipps zum freien Vortragen: Seite 295

6 an die Tafel schreiben, mit PC und Beamer präsentieren, ein Plakat gestalten und zeigen,
einen Gegenstand mitbringen und erklären …

7 **8** Ich habe … vorbereitet. / Ich möchte über … sprechen. / Meine Stärken sind … /
Ich kann besonders gut … / Diese Stärken sind wichtig für mich, weil … /
Was meint ihr dazu? / Was würdet ihr mir empfehlen? / Vielen Dank.

z Berufe beschreiben

In einer Tageszeitung kannst du diese Stellenanzeige lesen.

Koch/Köchin gesucht

Der Apfelhof in Lukau ist ein beliebtes Ausflugsziel für Wanderer und Radfahrer.

Stellenbeschreibung: Wir suchen ab sofort eine/n engagierte/n Koch/Köchin. Er oder sie soll eigenverantwortlich planen und arbeiten, kreativ und zuverlässig sein.

Anforderungsprofil: abgeschlossene Berufsausbildung

Ansprechpartnerin: Linda Laurenz (0571) 555 71 23

1 Beantworte diese Fragen schriftlich:
- Was für eine Stelle wird angeboten?
- Was erfährst du über den Arbeitsplatz?
- Wann soll die Arbeit angetreten werden?
- Welche Stärken und Fähigkeiten werden benötigt?
- Welche Angaben werden noch gemacht?
- Was bedeuten die folgenden Wörter?
  engagiert, eigenverantwortlich, kreativ, zuverlässig, Anforderungsprofil

Anzeigenblatt

Diese Berufe kannst du selbst beschreiben.

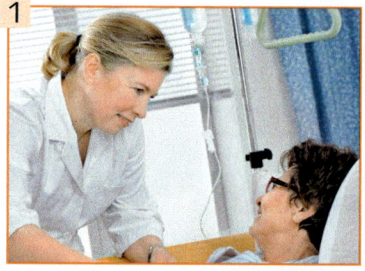

2 Welche Berufe erkennst du auf den Fotos? Schreibe die Berufsbezeichnungen auf.

3 • Welche Tätigkeiten auf den Fotos sind dargestellt?
• Welche Tätigkeiten gehören noch zu diesen Berufen?
Beschreibe sie.

4 Beschreibe die Berufe genauer.
Schreibe zu jedem Beruf einen kurzen Text.
• Schreibe vollständige Sätze.
• Du kannst die Wörter und Wortgruppen verwenden.

Wo?	Was?	
draußen	Wunden verbinden	Uhren reparieren
im Krankenhaus	Batterien einsetzen	Betten machen
in einer Werkstatt	Waren bestellen	Schmuck verkaufen
in einem Geschäft	Bäume schneiden	Rasen mähen
…	Essen bringen	Kunden beraten
	Medikamente austeilen	Blumen pflanzen
	kassieren	Kleidung auszeichnen
	Ersatzteile besorgen	Unkraut jäten
	Armband wechseln	…

5 Welche besonderen Fähigkeiten braucht man
in diesen Berufen?
Welche Stärken sollte man mitbringen?
• Ordne die Fähigkeiten und Stärken zu.
  Schreibe vollständige Sätze auf.
• Ergänze selbst weitere Fähigkeiten und Stärken.

> **Starthilfe**
>
> Eine Krankenschwester/ein Krankenpfleger
> muss …, … und … sein.
> …

aufmerksam
ausdauernd
freundlich
geduldig
genau
höflich
kräftig
kreativ
kritikfähig
selbstständig
teamfähig
zuverlässig
…

W **6** Du kannst nun selbst eine Stellenanzeige schreiben.
   a. Wähle aus:
     • Entscheide dich für einen der vier Berufe von den Fotos.
     • Oder wähle einen anderen Beruf aus, der dich interessiert.
   b. Stelle dir vor: Du bist der Chef.
     Wie würdest du deine Anzeige formulieren?
     Schreibe und gestalte die Anzeige, am besten am Computer.

Z **7** Hängt oder legt eure Anzeigen in der Klasse aus.
Wer würde sich für welche Stelle bewerben? Warum?
Diskutiert.

6 Wer wird gesucht? Wo wird er/sie arbeiten? Wann wird er/sie anfangen?
Welche Stärken braucht er/sie? Welche Ausbildung sollte er/sie haben?
Wer ist die Ansprechpartnerin oder der Ansprechpartner?

Weil Sina gern mit Pflanzen arbeitet, ...

In einem Praktikum kannst du eigene Stärken entdecken.
Sina hat sich für ein Praktikum in einem Umweltverein entschieden.

1 **a.** Sieh dir das Bild an.
    b. Lies den Text.

Traumberuf: Gärtnerin

Weil Sina gern mit Pflanzen arbeitet, macht sie ein Praktikum in einem Umweltverein. „Ich muss sehr behutsam sein. Sonst gehen die zarten Blüten kaputt." Sina setzt kleine Pflanzen in die Erde. „Ich habe mir in der Schule
5 noch gar keine Gedanken über einen Ausbildungsplatz gemacht. Daher habe ich mich für ein Praktikum gemeldet." Sina arbeitet nun acht Monate lang bei einem Umweltverein. Für so ein langes Praktikum bekommt sie sogar ein bisschen Geld. „Ich lerne hier viel Neues. Deshalb gefällt mir
10 das Praktikum gut. Außerdem habe ich hier mein besonderes Talent für den Umgang mit Pflanzen entdeckt. Weil ich auch gerne im Freien arbeite, bewerbe ich mich nun für einen Ausbildungsplatz als Gärtnerin." Etwas aber stört Sina an ihrem neuen Job[1]: „Weil ich einen langen Weg zur Arbeit habe, stehe ich jeden Morgen sehr früh auf. Das mag ich nicht so."

2 **a.** Finde im Text die Antworten auf diese Fragen:
        • Warum macht Sina ein Praktikum in einem Umweltverein?
        • Warum bewirbt sich Sina um einen Ausbildungsplatz als Gärtnerin?
        • Warum steht Sina morgens früh auf?
    b. Schreibe die Antworten auf.
    c. Markiere **weil** farbig.
    d. Markiere alle Verben in einer zweiten Farbe.

Merkwissen

Mit einem **weil**-Satz kannst du etwas begründen.
Der **weil**-Satz wird durch Komma vom Hauptsatz abgetrennt.
(Das gebeugte Verb) steht am Ende des **weil**-Satzes.

Satzbild: Weil ⬭ , ⬭ ▬▬ .

Weil Einfühlsamkeit meine Stärke (ist), (werde) ich Erzieher.

[[1] **der Job** [sprich: dschob]: der Beruf

Mina, Lars und Juri haben sich für andere Ausbildungen entschieden.

3 Wofür haben sich Mina, Lars und Juri entschieden? Warum?
  a. Schreibe mit Hilfe der Satzschalttafel **weil**-Sätze.
  b. Markiere **weil** in den Sätzen farbig.
  c. Markiere die Verben in einer zweiten Farbe.
  d. Kennzeichne das Komma mit einem Pfeil.

Weil	Mina Lars Juri	sehr geschickt ist gerne im Freien arbeitet sehr geduldig ist	✓ ,	sucht macht absolviert	sie er	eine Ausbildung als Mechatroniker/in. eine Ausbildung als Forstwirt/in. eine Ausbildung als Kindergärtner/in.

4 • Wovon träumst du? Warum?
  • Welche Ausbildung möchtest du machen? Warum?
  • Wo suchst du dir einen Praktikumsplatz? Warum?
  a. Schreibe Sätze mit **weil** in dein Heft.
  b. Markiere **weil** und die Verben farbig.
  c. Kennzeichne das Komma mit einem Pfeil.

Für andere Berufe braucht man diese Stärken.

Silvias Stärke ist Freundlichkeit.

Er wird Beikoch.

Tomas hilft gern in der Küche.

Sie wird Schneiderin.

Meral interessiert sich für Mode.

Sie wird Verkäuferin.

Z 5 Warum wird er Beikoch? Warum wird sie …?
  a. Ordne den Stärken der Personen in der linken Spalte den passenden Berufen in der rechten Spalte zu.
  b. Verbinde die Sätze miteinander.
    Mache dabei aus dem ersten Satz einen **weil**-Satz.
  c. Schreibe die Sätze dann verbunden auf.
    Tipp: Das gebeugte Verb steht am Ende des **weil**-Satzes.

Z 6 Im Text „Traumberuf: Gärtnerin" sind zwei Satzpaare hervorgehoben.
  a. Verbinde jeweils zwei Sätze miteinander.
    Beginne die verbundenen Sätze mit **weil**.
  b. Schreibe deine neuen Sätze auf.

4 im Sportverein, in der KFZ-Werkstatt, im Hotel, im Kindergarten
    gerne mit Menschen arbeiten, gut organisieren können, zuverlässig sein

Training:
Berufe erkunden und vorstellen

Mit Interviews Berufe erkunden

Milan und Dunja interviewen Frau Kovac über ihren Beruf.

1 Lies das Interview mit dem Textknacker.

   Milan: Frau Kovac, danke, dass wir Sie interviewen dürfen. Welchen Beruf haben Sie, Frau Kovac?

   Frau Kovac: Ich bin seit 13 Jahren Altenpflegerin.

   Milan: Ist das Ihr Traumberuf?

5 **Frau Kovac:** Traumberuf klingt vielleicht etwas übertrieben. Aber ja: Der Beruf macht mir Spaß.

   Milan: Wo arbeiten Sie denn genau?

   Frau Kovac: Im Moment arbeite ich bei einem ambulanten Pflegedienst.

   Milan: Und was haben Sie alles zu tun?

10 **Frau Kovac:** Ich pflege und betreue hilfsbedürftige ältere Menschen. Ich helfe ihnen bei der Körperpflege, beim Essen oder beim Anziehen. Ich begleite sie auch zu Behörden oder Ärzten. Oft sind sie einfach froh, dass jemand da ist, sich mit ihnen unterhält und ihnen zuhört.

15 **Dunja:** Haben Sie noch weitere Aufgaben?

   Frau Kovac: Ja, ich wechsle auch Verbände und verabreiche Medikamente. Der Familie gebe ich Ratschläge, wie sie für die Angehörigen sorgen können.

   Dunja: Oh, das ist ja ganz schön viel! Ist Ihr Beruf denn stressig?

20 **Frau Kovac:** Ja, der Beruf ist oft anstrengend, weil meine Kollegen und ich unter Zeitdruck stehen. Ich hätte gern mehr Zeit für meine Patienten[1].

   Milan: Wann und wie lange arbeiten Sie denn?

   Frau Kovac: Ich arbeite im Schichtdienst acht Stunden täglich.

25 **Dunja:** Welche Stärken sind für Ihren Beruf besonders wichtig?

   Frau Kovac: Man muss sehr sorgfältig arbeiten, auch bei Stress freundlich bleiben und immer einfühlsam mit den Patienten umgehen. Aber man sollte sich auch durchsetzen können.

   Dunja: Was sollte man für den Beruf noch können?

30 **Frau Kovac:** Wer ein Musikinstrument spielt oder gerne malt oder bastelt, der kann dies für die Freizeitangebote in Heimen nutzen.

   Milan: Welche Schulfächer sind für den Beruf wichtig?

[[1] der **Patient,** die **Patientin:** hier: eine Person, die vom Pflegedienst betreut wird

Frau Kovac: Biologie und Deutsch, auch Geschichte und Geografie.
35   Man muss viel über den Körper des Menschen wissen. Deutsch braucht
         man für Behördengänge, offizielle Schreiben und für die Aktenführung.
         Und Allgemeinwissen ist im Gespräch mit den alten Menschen wichtig.
Dunja: Welchen Schulabschluss braucht man denn?
Frau Kovac: Meist wird ein mittlerer Bildungsabschluss verlangt.
40   Aber am besten informiert ihr euch mal im BiZ[2].
Milan: Und welche Ausbildung gibt es?
Frau Kovac: Ausgebildet wird in einer Altenpflegeeinrichtung und
         in einer Berufsfachschule für Altenpflege. Das dauert 3 Jahre.
Dunja: Und wenn es mit dem Ausbildungsplatz nicht klappt?
45 **Frau Kovac:** Dann gibt es noch andere Berufe mit ähnlichen Tätigkeiten
         wie Krankenpfleger, Kinderkrankenpfleger oder Haus- und Familienpfleger.
Dunja: Das war sehr spannend, danke schön, Frau Kovac!

2 Was erzählt Frau Kovac über ihren Beruf?
Beantworte die folgenden Fragen in Stichworten.
Tipp: Lege zunächst eine Folie über den Text und markiere Wichtiges.

> • Um welchen Beruf geht es?   • Welche Schulfächer sind wichtig?
> • Wo arbeitet man in dem Beruf?   • Welchen Schulabschluss braucht man?
> • Welche typischen Tätigkeiten gibt es?   • Wie lange dauert die Ausbildung?
> • Wie sind die Arbeitszeiten?   • Welche ähnlichen Berufe gibt es?
> • Welche Stärken sind für den Beruf wichtig?

W 3 Führe selbst ein Berufe-Interview.
• Über welchen Beruf möchtest **du** mehr erfahren?
• Wen kannst du interviewen? Finde unter Verwandten
  und Bekannten einen passenden Interviewpartner.
• Verabrede einen Termin zum Interview.
• Bereite die Fragen sehr genau vor.
• Führe das Interview und notiere alle Antworten.
  Tipps: Nimm das Interview mit einem Aufnahmegerät auf.
           Mache auch Fotos.

4 Schreibe einen Berufe-Steckbrief mit Hilfe deiner Notizen
aus Aufgabe 2 oder Aufgabe 3.

5 Hängt gemeinsam in der Klasse eure Berufe-Steckbriefe aus.
• Macht einen Rundgang. Sucht interessante Berufe aus.
• Kopiert spannende Steckbriefe.
  Heftet sie in die Berufe-Mappe.

> *Berufe-Steckbrief*
>
> 1 die Berufsbezeichnung
> 2 der Arbeitsort
> 3 die Tätigkeiten
> 4 die Arbeitszeit
> 5 wichtige Stärken
> 6 wichtige Schulfächer
> 7 die Ausbildung
> 8 ähnliche Berufe

[[2] **BiZ:** Abkürzung für **B**erufs**i**nformations**z**entrum

Den Kurzvortrag vorbereiten

Du hast Informationen über verschiedene Berufe gesammelt.
Nun bereitest du deinen Kurzvortrag zu einem der Berufe vor.

1 Welchen Beruf möchtest du vorstellen?
  a. Wähle einen Beruf aus und lies noch einmal die Fragen auf Seite 87.
  b. Lies deine Stichworte zu dem Beruf und markiere das Wichtigste.

2 Gliedere deinen Kurzvortrag.
  a. Schreibe jede Frage von Seite 87 auf eine Karteikarte.
  b. Schreibe deine markierten Stichworte dazu.
  c. Finde eine passende Reihenfolge für die Fragen.
  d. Nummeriere die Karteikarten.

3 Formuliere auf einer Karteikarte eine interessante Einleitung:
  a. Schreibe eine Information oder Frage auf,
    die das Publikum neugierig macht.
  b. • Welchen Beruf stellst du vor?
    • Warum hast du diesen Beruf ausgewählt?
    • Woher hast du die Informationen über den Beruf?
    Schreibe es dazu.

4 Formuliere auf einer weiteren Karteikarte einen Schluss:
  a. Welche Fragen sind für dich offengeblieben?
    Schreibe sie auf.
  b. Welchen Schlusssatz möchtest du sagen?
    Schreibe ihn dazu.

Du kannst deine Informationen noch anschaulicher präsentieren.
Dann können deine Zuhörer aufmerksamer folgen.

W **5** Wähle aus:
  • Du kannst Wichtiges an die Tafel schreiben.
  • Du kannst eine Overhead-Folie vorbereiten.
  • Du kannst ein Plakat gestalten.
  • Du kannst im BiZ Material besorgen.
  • Du kannst Fotos zeigen.
  • Du kannst typische Werkzeuge oder Gegenstände zeigen.
  Tipp: Wann möchtest du etwas zeigen oder anschreiben?
    Markiere dir auf deinen Karteikarten die passenden Stellen.

4 „Abschließend möchte ich ..."
„Habt ihr noch Fragen zu dem Beruf des/der ...?"

Den Kurzvortrag üben und halten

Du wirst sicherer, wenn du deinen Kurzvortrag vorher übst.

6 Übe deinen Kurzvortrag.
- Sprich den Kurzvortrag laut.
- Sprich in ganzen Sätzen.
- Versuche, nur wenig abzulesen.

Tipps: • Du kannst vor dem Spiegel üben.
- Du kannst dich auch mit einer Webcam aufnehmen.

7 Haltet den Kurzvortrag zunächst in der Gruppe.
   a. Worauf solltet ihr bei einem Kurzvortrag achten?
   Schreibt eine Checkliste mit den wichtigsten Punkten.
   b. Jeder hält seinen Kurzvortrag einmal in der Gruppe.
   Die anderen machen sich mit Hilfe der Checkliste Notizen.
   c. Besprecht: Was ist gut gelungen? Was muss verbessert werden?

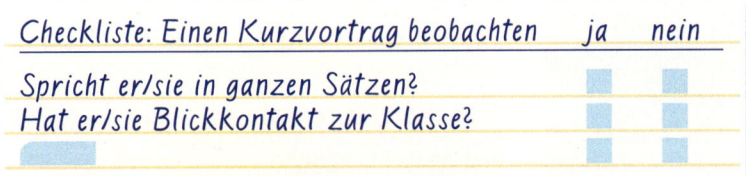

Checkliste: Einen Kurzvortrag beobachten	ja	nein
Spricht er/sie in ganzen Sätzen?		
Hat er/sie Blickkontakt zur Klasse?		

8
- Präsentiert nun eure gewählten Berufe in der Klasse.
- Die anderen hören gut zu und machen sich Notizen.
- Beachtet die Tipps in der Arbeitstechnik.

> **Arbeitstechnik**
>
> **Frei vortragen**
> - **Stelle dich** so hin, dass **alle dich sehen** können.
> - Versuche, **frei** zu **sprechen** und wenig abzulesen.
> - Sprich **langsam** und **deutlich**.
> - **Sieh** beim Sprechen die Zuhörerinnen und Zuhörer **an**.
> - Zeige an passenden Stellen **Bilder** und **Materialien**.

9 Wertet den Kurzvortrag gemeinsam aus:
- Was ist gut gelungen?
- Wurden alle Punkte der Checkliste beachtet?
- Wurden die Informationen gut veranschaulicht?
- Wurden eure Fragen zu dem jeweiligen Beruf beantwortet?
- **Was** sollte verbessert werden?
- **Wie** könnte es verbessert werden?

Urzeittiere – unter

Diese schön gemusterte Stachelspinne hat Stacheln. Sie lebt in Kenia, Afrika.

In Gebieten der USA, Südamerikas und Mittelamerikas lebt die Blaue Vogelspinne. Sie ist farbig wie eine Blüte.

Die Krabbenspinne lebt im Mittelmeergebiet, hat ein schönes Muster auf dem Rücken und kann wie eine Krabbe seitwärts und rückwärts gehen.

1 Klassengespräch!
Was versteht ihr unter Urzeittieren?

2 Was seht ihr auf den Bildern?
Beschreibt es.

1 Unter Urzeittieren verstehe ich ... / Ich glaube, Urzeittiere sind ...

2 auffällig, behaart, bunt, farbenfroh, glänzend, leuchtend, schön, stachelig, ungewöhnlich
das Spinnennetz, die Beute, die Blüte, die Fliege, die Spinne

4

Das ist
ein Terrarium¹
füreine Mexikanische
Rotknie-Spinne.

5

Die kleinste Spinne der Welt,
die Patu digua, lebt in Kolumbien.
Sie ist nur so groß
wie dieser Punkt ➔ · = 0,37 mm.

6

Eine Vogelspinne kann man sogar
in der Hand halten.

3 a. Lest die Sätze unter den Bildern.
   b. Beantwortet diese Fragen:
     • Um welche Urzeittiere geht es?
     • Wie sehen sie aus?
     • Wo leben sie?

In diesem Kapitel informiert ihr euch über diese erstaunlichen Tiere.
Ihr erfahrt Überraschendes und Wunderbares. In informierenden Texten beschreibt
ihr Spinnen, ihre Besonderheiten und auch, wie ein Terrarium aussieht.

[¹ **das Terrarium**: ein Glaskasten, in dem bestimmte Tiere gehalten werden

Spinnen von der Urzeit bis heute

Spinnen gibt es schon so lange auf der Erde,
dass wir es uns kaum vorstellen können.
Eine Zeitleiste hilft uns ein wenig dabei.

1 a. Seht euch die Zeitleiste an.
b. Beschreibt die Zeitleiste.
- Was steht in der linken Spalte?
- Was zeigt die mittlere Spalte?
- Was seht ihr in der rechten Spalte?

In der	linken	Spalte	stehen Jahreszahlen von … bis …	
	mittleren		erkennt man,	seit wie vielen …
	rechten		sieht man,	wann …

2 a. Beantwortet diese Fragen zunächst mündlich:
- Wann gab es die ersten Spinnen auf der Erde?
- Wie viele Millionen Jahre nach den Spinnen tauchten die ersten Dinosaurier auf?
- Vor wie vielen Millionen Jahren gab es die ersten Menschen?

b. Schreibt eure Antworten auf.

Die ersten Spinnen	
Die ersten Dinosaurier	gab es vor …
Die ersten Menschen	

Z Welche anderen Tiere lebten in diesen Jahrmillionen?

3 a. Zeichnet die Zeitleiste ab.
b. Seit wann gibt es weitere Tierarten auf der Erde?
Informiert euch im Internet oder
in einem Biologiebuch.
c. Ergänzt die Zeitleiste um eine weitere Spalte.
Schreibt die anderen Tiere dazu.

Zeitleiste: Spinnen auf der Erde

vor 400 Millionen Jahren	🕷	
vor 350 Millionen Jahren	🕷	
vor 300 Millionen Jahren	🕷	
vor 250 Millionen Jahren	🕷	🦕
vor 200 Millionen Jahren	🕷	🦕
vor 150 Millionen Jahren	🕷	🦕
vor 100 Millionen Jahren	🕷	
vor 50 Millionen Jahren	🕷	
vor 7,5 Millionen Jahren	🕷	🧍
vor 1 Million Jahren	🕷	🧍
heute	🕷	🧑‍💻

Spinnen überall

Fast überall auf der Welt gibt es heute Spinnen.
Warum ist das so? Das könnt ihr auf dieser Seite herausfinden.

4 a. Seht euch die Weltkarten 1 und 2 an.
   b. Lest die Lexikoneinträge.

Vor circa 500 Millionen Jahren
entstanden auf der Erde
trockene Landmassen
inmitten eines riesigen Meeres.
Vor 360 Millionen Jahren bildete
sich ein Riesenkontinent.

Weltkarte 1: ein Riesenkontinent
vor 360 Millionen Jahren

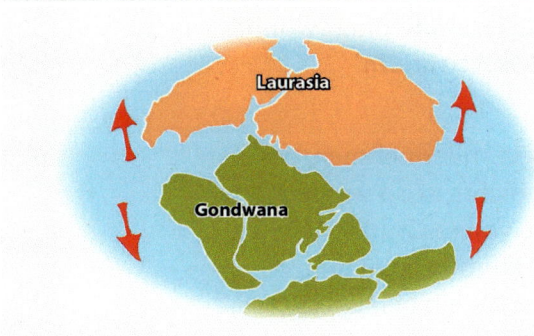

Dieser Riesenkontinent driftete[1]
vor etwa 250 Millionen Jahren
in die einzelnen Kontinente
auseinander, die es heute gibt.

Weltkarte 2: die Kontinente
vor etwa 250 Millionen Jahren

5 Warum existieren heute fast überall auf der Welt Spinnen?
   a. Beschreibt, was auf den beiden Weltkarten zu sehen ist.
   b. Vergleicht die Jahreszahlen in den Lexikoneinträgen
      mit den Jahreszahlen in der Zeitleiste auf Seite 92.
   c. Beantwortet die Frage in einem kurzen Text.

Auch euch sind diese Urzeittiere schon begegnet.

6 Klassengespräch!
   • Wo habt ihr diese Urzeittiere gesehen?
   • Was habt ihr dabei gedacht oder gefühlt?
   • Wie seid ihr mit den Tieren umgegangen? Warum?
   • Was denkt ihr jetzt über diese Urzeittiere?

[[1] **er driftete ... auseinander:** er teilte sich

 5 Auf den Bildern sieht man, dass ...
Vor ... Jahren bildete sich ... / teilte sich ... / Spinnen entstanden ... / Deswegen ...

Viele erstaunliche Artikel über Spinnen

In Zeitschriften, Zeitungen und im Internet kannst du Erstaunliches und
Überraschendes über Spinnen lesen.

1   Lies den Internetartikel mit dem Textknacker.

Werbung mit Spinnen

1   Liesel ist ein sanftes Wesen. Meist döst
sie ruhig vor sich hin, ganz entspannt.
Aber samstags nicht. Samstags ist
Showtime! Dann reckt Liesel elegant
5 ihre langen, schlanken Beine, spreizt sich,
streckt ihre Glieder in die Luft,
die viele Leute erstmal anhalten, wenn sie
ihr ohne trennende Glaswand begegnen.

2   Liesel ist eine achtjährige Kraushaarvogelspinne. Ein Prachtexemplar,
10 das eigentlich in Mittelamerika beheimatet ist. Liesel allerdings wohnt
im Zoo Duisburg. Samstags aber zieht sie im Reiseterrarium
ins Einkaufszentrum Forum um.

3   „Unser Zoo-Begleiter hatte den Wunsch, Tiere mitzunehmen, die man
den Menschen in die Hand geben kann. Denn nichts ist so werbewirksam
15 wie der direkte Kontakt mit Tieren", behauptet Volker Grün. Wie bitte???
Werbung mit Spinnen??? Gibt es im Zoo nicht knuddeligere und
niedlichere Tiere? Irgendwas, was kuscheliger ist als ein behaartes,
achtbeiniges Wesen? „Sicher", sagt Volker Grün, „aber so ein Koala[1] kann
ganz schön bärbeißig werden, wenn er angefasst wird. Von einem Wombat[2]
20 ganz zu schweigen. Wir brauchen einfach Tiere, denen das nichts ausmacht.
Ruhige, nicht aggressive Charaktere, die es auch unter Spinnen gibt",
begründet Grün, warum die Wahl auf Liesel fiel. Sie gehört
einem Zoo-Begleiter, der zu Hause noch weitere zwölf Exemplare hält.

---

2   Was erfährst du über Liesel, die Kraushaarvogelspinne?
Schreibe Stichworte auf.
    Tipp: Stelle zunächst Fragen an den Text.
            Die Fragewörter am Rand helfen dir dabei.

> Wer … ?
> Wann … ?
> Wo … ?
> Warum … ?

---

[1] der **Koala**: ein Säugetier, das auf Bäumen in Australien wohnt
[2] der **Wombat**: ein Säugetier, das ebenfalls in Australien lebt; ein Beuteltier, das sich Wohnhöhlen gräbt

Wer eine Spinne zu Hause hält, muss wichtige Hinweise beachten.

3 Finde mit Hilfe des Textknackers heraus, was man beachten muss.

Der Zoo-Begleiter erzählt: Eine Vogelspinne als Haustier

1 „Jetzt denkt ihr vielleicht: Das ist ja super, eine Spinne möchte ich auch als Haustier haben. Ich muss euch aber sagen: Eine Spinne ist kein Kuscheltier so wie
5 eine Katze. Man kann nicht mit ihr spielen wie mit einem Hund. Wenn ihr sie auf die Hand nehmt, passt auf, dass sie nicht runterfällt: Sie kann sterben.

2 Ich habe zu Hause auch eine Mexikanische
10 Rotknie-Vogelspinne. Sie heißt Luisa und hat rote Knie. Diese Spinne kann bis zu 30 Jahre alt werden. Seid ihr sicher, dass ihr eure Luisa so lange versorgen könnt oder wollt?

3 Luisa, die Mexikanische Rotknie-Vogelspinne, ist
15 – wie ihr Name sagt – eigentlich in Mexiko zu Hause. Wenn ihre Artgenossen[1] dort zu vielen gefangen werden, zum Beispiel, um sie als Haustiere zu halten, dann stirbt die Art dort aus. Außerdem hat so eine Spinne einen langen Reiseweg hinter sich, bis sie bei euch ankommt. Sie ist dann wahrscheinlich schon durch die Reise krank.

20 **4** Wenn ihr es also ernst meint und euch gut über die Tiere informiert habt: Kauft nur eine Spinne aus einer Zucht. Denkt auch daran, dass ein Spinnenheim, also ein Terrarium, teuer ist. Und ihr braucht Futter für die Tiere. Luisa frisst zum Beispiel lebendige Grillen und Heuschrecken, erwachsene Tiere nehmen auch gern eine nestjunge Maus ."

4 Woran muss man denken, wenn man zu Hause eine Spinne halten möchte?
Schreibe Stichworte zu diesen Fragen auf:
• Worauf muss ich beim Kauf einer Spinne achten?
• Wie alt kann sie werden?
• Kann ich mit ihr spielen?
• Was frisst sie?
• Welche Kosten entstehen?

Z 5 Was kostet ein Terrarium für Spinnen?
Erkundige dich im Internet oder in einer Tierhandlung danach.

[[1] **die Artgenossen:** Lebewesen derselben Art

Die Wissenschaft von Spinnen heißt Arachnologie.
Ein Arachnologe bringt uns in dieser Zeitschrift zum Staunen.

6 Lies die Zeitschriftentexte mit dem Textknacker.
Zum Schluss beantwortest du Fragen zu den einzelnen Texten.
Tipp: Lege eine Folie über die Texte und markiere jeweils das Wichtigste.

eine Spinne

Wusstest du, ...

... dass Spinnen keine Insekten sind?
Insekten haben drei Beinpaare,
Spinnentiere im Gegensatz dazu
vier Beinpaare. Und ihr Körper
besteht aus zwei Teilen
statt aus dreien wie z. B.
der Körper von Fliegen.

eine Fliege

Wusstest du, ...

... dass Spinnen sportliche Weltmeister sind? Sie sind viel sportlicher
als menschliche Sportler: Spinnen können sehr schnell laufen. Sie legen
dann 12 bis 14 cm in einer Sekunde zurück. Hier siehst du eine Strecke,
die 12 cm lang ist. Diese Strecke läuft eine Spinne von einem Ende zum anderen,
wenn du gerade mal bis eins gezählt hast. Probiere es einmal
mit einer Cent-Münze als „Spinnenersatz" aus.

————————————————————————————————

Wusstest du, ...

... dass manche Spinnen
auf dem Wasser laufen können?
Wolfsspinnen sinken auf dem Wasser
nicht ein. Das liegt an der
Oberflächenspannung des Wassers.

Wusstest du, ...

... dass manche Spinnen
nur unter Wasser leben?
Wasserspinnen bauen
sich „eine Taucherglocke"
aus Spinnenfäden und Luft.

Heute gibt es rund 40 000 Spinnenarten. Das sind mehr als alle Säugetiere, Amphibien[1] und Reptilien[2] zusammen.

Wusstest du, ...

... dass Spinnen durch die Luft segeln können?
Die Baldachinspinne z. B. segelt im Herbst
an ihren eigenen Spinnfäden durch die Luft.

Wusstest du, ...

... dass manche Spinnen Weltmeister im Weitsprung sind?
Springspinnen können 25-mal so weit springen, wie ihr Körper lang ist.
Wenn eine Spinne z. B. 1,60 m groß wäre so wie du, wie weit könnte sie dann
springen? Und wie weit könntest du mit der Kraft der Spinne springen?

> 160 cm x 25 = ... cm?
> Dann könnte ich ja ... Meter
> weit springen!

> Aber Spinnen
> sind giftig!

Ja, Spinnen haben Giftdrüsen, aber längst nicht alle.
Sie produzieren auch nur ganz wenig Gift, das meist nur reicht,
um kleine Beutetiere wie Mücken, Fliegen oder Blattläuse
zu töten. Selbst die große Vogelspinne kann keinen Menschen umbringen.
Ihr Biss tut zwar ein bisschen weh und die Wunde kann sich entzünden,
weil Krankheitskeime hineinkommen können. Aber Menschen sind
keine Beutetiere für Spinnen. Richtig giftige Spinnen gibt es nicht in Europa,
wohl aber in Südamerika oder Australien.

7 Spinnen stellen Rekorde auf, die kein Mensch schaffen würde.
Welchen Rekord findest du am erstaunlichsten? Begründe.

8 Beantworte diese Fragen in Stichworten:
- Warum sind Spinnen keine Insekten?
- Was weißt du über die Giftdrüsen von Spinnen?
- Warum können manche Spinnen auf dem Wasser laufen und
  unter Wasser leben?
- Welche Spinnen fliegen an ihren Spinnfäden durch die Luft?
- Wie schnell kann eine Spinne laufen? Wie weit springen?

Z 9 Was hast du über Spinnen erfahren?
- Informiere mit Hilfe deiner Stichworte in einem zusammenhängenden Text.
- Beschreibe zwei bis drei Spinnen, die dich besonders beeindrucken.
- Deine Überschrift heißt: **Erstaunliches über Spinnen.**

[1] **die Amphibien:** Tiere, die auf dem Land und im Wasser zu Hause sind, zum Beispiel: der Frosch
[2] **die Reptilien:** Sie haben immer einen Panzer. Auch sie sind an Land und im Wasser zu Hause,
zum Beispiel: das Krokodil, die Schildkröte

Ein Terrarium einrichten

Ein Terrarium ist ein Behälter aus Glas, in dem die Spinne im Zoo, in der Zoohandlung oder zu Hause lebt.
Die Spinne muss sich darin wie in ihrer natürlichen Umgebung fühlen.

Die natürliche Umgebung der Mexikanischen Rotknie-Spinne

1 Wo lebt die Mexikanische Rotknie-Spinne?
- Nennt das Land und beschreibt die Region.
- Beschreibt mündlich die natürliche Umgebung, in der die Spinne lebt.

Ein Terrarium für die Mexikanische Rotknie-Spinne

2 Beschreibt die Bilder mündlich.

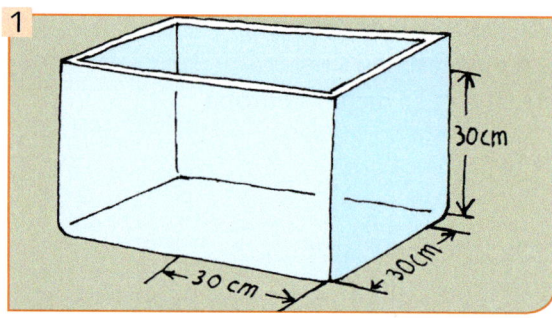

jede Kante: mindestens 30 cm

mindestens 10 cm Erde (Spezialerde für Terrarien),
oberer Rand 20 cm über der Erde

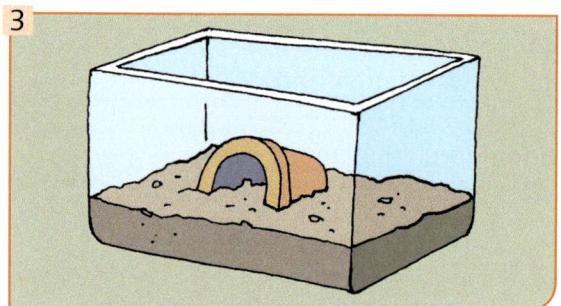

halber Blumentopf ohne Boden, ohne Kanten,
damit die Spinne sich nicht verletzen kann

Pflanzen ohne Dornen oder Stacheln,
damit die Spinne sich nicht verletzen kann

1 dunkel, hell, heiß, karg, öde, schattig, sonnig, steinig, trocken
das Gebirge, das Geröll, die Trockensavanne, die Bäume, die Berge, die Steine

einmal in der Woche leicht anfeuchten

Temperatur: tagsüber 24–28 °C, nachts 20–24 °C

keine Wärme von unten, weil die Spinne vor der Wärme instinktiv unter die Erde flüchtet

Wärme an der Rückwand des Terrariums

Wie muss ein Terrarium für die Mexikanische Rotknie-Spinne aussehen, damit sie sich wohl fühlt?

Mit Hilfe der Bilder kannst du ein geeignetes Terrarium für diese Spinne beschreiben.

3 Beantworte zunächst diese Fragen in Stichworten:
- Wie groß muss das Terrarium sein?
- Was für Erde muss auf den Boden des Terrariums gegeben werden? Wie hoch muss die Schicht aus Erde sein?
- Was braucht die Spinne als Unterschlupf?
- Wie müssen Pflanzen sein, die ins Terrarium gepflanzt werden?
- Muss man die Erde anfeuchten?
- Darf man das Terrarium erwärmen?
- Wo darf man das Terrarium erwärmen? Warum?

4 Beschreibe das Terrarium in einem zusammenhängenden Text.
Tipp: Schreibe auch eine Einleitung, einen Schluss und eine Überschrift.

4 Heute möchte ich beschreiben, wie … / Eine Vogelspinne braucht … /
Das Terrarium / der Boden ist … / Die Pflanzen sollten … / Man muss … / Man darf … /

Ein Terrarium beschreiben

Die Rotfußvogelspinne lebt in Mittelamerika auf Bäumen.
Wie wird ein Terrarium für diese Spinne eingerichtet?
Das kannst du hier selbstständig beschreiben.

Das Terrarium:
- Länge und Breite des Terrariums:
  mindestens 30 cm
- Höhe: mindestens 50 cm
- lockere und ungedüngte Erde
- Klettermöglichkeit: Wurzel oder
  verzweigter Obstbaumast

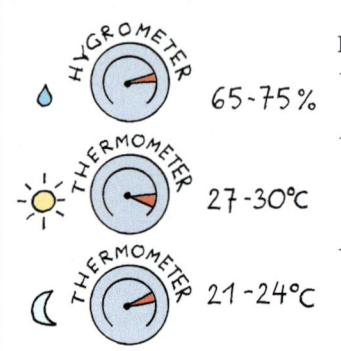

HYGROMETER 65-75%

THERMOMETER 27-30°C

THERMOMETER 21-24°C

Das Klima im Terrarium:
- hohe Luftfeuchtigkeit:
  65-75%
- Temperatur am Tag:
  27-30 °Celsius;
  in der Nacht:
  21-24 °Celsius
- Beleuchtung und Heizung:
  25-Watt-Lampe

Die Bepflanzung des Terrariums:
- Pflanzen, die Wärme und hohe Luftfeuchtigkeit mögen
- Beispiele: die Efeutute, die Silbernetzblätter,
  der Moosfarn (aber ohne Dornen)

**Mit Hilfe der Bilder kannst du ein Terrarium beschreiben,
in dem sich die Rotfußvogelspinne wohl fühlt.**

1 Schreibe zunächst Stichworte zu folgenden Fragen auf:
- Wie groß muss das Terrarium sein?
- Womit wird das Terrarium ausgestattet?
- Wo kann sich die Spinne überall aufhalten?
- Welche Pflanzen sind für das Terrarium geeignet?
- Was für ein Klima ist im Terrarium notwendig, damit sich die Spinne wohl fühlt?

2 Schreibe mit Hilfe deiner Stichworte einen zusammenhängenden Text.
Tipp: Schreibe auch eine Einleitung, einen Schluss und eine Überschrift.

1 Das Terrarium einer Rotfußvogelspinne ist … / Seine Breite/Höhe/Länge misst … /
Der Boden ist … / Die Erde … / Das Klima im Terrarium ist … /
Die Luftfeuchtigkeit/Temperatur … / Es ist mit … ausgestattet.

Begründen

Manchmal muss man beim Beschreiben auch begründen, warum
etwas notwendig ist. Das kannst du hier noch einmal üben.

So erzeugt man ein gutes Klima im Terrarium

1 Ein Terrarium für eine Rotfußvogelspinne muss höher sein
als für andere Spinnen. Diese Spinne hält sich nämlich gern auf Ästen auf.
Wenn man das Terrarium bepflanzen möchte, braucht man dazu
tropische Pflanzen. Sie müssen das warme und feuchte Klima im Terrarium vertragen.
5 Die Pflanzen sollten aber vor der Bepflanzung des Terrariums öfter abgeduscht werden.
Pflanzenschutzmittel schaden den Vogelspinnen.
Rotfußvogelspinnen klettern gerne auf Pflanzen herum. Es sollte dafür
genügend Platz im Terrarium vorhanden sein.

2 Ein Terrarium steht meist in einem geschlossenen Raum. Es muss
10 etwa 12 Stunden am Tag mit einer 25-Watt-Lampe beleuchtet und beheizt werden.
Die Lampe sollte aber mit etwas Abstand vom Terrarium befestigt werden.
Die Spinnen können sich sonst leicht verbrennen.
Rotfußvogelspinnen lieben Tautropfen in ihrem Gespinst. Man sollte
deshalb auch täglich einige Tropfen darauf sprühen.
15 Das Terrarium muss gut belüftet werden.
Dafür braucht man zwei gegenüberliegende Lüftungsgitter.

Begründungen versteht man besser, wenn sie mit denn oder weil beginnen.

1 Im ersten Teil des Textes sind einige Sätze hervorgehoben.
Sie geben Begründungen an.
  a. Formuliere diese Sätze in **denn**-Sätze oder **weil**-Sätze um.
  b. Schreibe zusammengesetzte Sätze mit Begründungen auf.
  Tipps: • Wenn die Begründung
         am Anfang steht, musst du
         mit einem **weil**-Satz beginnen.
       • In **weil**-Sätzen ändert sich
         die Stellung des Verbs.

> **Starthilfe**
>
> Ein Terrarium für Rotfußvogelspinnen
> muss höher sein als für andere Spinnen,
> denn diese Spinne hält sich gern
> auf Ästen auf. …, weil sich diese Spinne
> gern auf Ästen aufhält. …

2 a. Finde im zweiten Teil des Textes selbst die begründenden Sätze.
  b. Schreibe zusammengesetzte Sätze mit Begründungen auf.
     Verwende **denn**-Sätze und **weil**-Sätze.

 1 2 …, weil sie das feuchte und warme Klima im Terrarium vertragen müssen.
Weil Rotfußvogelspinnen gern auf Pflanzen herumklettern, …
Weil ein Terrarium meist in einem geschlossenen Raum steht, …
Weil Rotfußvogelspinnen Tautropfen lieben, …

z Eine antike Sage lesen

Die Wissenschaft von den Spinnen heißt Arachnologie.
Woher kommt dieses Wort?
Du findest die Antwort in dieser griechischen Sage.

1 Lies die Sage mit dem Textknacker.

Arachne

Eine griechische Sage

1 Vor langer Zeit lebte in Griechenland eine junge Frau
mit dem Namen Arachne. Arachne war bekannt und
berühmt durch ihre Webkunst.
Sie webte und stickte so feine und kunstvolle Gewebe und Stoffe,
5 wie kein anderer sie schaffen konnte.
Man sagte oft: „Ihre Arbeiten sind so fein und schön,
als hätte die Göttin Pallas Athene[1] selbst es ihr gezeigt."
Wenn Arachne das hörte, wurde sie böse und rief beleidigt:
„Nein! Nicht Pallas Athene hat es mir gezeigt! Ich kann es selbst!
10 Die Göttin soll kommen und wir werden einen Wettstreit
im Weben machen. Ich glaube nicht, dass sie mich besiegen wird."

2 Die Göttin Pallas Athene hörte das Prahlen[2] und wurde zornig.
Sie verwandelte sich in eine alte Frau, damit sie nicht erkannt wurde.
So ging sie in die Hütte der überheblichen Arachne und sagte:
15 „Du darfst sagen, dass du besser weben kannst als alle Menschen.
Du darfst aber nicht sagen, dass du besser weben kannst
als die Göttin Pallas Athene. Bitte sie um Verzeihung, dann wird sie
dir vergeben." Als Arachne diese Sätze hörte, schimpfte sie:
„Du dumme Alte! Erzähl das deiner Tochter, aber nicht mir!
20 Ich brauche deinen Rat nicht. Warum kommt die Göttin nicht selbst
und wir machen einen Wettstreit?
Dann wird sie schon sehen, wer besser weben kann.
Ich nämlich!"

3 Da war die Geduld der Göttin zu Ende.

---

[1] **Pallas Athene:** die griechische Göttin der Weisheit, des Kampfes,
des Handwerks und der Handarbeit
[2] **das Prahlen:** das Angeben; jemand protzt; macht sich größer, als er ist

25 **4** „Die Göttin ist schon da!", rief sie und
erschien in ihrer wahren himmlischen Gestalt.
Die Menschen in der Hütte fielen auf die Knie, aber Arachne blieb stehen.
Sie war trotzig und wollte beweisen, dass sie besser weben konnte als die Göttin.
Da nahm Athene die Herausforderung an.

30 **5** Beide stellten ihren Webstuhl auf.
Beide webten einen feinen und kostbaren Stoff, mit tausend Farben und
mit dem kostbaren Purpurrot, sie verarbeiteten auch goldene Fäden.
Die Göttin webte ein Bild mit zwölf griechischen Göttern.
In die vier Ecken des Tuches webte sie vier Beispiele menschlichen Hochmuts.
35 Sich selbst webte sie als Siegerin in das Bild.
Arachne aber webte ein Bild, in dem sie die Götter verspottete.

6 Als beide ihr Werk vollendet hatten, war keines besser gewebt als das andere.
Selbst Pallas Athene musste die Kunstfertigkeit von Arachne anerkennen.
Voller Zorn aber sah sie das eingewebte Spottbild der Götter
40 und deshalb schlug sie Arachne. Das ertrug Arachne nicht,
sie nahm ein Seil und wickelte es sich um den Hals.
Da erfüllte Mitleid die Göttin,
sie befreite Arachne aus der Schlinge und sagte:
„Du sollst leben, aber ich will dich für
45 deinen Hochmut bestrafen."
Dann spritzte sie ihr Kräutertropfen
ins Gesicht und ging.
Arachne aber wurde zur Spinne, die bis heute
die alte Kunst des Webens auf das Feinste ausübt.

2 Woher kommt das Wort Arachnologie?
Erkläre seine Herkunft.

3 Lies, wie **Spinne** in verschiedenen Sprachen heißt.

αράχνη (**aráchni**), neugriechisch [sprich: aráchni]
araignée, französisch [sprich: arenjé]
araña, spanisch [sprich: aránja]
ragno, italienisch [sprich: ránjo]

4 Erzähle die Sage mündlich.

Das Krokodil – (k)ein Tier aus der Urzeit

Das bekannteste Urzeittier neben den Spinnen ist der Dinosaurier.
Bis heute lebt ein enger Verwandter der Dinos unter uns: das Krokodil.

Ein gefährliches Reptil

Krokodile gibt es schon seit über 200 Millionen Jahren.
Ein Krokodil ist auf dem Land, aber auch im Wasser
zu Hause. Daher gehören Krokodile zur Gruppe der Reptilien.
Krokodile haben kein Fell und keine Federn. Trotzdem
5 sind sie gut gerüstet: Ein Panzer aus kleinen Knochenplatten
schützt ihren Körper. Außerdem haben sie
gefährliche Zähne. Jedoch musste kein Krokodil je zum Zahnarzt.
Fallen einem Krokodil die alten Zähne aus, wachsen direkt
neue Zähne nach. Deswegen haben ausgewachsene Krokodile
10 auch keine Feinde in der Natur. Nur Krokodilbabys leben gefährlich.
Oft nimmt die Krokodilmutter sie in ihr großes Maul, um sie
vor Feinden zu schützen. Früher wurden Krokodile gejagt –
das ist heute fast überall verboten. Sonst würde es außer im Zoo
keine Krokodile mehr geben.

1 Beantworte diese Fragen in Sätzen:
- Seit wann gibt es Krokodile?
- Was passiert, wenn einem Krokodil Zähne ausfallen?
- Wie werden Krokodilbabys vor Feinden geschützt?

2 a. Schreibe den Text ab.
b. Wie oft findest du das Wort **Krokodil** im Text?
Markiere es in deinem Heft.
c. Mit welchem Begleiter findest du das Wort **Krokodil** im Text?
Gibt es immer einen Begleiter?
Trage es in eine Tabelle ein.

Starthilfe

ein – ein – eine	kein – kein – keine	ohne Begleiter
...	...	...

Z **3** Wann steht ein Nomen ohne Begleiter?
Finde eine Regel.

Krokodile haben ein Fell. Oder haben sie kein Fell?

4 a. Lies die folgenden Sätze.
   b. In vielen Sätzen wurden **ein** und **kein** verwechselt.
       Finde die Fehler und schreibe diese Sätze richtig auf.
       Tipp: Die Antworten findest du im Lesetext.

   Krokodile haben ein Fell.
   Kein Krokodil hat einen Panzer aus Knochenplatten.
   Ein Krokodil muss zum Zahnarzt.
   Keinem Krokodil wachsen ausgefallene Zähne nach.
   Kein Krokodilbaby lebt gefährlich.
   Kein Krokodil lebt auch im Wasser.
   Ausgewachsene Krokodile haben einen Feind in der Natur.

5 Schreibe den folgenden Lückentext ab.
   Ergänze dabei die passenden Formen für **ein** und **kein**.

   _____ Krokodil ist ein Fleischfresser, es frisst _____ Pflanzen.
   Durch seinen beweglichen Panzer ist _____ Krokodil besonders schnell.
   Wenn ein Krokodil hungrig ist, ist _____ Tier vor ihm sicher.
   Oft kommt es vor, dass _____ Gruppe von Krokodilen _____ Löwen angreift.

6 Welches Tier hat keinen Schnabel? Welches Tier hat einen …?
   a. Wählt jeder ein bekanntes Tier aus.
   b. Schreibt jeder für sich Sätze zu euren Tieren auf.
       Verwendet dabei Formen von **ein** und **kein**.
       Nennt aber nicht den Namen von eurem Tier.
   c. Tauscht anschließend eure Texte.
       Könnt ihr das Tier von eurer Partnerin oder von eurem Partner erraten?

Training:
Einen Kurzvortrag vorbereiten

Die giftigsten Tiere

In einem Kurzvortrag kannst du andere über giftige Tiere informieren.

1. Schritt: Über das Thema nachdenken

1 Was weißt du schon über giftige Tiere?
Sammle deine Informationen in einem Cluster.

2. Schritt: Informationen zu einem Thema sammeln

Im folgenden Text findest du viele Informationen zu deinem Thema.

2 Lies den Text mit den Schritten 1, 2 und 3
des Textknackers.

> 1. Vor dem Lesen
> 2. Das erste Lesen
> 3. Den Text genau lesen

Die Welt der giftigsten Tiere

1 Sie leben auf dem Land oder im Meer.
Viele sind unscheinbar und kaum zu sehen,
andere hingegen auffällig schön. Manche
sind sehr klein. Und all diese Lebewesen
5 habe eine Gemeinsamkeit: Sie sind giftig.

2 Viele dieser Tiere sind perfekt
an ihre Umgebung angepasst. Ihr Gift
dient oft dazu, sich zu verteidigen oder
um Beute zu machen. Ihr Gift kann nicht
10 nur anderen Tieren gefährlich werden,
auch Menschen wird es in seltenen Fällen
zum Verhängnis, wenn diese Tiere sich
bedroht oder in die Enge getrieben fühlen.
Die häufigsten Zusammentreffen enden
15 aber oft nur schmerzhaft.

3 Doch gibt es auch Tiere, deren Gift so stark ist, dass es selbst Menschen töten kann. Die Liste der Rekorde im Tierreich wird nicht etwa angeführt durch Spinnen, Schlangen

20 oder Skorpione. Nein, eine Quallenart steht an der Spitze der giftigsten Tiere auf der Welt: die Seewespe. Sie lebt in den Gewässern rund um Australien. Würde sie ihr Gift komplett abgeben, könnte

25 es bis zu 250 Menschen töten. Doch oft streifen die Opfer nur wenige Tentakel[1]. Und trotzdem kann das schon ausreichen: Es sterben in Australien jährlich mehr Menschen an diesem Gift

30 als an Hai-Attacken. Deswegen schützen die Australier ihre Strände durch Schutzzäune.

4 Unter den Top Ten der Gifttiere sind noch weitere Meeresbewohner:

35 Die Krusten-Anemone, die Blauringkrake, die Dubois[2]-Seeschlange, die Kegelschnecke und auch der Steinfisch. Der Steinfisch ist einer der giftigsten Fische des Ozeans. Er ist

40 ein Weltmeister der Tarnung. Steinfische lauern auf dem Meeresboden auf ihre Beute und schnappen dann blitzschnell zu. Das Opfer hat keine Chance, denn viele Stacheln geben gleichzeitig

45 das Muskel- und Nervengift ab. Es lähmt die Beute innerhalb von Sekunden.

5 Aber auch auf dem Land gibt es überaus giftige Tiere. Dazu gehört auch der Pfeilgiftfrosch. Er lebt in den Regionen

50 des tropischen Regenwaldes. Seine auffällige Körperfärbung, aber auch sein Gift dienen ihm als Schutz vor Fressfeinden. Die Hautdrüsen sondern ein extrem gefährliches Nervengift ab,

55 das auch Menschen innerhalb weniger Minuten tötet. Die Chocó-Indianer Kolumbiens nutzen das Gift seit Jahrhunderten für die Pfeile ihrer Blasrohre.

---

[1] **die Tentakel:** Fangarme von Quallen oder anderen wirbellosen Tieren
[2] **Dubois** [sprich: düboa]

3 Was hast du über giftige Tiere erfahren?
Notiere Stichworte.

Tipps: • Lege eine Folie über den Text und markiere wichtige Wörter.
In den ersten beiden Absätzen sind sie schon hervorgehoben.
• Weitere Informationen kannst du in Sachbüchern oder
im Internet finden. Du kannst auch im Lexikon nachschlagen.

3. Schritt: Den Kurzvortrag gliedern und die Notizen ordnen

**Du wählst nun die wichtigsten Informationen für deinen Kurzvortrag aus.
Dann notierst du die Informationen auf Karteikarten.**

4 Wähle die wichtigsten Informationen zu den giftigen Tieren aus.
a. Lies noch einmal deine Stichworte aus Aufgabe 3.
b. Markiere zu jedem Tier die wichtigsten Stichworte.

5 Gliedere nun deinen Kurzvortrag.
a. Lege für jedes Tier eine Karteikarte an.
b. Notiere die wichtigsten Stichworte dazu.
c. Finde eine passende Reihenfolge.
d. Nummeriere zum Schluss die Karten.

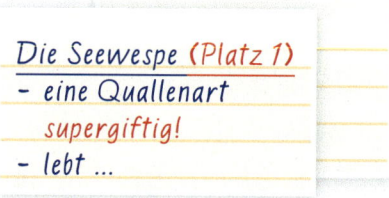

Die Seewespe (Platz 1)
– eine Quallenart
   supergiftig!
– lebt ...

Z 6 Zu welchen Stichworten in deinem Kurzvortrag kannst du
deinen Zuhörerinnen und Zuhörern noch mehr sagen?
• Wenn du schwierige Begriffe genauer erklären willst,
schlage die Wörter im Lexikon nach.
• Wenn du zu einem Stichwort noch weitere Informationen
geben möchtest, suche im Internet nach passenden Seiten.

**Damit dein Publikum aufmerksam zuhören kann,
kannst du zu deinem Vortrag eine Folie zeigen.**

7 Überlege, wie deine Folie aussehen soll.
• Wie heißt die Überschrift?
• Welche Stichworte möchtest du aufschreiben?
• Welche Bilder möchtest du auf die Folie zeichnen,
kopieren oder drucken?
• Wie möchtest du die Überschrift, die Stichworte
und die Bilder anordnen?
• Was möchtest du besonders hervorheben?
Tipp: Unterstreiche oder verwende
eine andere Farbe.

Der Pfeilgiftfrosch

– lebt im tropischen
   Regenwald
– auffällige Körperfärbung

– extrem gefährliches Nervengift
– dient als Schutz vor Fressfeinden

– Chocó-Indianer
   nutzen Gift
   für Pfeile

4. Schritt: Eine Einleitung und einen Schluss formulieren

8 Überlege dir eine spannende Einleitung.
Finde etwas, das die Zuhörerinnen und Zuhörer fesselt:
- Es könnte etwas sein, das du in der Zeitung gelesen hast.
- Es könnte etwas sein, über das häufig berichtet wird.
- Es könnte auch etwas sein, das du selbst erlebt hast.
Schreibe deine Einleitung auf eine Karteikarte.

9 Finde auch einen abschließenden Satz.
- Was hat dich am meisten erstaunt?
- Was hat dich verwundert?
- Was war für dich eine ganz besondere Information? Warum?
Schreibe deinen Schluss auf eine weitere Karte.

5. Schritt: Den Kurzvortrag üben und halten

Bereite dich gut auf deinen Vortrag vor.
Das macht dich sicherer.

10 Übe deinen Kurzvortrag allein oder
stelle ihn einer Partnerin oder einem Partner vor.
Tipps: • Markiere Schlüsselwörter auf den Karteikarten.
- Übe, sooft du kannst. Dann wirst du immer sicherer.
- Sprich langsam und deutlich.
- Sprich in vollständigen Sätzen.
- Versuche, wenig auf deine Karteikarten zu schauen.
- Sieh dein Gegenüber an.

Jetzt könnt ihr eure Kurzvorträge in der Klasse halten.

11 Überlegt in der Klasse, wie ihr einen Kurzvortrag bewerten könnt.
Sammelt Merkmale in einer Checkliste.

12 Haltet einer nach dem anderen eure Kurzvorträge.
Die anderen hören gut zu und machen sich Notizen.

➔ frei vortragen: Seite 295
➔ eine Folie präsentieren: Seite 295

13 Wertet die Kurzvorträge gemeinsam aus:
- Was war schon gut?
- Was könnte beim nächsten Mal noch besser sein?
Begründet mit Hilfe eurer Notizen und der Checkliste.

Ich und das Internet

chatten

die Abo-Falle

mailen

lol

die Freunde-Liste

1 • Seht die Bilder an und lest die Wörter.
Erzählt über eure Erfahrungen.
• Welche Bilder und Wörter kennt ihr nicht?
Erklärt euch die Wörter gegenseitig.

Z 2 Welche weiteren Wörter verwendet ihr
rund um das Thema **Internet**?
Tauscht euch darüber aus.

1 chatten [sprich: tschätten]: sich im Internet unterhalten
CU [sprich: si ju]: Abkürzung für „see you"; wir sehen uns
lol: Abkürzung für „laugh out loud" [englisch; sprich: laf aut laud]; ich lache laut
mailen [sprich: mäilen]: Briefe im Internet schreiben

einloggen

bloggen

CU

der Download

die Community

der Chatroom

surfen

3
- Was tut ihr alles im Internet?
- Was würdet ihr ohne Internet überhaupt nicht tun können?
- Wobei seid ihr im Internet vorsichtig? Wobei unsicher?
  Tauscht euch darüber aus.

In diesem Kapitel denkt ihr darüber nach, warum ihr das Internet nutzt und wie.
Ihr lest eine Geschichte über das Internet, die nachdenklich macht.
Am Ende bildet ihr euch eine Meinung darüber, wie ihr euch im Internet
verhalten solltet.

3 Musikvideos anschauen, Freunde finden, Musik hören, sich informieren, lesen, spielen,
surfen

Wir sind online

1 Klassengespräch!
Was könnten die Jugendlichen gerade tun?

Was könnten die Jugendlichen gerade sagen oder schreiben?

> Ich such mal gerade die Spielergebnisse der 1. Liga raus.

> Sieh mal direkt nach, wie wir morgen zum Stadion kommen.

Hi Starfish123, heute war die Schule wieder super stressig, jetzt nervt auch mein Bruder schon wieder! 😣

Hi Babe, geht mir auch so und dann noch jede Menge Hausaufgaben! 😣

> O Gott, wenn das meine Eltern sehen!

> Hast du die Privatsphäre-Einstellung[1] geändert, ich habe keine Lust, dass Cindy morgen wieder in der Schule über uns ablästert!

Juhu, jetzt habe ich 300 Freunde 😊! Aber warum ist keiner zu meiner Party gekommen?

2 Klassengespräch!
Wer spricht mit wem? Wer ist hier mit wem vernetzt?[2]
   a. Ordnet die Texte zu.
   b. Beschreibt die Situationen.
   c. Wer ist auf der Zeichnung zu sehen?

---

online sein: im Internet sein

[1] die **Privatsphäre-Einstellung:** Jeder Nutzer kann einstellen, welche Informationen über ihn gezeigt werden und vor allem: welche **nicht** (zum Beispiel: Alter, E-Mail-Adresse).
[2] **vernetzt:** verbunden

Wie nutzt **ihr** das Internet?
Eure Erfahrungen könnt ihr in einer Hitliste zusammenstellen.

3 An der Tafel könnt ihr zusammentragen, wie ihr das Internet nutzt.
Tipp: Ihr könnt eure Vorschläge in einem Cluster sammeln.

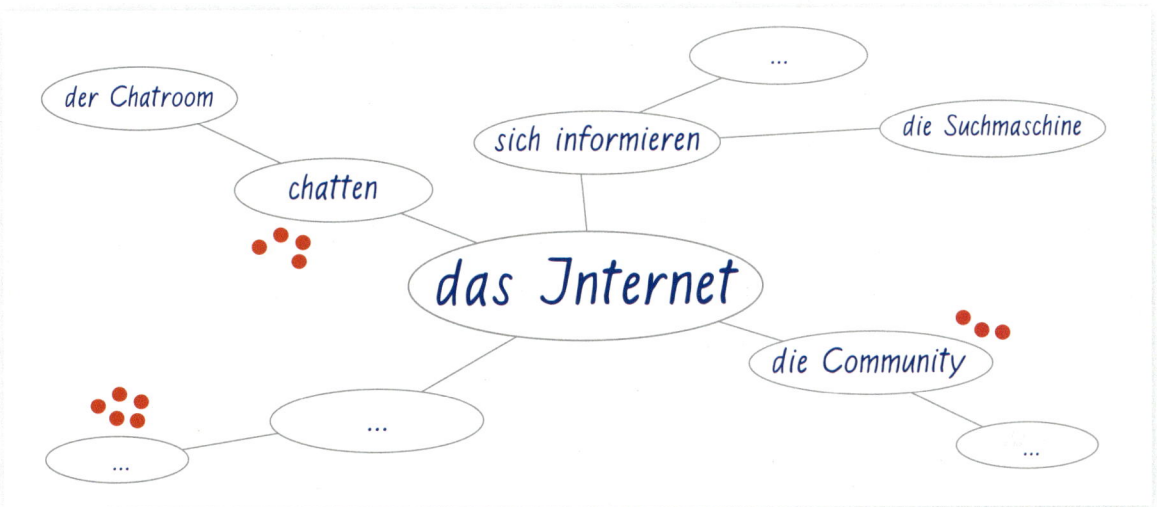

Welche Formen der Nutzung sind für euch am wichtigsten?
Mit einer Punktabfrage könnt ihr es herausfinden.

4 a. Wählt jeder für sich die drei wichtigsten Nutzungsformen an der Tafel aus.
   b. Klebt jeder drei Klebepunkte an die Tafel.
   c. Zählt die Punkte aus: Welche Formen sind die „Sieger"?
      Schreibt das Ergebnis auf: Es ist eure Hitliste.

> **Starthilfe**
>
> Klasse …: Unsere Internet-Hitliste
> 1. …
> …

Eure Erfahrungen mit dem Internet tragt ihr in der Gruppe zusammen.

5 a. Schreibt die Plätze 1 bis 5 eurer Hitliste auf einzelne Blätter.
      Richtet damit fünf Gruppentische ein.
   b. Wählt euch jeder einen Gruppentisch aus.
   c. Welche guten Erfahrungen habt ihr gemacht? Welche schlechten?
      Tauscht euch in den Gruppen über eure Form der Internetnutzung aus.
   d. Notiert die Ergebnisse.
   e. Präsentiert die Ergebnisse in der Klasse.

5 Ich habe die Erfahrung gemacht, dass … / Besonders gut finde ich, dass … /
Einmal ist es mir passiert, dass … / Unsere Gruppenarbeit hat gezeigt, dass …

Eine Internet-Geschichte lesen und verstehen

Auch Shannon ist gern im Internet unterwegs.
Doch eines Tages geschieht etwas Unheimliches.

1. Vor dem Lesen
2. Das erste Lesen
3. Den Text genau lesen
4. Nach dem Lesen

1 Lies die Geschichte mit dem Textknacker.
Sieh dir zunächst den Text als Ganzes an:
Was erzählen dir die Bilder und die Überschrift?

2 Überfliege die Geschichte.
  • Wo spielt die Geschichte?
  • Wer ist die Hauptperson?

3 a. Lies die Geschichte genau, Absatz für Absatz.
  b. An einigen Stellen findest du Fragen zum Text.
     Mache dir Notizen zu den Fragen.
     Tipp: Lege eine Folie über den Text und markiere Wichtiges.
  c. Notiere dir beim Lesen eigene Fragen an den Text.

Gefahr im Netz

Dies ist eine wahre Geschichte eines 14-jährigen Mädchens
aus North Carolina[1].

 1 Shannon konnte die Schritte hinter sich hören, als sie nach Hause ging.
Der Gedanke, dass sie verfolgt wurde, ließ ihr Herz schneller schlagen.
„Du bist lächerlich", sagte sie sich selbst, „niemand verfolgt dich."
Um sicherzugehen, beschleunigte sie ihr Schritttempo, doch die Schritte
5 glichen sich ihren an. Dabei hatte der Tag doch so gut angefangen ...

 2 ... „Endlich!", seufzte Shannon zufrieden: Der Kurzvortrag
über den Klimawandel war fertig. Die ganze Woche hatte sie nach Material
in der Stadtbücherei gesucht. „Warum nicht mal im Internet suchen", hatte sie
zu sich selbst gesagt und nach einigen Klicks durch das World Wide Web war sie
10 begeistert. Unter der Adresse der Klimaforschungsstation in der Antarktis fand
sie die direkte Kontaktadresse der Polarforscher. Sie schrieb ihnen gleich
eine E-Mail und erfuhr so das Neueste über die Forschung im ewigen Eis.

 3 „Da habe ich ja jetzt noch Zeit, um mit Sue zu skypen[2]", freute sich Shannon,
die ihre beste Freundin doch sehr vermisste. Vor drei Monaten war Sue
15 nach Australien geflogen, wo sie nun ein ganzes Jahr
an einem Schüleraustausch teilnahm ...

[1] **North Carolina:** ein Bundesstaat in den Vereinigten Staaten von Amerika
[2] **skypen:** im Internet mit dem Programm Skype telefonieren

4 … Wer war da bloß hinter ihr? Die Fußtritte hallten bedrohlich³
in der Dunkelheit. Sie hatte Angst, nach hinten zu sehen, und sie war froh,
dass sie fast zu Hause war. Shannon flüsterte ein schnelles Gebet: „… bitte lass
20 mich sicher nach Hause kommen." Sie sah das Außenlicht brennen und rannte
den Rest des Weges bis zum Haus. Erst einmal drinnen, lehnte sie sich
einen Moment gegen die Tür, erleichtert, in den sicheren vier Wänden
ihres Zuhauses zu sein. Sie sah aus dem Fenster, um nachzusehen, ob jemand
da draußen war. Der Gehweg war leer.

4 • Woran erinnerte sich Shannon auf ihrem Heimweg?
 • Warum war Shannon erleichtert, als sie schließlich im Haus war?

25 **5** Der letzte Rest des unguten Gefühls verflog rasch. Shannon begab sich
sofort an ihren Schreibtisch, um sich für den nächsten Tag vorzubereiten.
Nach dem Durchblättern ihrer Bücher entschloss sie sich, einen Snack⁴
zu essen und online zu gehen. Sie loggte sich unter ihrem Nicknamen⁵
ByAngel213 ein. Sie sah in ihre Buddyliste⁶ und stellte fest, dass GoTo123
30 online war. Sie schickte ihm eine Nachricht.

6 **ByAngel213:** Hi! Ich bin froh, dass du online bist! Ich hab geglaubt,
dass mich jemand nach Hause verfolgt hat. Es war total komisch!

GoTo123: Du guckst zu viel fern. Wieso sollte dich jemand verfolgen?
Wohnst du nicht in einer sicheren Gegend?

35 **ByAngel213:** Doch, schon. Vielleicht habe ich mir das nur eingebildet,
denn ich hab niemanden gesehen, als ich rausgeschaut habe.

GoTo123: Es sei denn, du hast deinen Namen übers Internet rausgegeben.
Das hast du doch nicht gemacht, oder?

ByAngel213: Natürlich nicht. Ich bin doch nicht doof!

40 **GoTo123:** Hattest du denn heute dein Softball-Spiel nach der Schule?

ByAngel213: Ja, und wir haben gewonnen!

GoTo123: Das ist klasse! Gegen wen habt ihr gespielt?

ByAngel213: Wir haben gegen die Hornets gespielt. Deren irre Uniformen
sind total schrecklich! Sie sehen aus wie Bienen.

45 **GoTo123:** In welchem Team spielst du?

ByAngel213: Wir sind die Canton Cats. Wir haben Tigerpfoten
auf unseren Uniformen. Die sind total cool. – Ich muss weg.
Meine Hausaufgaben müssen noch fertig werden. CU!

GoTo123: Bis dann. CU!

50 **7** GoTo123 ging zum Mitglieds-Menü und begann die Suche nach ihrem Profil⁷.
Als er es fand, markierte er es und druckte es aus. Er holte einen Stift heraus
und begann aufzuschreiben, was er bis jetzt über Angel wusste.

5 Wer ist GoTo123? Was verbindet Shannon-ByAngel213 mit GoTo123?

---

³ **bedrohlich:** gefährlich
⁴ **der Snack** [sprich: snäk]: eine kleine Mahlzeit
⁵ **der Nickname:** der Spitzname

⁶ **die Buddyliste** [sprich: badiliste]: eine Freundesliste
im Chatroom
⁷ **das Profil:** Informationen, die über Shannon
im Chatroom stehen

6
- Was notierte GoTo123?
- Was hatte GoTo123 von ByAngel213 über die „echte" Shannon erfahren?

8 Er wusste nun so viel über sie. Das hatte sie ihm alles selbst erzählt. Er hatte jetzt genug Information, um sie zu finden.

55 **9** Bis Donnerstag hatte Shannon die Schritte hinter ihr längst vergessen. Sie war gerade mitten im Spiel, als sie merkte, dass jemand sie anstarrte. In diesem Moment fielen ihr auch wieder die Schritte ein. Sie sah von ihrer Second Base[8] nach oben, um festzustellen, dass ein Mann sie genau beobachtete. Er lehnte sich gegen den Zaun und lächelte, als sie ihn ansah.
60 Er nickte und sie lächelte zurück. Ihm fiel der Name auf dem Rücken ihres Trikots auf und er wusste, dass er sie gefunden hatte. Er ging mit einem sicheren Abstand hinter ihr her. Sie waren nur ein paar Häuser von Shannons Zuhause entfernt. Und als er wusste, wo sie wohnt, ging er schnell zurück zum Park, um sein Auto zu holen. Jetzt musste er warten.

65 **10** Shannon saß in ihrem Zimmer, als sie Stimmen im Wohnzimmer hörte. „Shannon, komm her", rief ihr Vater. Er klang besorgt und sie konnte sich nicht vorstellen, warum. Sie ging ins Zimmer und sah den Mann vom Spielfeld auf dem Sofa sitzen. „Setz dich", begann ihr Vater, „dieser Mann hat uns gerade eine sehr interessante Geschichte über dich erzählt."
70 „Weißt du, wer ich bin, Shannon?", fragte der Mann. Shannon schüttelte stumm den Kopf. „Ich bin dein Online-Freund GoTo123." Shannon stockte der Atem. „Das … das ist nicht möglich", stotterte sie. „GoTo ist ein Junge in meinem Alter. Er ist vierzehn und wohnt in Michigan[9]!" „Ja, das habe ich dir erzählt. Aber ich *bin* GoTo. Und ich bin Polizist."

7
- Welche Personen sprachen in Shannons Wohnzimmer miteinander?
- Warum stockte Shannon der Atem?

75 **11** Shannon starrte den Polizisten ungläubig an. Sie versuchte, sich zu erinnern, was sie ihm alles anvertraut hatte. Sie erinnerte sich an Gesprächsfetzen, an Dinge, die sie einem Erwachsenen niemals geschrieben hätte. Sie spürte einen immer größer werdenden Kloß im Hals und ein flaues Gefühl in der Magengegend – wie peinlich! Am liebsten wäre sie im Erdboden
80 versunken. Dann schaute sie ihren Vater an und fühlte sich ertappt. Sein besorgtes Gesicht machte ihr bewusst, wie unvorsichtig sie gewesen war, so leichtgläubig[10] war sie in die erstbeste Internetfalle getappt …

---

[8] **die Second Base** [sprich: säkind bees]: ein Teil des Baseballspielfeldes
[9] **Michigan** [sprich: mischigan]: Bundesstaat in den Vereinigten Staaten von Amerika, der weit entfernt von South Carolina liegt

[10] **leichtgläubig:** naiv, unkritisch

Shannon ist in eine gefährliche Falle getappt.
Wie konnte das nur geschehen?

W **8** Mit wem möchtest du dich über die Geschichte verständigen?
Wähle aus:
- Du kannst dich mit einer Partnerin oder einem Partner austauschen.
- Du kannst in einer Gruppe zu viert oder fünft über Shannon sprechen.
  Verwende deine Notizen.

Shannon durchlebt verschiedene Gefühle.
Du kannst ein Gefühlsbarometer für Shannon gestalten.

9 a. Lies die Geschichte noch einmal.
Konzentriere dich dabei auf Shannons Gefühle.
b. Sieh dir die Smileys neben der Geschichte an.
Diese Gesichter zeigen dir einige von Shannons Gefühlen.

10 Gestalte ein A4-Blatt im Querformat als Gefühlsbarometer.
a. Welche Gefühle durchlebt Shannon?
Zeichne Smileys auf das Blatt.
Je besser das Gefühl, umso höher schwebt das Emoticon.
b. Was geschieht jeweils?
Schreibe zu jedem Smileys einen Satz auf.
Tipp: Du kannst auch Zitate aus dem Text übernehmen.

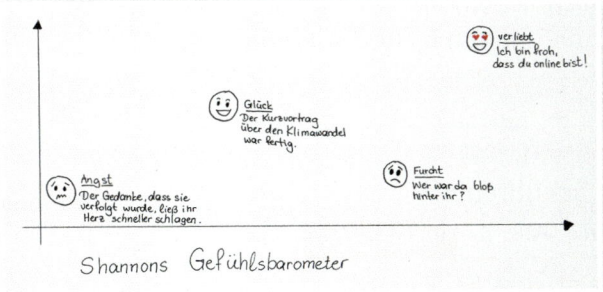

Wie könnte die Geschichte weitergehen?

11 Der Polizist fragt Shannon, was sie falsch gemacht hat.
Schreibe Shannons Antwort auf.

Z **12** Am Ende dieses ereignisreichen Tages bloggt Shannon ihre Geschichte
für ihre Freunde.
Schreibe den Blog, am besten am Computer.

9 **10** ängstlich, einsam, erleichtert, erschrocken, ertappt, froh, peinlich, sicher,
sprachlos, übermütig, verliebt, verwirrt

Meinungen und Argumente erkennen

Shannons Schulfreunde erfahren von den Ereignissen.
Im Internetforum der Schule beginnt eine heiße Diskussion.

CookieBlue [2013-01-25]
Gemeinheit
Das ist eine Gemeinheit von diesem Polizisten, dich so reinzulegen und vor deinen Eltern zu blamieren! *Alle* chatten doch und du hast doch nichts falsch gemacht. Nimm's nicht so schwer!

Guardian [2013-01-25]
Glück gehabt!
Wahnsinn! Sei froh, dass es nur der Polizist war und nicht irgendein Irrer! Versteh mich nicht falsch, ich bin ja auch für das Chatten. Nur man sollte wirklich aufpassen, aber ich weiß auch nicht, wie ...

Tiny [2013-01-25]
Alles easy
Was soll denn schon passieren? Wir wollen doch bloß unsern Spaß haben. Die meisten Buddies[1] kennt man doch sowieso aus der Schule. Und so kann man noch mehr coole Leute finden.

Zaza-too [2013-01-25]
Nein, danke!
Was heißt denn hier „die meisten"? Und was ist mit den anderen?
Ich würde doch auf der Straße auch nicht jedem meinen Namen sagen oder meinen Hausschlüssel geben. Man kann Chatten nicht sicherer machen. Also lasst es besser ganz!

---

1 Welche Meinungen haben die vier Schulfreunde?
Schreibe zu jedem Freund einen Satz auf.

> **Starthilfe**
> CookieBlue meint, dass der Polizist ...

Meinung

2 Wie begründen die Freunde ihre Meinungen?
Also: Welche Argumente nennen sie?
Schreibe die Argumente dazu.

Argument

3 Welcher Meinung kannst du dich anschließen?
Schreibe sie auf und begründe sie mit einem eigenen Argument.

[[1] die **Buddies** [sprich: badis]: die Chatfreunde / die Freunde

 3 Ich bin der Meinung, dass ..., weil ... / Ich glaube, ... hat Recht, weil ...

Stellung nehmen

„Man kann Chatten nicht sicherer machen"? – „Doch, ich kann!"
Auf Seite 120 kannst du in einem eigenen Kommentar Stellung nehmen.
Dafür brauchst du zunächst starke Argumente.

> Meinung
> Argument

Ich gebe keine Telefonnummer heraus.

Ich nenne nicht den richtigen Namen.

Ich nenne nicht die Adresse.

Ich bitte bei Unsicherheiten Erwachsene um Hilfe.

Ich nehme zu Partys immer eine „echte" Freundin oder einen Freund mit.

Ich chatte nur mit Bekannten.

Ich verabrede mich niemals mit einem Unbekannten.

Ich mache keine Fotos öffentlich.

4 Welche Argumente findest du stark?
   a. Schreibe die Argumente untereinander auf: das schwächste zuerst, das stärkste zuletzt.
   b. Schreibe drei weitere Argumente auf.

Mit Beispielen kannst du Argumente anschaulich machen und bestärken.
> Beispiel

5 Finde Beispiele zu deinen fünf stärksten Argumenten.
   Schreibe sie auf.
   Du kannst diese Fragen beantworten:
   • Welche Erwachsenen können dir zum Beispiel helfen?
   • Welche Telefonnummern solltest du niemals nennen?
   • Was für Freunde könntest du mitnehmen?

> zum Beispiel / z. B.
> beispielsweise
> und zwar
> Meine Freundin hat Folgendes gemacht: …
> Eine Umfrage hat gezeigt, dass …

6 Formuliere eigene Sätze wie in dem Beispiel.
   • Nutze deine stärksten Argumente.
   • Verwende **weil**, **da** oder **denn**.

> *Ich kann Chatten sicherer machen, weil ich nicht zu viel von mir preisgebe.*

6 Tipp: In Sätzen mit **denn** steht das Verb an zweiter Stelle.
In Sätzen mit **weil** und **da** steht das Verb an letzter Stelle.

Merkan chattet sicher, **denn** er spricht bei Problemen mit seinen Eltern.

Ich chatte sicher, **weil/da** ich meine Telefonnummer nicht herausgebe.

Schriftlich Stellung nehmen

Du kannst nun einen eigenen Kommentar schreiben und
darin Stellung nehmen. Deine Aufgabe lautet:

> Nimm Stellung zu der Aussage:
> „Man kann Chatten nicht sicherer machen."

1 Von wem stammt dieser Satz?
- a. Lies noch einmal die Beiträge auf Seite 118.
- b. Schreibe den Satz auf.
  Schreibe auch auf, von wem der Satz stammt.

2 Schreibe eine kurze Einleitung:
- Worum geht es?
  Nenne das Thema.
- Schreibe auf, zu welchem Satz du eine andere Meinung hast.
- Formuliere deine Meinung in einem vollständigen Satz.

Einleitung

Meinung

> **Starthilfe**
>
> Schriftlich Stellung nehmen:
> Ein Kommentar von …
>
> Ich möchte mich heute zum Thema … äußern.
> Im Internetforum habe ich gelesen, dass …
> Ich bin anderer Meinung: … /
> Dem möchte ich widersprechen: … /
> Meine Meinung dagegen ist …
> …

3 Nenne und erkläre im Hauptteil deine Argumente.
- Erkläre mindestens drei Argumente in vollständigen Sätzen.
- Deine Arbeitsergebnisse von Seite 119 helfen dir dabei.
- Unterstütze deine Argumente mit Beispielen.

Hauptteil

Argument

Beispiel

Z 4 Du kannst dich mit weiteren Argumenten
auf Shannons Geschichte beziehen.
- Schreibe auf, welche Textstellen dich besonders beeindruckt haben.
- Schreibe auf, welche Schlussfolgerungen du für dich ziehst.

5 Schreibe zwei bis drei Schlusssätze.
- Was wirst du selbst beim Chatten ändern?
- Was empfiehlst du den anderen?

Schluss

5 Meine Erfahrungen haben mir gezeigt, dass … / Ihr solltet unbedingt beachten,
dass … / Wie man bei Shannon gesehen hat, …, deshalb solltet ihr … /
Für die Zukunft nehme ich mir vor, dass ich …

Meinungen und Argumente unterscheiden

Zum sicheren Verhalten im Internet gibt es viele Meinungen.
Nicht immer werden diese Meinungen mit Argumenten begründet.

6 Lies die Meinungen und Argumente.

Suza [2013-02-05]
Vorsicht beim Nicknamen[1]
Es fängt doch schon mit dem Nicknamen an: Daran kann man ja oft schon
sofort sehen, ob derjenige weiblich oder männlich ist.

Jim-yo [2013-02-05]
Top secret
Ja, ich bin immer total vorsichtig mit meinem Namen im Chat. Denn der
kann schon so viel über mich verraten. Zum Beispiel verrät ein Geburtsdatum
im Nicknamen ja auch mein Alter! Das will ich Fremden auf keinen Fall mitteilen.

Lanz222 [2013-02-05]
Sei nicht blöd
Genauso blöd ist es, jedem die eigene E-Mail-Adresse zu geben.
Das habe ich noch nie gemacht.

Katzepink [2013-02-05]
!!!
Ich möchte meinen Freundinnen schon gern E-Mails schreiben,
auch den neuen. Ich lass mir doch nicht alles verbieten!!!

Matze [2013-02-05]
Sicher
Du kannst doch E-Mails schreiben. Verwende doch einfach deinen Nicknamen
in der E-Mail-Adresse und nicht deinen echten Namen.

7
• Wer schreibt hier nur seine Meinung?
• Wer begründet die Meinung auch mit Argumenten?
• Wer nennt auch ein Beispiel?
Schreibe es für die einzelnen Namen auf.
Tipp: Du kannst zunächst eine Folie über die Sätze legen.
So kannst du unterschiedliche Meinungen und
Argumente markieren.

[[1] **der Nickname:** der Spitzname, der Benutzername im Internet

Ⓩ Im Internet Stellung nehmen

Viele Nutzer vertrauen der sogenannten Sicherheit der Daten und verraten im Internet sehr viel über sich. Davon berichtet dieser Zeitungsartikel.

📖 Alles erlaubt?

1 Aufklärung auf die brutale Tour: Ein französisches Magazin googelt sich die Porträts seiner Leserinnen und Leser zusammen und veröffentlicht sie.

2 Der Artikel fängt nett an. „Herzlichen Glückwunsch zum Geburtstag", wünscht der Verfasser, aber schon dann wird es gruselig: „Wir dürfen doch
5 du sagen, Michel, nicht wahr? Gewiss, du kennst uns nicht. Aber wir wissen sehr viel über dich. Du bist […] Single. Im Frühjahr 2008 hattest du eine Geschichte mit Claudia […]". Dazu druckte das Magazin Bilder: Eine Umarmung am 31. Mai, Händchenhalten am 22. Juni.

3 Als der 29-jährige Michel aus Mérignac[1] seine Geschichte im Magazin
10 „Le Tigre" gelesen hatte, konnte er mehrere Nächte nicht schlafen. Danach entschloss er sich, gegen das Medium, das so ungeniert aus seiner Privatsphäre geplaudert hatte, zu klagen. Doch die Anwälte machten ihm wenig Hoffnung: Denn alles, was „Le Tigre" verbreitet hatte, war zuvor von Michel selbst ins Netz gestellt worden; auf Seiten wie Youtube, Facebook und Flickr.
15 Aber erst der gedruckte Artikel hatte ihm vor Augen geführt, wie viel er von sich preisgegeben hatte.

4 Michel war nicht der einzige Leser, der im Magazin ein Porträt über sich lesen musste. Die Redakteure von „Le Tigre" haben es sich in der Rubrik
20 „Das Google-Porträt" zur Aufgabe gemacht, ihre Leserinnen und Leser für das Thema Datenschutz zu sensibilisieren – auf die brutale Tour.

5 Bei Michel hat die Lektion auf alle Fälle gewirkt, er versuchte anschließend, im Internet so viel
25 wie möglich von sich zu löschen. Nur eines hatten die Magazin-Redakteure nicht von ihm herausgefunden – seine Adresse, um ihm das Porträt per Post zu schicken. „Aber", so schließt der Artikel, „die brauchen wir auch nicht, um dir dein Porträt zu schicken. Du kennst es
30 ja schon, dein Leben."

6 Freiwillig löschte „Le Tigre" auf seinen Wunsch zumindest in der Online-Ausgabe die persönlichsten Dinge und anonymisierte[2] die Handynummer. Für Michel sei es ein „heilsamer Schock" gewesen, sagt ein Redakteur des Magazins. […]

[1 **Mérignac** [sprich: merinjak]: Stadt in Frankreich
[2 **sie anonymisierte:** sie veränderte

1 Was haben die Redakteure der Zeitschrift „Le Tigre" getan?
Fasse es schriftlich zusammen:
- Was haben sie über Michel herausgefunden?
- Welche Schritte haben sie unternommen?
- Welche Absicht verfolgten sie?

2 • Wie hat sich Michel wahrscheinlich gefühlt, als er den Artikel las?
- Was hältst du von Michels Verhalten im Internet?
Schreibe Stichworte auf.

Andere Leserinnen und Leser stellten diese Meinungen ins Internet:

Susieque   25. Januar 2013   13:48
Gemeinheit
Das ist eine Gemeinheit von dieser Zeitschrift! Wie kommen die dazu, so etwas zu tun!
Michel kann doch nichts dafür, alle haben doch etwas über sich im Internet stehen.
                                  Bewerten: schlecht ■ ■ ■ ■ ■ gut

---

Dick Shoo   24. Januar 2013   23:21
Das Internet vergisst eben nichts!
Leichtsinnigkeit ist gefährlich und muss bestraft werden. Wenn jemand sich so äußert
und seine privaten Fotos ins Netz stellt, dann muss er auch die Folgen tragen können.
Deutlicher kann es ja diesem Michel nicht bewusst werden. Wir wissen doch alle, wer
unsere Daten lesen kann und womöglich noch die E-Mail-Adressen weiterverkauft!
                                  Bewerten: schlecht ■ ■ ■ ■ ■ gut

---

Megajack   24. Januar 2013   23:07
Ratlos
Ich weiß nicht, was ich davon halten soll. Man vergisst auch einfach, was man selbst
ins Netz stellt. Ich werde von nun an aufpassen.
                                  Bewerten: schlecht ■ ■ ■ ■ ■ gut

---

3 Bewerte die Meinungsäußerungen:
- Welche Meinung befürwortet das Vorgehen der Zeitschrift?
Welche lehnt es ab?
- Welche Äußerung enthält gar keine Meinung?

4 Was denkst du über das Vorgehen der Zeitschrift?
a. Notiere dir Stichworte zu deiner Meinung.
b. Notiere Argumente und Beispiele, um deine Meinung zu stützen.
Tipp: Überzeugend wirken deine eigenen Erfahrungen mit dem Internet.
c. Schreibe deine Meinung in einer E-Mail an die Zeitschrift.

Verschiedene Meinungen

Die Klasse 7a plant, einen Klassen-Chat einzurichten.
Die Schülerinnen und Schüler sind sich über die Regeln nicht einig.
Sie diskutieren.

Ich bin dagegen, dass ...

Isabel: Ein Chat ist super! Ich möchte, dass möglichst viele Leute
aus der Schule mitmachen.

Pedro: Ich bin dagegen, dass der Chat zu groß wird.
Wir sollten nur Leute aus unserer Klasse zulassen.

Tessa: Das finde ich aber nicht. Ein großer Chat ist viel interessanter.

5 **Pedro:** Ich sehe das anders. Wenn wir viele Leute zulassen,
sind auch Unbekannte dabei. Jeder weiß, dass ein Chat
mit Unbekannten gefährlich sein kann.

Isabel: Ich bin dafür, dass wir uns Nicknamen geben. Das ist lustig
und wir sind besser geschützt.

10 **Pedro:** Ich finde es nicht in Ordnung, dass wir Nicknamen
in einem Klassen-Chat benutzen. Jeder sollte dazu stehen, was
er schreibt.

Tessa: Es gibt noch eine andere Möglichkeit, den Chatroom
zu schützen. Wir könnten Lehrer als Moderatoren
15 für den Chat zulassen. Die lesen dann, wer was schreibt.
Sie passen auf, dass nichts passiert.

Isabel: Ich bin dagegen, dass Erwachsene im Chat dabei sind.
Dann kann jeder schreiben, was er will.

Pedro: Ich bin nicht dafür, dass jeder einfach schreibt, was er will.
In einem Klassen-Chat sollten wir nur über die Themen
20 der Klasse sprechen. Wir könnten beispielsweise
die Hausaufgaben besprechen.

1 Wer stimmt zu?
Wer ist dagegen und widerspricht?
a. Schreibe das Gespräch ab.
b. Überprüfe die folgenden Aussagen im Text.
Markiere die passenden Textstellen in deinem Heft.

- Pedro stimmt Isabel zu: Er möchte auch einen großen Chat.
- Pedro widerspricht Isabel: Er möchte keine Nicknamen im Klassen-Chat.
- Isabel möchte wie Tessa, dass Lehrer im Chat dabei sind.
- Pedro stimmt Isabel zu: Jeder soll schreiben dürfen, was er möchte.

Oft kannst du schon am Anfang des Satzes erkennen,
ob jemand zustimmt oder widerspricht.

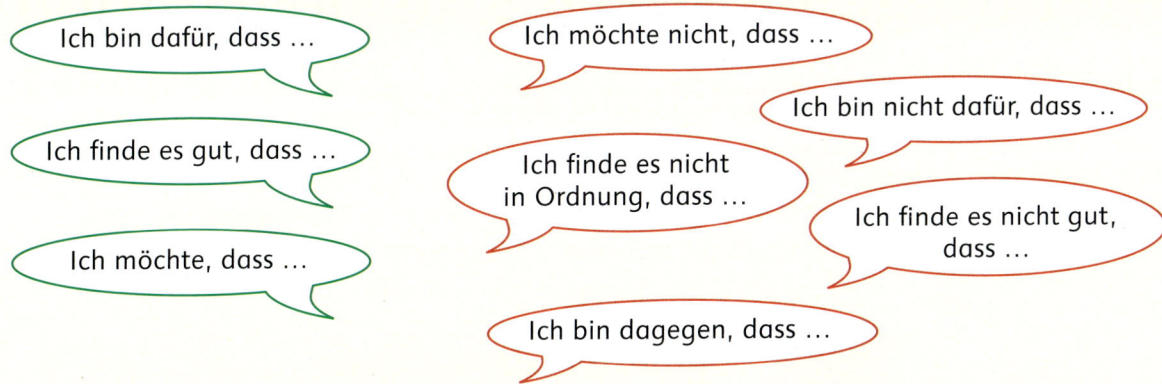

Ich bin dafür, dass …

Ich möchte nicht, dass …

Ich bin nicht dafür, dass …

Ich finde es gut, dass …

Ich finde es nicht
in Ordnung, dass …

Ich finde es nicht gut,
dass …

Ich möchte, dass …

Ich bin dagegen, dass …

2   a. Schreibe die Satzanfänge geordnet in eine Tabelle.
    b. Finde im Text auf Seite 124 weitere Beispiele für ähnliche Satzanfänge.

Starthilfe

zustimmen	widersprechen
Ich möchte, dass …	Ich bin nicht dafür, dass …

3   Ein Klassen-Chat ist gut:
   Stimmst du zu oder widersprichst du?
   a. Bilde vollständige Sätze mit Hilfe der Sprechblasen.
   b. Schreibe die Sätze auf.

…, dass Lehrer
im Klassen-Chat
dabei sind.

…, dass Jugendliche
den ganzen Nachmittag
chatten.

…, dass möglichst
viele Leute im Chat
sind.

…, dass Leute
im Chatroom Nicknamen
benutzen.

Z 4   Und was meinst **du**?
   Schreibe deine Meinung zu den folgenden Sätzen auf.
   Verwende dabei einen passenden Satzanfang.
   Tipp: Im **dass**-Satz steht das gebeugte Verb an letzter Stelle.

   • Deine Klasse möchte einen Klassen-Chat eröffnen.
   • Deine Klasse möchte eine Klassenfahrt machen.
   • Deine Klasse will eine Klassenparty organisieren.

4   **Das gebeugte Verb**
   Ich möchte, **dass** es einen Klassen-Chat gibt.

Training:
Meinungen äußern und begründen

Meinungen und Argumente erkennen

Wie lange bist du täglich im Internet?
Bleibt noch genügend Zeit für deine Freunde und für wichtige Aufgaben?
In diesem Online-Artikel erfährst du von einem Stopp-Schalter für das Internet.

Raus aus der Zeitfalle

Neues Internet-Tool verspricht kontrolliertes Surfen

Wie Wissenschaftler feststellten, verbringen
immer mehr Jugendliche immer mehr Zeit
im Internet. Zwischen zwei und drei Stunden sind
5 die 12- bis 19-Jährigen im Durchschnitt online,
manche auch deutlich länger.
Beim Surfen passiert es nicht selten, dass der Überblick
über die Zeit vollkommen verloren geht. Und so sind
einige User[1] häufig viel länger online, als sie eigentlich
10 wollen. Für Familie, Freunde, Hobbies und auch
wichtige Aufgaben bleibt manchmal keine Zeit mehr.
Abhilfe kann ein neues Internet-Tool[2] schaffen. Damit
kann man den Internetzugang für mehrere Stunden
täglich unterbrechen und nur noch E-Mails
15 empfangen. Oder man blockiert gezielt einzelne Seiten.
So kann man das eigene Surfverhalten kontrollieren
und beschränken.
Die Familienministerin empfiehlt allen Eltern
das Tool.

1 Beantworte die folgenden Fragen in Sätzen:
• Was haben Wissenschaftler festgestellt?
• Wie lange sind die Jugendlichen im Durchschnitt online?
• Was passiert vielen Usern beim Surfen?
• Wofür bleibt oft keine Zeit?
• Was kann man mit dem neuen Tool machen?
• Wer empfiehlt das Tool?

[1] der User – die User [sprich: juser]: der Nutzer im Internet
[2] das Tool [sprich: tuhl]: ein Computerprogramm

Sechs Jugendliche haben zu dem Artikel ihre Meinung geschrieben.

> **Kommentare (6)**
>
> Alex (13): „Ich verbringe jeden Nachmittag in meinem Online-Rollenspiel. Mit dem Tool könnte es sein, dass ich mitten im Spiel rausfliege – schrecklich!"
>
> Emmi (14): „Ich finde es schlimm, wenn man seine Freundinnen kaum noch draußen trifft. Immer nur chatten! Ich finde das Tool super. Vielleicht haben meine Freunde dann wieder mehr Zeit für mich."
>
> Yasemin (12): „Ich bin nie länger als eine halbe Stunde online, weil ich den Computer mit meinen beiden Brüdern teile. Das Tool bringt mir also nichts."
>
> Mailin (14): „Ich finde das Tool total blöd! Wenn ich nicht jeden Tag bis zum Abend im Chat bin, verliere ich den Kontakt mit Freunden und bin nicht mehr angesagt."
>
> Sinem (12): „Ich klicke mich manchmal sehr lange durchs Internet. Hinterher ärgere ich mich dann, weil ich so keine Zeit mehr habe, meine Freunde zu treffen. Das Tool wäre für mich ganz gut."
>
> Janis (14): „Beim Online-Spielen vergesse ich oft die Zeit. Ich bin oft länger online, als ich darf. Dann gibt es immer Stress mit meiner Mutter. Das Tool würde für weniger Ärger sorgen!"

2 Welche Meinung haben die Jugendlichen zu dem Internet-Tool?
Schreibe zu jedem Jugendlichen einen Satz auf.

Meinung

Starthilfe
> Alex meint, dass das Internet-Tool …

3 Wie begründen die Jugendlichen ihre Meinungen?
Welche Argumente nennen sie?
Schreibe sie geordnet in eine Tabelle.

Argument

Starthilfe

Argumente für das Tool	Argumente gegen das Tool
– die Freunde haben …	…

4 Was hältst du von dem Tool?
  a. Welche Argumente treffen auch auf dich zu?
     Markiere sie in der Tabelle von Aufgabe 3.
  b. Was hat dich überzeugt? Welche Meinung hast du zu dem Tool?
     Schreibe deine Meinung in vollständigen Sätzen auf.

2   … behauptet, dass … / … findet, dass … / … glaubt, dass … / … sagt, dass …

Stellung nehmen

Wäre das neue Internet-Tool auch für dich gut?
Du kannst in einem eigenen Kommentar Stellung nehmen.
Dafür brauchst du starke Argumente.

5 Welche Argumente passen zu deiner Meinung?
   a. Lies noch einmal die Argumente in der Tabelle von Aufgabe 3.
   b. Wähle überzeugende Argumente aus,
       die deine Meinung unterstützen.
       Markiere sie.

6 Hier werden noch weitere Argumente genannt.
   a. Wähle passende Argumente aus.
   b. Schreibe sie auf.
   Tipp: Du kannst dir auch eigene Argumente ausdenken und aufschreiben.

Man kann auch ohne Tool selbst über Surfverhalten bestimmen.

Mit dem Tool bleibt mehr Zeit für Sport.

Freunde sind nicht immer zur gleichen Zeit online, ein Tool schränkt ein.

Das Tool einrichten und löschen ist aufwändig.

Langes Internetsurfen macht müde und unkonzentriert.

Ich habe schon öfter Freunde versetzt, weil ich beim Surfen die Zeit vergessen habe.

7 Wie stark sind deine Argumente?
   a. Ordne nun deine Argumente aus den Aufgaben 5 und 6.
   b. Schreibe sie geordnet untereinander auf:
       das schwächste zuerst, das stärkste zuletzt.

Mit Beispielen kannst du Argumente anschaulicher machen und bestärken.

8 Finde zu deinen vier stärksten Argumenten
   treffende Beispiele.
   Schreibe sie auf.
   Tipp: Du kannst die Wortgruppen vom Rand verwenden.

> zum Beispiel
> beispielsweise
> und zwar
> Meine Freundin hat
>   Folgendes gemacht: ...
> Eine Umfrage hat
>   gezeigt, dass ...

 8 nach Surfen oft Kopfweh, das Entfernen von Programmen erfordert mehrere Schritte

Mit deinen Ergebnissen kannst du nun
einen eigenen Kommentar verfassen.

9 Schreibe eine kurze Einleitung.
    a. Wozu möchtest du einen Kommentar schreiben?
        Nenne kurz das Thema.
        Schreibe auch auf, wie du auf das Thema gekommen bist.
    b. Welche Meinung hast du zum Thema?   **Meinung**
        Formuliere sie in einem vollständigen Satz.

> **Starthilfe**
>
> Ich möchte mich zum Thema … äußern.
> Ich habe im Artikel „Raus aus der Zeitfalle"
> gelesen, dass …
> Ich finde, dass …

10 Nenne und erkläre im Hauptteil deine Argumente.
    • Erkläre mindestens drei Argumente in vollständigen Sätzen.   **Argument**
      Deine Arbeitsergebnisse von Seite 128 helfen dir dabei.   **Beispiel**
    • Unterstütze deine Argumente mit Beispielen.

11 Schreibe zwei bis drei Schlusssätze.
    • Was empfiehlst du den anderen?
    • Welche Tipps hast du gegen zu langes Surfen?
    • Wie wirst du deine freie Zeit künftig nutzen?

Mit Hilfe einer Checkliste kannst du deinen Kommentar überarbeiten.

Checkliste: Schriftlich Stellung nehmen	ja	nein
Wird in der Einleitung das Thema genannt?	☐	☐
Habe ich meine Meinung in einem vollständigen Satz formuliert?	☐	☐
Steht mein stärkstes Argument am Schluss?	☐	☐
Habe ich meine Argumente mit treffenden Beispielen unterstützt?	☐	☐

12 **a.** Prüfe deinen Kommentar mit Hilfe der Checkliste:
        • Was ist gut gelungen?
        • Was kannst du noch verbessern?
    b. Überarbeite deinen Kommentar.
        Tipp: Wende auch den Rechtschreib-Check an.

→ dein Rechtschreib-Check: Seiten 246–247

 10 beispielsweise / zum Beispiel …

 11 Ich empfehle … / Man könnte … / Mein Tipp ist: …

Gedichte an die Sonne

Am Morgen geht die Sonne auf und steigt bis zum Mittag.
Dann sinkt sie wieder und geht am Abend unter.

1 a. Seht euch das Bildgedicht an.
b. Sprecht über diese Fragen:
• Welche Wörter erkennt ihr?
• Was könnten die Wörter bedeuten?
• Was könnte der Bogen bedeuten?

2 Warum ist das ein **Gedicht**?
Notiert Gründe.

Merkmal:
Gedichte haben manchmal
eine besondere Form.

3 Mit den Wörtern für **Sonne** könnt ihr selbst
ein Sonnengedicht gestalten.
• Wie wollt ihr die Wörter anordnen?
Einigt euch auf eine Form.
• Aus welchen Sprachen wollt ihr Wörter für „Sonne" verwenden?
• Welche Farben sollen die Wörter bekommen?
Tipps: Ihr könnt die Wörter von dieser Seite verwenden.
Ihr könnt auch Wörter aus anderen Sprachen finden.

die **Sonne** in anderen Sprachen: güneş (türkisch), sonce (slowenisch), sole (italienisch),
ghrian (irisch), matahari (indonesisch), aurinko (finnisch), sun (englisch), شمس [shams] (arabisch),
sol (katalanisch, spanisch, portugiesisch), солнце (russisch), nap (ungarisch), saule (litauisch)

Der Sonnenaufgang

Wenn die Sonne am Morgen aufgeht, verändert sich die Farbe des Himmels.

Wie es Tag wird   Umberto Ak'abal

Die weiße Linie am Horizont
am Ende der Nacht:
»ak'abal«
(dämmert)

5 Der rote Himmel nach dem Dunkel:
»saq'irib'al«
(glüht)

Der gelbe Himmel im Morgenlicht:
»saq'irisanik«
10 (klart)

Der blaue Himmel nach Tagesanbruch:
»saq'irik«
(leuchtet)

Die Sonne am Himmel:
15 »saq'ij«
(strahlt)

4 a. Lies das Gedicht von Umberto Ak'abal mehrmals still.
  b. Schließe dann die Augen und stelle dir die Farben vor.
  c. Was hast du gesehen?
    Erzähle es.

5 Klassengespräch!
  a. Lest das Gedicht vor.
  b. Welche Wörter und Wortgruppen beschreiben
    den Sonnenaufgang?
    Was bedeuten die hervorgehobenen Wörter?

Merkmal:
Eine besondere Sprache
bringt Gedichte
zum Klingen.

6 Du kannst das Gedicht so vorlesen, dass man
  das Aufgehen der Sonne hört:
  • Verändere die Lautstärke: Beginne sehr leise.
  • Du kannst deine Stimme an passenden Stellen heben oder senken.
  • Du kannst ein unterschiedliches Tempo wählen.

Z 7 Schreibe das Gedicht in schöner Schrift auf ein Blatt.
  Gestalte das Blatt mit den passenden Farben.

 4 dunkel, heiter, hell, intensiv, klar, leuchtend, strahlend, warm

Das Volk der Zuni lebt am Zuni River, einem Fluss in New Mexico, USA. Die Zuni besingen den Sonnenaufgang und loben die Sonne in einer Hymne[1].

Hymne an die Sonne

Ganz früh, am Morgen,
wachen wir auf, wachen wir auf,
wenn Mutter Sonnen-Gott sich erhebt.
Wir begrüßen sie mit Freude.
Sie nimmt uns mit einem strahlenden
   Antlitz[2] auf.
Sie umfängt uns mit einem heißen Kuss.
So schön, so schön …

Himno al sol de los indios zuníes

Muy temprano, por la mañana,
nos despertamos, nos despertamos,
cuando la madre Dios-Sol se levanta.
La saludamos con alegría.
Ella nos acoge con
   un rostro radiante.
Ella nos recibe con un cálido beso.
Tan dulcemente, tan dulcemente …

8 **a.** Lest die Hymne auf Spanisch und auf Deutsch vor.
    b. Wie klingt die Hymne in der einen und in der anderen Sprache? Beschreibt es.
    c. Wie heißen die spanischen Wörter für Sonne, Mutter Sonnen-Gott und schön? Lest sie vor.
    d. Vergleicht weitere Wörter in den beiden Sprachen.

9 Klassengespräch!
    • Welchen besonderen Namen geben die Zuni der Sonne?
    • Warum wird die Sonne wie eine wichtige Person begrüßt?
    • Was tut die Sonne in dieser Zeile?

> **Merkmal:**
> In manchen Gedichten gibt es Personifikation.

10 Was tut die Sonne noch?
    a. Findet weitere feierliche Ausdrücke. Lest sie vor.
    b. Erzählt, wie ihr euch den Morgen im Gedicht vorstellt.
      Tipp: Ihr könnt auch eine Zeile auswählen und ein Bild malen.

Z 11 **a.** Sprecht über diese Fragen:
      • Wie wirkt die Personifikation auf euch?
      • Warum wohl besingen die Zuni die Sonne in einer Hymne?
    b. Sprecht die Zeilen so, dass man das Feierliche spüren kann.

Z 12 Das Volk der Zuni lebt auf dem heutigen Gebiet der USA und hat eine ganz einzigartige, eigene Sprache.
    Warum wurde die Hymne auf Spanisch gedichtet? Informiert euch.

---

[1] **die Hymne:** ein feierlicher Lobgesang
[2] **das Antlitz:** das Gesicht

 9 aufgehen – sie geht auf; strahlen – sie strahlt, gibt Wärme und Licht

Auch in dem Gedicht von Theodor Storm geht es um den frühen Morgen.

In der Frühe   Theodor Storm

Goldstrahlen schießen _____,
Die Hähne krähn den _____;
Nun einer hier, nun _____,
So kräht es nun von Ort zu _____.
Und in der Ferne stirbt _____ –
Ich höre nichts, ich horche _____.
Ihr wackern[1] Hähne, _____!
Sie schlafen immer, _____.

übers Dach / in die Wohnung / durch das Fenster		
Abend munter / Morgen wach / Kinder lustig		
einer auf der Straße / im Haus / einer dort		
mir / Ort / euch		
der Klang / der Gesang / der Strand		
genau / aufmerksam / lang		
krähet doch / schweiget jetzt / lauft nicht fort		
immer sehr / immer nicht / immer noch		

13 Schreibe das Gedicht vollständig auf.
Tipp: Es reimen sich immer
zwei aufeinander folgende Zeilen: Paarreim.

Merkmal:
Gedichte reimen sich häufig.

14 a. Lies dein Gedicht einem Partner oder einer Partnerin vor.
b. Vergleicht eure Gedichte miteinander.
➜ das vollständige Gedicht: Seite 313

15 In dem Gedicht beobachtet jemand,
was am frühen Morgen alles geschieht.
Überlegt gemeinsam: Wer könnte das vielleicht sein?
Wer spricht also zu uns?

Merkmal:
Gedichte haben einen Sprecher.

16 Tauscht euch über diese Fragen aus.
• Was sieht der Sprecher? – Was kannst du in der Frühe sehen?
• Was hört der Sprecher? – Was kannst du hören?
• Was wünscht sich der Sprecher? – Was wünschst du dir morgens?

Auch Georg Bydlinski dichtete ein Morgenlied.

Noch ein Morgenlied   Georg Bydlinski

Langsam geht sie auf, die Sonne.
Schau – in jeder Regentonne
spiegelt sich ihr Kicherlicht,
wenn der neue Tag anbricht!

17 Versetzt euch in die Rolle des Sprechers in diesem Gedicht.
a. Wie könnte der neue Tag in diesem Gedicht aussehen?
b. Dichtet eine weitere Strophe und schreibt sie auf.

[1] **wacker:** zuverlässig, treu, pflichtbewusst

 17 krähen – er kräht; schlafen – er schläft; wecken – er weckt; aufwachen – er wacht auf;
aufstehen – er steht auf

Die Kraft der Sonne

Die Sonne und der Sonnenschein sind etwas Schönes und Angenehmes,
so wie in diesem Gedicht.

1 Was seht ihr auf dem Bild?
Beschreibt es.

Mählich[1] durchbrechende Sonne

Arno Holz

Schönes
grünes, weiches
Gras.

Drin
5   liege ich.

Inmitten goldgelber
Butterblumen!

Über mir ... warm ... der Himmel:

Ein
10   weites, schütteres,
lichtwühlig, lichtblendig, lichtwogig
zitterndes
Weiß,
das mir die
15   Augen
langsam ... ganz ... langsam
schließt.

Wehende ... Luft ... kaum merklich
ein Duft, ein
20   zartes ... Summen.

Nun
bin ich fern
von jeder Welt,
ein sanftes Rot erfüllt mich ganz,
und
25   deutlich ... spüre ich ... wie die
Sonne
mir durchs Blut
rinnt.

30   Minutenlang

Versunken
alles ... Nur noch
ich.

Selig[2]!

---

[1] **mählich:** eigentlich *allmählich*; ein dichterischer Ausdruck: Die Sonne
scheint langsam, nach und nach immer stärker durch die Wolken hindurch.
[2] **selig:** hier: glücklich

 1 gewölbt, wie eine Kuppel, bewölkt, die Wolkenlücken, das Licht, der/die Schatten

Die Welt wird durch die Sonne etwas ganz Besonderes.

2 a. Lies die Wörter in dem Gedicht vor,
die du besonders findest.
b. Was stellst du dir vor, wenn du diese Wörter hörst?
c. Welche Wörter in dem Gedicht beschreiben das Bild?
Nenne Beispiele und erkläre sie.

Der Sprecher sagt uns, was er sieht und was er fühlt.

3 • Wo hält sich der Sprecher im Gedicht auf?
• Was sieht der Sprecher?
• Was fühlt der Sprecher?
Finde passende Textstellen. Lies sie vor.
Tipp: Lege eine Folie über das Gedicht und markiere die Stellen.

Viele kraftvolle Adjektive machen das Gedicht lebendig.

> **Merkmal:**
> Die besondere Sprache „malt Bilder in unserem Kopf".

4 a. Finde die kraftvollen Adjektive.
b. Lies die Wortgruppen mit den Adjektiven.
c. Wie wirken diese Adjektive auf dich?
Lies die Wortgruppen so vor, dass man das hört.

5 Übe nun, das ganze Gedicht ausdrucksvoll vorzutragen.
Tipps: • Beachte besonders die Stimmung des Sprechers.
• Lies die Arbeitstechnik „Ausdruckvoll vortragen".

→ ausdrucksvoll vortragen: Seite 287

Z Auch in diesem Gedicht gibt es einen Menschen in der Sonne.

Lobpreisung   Jannis Ritsos

Er stand hinten am Weg
wie ein kahler Baum, staubbedeckt,
wie ein Baum, den die Sonne verbrannt hat,
die Sonne preisend[1], die selbst nicht verbrennt.

Z 6 Sprecht über diese Fragen:
• Was beobachtet der Sprecher in diesem Gedicht?
• Was ist das Besondere an der Sonne? Lies vor.
• Was tut die Person in diesem Gedicht trotzdem?

[[1] **die Sonne preisend:** er preist die Sonne, er verehrt sie, er lobt sie

Die Sonne in Songtexten

Mit diesem Song sehnt sich die Band „Rosenstolz" nach Sonne.

 Gib mir Sonne   Peter Plate, AnNa R., Ulf Sommer

Strophe 1:
Es kann gar nicht hell genug sein
Alle Lichter dieser Welt
Sollen heute für mich leuchten
Ich werd' rausgeh'n
5 Mich nicht umdreh'n
Ich muss weg.

[...]

Refrain:
Gib mir Sonne
Gib mir Wärme
Gib mir Licht
10 All die Farben wieder zurück
Verbrenn den Schnee
Das Grau muss weg
Schenk mir 'n bisschen Glück
Wann kommt die Sonne
15 Kann es denn sein
Dass mir gar nichts mehr gelingt
Wann kommt die Sonne
Kannst du nicht seh'n
Dass ich tief im Schnee
20 Versink

[...]

1 a. Hört euch gemeinsam den Song an.
Sprecht darüber, was euch gefällt oder auch nicht gefällt.
b. Ihr könnt den Refrain auch selbst singen.
c. Worum geht es in dem Song? Sprecht darüber.
Tipp: Den vollständigen Text findet ihr auf Seite 313.

2 a. Wer spricht in diesem Songtext mit wem?
Woran habt ihr das erkannt? Lest die Zeilen vor.
b. Was könnte der Sprecher in dem Text fühlen? Begründet.
c. Der Sprecher wünscht sich: „Gib mir Sonne".
Was ist damit gemeint? Stellt Vermutungen an.

**Der Ausdruck Sonne geben ist nicht wörtlich gemeint,
sondern bildlich. Er hat eine übertragene Bedeutung.
Das nennt man Metapher.**

Merkmal:
In vielen Gedichten
gibt es Metaphern,
Wörter in übertragener
Bedeutung.

3 Findet weitere Metaphern in dem Song.

Z 4 Untersucht den gesamten Song auf Metaphern.

→ Seite 313

 2 Er fühlt sich einsam/verlassen/traurig/hoffnungslos/sehnsüchtig/unglücklich ...

Z Ein englischer Rocksong

Auch Songs in anderen Sprachen handeln von der Sonne.

📖 Waitin' on a Sunny Day   Bruce Springsteen

It's rainin' but there ain't a cloud in the sky
Musta been a tear from your eye
Everything 'll be okay
Funny thought I felt a sweet
5   summer breeze
Musta been *you* sighin' so deep
Don't worry we're gonna find a way

I'm waitin', waitin' on a sunny day
Gonna chase the clouds away
10 Waitin' on a sunny day
[…]

Hard times baby, well they come
    to tell us all
Sure as the tickin' of the clock on the wall
Sure as the turnin' of the night into day
15 Your smile girl, brings the mornin' light
    to my eyes
Lifts away the blues when I rise
I hope that you're coming to stay

Es regnet, aber es ist nicht eine Wolke am Himmel.
Es muss eine Träne aus deinem Auge gewesen sein.
Alles wird gut werden.
Komisch, ich dachte, ich hätte eine süße
    Sommerbrise gefühlt.
5 *Du* musst es gewesen sein, die so tief seufzte.
Keine Sorge, wir werden einen Weg finden.

Ich warte, warte auf einen sonnigen Tag.
Ich werde die Wolken wegtreiben,
Ich warte auf einen sonnigen Tag.
10 […]

Harte Zeiten, Baby, nun, sie kommen, um uns
    alles zu erzählen.
So sicher wie das Ticken der Wanduhr,
so sicher wie der Wechsel von Nacht zu Tag.
Dein Lächeln, Mädchen, bringt das Morgenlicht
    in meine Augen,
15 nimmt mir die Traurigkeit, wenn ich aufstehe.
Ich hoffe, du kommst, um zu bleiben.

W **1**   Worum geht es in dem Song von Bruce Springsteen?
   • Hört euch den Song gemeinsam an.
   • Oder lest den Ausschnitt auf Englisch oder auf Deutsch vor.

Z **2**   Lest und übersetzt den vollständigen englischen Text.   ➜ Seite 311

3   Worauf wartet der Sprecher in diesem Song?
   a. Findet die Antwort im Text: Diese Textstelle ist eine Metapher.
   b. Erklärt, was mit der Metapher gemeint ist.

4   Wie wirkt dieser Song auf euch und wodurch?
   Tipp: Sprecht den Song auf Englisch und achtet auf die Reimwörter.

z Sonnengedichte aus früheren Jahrhunderten

Vor 100 Jahren schrieb Detlev von Liliencron das Gedicht „Heidebilder".
Dieser Ausschnitt beschreibt die Mittagssonne.

Heidebilder   Detlev von Liliencron

[...]
Die Mittagssonne brütet auf der Heide[1],
Im Süden droht ein schwarzer Ring.
Verdurstet hängt das magere Getreide,
Behaglich treibt ein Schmetterling.

5 Ermattet ruhn der Hirt und seine Schafe,
Die Ente träumt im Binsenkraut,
Die Ringelnatter sonnt in trägem Schlafe
Unregbar ihre Tigerhaut[2].

Im Zickzack zuckt ein Blitz, und Wasserfluten
10 Entstürzen gierig dunklem Zelt.
Es jauchzt der Sturm und peitscht mit seinen Ruten
Erlösend meine Heidewelt.
[...]

1 Sieh dir das Bild an. Lies jeweils die Strophen dazu.

2 Worum geht es in dem Gedicht?
Schreibe deine Gedanken auf.

3 Einige Wörter sind schwer zu verstehen.
   a. Welche Wörter vom Rand erklären
      schwere Wörter aus dem Text? Ordne zu.
   b. Schreibe mit Hilfe der Wörter vom Rand
      eine neue Fassung des Gedichts.

> liegt schwer / ist kaum zu ertragen
> ein dunkler schwarzer Wolkenring
> verdorrt / vertrocknet
> erschöpft / müde
> unbeteiligt / matt
> bewegungslos
> stürzen heraus aus
> ein dunkles Wolkenzelt
> jubeln / froh sein

Starthilfe

Kaum zu ertragen ist die Mittagssonne auf ...
Im Süden droht ...

4 Dieses Gedicht kannst du so vortragen, dass man
sich die Gewitterstimmung vorstellen kann.

→ ausdrucksvoll vortragen: Seite 287

z 5 Untersuche das vollständige Gedicht auf Seite 314.
Verwende dazu die Merkmale von den Seiten 130 bis 136.

[1] die **Heide:** eine Landschaft mit wenig Bäumen und vielen Gräsern, Sträuchern und Moosen
[2] die **Tigerhaut:** Die Haut einer Ringelnatter ist gemustert wie das Fell eines Tigers.

Vor fast 200 Jahren dichtete Heinrich Heine diese Zeilen über den Sonnenuntergang.

Untergang der Sonne   Heinrich Heine

Die schöne Sonne
Ist ruhig hinabgestiegen ins Meer;
Die wogenden Wasser[1] sind schon gefärbt
Von der dunkeln Nacht,
5 Nur noch die Abendröte
Überstreut sie mit goldnen Lichtern;
Und die rauschende Flutgewalt
Drängt ans Ufer die weißen Wellen,
Die lustig und hastig hüpfen,
10 Wie wollige Lämmerherden,
Die abends der singende Hirtenjunge[2]
Nach Hause treibt.
[...]

1 Was erkennst du auf dem Bild? Beschreibe es.

2 Welche Inhalte aus dem Bild erkennst du in dem Gedicht wieder?
Lies die passenden Wörter und Zeilen vor.

Mit Hilfe der Gedichtmerkmale kannst du nun zwei Besonderheiten dieser Gedichtzeilen selbstständig untersuchen.

3 a. Lies das Gedicht genau.
b. Welche Farben spielen in dem Gedicht
eine besondere Rolle? Warum?
Wie wirken die Farben auf dich?
Beschreibe es in einem kurzen Text.

> **Merkmal:**
> eine besondere Sprache

4 Auch in diesem Gedicht wird durch Personifikationen
eine feierliche Stimmung ausgedrückt.
a. Welche Dinge im Gedicht werden
als Person dargestellt?
Schreibe die Dinge auf.
b. Durch welche Wörter entstehen
die Personifikationen?
Schreibe die Wörter dazu.

> **Merkmal:**
> Personifikation

> **Starthilfe**
>
> Personifikationen in „Untergang der Sonne":
>
> | Dinge als Person | Was tun diese Dinge? |
> |---|---|
> | die Sonne | ist hinabgestiegen … |
> | … | … |

Z 5 Analysiere das vollständige Gedicht auf Seite 314.   → Seite 314

[1] **die wogenden Wasser:** die Wellen (die Wogen) auf dem Meer
[2] **der Hirtenjunge:** Vor 200 Jahren mussten die Kinder auf den Bauernhöfen mitarbeiten.
Sie hüteten zum Beispiel Schafe.

Geschichten in Gedichten: Balladen

Schiff in Not!

Ein Feuer auf einem Schiff ist eine tödliche Gefahr.

Haben Sie schon von dem furchtbaren Unglück auf der „Schwalbe" gehört?

Aber ja! Mein Neffe Bill war Matrose auf dem Schiff. Er hat mir geschrieben ...

1 **a.** Seht euch die Bilder an.
b. Lest die Sprechblasen mit verteilten Rollen.

Liebe Tante Mary!

Wie konnte das nur geschehen? Die „Schwalbe" gibt es nicht mehr! Am Freitag brach

2 Was ist nacheinander geschehen?
Ordnet die Bilder in der richtigen Reihenfolge.
Tipp: Die Buchstaben ergeben ein Lösungswort.

3 Was hat Bills Tante nacheinander über das Unglück erzählt?
Setzt das Gespräch fort.
Tipps: • Die andere Frau stellt Fragen und kommentiert das Geschehen.
• Mündlich erzählt ihr im Perfekt.

Oje, ist Bill verletzt worden?

Nein, aber er hat alles hautnah miterlebt. Zuerst ist alles wie immer gewesen: ...

Z 4 Was erzählte Bill in dem Brief über das Unglück?
Schreibe den Brief an Bills Tante.
Tipps: • Den Anfang findest du oben bei den Bildern.
• Schreibe im Präteritum.

3 4 ausbrechen – es ist ausgebrochen – es brach aus; brennen – es hat gebrannt – es brannte; retten – er hat gerettet – er rettete; sinken – es ist gesunken – es sank; steuern – er hat gesteuert – er steuerte

Von diesem Schiffsunglück erzählt auch Theodor Fontane in seiner Ballade.

📖 John Maynard Theodor Fontane

1 John Maynard!
    „Wer ist John Maynard?"
„John Maynard war unser Steuermann,
Aus hielt er, bis er das Ufer gewann,
5 Er hat uns gerettet, er trägt die Kron',
Er starb für uns, unsre Liebe sein Lohn.
    John Maynard."

2 Die „Schwalbe" fliegt über den Eriesee,
Gischt[1] schäumt um den Bug[2] wie Flocken von Schnee,
10 Von Detroit fliegt sie nach Buffalo –
Die Herzen aber sind frei und froh,
Und die Passagiere mit Kindern und Fraun
Im Dämmerlicht schon das Ufer schaun,
Und plaudernd an John Maynard heran
15 Tritt alles: „Wie weit noch, Steuermann?"
Der schaut nach vorn und schaut in die Rund':
„Noch dreißig Minuten ... Halbe Stund."

3 Alle Herzen sind froh, alle Herzen sind frei –
Da klingt's aus dem Schiffsraum her wie ein Schrei,
20 „Feuer!", war es, was da klang,
Ein Qualm aus Kajüt'[3] und Luke[4] drang,
Ein Qualm, dann Flammen lichterloh,
Und noch zwanzig Minuten bis Buffalo.

4 Und die Passagiere, bunt gemengt,
25 Am Bugspriet[5] stehn sie zusammengedrängt,
Am Bugspriet vorn ist noch Luft und Licht,
Am Steuer aber lagert sich's dicht,
Und ein Jammern wird laut: „Wo sind wir? Wo?"
Und noch fünfzehn Minuten bis Buffalo.

30 **5** Der Zugwind wächst, doch die Qualmwolke steht,
Der Kapitän nach dem Steuer späht,
Er sieht nicht mehr seinen Steuermann,
Aber durchs Sprachrohr fragt er an:
„Noch da, John Maynard?"
35   „Ja, Herr. Ich bin."
„Auf den Strand! In die Brandung!"
    „Ich halte drauf hin."

---

[1] **die Gischt:** Schaum auf den Wellen
[2] **der Bug:** vorderer Teil des Schiffes
[3] **Kajüt'** von **die Kajüte:** Schlafraum auf dem Schiff
[4] **die Luke:** Eingang zum Innenraum des Schiffes
[5] **der Bugspriet:** Mast, der über den vorderen Teil des Schiffes hinausragt

Und das Schiffsvolk jubelt: „Halt aus! Hallo!"
Und noch zehn Minuten bis Buffalo.

40 6 „Noch da, John Maynard?" Und Antwort schallt's
Mit ersterbender Stimme: „Ja, Herr, ich halt's!"
Und in die Brandung, was Klippe, was Stein,
Jagt er die „Schwalbe" mitten hinein.
Soll Rettung kommen, so kommt sie nur *so*.
45 Rettung: der Strand von Buffalo.

*

Das Schiff geborsten[6]. Das Feuer verschwelt[7].
Gerettet alle. Nur *einer* fehlt!

*

 7 Alle Glocken gehn; ihre Töne schwell'n
Himmelan aus Kirchen und Kapell'n,
50 Ein Klingen und Läuten, sonst schweigt die Stadt,
Ein Dienst nur, den sie heute hat:
Zehntausend folgen oder mehr,
Und kein Aug' im Zuge, das tränenleer.

 8 Sie lassen den Sarg in Blumen hinab,
55 Mit Blumen schließen sie das Grab,
Und mit goldner Schrift in den Marmorstein
Schreibt die Stadt ihren Dankspruch ein:
„Hier ruht John Maynard! In Qualm und Brand
Hielt er das Steuer fest in der Hand,
60 Er hat uns gerettet, er trägt die Kron',
Er starb für *uns*, unsre Liebe sein Lohn.
     John Maynard."

Der Textknacker hilft euch, die Ballade zu verstehen.

5 a. Lest die Ballade genau und in Ruhe.
    b. Findet in jeder Strophe die Schlüsselwörter.
       Lest sie vor.
       Tipp: Ihr könnt zunächst eine Folie über den Text
           legen und die Schlüsselwörter markieren.
    c. Manche Wörter werden unter dem Text erklärt.
       Sprecht über die Worterklärungen.

Z 6 Klassengespräch!
     Welche Fragen habt ihr an die Ballade?
     Stellt eure Fragen und findet gemeinsam Antworten.

> **Merkmal:**
> Eine Ballade ist
> ein besonderes Gedicht,
> das meist aus mehreren
> Strophen besteht.

[[6] **geborsten**: zerbrochen   [7] **verschwelt**: ausgebrannt, erloschen

142   6 Wer …? / Was taten …? / Warum passierte …? / Wo …?

In der Ballade gibt es an vielen Stellen wörtliche Rede.

7 Lest nur die wörtliche Rede vor.
Wechselt euch nach jeder wörtlichen Rede ab.

8 a. **Wer** spricht jeweils?
Findet es gemeinsam heraus.
Tipp: Markiert die verschiedenen Sprecher auf Folie
mit verschiedenen Farben.
b. **Wie** wird jeweils gesprochen?
Beschreibt jede wörtliche Rede mit passenden Adjektiven.

9 Lest die ganze Ballade mit verteilten Rollen.
Lest die Ballade so, wie ihr es in Aufgabe 8 besprochen habt.
Tipp: Neben den Sprechern benötigt ihr einen oder mehrere Erzähler.

> **Merkmal:**
> In einer Ballade gibt
> es oft wörtliche Rede.

Die Situation auf der „Schwalbe" wird immer gefährlicher.
Das Geschehen in der Ballade wird immer dramatischer.

10 Wie steigt die Spannung in der Ballade?
a. Findet die Textstellen und lest sie vor.
b. Beschreibt, was jeweils spannend und dramatisch ist.

> **Merkmal:**
> In einer Ballade
> geht es oft um
> ein dramatisches
> Geschehen.

Z 11 Wie verändert sich die Stimmung an Bord der „Schwalbe"?
Tragt es in einer Tabelle zusammen.

Starthilfe

Zeit	Stimmung
30 Minuten	ruhig, gut
20 Minuten	Feuer → …
…	…

12 Lest die Ballade noch einmal mit verteilten Rollen, und zwar so,
dass man die steigende Spannung und die dramatische Stimmung hört.

Z 13 Lernt die Ballade auswendig.
Tipps: • Teilt euch die Ballade auf:
Lernt jeder nur die Zeilen für **eine** Rolle.
• Durch die Reime könnt ihr euch die Zeilen merken.

> **Merkmal:**
> Balladen reimen sich
> häufig.

14 Tragt die Ballade mit verteilten Rollen vor.
Die Aufgaben 7 bis 10 helfen euch bei der Vorbereitung.   ➜ Tipps zum Vortragen: Seite 146

Z Über die Hintergründe der Ballade könnt ihr euch im
Weiterführenden informieren.
➜ Seite 315

 8 ängstlich, besorgt, feierlich, fröhlich, laut, mutig, panisch, schwach,
selbstsicher, traurig

Rettung in stürmischer See

Auch die folgende Ballade handelt von einem Schiffsunglück und einer dramatischen Rettung.
Der Textknacker hilft dir beim Lesen und Verstehen.

1
a. Sieh dir die Bilder an.
b. Lies die Überschrift.
c. Worum könnte es in der Ballade gehen? Schreibe es auf.

1. Vor dem Lesen

2 Lies die Ballade einmal still.

2. Das erste Lesen

Nis Randers   Otto Ernst

1 Krachen und Heulen und berstende Nacht,
Dunkel und Flammen in rasender Jagd –
Ein Schrei durch die Brandung[1]!

2 Und brennt der Himmel, so sieht man's gut:
5 Ein Wrack[2] auf der Sandbank! Noch wiegt es die Flut;
Gleich holt sich's der Abgrund.

3 Nis Randers lugt[3] – und ohne Hast
Spricht er: „Da hängt noch ein Mann im Mast;
Wir müssen ihn holen."

10 **4** Da fasst ihn die Mutter: „Du steigst mir nicht ein:
Dich will ich behalten, du bliebst mir allein,
Ich will's, deine Mutter!

5 Dein Vater ging unter und Momme, mein Sohn;
Drei Jahre verschollen ist Uwe schon,
15 Mein Uwe, mein Uwe!"

6 Nis tritt auf die Brücke. Die Mutter ihm nach!
Er weist nach dem Wrack und spricht gemach[4]:
„Und *seine* Mutter?"

7 Nun springt er ins Boot und mit ihm noch sechs:
20 Hohes, hartes Friesengewächs;
Schon sausen die Ruder.

8 Boot oben, Boot unten, ein Höllentanz!
Nun muss es zerschmettern …! Nein: es blieb ganz! …
Wie lange? Wie lange?

---

[1] **die Brandung:** sich an der Küste brechende Wellen
[2] **das Wrack:** stark beschädigtes Schiff

[3] **er lugt:** er schaut vorsichtig
[4] **er spricht gemach:** er spricht ruhig und langsam

25 **9** Mit feurigen Geißeln[5] peitscht das Meer
Die menschenfressenden Rosse[6] daher;
Sie schnauben und schäumen.

10 Wie hechelnde[7] Hast sie zusammenzwingt!
Eins auf den Nacken des andern springt
30 Mit stampfenden Hufen!

11 Drei Wetter zusammen! Nun brennt die Welt!
Was da? – Ein Boot, das landwärts[8] hält –
Sie sind es! Sie kommen! – –

12 Und Auge und Ohr ins Dunkel gespannt ...
35 Still – ruft da nicht einer? – Er schreit's durch die Hand:
„Sagt Mutter, 's ist Uwe!"

3. Die Ballade genau lesen

3 **a.** Lest die Ballade noch einmal Strophe für Strophe.
b. Sprecht über diese Fragen:
• Was sind die Schlüsselwörter in jeder Strophe?
• Welche Wörter werden durch die Bilder erklärt?
• Welche Wörter werden unter dem Text erklärt?

4 Worum geht es in der Ballade?
Fasst den Inhalt der Ballade in einem kurzen Text zusammen.

4. Nach dem Lesen

Sich in Figuren hineinversetzen

5 Die Ballade erzählt von Nis Randers und seiner Familie.
Tragt zusammen, was ihr über die Familie Randers erfahrt.

Merkmal:
Eine Ballade erzählt eine Geschichte.

6 Nis und seine Mutter sprechen miteinander.
Lest die wörtliche Rede mit verteilten Rollen.

W **7** Wählt aus:
Spielt das Gespräch als Szene oder baut ein Standbild.
Arbeitet mit eurem Gesichtsausdruck und eurer Körperhaltung.
→ Tipps dazu: Seite 296

8 Wie fühlen sich Nis und seine Mutter?
• Wie haben sich die Darsteller gefühlt?
• Wie haben die Zuschauer die Szene erlebt?
Wertet die Aufgabe 8 aus.

Z Im Weiterführenden könnt ihr die Ballade noch genauer untersuchen.
→ Seite 316

---

[5] **die Geißeln – die Geißel:** die Peitschen – die Peitsche   [7] **hechelnd:** schnell atmend
[6] **die Rosse – das Ross:** die Pferde – das Pferd   [8] **landwärts:** zum Land hin

Nis und die anderen Männer kämpfen sich durch den furchtbaren Sturm.

10 **a.** Findet die passenden Strophen.
 b. Lest sie so vor, dass man den Kampf gegen den Sturm hören kann.

11 Was fühlten und dachten die Männer, während sie auf See waren?
 Beschreibt es mit euren eigenen Worten.
 Beschreibt es möglichst anschaulich.
 Tipp: Verwendet die **Wir**-Form.

> **Starthilfe**
>
> Entschlossen sprangen wir in das Boot.
> Schon in der ersten Sekunde kam
> eine riesige Welle auf uns zu.
> …

W 12 Wählt aus:
 • Tragt die Ballade mit verteilten Rollen vor.
 • Oder erzählt die Ballade mit eigenen Worten nach.
 Tipp: Denkt daran, wie spannend das Geschehen ist.

Arbeitstechnik

Eine Ballade vortragen

1. **Übt**, die Ballade gut zu **lesen – mit verteilten Rollen**.
2. Lernt sie vielleicht **auswendig**.
3. **Stellt** euch so **hin**, dass euch **jeder gut sehen** kann.
4. Gestaltet euren Vortrag **spannend** und fesselnd für das Publikum:
   • Sprecht die Ballade möglichst **frei**.
     So könnt ihr das Publikum ansehen.
   • Sprecht **laut** und **deutlich**.
   • **Betont** wichtige Wörter.
   • Sprecht so, dass das Publikum **hören** kann,
     wie dramatisch das Geschehen ist:
     Sprecht aufgeregt, ängstlich, ruhig, eindringlich oder …
   • Setzt **Mimik** und **Gestik** beim Vortragen ein.

Arbeitstechnik

Eine Ballade mündlich nacherzählen

• **Lies** die Ballade **genau**.
• Schreibe zu jeder Strophe eine **Überschrift** auf **Erzählkärtchen**.
• Schreibe zu jeder Überschrift die **Schlüsselwörter** auf.
• Ordne die Kärtchen **in der richtigen Reihenfolge**.
• Erzähle **spannend** und **mit eigenen Worten**.
• Lasse nichts **Wichtiges** aus. **Füge nichts hinzu**.
• Erzähle **im Präteritum**.

---

11 Plötzlich sahen wir … / Wir stiegen mutig … / Ängstlich eilten wir … / Schließlich
 fanden wir … / Zu guter Letzt erreichten wir …

Z Über Bilder in der Ballade nachdenken

In der Ballade „Nis Randers" erleben wir ein gefährliches Meer.
Und wie sieht das Meer auf diesem Kunstwerk aus?

Walter Crane „Die Rosse des Neptun" (1892)

1 Beschreibe das Bild.
- Wie heißen das Bild und der Künstler?
- Wie wird das Meer dargestellt?
- Wie wirkt das Bild auf dich?

Die Ballade erzählt die Geschichte von Nis Randers so, dass beim Leser „Bilder im Kopf" entstehen.

Merkmal:
Die besondere Sprache „malt Bilder in unserem Kopf".

W 2 In der Ballade „Nis Randers" sind
einige Sprachliche Bilder hervorgehoben.
Wähle aus: Erkläre diese Bilder mit deinen eigenen Worten.
Oder male „echte" Bilder dazu.

Ein besonderes sprachliches Bild findest du in den Strophen 9 und 10.

Merkmal:
In einer Ballade kann es Metaphern geben, Wörter mit übertragener Bedeutung.

3 Wen peitscht das Meer daher?
a. Schreibe die Zeilen 25 bis 30 ab.
b. Markiere die Wörter, die nicht zum Meer passen.

4 Vergleiche das Gemälde oben auf dieser Seite
mit den Strophen 9 und 10.
Nenne Gemeinsamkeiten und Unterschiede.

Z Untersuche eine weitere dramatische Ballade
nach den Merkmalen.

→ „Erlkönig": Seite 318–321
→ „Der Handschuh": Seite 322–323

 1 Auf mich wirkt das Meer … / Ich finde das Meer …
böse, furchteinflößend, gefährlich, gespenstisch, gruselig, spannend, wild

Z Eine Ballade mit Hilfe einer Checkliste untersuchen

In der folgenden Ballade geht es um eine Katastrophe über dem Wasser.

1 Lies die Ballade mit den Schritten 1, 2 und 3 des Textknackers.
Tipps: • Beim 3. Schritt „Den Text genau lesen" helfen dir
die Fragen neben der Ballade.
• Du kannst eine Folie über die Ballade legen
und Wichtiges markieren.

Die Brück' am Tay   Theodor Fontane

[...]

1 Auf der *Norder*seite, das Brückenhaus –
Alle Fenster sehen nach Süden aus,
Und die Brücknersleut' ohne Rast und Ruh
Und in Bangen[1] sehen nach Süden zu,
5 Sehen und warten, ob nicht ein Licht
Übers Wasser hin „Ich komme" spricht,
„Ich komme, trotz Nacht und Sturmesflug,
Ich, der Edinburger[2] Zug."

| Wo? |
| Wer? |

| Was für ein Wetter? |
| Wer spricht? |

2 Und der Brückner jetzt: „Ich seh' einen Schein[3]
10 Am anderen Ufer. Das muss er sein.
Nun, Mutter, weg mit dem bangen Traum,
Unser Johnie kommt und will seinen Baum,
Und was noch am Baume von Lichtern ist,
Zünd' alles an wie zum heiligen Christ,
15 Der will heuer *zweimal* mit uns sein, –
Und in elf Minuten ist er herein."

| Wer? |
| Welche Jahreszeit? |
| Welche Feier? |
| Was sagt der Brückner? |

*

3 Und es war der Zug. Am *Süder*turm
Keucht er vorbei[4] jetzt gegen den Sturm,
Und Johnie spricht: „Die Brücke noch!
20 Aber was tut es, wir zwingen es[5] doch.
Ein fester Kessel, ein doppelter Dampf,
Die bleiben Sieger in solchem Kampf.
Und wie's auch rast und ringt und rennt,
Wir kriegen es unter, das Element."
[...]

| Wer spricht? |
| Worüber? |
| In welcher Stimmung? |

[1] **in Bangen:** ängstlich
[2] **Edinburg:** die Hauptstadt von Schottland
[3] **der Schein:** Licht von einer Lampe

[4] **er keucht vorbei:** er fährt schwer,
laut atmend vorbei
[5] **wir zwingen es:** wir schaffen es

25 **4** Auf der Norderseite, das Brückenhaus –
Alle Fenster sehen nach Süden aus,
Und die Brücknersleut' ohne Rast und Ruh
Und in Bangen sehen nach Süden zu;
Denn wütender wurde der Winde Spiel,
30 Und jetzt, als ob Feuer vom Himmel fiel',
Erglüht es[6] in niederschießender Pracht
Überm Wasser unten ... Und wieder ist Nacht.
[...]

> Wie fühlen sich die Figuren?

> Was passiert?

**4. Schritt: Du arbeitest mit dem Inhalt der Ballade „Die Brück' am Tay".
Du kannst die Ballade selbstständig untersuchen.**

2 Welche Merkmale von Balladen hast du kennen gelernt?
   a. Blättere die Seiten 142 bis 147 ab.
      Lies noch einmal die Merkmale von Balladen.
      Du findest sie jeweils am Rand.
   b. Schreibe die Merkmale als Checkliste auf.

Checkliste: Merkmale von Balladen	ja	nein
1. Ist der Text ein besonderes Gedicht?	✗	
2. Besteht der Text aus		
3.		

3 Untersuche die Ballade „Die Brück' am Tay".
   → die vollständige Ballade: Seite 317
   a. Welche Merkmale findest du in der Ballade?
      Bearbeite deine Checkliste.
   b. Erkläre die Merkmale
      mit Hilfe der Ballade.

> **Starthilfe**
> 1. „Die Brück' am Tay" ist ein besonderes Gedicht,
>   denn sie besteht aus ... und ist gereimt.
> 2. Die Ballade hat ... Strophen.
> 3. ...

Die Ballade erzählt von einer wahren Katastrophe.

Die Brücke über dem schottischen Fluss Tay
wurde 1878 erbaut. Nur ein Jahr später,
am 28. Dezember 1879, stürzte sie bei
einem heftigen Unwetter ein und riss
mit einem Eisenbahnzug 75 Menschen in den Tod.

4 Informiere dich im Internet über die Katastrophe.

[[6] **es erglüht:** es leuchtet

2 **Tipp:** Die Fragen aus der Checkliste kannst du mit Ja oder Nein beantworten.
In solchen Fragen steht das gebeugte Verb an erster Stelle.
Gibt es ...? / Geht es um ...? Reimen sich ...?

Was sagen die Leute über John Maynard?

John Maynard ist ein Held!

**Die Leute sagen, John Maynard sei ein Held.
Und sie sagen noch mehr.**

John Maynard
ist ein Held! Er ist unser Steuermann
gewesen und hat die Stellung
bis zum Schluss gehalten. Der Rauch ist
so stark gewesen. Er ist am Steuerrad
gestorben. Er hat uns allen
das Leben gerettet.

Ja, er ist ein Held!
Er hat bis zum Schluss
durchgehalten. Und er hat auch
am Ende noch genaue Auskunft gegeben.
Selbst bei dem schrecklichen Feuer hat er
den Kapitän noch beruhigt.
Er hat die ganze Zeit
das Steuerrad gehalten.

1 Was sagen die Leute über John Maynard?
Besprich es mit einer Partnerin oder einem Partner.

2 Wer ist John Maynard? Was tat er?
  a. Schreibe die hervorgehobenen Verbformen aus der ersten Sprechblase auf:
  Schreibe sie untereinander und mit dem Personalpronomen **er** auf.
  b. Finde die Verbformen in der zweiten Sprechblase. Schreibe sie auf.

Was schreibt die Zeitung über John Maynard?

Schiffsunglück im Morgengrauen

**Drama auf dem Eriesee:
Steuermann rettet Passagiere**

Buffalo. Ein dramatisches Feuer an Bord
der „Schwalbe" kostete den tapferen
5 Seemann John Maynard das Leben.
Die Passagiere sind sich einig, dass John
Maynard ein Held sei. Er habe allen
Passagieren das Leben gerettet. Es heißt,
er sei der Steuermann der „Schwalbe"
10 gewesen und habe seine Stellung
bis zum Schluss gehalten. Er selbst sei
am Ende gestorben, weil der Rauch
so stark gewesen sei.

John Maynard habe bis zum Schluss
15 durchgehalten. So habe er auf die Frage,
wie weit es noch sei, stets eine genaue
Auskunft gegeben. Sogar den Kapitän
habe er noch beruhigt. Die ganze Zeit
habe er fest das Steuerrad gehalten.

Die Zeitung berichtet über das Drama auf dem Eriesee.
Sie gibt auch wieder, was die Passagiere gesagt haben.

3 Wie gibt die Zeitung wieder, was gesagt wurde?
Schreibe die hervorgehobenen Verbformen
neben deine passenden Verbformen aus Aufgabe 2.

Merkwissen

Mit dem **Konjunktiv I** kannst du etwas wiedergeben,
das jemand anderes gesagt hat.
Manchmal ist dann nicht klar, welche Aussagen stimmen.
Der **Konjunktiv I** wird häufig mit **haben** oder **sein**
und dem **Partizip Perfekt** gebildet:
*er **habe** gerettet, er **sei** gestorben*

aus dem Infinitiv	
von sein:	von haben:
ich sei	ich habe
du seist	du habest
er/sie/es sei	er/sie/es habe
wir seien	wir haben
ihr seiet	ihr habet
sie seien	sie haben

Es gibt noch andere Zeitungsartikel über dasselbe Ereignis.

John Maynard rettet viele Leben

Detroit. Kurz nach dem Ablegen der „Schwalbe"
im Hafen von Detroit ereignete sich an Bord
Schreckliches: Die Passagiere behaupten, es ▭
ein Wunder, dass alle noch leben. John Maynard,
5 der Steuermann, ▭ trotz des schweren Brandes
unter Deck sehr heldenhaft ▭ und
bis zum Ende das Steuer in seinen Händen ▭.
Er ▭ dabei durch herabfallende Schiffsteile
tragisch ▭. Der Held ▭ trotzdem alle
10 rechtzeitig ▭. Es ▭ nicht mehr weit zur Küste
von Buffalo, tröstete er nach Angaben von Mitreisenden
stets die verängstigte Menge. Die Mitreisenden
erzählten, er ▭ außerordentlich mutig ▭.
Er ▭ die ganze Zeit den Kurs auf die Küste ▭.

4 Was berichtet diese Zeitung?
Schreibe den Text auf.
Setze dabei die passenden Konjunktivformen ein:

er habe … gehalten, er sei … gewesen, es sei …, er habe … gerettet,
er sei … gestorben, es sei …, er habe … gehalten, er sei … gewesen

 4 Der Konjunktiv I besteht oft aus zwei Verbformen.
Satzklammer: John Maynard (habe) viele Leben (gerettet).

Training:
Eine Ballade zusammenfassen

Worum geht es in der Ballade „John Maynard"?

1 Lies die Ballade „John Maynard"
auf den Seiten 141 und 142 Strophe für Strophe.

2 Notiere wichtige Stichworte zum Text.
Oder vervollständige deine Stichworte,
wenn du sie schon aufgeschrieben hast.
Diese W-Fragen helfen dir:

> **Wer** ist die Hauptperson?
> **Was möchte** die Hauptperson?
> **Wo** spielt die Geschichte?
> **Wann** spielt die Geschichte?
> **Was** passiert auf einmal?
>
> **Was denkt** oder **sagt** die Hauptperson?
> **Was fühlt** die Hauptperson?
> **Was** tut die Person?
> **Wie löst sich** die Spannung am Schluss auf?

**Mit einer Inhaltsangabe kannst du jemanden über eine Geschichte
informieren. Dafür brauchst du noch weitere Angaben zum Text.**

3 Beantworte die folgenden Fragen in Stichworten.
• Was ist das für ein Text?
• Wer ist der Autor?
Tipp: Auf Seite 141 oben findest du die Antworten.

Mit Hilfe deiner Notizen kannst du nun die Inhaltsangabe schreiben.

Einleitung

4 Markiere in deinen Notizen Stichworte, die diese Fragen beantworten:
• Was ist das für ein Text?
• Wer hat ihn verfasst?
• Wann spielt die Handlung?
• Wo spielt die Handlung?
• Wer ist die Hauptperson?
• Welche Personen kommen noch vor?
• Worum geht es in dem Text?

5 Schreibe die Einleitung in ganzen Sätzen auf.
Schreibe deine Inhaltsangabe im Präsens.
- Du kannst den folgenden Text vervollständigen.
- Du kannst aber auch einen eigenen Text schreiben.

Die _____ „John _____" von _____ spielt vermutlich
in der Morgendämmerung auf _____, der „Schwalbe".
Die Hauptperson ist _____. In der Ballade geht es darum,
wie ein _____ an Bord ausbricht und der Steuermann
John Maynard alle Passagiere _____. Er selbst _____.

Hauptteil

6 Fasse die Handlung der Ballade mit Hilfe deiner Notizen zusammen.
Beantworte dazu diese Fragen in ganzen Sätzen:
- Was tut die Hauptperson?
- Warum tut sie es?
- Was denken und fühlen die Personen?
- Wie endet die Ballade?

Tipp: Gib wörtliche Rede in eigenen Worten wieder.

Schluss

W 7 Den Schluss kannst du unterschiedlich gestalten.
Wähle aus:
- Du kannst schreiben, wie dir die Ballade gefallen hat und warum.
- Du kannst schreiben, welche Fragen du noch an den Text hast.

→ die Arbeitstechnik „Inhaltsangabe" auf einen Blick: Seite 294

8 Überarbeite deine Inhaltsangabe mit Hilfe der Checkliste.
Tipp: Prüfe die Rechtschreibung mit dem Rechtschreib-Check.

→ der Rechtschreib-Check: Seite 246–247

Checkliste: Eine Inhaltsangabe schreiben	ja	nein
Gibt meine Inhaltsangabe das Wichtigste aus dem Text wieder?	☐	☐
Habe ich in der Einleitung den Titel, die Textart und den Autor genannt?	☐	☐
Habe ich in der Einleitung auch gesagt, worum es in dem Text geht?	☐	☐
Habe ich im Hauptteil das Geschehen zusammengefasst?	☐	☐
Habe ich einen Schluss geschrieben?	☐	☐
Habe ich das Präsens verwendet?	☐	☐

5 Diese Wörter und Wortgruppen könntest du einfügen: Ballade, Maynard, (auf) einem Schiff,
Theodor Fontane, (ein) Feuer, John Maynard, (er) rettet, (er) stirbt.

Die abenteuerlichen Reisen des Marco Polo

Wer war Marco Polo?

Vor über 700 Jahren ging Marco Polo auf seine abenteuerlichen Reisen um die halbe Welt.
Dieses Kapitel erzählt dir von seinem Leben.
Zum Schluss erzählst *du*, wer Marco Polo war,
wann und wo er lebte, warum er auf Reisen ging und was er da erlebte.

Wer war Marco Polo und wann lebte er?

Marco Polo wurde vor langer Zeit geboren, ungefähr im Jahr 1254.

Man kennt die Jahreszahl aber nicht genau.

So könnte Marco Polo ausgesehen haben, als er 17 Jahre alt war.

1 Vor wie vielen Jahren wurde Marco Polo geboren?
Rechne es aus.

2 Wie sieht Marco Polo auf dem Bild aus?
Beschreibe ihn.
Beachte dabei die Arbeitstechnik.

Arbeitstechnik

Eine Person beschreiben

Beschreibe eine Person mit Hilfe der folgenden Fragen:
• **Wie** sieht die Person **insgesamt** aus?
• **Wie** sieht ihr **Gesicht** aus? Wie sind ihre **Haare**?
• **Wie** sieht ihre **Kleidung** aus?
• **Was** fällt dir besonders an ihr auf?
• **Wie wirkt** sie auf dich?

---

 2 Er sieht … aus. / Sein/e … sind/ist … / Er trägt … / Er wirkt …
braun, dunkel, ernst, fransig, hell, jung, schmal, schlank, stolz
der Schatten, der Scheitel, das Kinn, die Augenfarbe, die Wange, die Augenbrauen

Wo lebte Marco Polo als Kind und als Jugendlicher?

Marco Polo wurde in Venedig geboren und wuchs dort auch auf.
Venedig gibt es auch heute noch. Es ist eine Stadt in Italien.

3 Finde Venedig im Atlas.

4 Auf dem Foto siehst du das Venedig von heute.
Beschreibe die Ansicht der Stadt.

Z **5** Informiere dich über Venedig, z. B. im Internet.

Wer war Marco Polos Vater?

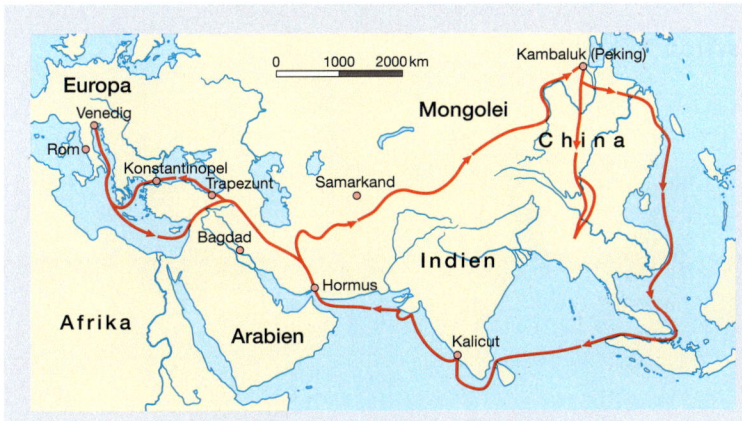

Marcos Vater Niccolo Polo war Kaufmann. Zusammen mit seinem Bruder Matteo reiste er in die weite Welt: mit dem Schiff, zu Fuß, mit dem Pferd und mit dem Kamel.

Ihre Reise führte sie bis ins ferne China. Sie handelten zum Beispiel mit kostbaren Edelsteinen.

6 a. Sieh dir den Reiseweg an.
   b. Wie viele Kilometer haben Marcos Vater und sein Bruder insgesamt (hin und zurück) zurückgelegt?
      Rechne es aus.

7 a. Wie sind Niccolo und Matteo Polo gereist?
   b. Wie lange mag die Reise gedauert haben?
      Stelle Vermutungen an.

 4 Was siehst du im Vordergrund / in der Mitte / im Hintergrund?
Wie sehen die Häuser aus? Welche Farben haben sie?
Welche Besonderheiten erkennst du? (z. B. Fahrzeuge, Brücken)

Marco Polos Geschichte

Marco Polos Geschichte kannst du mit dem Textknacker lesen.
Zum Schluss kannst du erzählen, was Marco auf seinen Reisen erlebte.

1. Schritt: Vor dem Lesen
Du siehst dir die Geschichte als Ganzes an.

1
  a. Was erzählt dir das Bild?
      Schreibe es auf.
  b. Worum könnte es gehen?
      Schreibe deine Vermutung auf.

2. Schritt: Das erste Lesen
Du liest die Geschichte einmal still durch.

2 Lies den Text auf den Seiten 156 und 157 still.

Die abenteuerlichen Reisen des Marco Polo   Anke Dörrzapf

Die Reise von Niccolo und Matteo Polo dauert viele Jahre.
Keiner aus der in Venedig gebliebenen Familie erwartet,
die beiden jemals wiederzusehen.
Doch dann, Marco Polo ist nun schon 17 Jahre alt,
geschieht etwas Unerwartetes.

1 Es pocht an der Tür der Familie Polo in Venedig.
„Wer ist da!", ruft das Dienstmädchen aus dem ersten Stock
Richtung Gasse[1]. Es ist früher Nachmittag, im Haus ruhen alle
nach dem Essen. „Eure Herren! Niccolo und Matteo Polo", dringt
5 eine energische, tiefe Stimme von draußen bis in Marcos Zimmer.
„Oh mein Gott!", seufzt das Hausmädchen, rennt die Stufen hinunter.
Einen Moment erstarrt Marco. Sie sind zurück. [...]

[[1] **die Gasse:** eine kleine, enge Straße

Marcos Vater Niccolo und sein Onkel Matteo sind tatsächlich zurück.

2 Sein Vater, der große Kaufmann, der auf Handelsreisen
gegangen war, als seine Frau mit Marco schwanger war. Der Vater,
10 den Marco noch nie gesehen hat. Von dem ihm Tanten, Onkel und
Diener so viel erzählt haben.

3 Oft hat er versucht, sich vorzustellen, wie sein Vater wohl aussehen mag,
wo er gerade ist, wie er auf einem Pferd über Bergpässe² in Asien reitet.
Hin und wieder klopften Kaufleute an die Tür, die auf Reisen erfahren hatten,
15 dass Vater und Onkel wohlauf³ seien. Dann hörte Marco wieder jahrelang
nichts. Und er spürte in den Stimmen der Verwandten die Angst, der Vater
könnte verschollen⁴ sein, krank irgendwo in Persien⁵ liegen oder von Räubern
umgebracht worden sein.

4 Marcos Mutter war früh verstorben und so wuchs er
20 bei Verwandten auf. Die Polos sind eine wohlhabende Kaufmannsdynastie⁶.
Keine der ganz wichtigen Familien Venedigs. Aber auch keine armen Leute.
Einige Verwandte unterhalten ein Geschäft in Konstantinopel,
ein Onkel hat ein Geschäft in Sudak am Schwarzen Meer. Die Polos handeln
mit Edelsteinen, Stoffen und mit allem, was sich sonst auf den langen Reisen
25 der Kaufleute zu Geld machen lässt: Holz, Salz, Gewürze.

3. Schritt: Den Text genau lesen
Du liest die Geschichte genau und in Ruhe – Absatz für Absatz.

3 a. Lies die Absätze **1** bis **4** genau.
b. Beantworte die folgenden Fragen schriftlich.
Tipp: Verwende dazu die hervorgehobenen Schlüsselwörter.

• Wer kehrt zurück?
• Wie reagieren die Bewohner des Hauses?
• Was erfährst du über den Vater von Marco Polo?
• Was hat sich Marco vorgestellt, als sein Vater weg war?
• Was weiß Marco alles über seine Familie?

---

² **der** Bergpass, **die** Bergpässe: Übergang über einen Berg
³ **wohlauf**: gesund
⁴ **verschollen**: verschwunden
⁵ **Persien**: Heute heißt das Land Iran.
⁶ **die** Dynastie: die Familie

Marco Polos Vater und sein Onkel Matteo begeben sich
im Frühjahr 1271 erneut auf die Reise nach China,
zuerst mit dem Schiff. Sie nehmen Marco mit.
? Was erlebt Marco auf seiner ersten Reise?

1. Vor dem Lesen: Bilder
2. Das erste Lesen
3. Den Text genau lesen

4 Lies, wie Marco Polo zum ersten Mal auf die Reise ging.
Die Textknacker-Schritte 1 bis 3 helfen dir dabei.

1 Auf einem der Schiffe steht Marco Polo
mit Niccolo und Matteo. Marco ist siebzehn Jahre alt.
Ein junger Mann auf seiner ersten großen Reise.
Auf Galeeren und kleinen Booten, über ferne Meere und
5 auf dem Rücken von Pferden und Kamelen wird er
die nächsten Monate reisen. Endlich.

2 Die Galeeren und Segelschiffe fahren jetzt in einem Konvoi
langsam die Adria entlang: Galeeren mit bunten Segeln,
mächtigen Riemen, dazu die schlanken Segelschiffe.
10 Zweimal im Jahr sticht die „muda", der Geleitzug aus dreißig
bis vierzig Schiffen, in See. In der großen Gruppe kann sich
die Besatzung besser vor Piratenüberfällen schützen. […]

3 Wochenlang dauert die Seereise. An manchen Tagen ist
das Meer so stürmisch, dass hohe Wellen über die Reling
15 brechen, sich viele Passagiere vor Übelkeit übergeben.
An anderen Tagen ist das Meer glatt und ruhig. Am Horizont
taucht immer wieder die italienische Küste auf und
verschwindet wieder. Manchmal müssen alle Fahrgäste
von einer Seite der Galeere zur anderen eilen, um dem Schiff
20 ein Manöver zu erleichtern. Es ist nicht das erste Mal,
dass Marco an Bord eines Schiffes ist. Wie fast alle Venezianer
hat er als Kind gelernt, wie man Schiffe steuert.
Eine Seereise macht ihm längst keine Angst mehr.

4 Nach Tagen, als sie die letzten Ausläufer Süditaliens sehen,
25 trennt sich ein Teil des Geleitzuges ab: Einige Schiffe werden
nach Apulien in Süditalien weiterfahren, andere nach Alexandria
in Ägypten oder nach Marokko. Marcos Galeere fährt mit der
„muda de Siria" vorbei an den griechischen Inseln. […]

Die Bilder erzählen von Marcos Seereise.

5 Was siehst du auf den Bildern neben dem Text?
Erzähle es mit eigenen Worten.

Die wichtigen Wörter in den Absätzen **1** bis **4** kannst du selbst finden.
Es sind die Schlüsselwörter.

W **6** Wie möchtest du vorgehen? Wähle aus:
   - Notiere zu jedem Absatz die Schlüsselwörter.
   - Oder lege eine Folie über den Text und markiere die Schlüsselwörter.

In dem Textausschnitt auf Seite 158 gibt es unbekannte Wörter.

7 Eine Galeere siehst du auf dem Bild neben Absatz **3**.
   a. Zeichne die Galeere ab.
   b. Beschreibe sie.

8 Was bedeuten die folgenden Wörter?
   Schreibe die Wörter und ihre Erklärungen zusammen auf.

   | der Horizont | der Konvoi | das Manöver | die Reling |

   Worterklärungen:
   - die Änderung einer Richtung
   - das Geländer auf einem Schiff
   - die Grenzlinie zwischen dem Himmel und der Erde
   - Schiffe, die zusammen eine Reise durchführen

9 Das Wort **muda** wird im Text erklärt.
   Schreibe es mit seiner Erklärung auf.

10 Wo liegen **Apulien** und **Alexandria**?
   a. Schlage beides im Atlas nach.
   b. Schreibe es auf.

11 Schlage weitere unbekannte oder schwere Wörter im Lexikon nach.
   Oder sieh im Internet nach.

? **Was erlebt Marco Polo auf seiner ersten Reise?**
Jetzt kannst *du* erzählen.

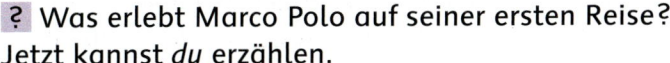

4. Nach dem Lesen

12 Schreibe ein paar Sätze zu jedem Absatz auf.
   Verwende dazu auch wichtige Wörter
   aus den Aufgaben 6 bis 10.

Die lange Reise nach China geht an Land weiter.
Nun reisen Marco Polo, sein Vater und sein Onkel auf Pferden.

13 Lies, wie Marcos Reise weitergeht.
Wende zunächst die Textknacker-Schritte 1 und 2 an.

1 Vom frühen Morgen bis zur Abenddämmerung sind Marco,
Niccolo und Matteo Polo unterwegs. Sie reiten durch Anatolien nach
Persien, vorbei an grünen Weiden, hohen Bergen und Silberbergwerken.
Marco trinkt vom kühlen, klaren Quellwasser im Gebirge, er streicht
5 auf den Märkten der Städte vorsichtig über scharlachrote Seidenstoffe
und Teppiche. Immer wieder hört er in Dörfern und Städten den Muezzin,
der Muslime fünfmal am Tag zum Gebet ruft.

2 An den ersten Tagen schmerzen Marco Rücken und Beine
vom vielen Reiten. Als Stadtkind ist er es nicht gewohnt,
10 so viele Stunden hoch zu Ross zu verbringen. Stocksteif springt er
abends vom Pferd, seine Oberschenkel sind ganz verkrampft.
Doch bald gewöhnt er sich an die vielen Stunden im Sattel.

3 Langsam zieht der Herbst herauf und bringt mildere Temperaturen.
Die große Hitze ist vorüber, auf dem Gipfel des Berges Ararat glitzert
15 der Schnee. An manchen Tagen regnet es so stark, dass sie
bei Sonnenaufgang völlig durchnässt in ihrer Unterkunft ankommen.
Meist übernachtet Marco zusammen mit seinem Vater und Onkel
in Karawansereien. In den Herbergen bekommen sie Abendessen,
können ihre Pferde unterstellen und ihnen zu fressen geben. Manchmal
20 binden sie ihre Tiere neben Kamelen anderer Reisender im Stall
der Karawanserei an. Wenn die Pferde erschöpft sind, können die Polos sie
tauschen und am nächsten Tag auf ausgeruhten Tieren weiterreiten. […]

4 Im Abstand von dreißig bis vierzig Kilometern sind Karawansereien
zu finden – so lange ist in der Regel die Tagesetappe einer Karawane.
25 In den Herbergen sprechen Niccolo und Matteo mit den anderen
Reisenden, die unterwegs sind nach Persien, Georgien oder Bagdad.
„Wie viel kostet die Baumwolle bei euch?", hört Marco sie fragen.
„Woher stammt die Seide, die ihr auf eure Kamele geladen habt?" oder
„Wie viel verlangt ihr für den Brokat?" Er belauscht, wie andere Kaufleute
30 über die Erdölquellen an der Grenze zu Georgien erzählen, die so ergiebig
sind, dass hundert Schiffe gleichzeitig beladen werden können. Ein Öl,
das sich als Brennstoff eignet und das auch in Salben verarbeitet wird. […]

5 Die Mongolen sorgen dafür, dass den Reisenden nichts geschieht.
In gefährlichen Gegenden bekommen die Polos bewaffnete Reiter
35 zur Seite gestellt, die misstrauisch den Blick über die Hügel streifen lassen
und sie erst wieder verlassen, wenn sie friedlichere Landstriche erreichen.

⑥ Im Norden Persiens erheben sich riesige Berge mit zerklüfteten, grauen
Felsen vor ihnen. An manchen Tagen schaffen die drei Kaufmänner nur wenige
Kilometer, weil sie über steile Bergpässe reiten müssen. Manchmal sind
40 die Pfade so schmal, dass die Pferde ins Rutschen kommen. Abends streift
die Sonne langsam die Spitzen der Gebirge, taucht sie in ein dunkles Orange.

Alles ist neu für Marco Polo.

3. Den Text genau lesen

14 Die Sätze im Text sind durch besondere Wörter
miteinander verknüpft: durch Personalpronomen.
  a. Lies die folgenden Fragen.
  b. Lies den Text noch einmal genau.
  c. Beantworte die Fragen.
     Schreibe außerdem Beispielsätze aus dem Text auf.
     Schreibe die Zeilenangaben dazu.

     • Wer ist mit „er" gemeint?
     • Wer ist mit „sie" gemeint?

> **Starthilfe**
> Mit „er" ist … gemeint.
> Beispiele: Zeile 4: Er streicht auf den Märkten …
> Zeile …: Immer wieder hört er …

15 Beantworte auch diese Fragen mit dem Text.
Tipp: Du kannst zunächst eine Folie über den Text legen und
       die Antworten markieren.

  • Wann können die Polos die Pferde tauschen? (Absatz ③)
  • Warum sind im Abstand von dreißig bis vierzig Kilometern
    Karawansereien zu finden? (Absatz ④)
  • Wofür eignet sich das Erdöl? (Absatz ④)
  • Wofür sorgen die Mongolen? (Absatz ⑤)
  • Warum schaffen die drei Kaufmänner an manchen Tagen
    nur wenige Kilometer? (Absatz ⑥)

16 a. Stelle selbst weitere W-Fragen an den Text.
    b. Beantworte deine Fragen schriftlich.

Du kannst nun erzählen, was du über Marco Polo erfahren hast.

4. Nach dem Lesen

17 • Wer war Marco Polo?
    • Wann und wo lebte er?
    • Warum ging er auf Reisen und was erlebte er da?
    Erzähle mit Hilfe deiner Arbeitsergebnisse von den Seiten 154 bis 161.

Ⓩ Bücher und Geschichten über Marco Polo

Marco schreibt sich unterwegs auch Geschichten auf,
die ihm Einheimische erzählen. So wie die Geschichte
der Eroberung Bagdads durch die Mongolen:

> Einst gehörte dem Kalifen von Bagdad der größte Schatz an Gold,
> Silber und Edelsteinen, den je ein Mensch besessen hatte. Doch
> im Jahr 1258 nach Christus fielen die Mongolen ein und eroberten
> die Stadt. Als der Mongolenführer Hulagu, Herrscher des Ostreiches,
> 5 den Turm der Kalifen entdeckte, staunte er: Der Turm war voller Gold
> und Silber. Hulagu ließ den Kalifen rufen und fragte ihn, warum er
> mit all seinen Schätzen nicht mehr Soldaten und Reiter bezahlt hätte,
> um die Stadt gegen die Mongolen zu verteidigen. Doch der Kalif
> wusste keine Antwort.
> 10 Daraufhin ließ Hulagu den Kalifen ohne Nahrung in seinen Turm
> einsperren und sagte zu ihm: „Iss so viel du magst von deinem Gold
> und Silber, das ist ab heute deine einzige Speise." So merkte der Kalif,
> dass er all seine Reichtümer und all das Geld nicht essen konnte und
> besser für sich und seine Untertanen verwendet hätte, anstatt es
> 15 aus Geiz zu horten.

1 Schreibe die Geschichte in guter Handschrift
auf ein schönes Blatt.

2 Erzählt die Geschichte mündlich.

Marco Polo verbringt viele Jahre in China,
sieht und erlebt dort viele wunderbare Dinge.
17 Jahre nach seiner Abreise aus Venedig
kehrt er im Jahr 1271 nach Hause zurück.
Im Jahr 1298 gerät er in Gefangenschaft.
Dort trifft er Rustichello, einen anderen Gefangenen.
Ihm erzählt Marco von seinen Reisen,
und Rustichello schreibt die Erlebnisse auf.

3 Finde heraus, warum Marco Polo in Gefangenschaft war.

Am Ende seines Lebens ist Marco Polo
ein angesehener und reicher Kaufmann.

4 Beschreibe Marco Polo.
- Verwende dazu die Arbeitstechnik
  „Eine Person beschreiben".
  Du findest sie auf Seite 165.
- Beachte besonders
  die außergewöhnliche Kleidung.

5 Vergleiche Marco Polos Bild von Seite 154
mit diesem Bild.

Von seinen abenteuerlichen Reisen sagt Marco Polo
am Ende seines Lebens: „Ich habe nicht die Hälfte von dem erzählt,
was ich gesehen habe, weil keiner mir geglaubt hätte."

6 Klassengespräch!
Welche Geschichten über Marco Polo haben euch
zum Staunen gebracht?
Welche findet ihr vielleicht unglaublich?

7 Findet weitere Geschichten und Informationen über Marco Polo.
Tipps: • Leiht euch Bücher in der Bibliothek aus.
    • Gestaltet eine Wandzeitung über Marco Polo.
    • Oder organisiert eine Lesenacht.

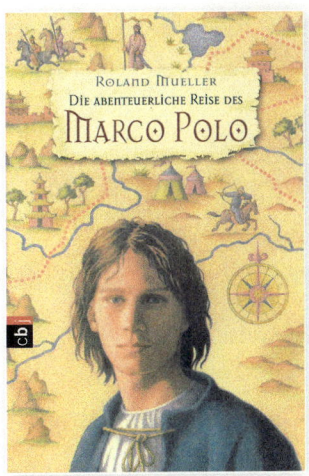

Training: Eine Person beschreiben und charakterisieren

Der italienische Kaufmann Giovanni[1] Arnolfini und seine Frau Giovanna[2] lebten 150 Jahre nach Marco Polo. Dieses Bild zeigt sie im Jahr 1435. Beide sind in der Mode ihrer Zeit gekleidet.

1 Seht euch das Bild als Ganzes an und tauscht euch aus:
- Wo seht ihr zuerst hin?
- Was fällt euch auf?

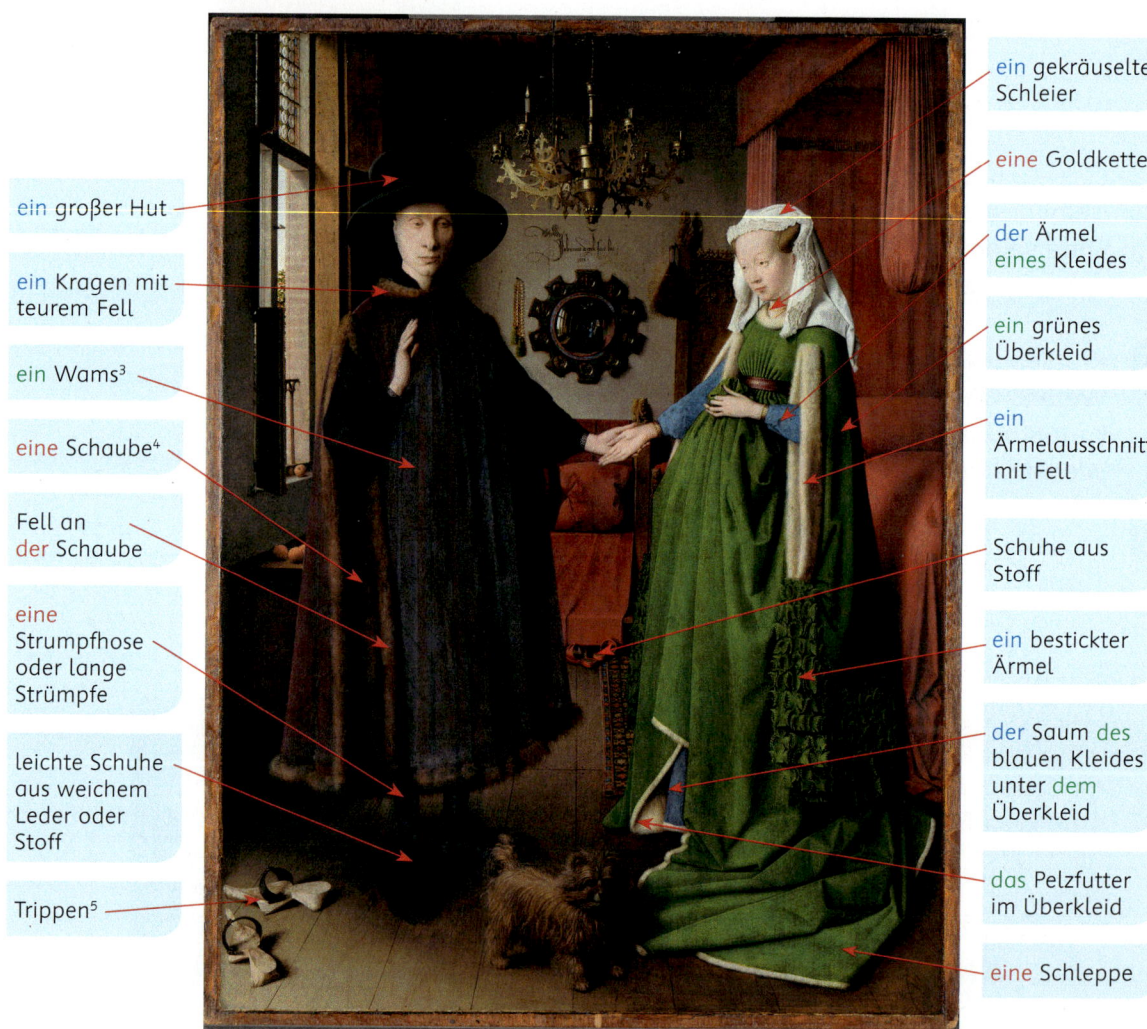

ein großer Hut

ein Kragen mit teurem Fell

ein Wams[3]

eine Schaube[4]

Fell an der Schaube

eine Strumpfhose oder lange Strümpfe

leichte Schuhe aus weichem Leder oder Stoff

Trippen[5]

ein gekräuselter Schleier

eine Goldkette

der Ärmel eines Kleides

ein grünes Überkleid

ein Ärmelausschnitt mit Fell

Schuhe aus Stoff

ein bestickter Ärmel

der Saum des blauen Kleides unter dem Überkleid

das Pelzfutter im Überkleid

eine Schleppe

Jan van Eyck: Giovanni Arnolfini und seine Frau Giovanna Cemani

[1] **Giovanni:** sprich: Dschowánni
[2] **Giovanna:** sprich: Dschowánna
[3] **ein Wams:** ein langes Hemd, das unter dem Umhang getragen wurde
[4] **eine Schaube:** ein Umhang, der bei Reichen fast bis zum Knöchel ging
[5] **die Trippen:** Holzschuhe, in die man mit leichten Schuhen hineinstieg, wenn man auf die schmutzige Straße gehen wollte

2 Wie heißen die Kleidungsstücke?
Welche Fragen stellt ihr euch?
Sprecht darüber.

W Jeder von euch beschreibt
eine der beiden Personen.

3 a. Entscheide dich für Giovanni
oder Giovanna.
b. Beschreibe die Person mit Hilfe
der Arbeitstechnik.

Arbeitstechnik

Eine Person beschreiben

- **Wie** sieht die Person **insgesamt** aus?
- **Wie** sieht ihr **Gesicht** aus?
  Wie sind ihre **Haare** und die **Kopfbedeckung**?
- **Wie** sieht ihre **Kleidung** aus?
- **Was fällt** dir **besonders** an ihr **auf**?

**Waren Giovanni Arnolfini und seine Frau Giovanna reich oder arm?
Du kannst es an ihrer Kleidung erkennen.**

4 Sieh dir noch einmal ihre Kleidung an, besonders:
- den Hut des Mannes und den Schleier der Frau,
- das Material ihrer Kleidungsstücke,
- die Verarbeitung des Materials,
- die Menge des Stoffes.

5 Waren Giovanni Arnolfini und seine Frau Giovanna reich oder arm?
Beantworte die Frage schriftlich.
Begründe deine Antwort ausführlich.

**An der Kleidung kannst du auch die Rollenverteilung
von Mann und Frau im Jahr 1435 erkennen.**

6 Beantworte diese Fragen schriftlich:
- Warum stehen Trippen bei Giovanni,
  bei Giovanna aber Schuhe aus Stoff?
- Warum kann Giovanna in ihrer Kleidung
  nicht auf die Straße gehen?

7 Wer bügelte wohl Giovannas Kleidung?
Stelle selbst weitere Fragen und beantworte sie.

Nur wenige waren so reich wie Giovanni Arnolfini.

Z **8** a. Beschreibe den Mann oder die Frau rechts auf dem Bild.
b. Vergleiche die Bilder auf den Seiten 164 und 165 miteinander.

Knifflige Fälle – Detektivgeschichten

Ein berühmter Detektiv

In diesem Kapitel lernt ihr Detektive kennen. Ihr löst mit ihnen knifflige Fälle. Einer der berühmtesten Detektive ist Sherlock Holmes.

1 Was verraten die Bilder über Sherlock Holmes?
   a. Sprecht in der Klasse darüber.
   b. Schreibt Stichworte zu Sherlock Holmes auf.

2 Klassengespräch!
   • Welche Aufgaben hat ein Detektiv?
   • Welche Hilfsmittel benötigt ein Detektiv zur Aufklärung eines Falles?
   • Welche Detektive aus Büchern, Filmen und Hörspielen kennt ihr?

Z Das Buch „Der Hund von Baskerville" ist eine Detektivgeschichte vom britischen Autor Sir Arthur Conan Doyle.
In dieser englischen Fassung beginnt sie mit einer alten Sage.

Since hundreds of years there is an old castle in the dark and dangerous region of Dartmoor. The name is Baskerville Castle. People tell a lot of horrible stories about the place. One is the tale of the legendary "The Hound of the Baskervilles".

Z 3 Was erfahrt ihr über die Geschichte?
   Sprecht darüber.

1 der Fingerabdruck, das Notizbuch, die Lupe, die Pfeife, die Taschenlampe

Im Buch „Der Hund von Baskerville" kannst du zunächst die alte Sage über das „Baskerville Castle" lesen.

4 Lies die Sage mit dem Textknacker.
   a. Sieh dir die Bilder und die Überschrift an.
   b. Lies die Geschichte still als Ganzes.
   c. Lies die Geschichte genau und in Ruhe –
      Absatz für Absatz.

> 1. Vor dem Lesen
> 2. Das erste Lesen
> 3. Den Text genau lesen
> 4. Nach dem Lesen

Die Sage vom Baskerville Castle

1 Im 17. Jahrhundert lebte auf dem Schloss der englischen Familie der Baskervilles ein Mann, der grausam war und viel Alkohol trank. Er hieß Hugo von Baskerville. Hugo von Baskerville liebte die Tochter eines Farmers in der Nähe des Schlosses. Doch das Mädchen wollte
5 ihn noch nicht einmal sehen.

> Die Vorgeschichte

2 Eines Nachts entführte Hugo von Baskerville mit seinen Kumpanen das Mädchen und brachte es auf sein Schloss. Er feierte dort die gelungene Tat. Betrunken schlich er in das Zimmer, wo er das Mädchen eingeschlossen hatte. Als er entdeckte,
10 dass sie durch das Fenster entflohen war, fluchte er laut. Er schrie, dass er noch in dieser Nacht seine Seele und seinen Körper den bösen Mächten geben wollte, wenn er nur das Mädchen einholen würde.

3 Er ließ die Hunde auf das Mädchen hetzen und ritt hinterher.
15 Seine dreizehn Kumpane konnten ihm gar nicht so schnell folgen. Der Weg führte ins Moor. Die Männer hörten Lärm und sahen bald die schwarze Stute von Hugo von Baskerville, die mit leerem Sattel an ihnen vorbeistürmte. Sie ritten weiter und fanden das Mädchen in einer Höhle. Sie war tot. Daneben lag der Leichnam[1] von Hugo
20 Baskerville. Über ihm stand ein grausiges Wesen, eine schwarze Bestie in Gestalt eines Hundes, die mit glühenden Augen die Männer anschaute. Diese rannten, so schnell sie konnten, schreiend über das Moor zurück.

4 Seither lastete ein Fluch auf der Familie[2] der Baskervilles.
25 Alle Nachkommen sollten sich deshalb von dem Moor fernhalten.

5 Übernimm die Rolle eines Detektivs
und beantworte diese Fragen:

• Wer entführte das Mädchen?
• Warum wurde das Mädchen entführt?
• Wer starb? Wodurch?
• Worin bestand der Fluch?

---

[1] der **Leichnam:** ein toter Körper
[2] **lastete ein Fluch auf der Familie:** Der Familie drohte böses Unheil.

Fast zweihundert Jahre später gab es wieder einen Todesfall.

Tod in Baskerville

Grausamer Todesfall erschüttert Grafschaft Baskerville.
Am 10. November 1882 kam es zu einem Todesfall in der Grafschaft.
Bei dem Opfer handelt es sich um einen Nachfahren von Hugo von
Baskerville, Sir Charles Baskerville. Die Umstände seines plötzlichen
Todes sind noch ungeklärt. Jedoch gibt es erste Stimmen, die einen
Zusammenhang zum alten Fluch der Baskervilles sehen wollen.

Die Tat

(Lesen Sie weiter auf Seite 3.)

Ist dies ein Fall für Sherlock Holmes und für dich?

6 Lies den Ausschnitt aus der Geschichte
mit den Schritten 1 bis 3 des Textknackers.
Das hilft dir, den Fall aufzuklären.

1. Vor dem Lesen
2. Das erste Lesen
3. Den Text genau lesen

Der Hund von Baskerville Arthur Conan Doyle

1 Auf Seite 3 der Zeitung erfahren die Leserinnen und Leser Genaueres:
„Obwohl Sir Charles erst seit Kurzem in Baskerville Hall lebte, hat er sich
durch sein liebenswürdiges Wesen und seine Großzügigkeit
allgemeine Achtung und Zuneigung erworben. Als Nachkomme einer alten,
5 verarmten Familie ist es ihm gelungen, ein Vermögen[1] zu erwerben. […]
Da er selbst keine Kinder hatte, sollte nach seinem Wunsch die ganze Gegend
von seinem Wohlstand profitieren. Von seinen hochherzigen Spenden
für wohltätige Zwecke ist in dieser Zeitung oft die Rede gewesen. Viele Menschen
werden seinen vorzeitigen Tod aus ganz persönlichen Gründen betrauern.

Das Opfer

10 **2** Die Umstände seines Todes konnten durch die gerichtliche Untersuchung
nicht vollständig aufgeklärt werden. Aber die Ermittlungen reichen aus,
um Gerüchte aus der Welt zu schaffen, die durch den Aberglauben
in der Bevölkerung entstanden sind. Es gab keine Anhaltspunkte
für ein Verbrechen oder dafür, dass übernatürliche Kräfte im Spiel waren.
15 Sir Charles war Witwer und seine Lebensart könnte man als etwas verschroben
bezeichnen. Trotz seines Reichtums führte er einen sehr einfachen Haushalt.
Die Dienerschaft von Baskerville Hall bestand nur aus dem Ehepaar
Barrymore. Nach deren Aussage, die von mehreren Freunden bestätigt
wurde, war Sir Charles' Gesundheit schon seit einiger Zeit angegriffen. Er litt
20 infolge einer Herzkrankheit an Atemnot und Anfällen von Gemütsverstimmung.
Das entspricht auch der Aussage seines Arztes, Dr. Mortimer.

Die Zeugen

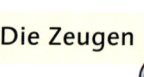

7 Was erfährst du über das Opfer und die Umstände seines Todes?
Notiere die wichtigsten Angaben in Stichworten.

[1 **ein Vermögen**: viel Geld

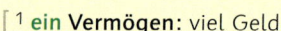

8 Welche Erkenntnisse gab es noch?
Lies die Geschichte weiter.
Tipp: Lege eine Folie über den Text und markiere Wichtiges.

3 Die Tatsachen des Falles sind einfach. Sir Charles von Baskerville hatte
die Gewohnheit, vor dem Zubettgehen noch einen Spaziergang
in der berühmten Taxusallee² von Baskerville Hall zu machen. Dies geht
25 aus der Aussage der Barrymores hervor. Am 4. Mai hatte Sir Charles
die Absicht ausgesprochen, am nächsten Tag nach London zu fahren.
Er hatte Barrymore beauftragt, sein Gepäck vorzubereiten. Am Abend
ging er wie immer hinaus, um auf seinem nächtlichen Spaziergang
eine Zigarre zu rauchen. Er kam nicht zurück. Um 12 Uhr fand Barrymore
30 die Haustür noch offen, wurde unruhig und ging
mit einer brennenden Laterne auf die Suche nach seinem Herrn. Es hatte
tagsüber geregnet und Sir Charles' Fußspuren waren leicht die Taxusallee
hinterherzuverfolgen. Auf halbem Wege befindet sich eine Pforte,
die ins Moor hinausführt. Aus gewissen Anzeichen lässt sich schließen, dass
35 Sir Charles dort eine Zeit lang stand. Dann hatte er seinen Weg fortgesetzt
und am äußersten Ende der Allee wurde seine Leiche gefunden.

4 Noch ungeklärt ist der von Barrymore bezeugte Umstand, dass sich
die Fußspuren von der Pforte an veränderten. Ein Pferdehändler namens
Murphy war um diese Zeit im Moor gewesen, allerdings angetrunken,
40 wie er selbst aussagt. Er erklärt, er habe mehrere Schreie gehört, könne aber
nicht sagen, aus welcher Richtung. Zeichen von Gewalt waren an Sir Charles'
Leiche nicht zu entdecken. Allerdings waren nach Aussage des Arztes
seine Gesichtszüge maßlos verzerrt – Dr. Mortimer wollte anfangs gar nicht
glauben, dass es sein Freund und Patient war, der da vor ihm lag. Er erklärte
45 aber, das käme bei einem Tod durch Herzschlag häufig vor. Die Todesursache
wurde durch den Obduktionsbefund bestätigt. […]

5 Dies ist sehr gut, denn es ist von großer Bedeutung, dass Sir Charles' Erbe
sich auf Baskerville Hall niederlässt und das gute Werk fortsetzt. Wären
die Gerüchte nicht zum Schweigen gebracht worden, hätte es wohl kaum
50 einen neuen Bewohner in dem Haus gegeben. Soweit bekannt wurde, ist
der nächste Verwandte – falls er noch am Leben ist – Sir Henry Baskerville,
der Sohn von Sir Charles' jüngerem Bruder. Er lebt nach den letzten Nachrichten,
die von ihm eingingen, in Amerika. Es sind bereits Nachforschungen
nach ihm angestellt, um ihn von der Erbschaft in Kenntnis zu setzen."

Die Spuren und Hinweise

9 Notiere wichtige Angaben zu dem Fall.
Verwende dabei die Stichworte vom Rand.

Z 10 Untersuche die Zeugenaussagen:
Was fällt dir auf?

> Fundstelle der Leiche: …
> Uhrzeit: …
> Personen: …
> Todesursache: …
> Zeugenaussagen: …

[² die **Taxusallee:** Taxus ist lateinisch für Eibe, einen immergrünen Baum.

Die Todesumstände waren höchst verdächtig. Doch nur Sherlock Holmes wagte sich an den Fall heran. Er befragte zunächst den Arzt Dr. Mortimer, der ihm einiges verraten konnte.

📖 55 **6** „Das Moor ist dünn besiedelt, die Nachbarn sind daher
aufeinander angewiesen. So verkehre ich auch sehr viel
mit Sir Charles Baskerville. Mit Ausnahme von Mr. Frankland
auf Lafter Hall und dem Naturforscher Mr. Stapleton gibt es auf Meilen
im Umkreis keine wissenschaftlich gebildeten Männer. Sir Charles lebte
60 zurückgezogen, aber seine Krankheit brachte uns zusammen.
Und da wir gemeinsame wissenschaftliche Interessen hatten,
wurde ein anregender Verkehr daraus. […]

Die
Verdächtigen

7 In den letzten Monaten sah ich immer deutlicher,
dass Sir Charles' Nerven zum Zerreißen angespannt waren. Er nahm es
65 mit der Sage, die ich Ihnen vorlas, außerordentlich ernst. Das ging
so weit, dass er unter keinen Umständen nachts das Moor betrat,
obwohl es zu seinem eigenen Grund und Boden gehörte.
Es mag Ihnen unglaublich erscheinen, Mr. Holmes,
aber er war allen Ernstes überzeugt, dass ein Verhängnis
70 über seiner Familie schwebte. Und was er von seinen Vorfahren
erzählte, klang wirklich nicht gerade ermutigend. Der Gedanke,
von bösen Geistern umgeben zu sein, verfolgte ihn ständig.
Mehr als einmal fragte er mich, ob ich auf den nächtlichen Fahrten,
die mein Beruf nötig machte, eine seltsame Erscheinung gesehen
75 oder Hundegebell gehört hätte. Diese Frage richtete er mehrmals
an mich und stets zitterte dabei seine Stimme vor Erregung. […]

8 Zu der Reise nach London entschloss Sir Charles sich auf mein Anraten.
Ich kannte seinen gefährlichen Herzfehler. Die ständige Aufregung,
in der er lebte, griff offenbar seine Gesundheit ernsthaft an,
80 mochten es auch reine Hirngespinste sein. Ich dachte, ein paar Monate
in der Großstadt würden einen neuen Menschen aus ihm machen.
Unser gemeinsamer Freund Stapleton, der sich ebenfalls große Sorgen
um Sir Charles' Gesundheit machte, teilte meine Ansicht. Direkt vor der Reise
trat das traurige Ereignis ein."

 11 **a.** Wer könnte Interesse am Tod von Sir Charles haben?
Tauscht euch über die Verdächtigen aus.
b. Stellt euer Ergebnis der Klasse vor.

Die Lösung

12 • Wer ist der Täter?
• Was könnte geschehen sein?
a. Lest eure Notizen von den Seiten 166 bis 170.
b. Diskutiert in der Klasse eure Lösungen des Falls.

Sherlock Holmes und sein Assistent, Dr. Watson, wollten den Täter
fassen. Sie stellten dem Täter eine Falle. Was dabei geschah,
berichtet Dr. Watson.

85 [9] „Pst", machte Holmes plötzlich. Ich hörte ein scharfes Knacken, er hatte
seinen Revolver gespannt. „Achtung! Er kommt!" Wir hörten
ein schnelles Getrappel. Die Nebelwand lag fünfzig Schritte vor uns und
wir starrten alle auf die weiße Fläche. Ich warf einen Blick auf Holmes' Gesicht.
Er war bleich, aber seine Augen funkelten hell im Mondschein.
90 Plötzlich aber öffneten sich seine Lippen in maßlosem Erstaunen. [...]
Ich sprang auf. Meine zitternde Hand umklammerte den Revolver, aber
ich konnte nicht schießen, ich war wie gelähmt von dem Anblick
des grausigen Geschöpfs, das aus dem Nebel hervorgesprungen kam.

[10] Es war ein Hund, ein riesiger kohlschwarzer Hund, aber ein Hund,
95 wie kein Mensch ihn jemals gesehen hat. Feuer sprühte aus dem offenen Rachen,
die Augen glühten, Lefzen und Körper waren von flackerndem Licht umgeben.
Nicht im schlimmsten Albtraum konnte man sich ein schrecklicheres Ungeheuer
vorstellen. Wie ein Höllenhund brach die Bestie durch den Nebel.
In langen Sätzen sprang der riesige schwarze Hund den schmalen Weg entlang;
100 die Nase dicht über den Erdboden, folgte er den Fußspuren unseres Freundes.
Wir waren durch diese Erscheinung wie gelähmt, und ehe wir zur Besinnung
kamen, war die Bestie an unserem Versteck vorbeigesprungen. Dann schossen
Holmes und ich gleichzeitig, und ein schauerliches Geheul bewies uns, dass
wenigstens einer von uns beiden getroffen hatte. Doch ließ der Hund sich
105 nicht aufhalten, sondern jagte mit unverminderter Geschwindigkeit weiter. [...]

[11] Ich sah, wie die Bestie auf ihr Opfer lossprang, es zu Boden warf und
ihm an die Kehle fuhr. Im nächsten Augenblick aber hatte Holmes dem Tier
fünf Kugeln seines Revolvers in die Flanke gejagt. Die vier Beine fuhren
noch ein paar Mal durch die Luft, dann fiel er auf die Seite und lag regungslos
110 da. [...] Allein durch seine Größe wirkte das Tier schrecklich, das da vor uns lag.
Es war kein reinrassiger Bluthund und auch keine reine Dogge, sondern
eine Kreuzung beider Rassen. Ein zottiges, dürres Geschöpf von der Größe
einer kleinen Löwin. Noch jetzt, wo es tot war, schien von den gewaltigen Kinnladen
ein bläuliches Feuer zu triefen, und die tief liegenden, grausamen kleinen Augen
115 waren von Flammenringen umgeben. Und als ich mit meinen Händen
das furchtbare Maul auseinanderriss, da schimmerten auch meine Finger feurig
in der Dunkelheit. „Phosphor!³", rief ich.

Der Hund ist tot, doch wer steckt hinter dem Mordanschlag?
Wenn ihr wissen wollt, wie Sherlock Holmes mit
seinem Assistenten Dr. Watson den Fall löst, dann lest auf Seite 175 nach.
Dort erfahrt ihr auch, wer der Täter ist.

→ die Lösung des Falls: Seite 175

[³ der **Phosphor**: ein chemisches Element, das in Verbindung mit Sauerstoff leuchtet

Moderne Detektivinnen

Sherlock Holmes stellte seine Fragen vor mehr als hundert Jahren, um die Fälle aufzuklären. Doch es sind noch immer dieselben Fragen, die sich Detektivinnen und Detektive auch heute stellen.

1 Welche Fragen sind für das Lösen eines Falles wichtig?
    a. Findet die Lupen auf den Seiten 166 bis 171.
    b. Schreibt Fragen zu den einzelnen Lupen an die Tafel.

Die drei Ausrufezeichen – also: die drei !!! – sind Franziska, Kim und Marie. Sie gründeten einen Detektivclub und wollten gemeinsam ihren ersten Fall lösen.

In der Schule wurde Geld gestohlen. Franziska ertappte ausgerechnet die schüchterne Anna dabei, wie sie aus der Jacke einer Mitschülerin Geld entwendete. Die drei !!! konnten es nicht glauben, dass Anna hinter den Diebstählen steckte, und begannen Anna zu beobachten. Sie entdeckten, dass Anna nervös und ängstlich auf Anrufe von ihrem Handy reagierte und beschlossen, Anna zunächst zu befragen.

2 Welche Fragen würdet ihr Anna stellen?
    a. Schreibt die Fragen auf.
    b. Spielt die Befragung.

Doch Anna schwieg. Um das Rätsel zu lösen, beobachteten die drei !!! Anna weiterhin.

 ## Die Handy-Falle   Maja von Vogel

1 „Ruhe!", zischte Kim. Franziska und Marie verstummten, und sie folgten Anna auf einem überwucherten Pfad zwischen den Gräbern hindurch bis in die hinterste Ecke des Friedhofs. Anna ging langsam an den alten, mit Moos bewachsenen Grabsteinen entlang und betrachtete aufmerksam
5 die Inschriften. Dann blieb sie vor einem großen Marmorengel stehen, der segnend die Hände über ein von Efeu überranktes Grab hielt. Der Grabstein war so alt, dass die Inschrift beim besten Willen nicht mehr zu entziffern war.

 2 Stimmt es, dass …? / Warum …? / Wozu …? / Wie …?

2 Kim gab Franziska und Marie ein Zeichen, und sie versteckten sich
10 zwischen den Überresten einer alten Gruft[1]. Das Gebäude war völlig verfallen,
und zwischen den Steinen wuchs Gras. Kim schauderte, als sie überlegte,
ob unter dem eingestürzten Dach wohl noch irgendwo die Knochen der Toten
lagen, die dort vor langer Zeit begraben worden waren. Obwohl
helles Sonnenlicht zwischen den Zweigen der Bäume hindurchfiel und
15 die Vögel fröhlich zwitscherten, bekam sie plötzlich eine Gänsehaut. Sie
sah zu Anna hinüber, die immer noch andächtig vor dem Marmorengel stand.

3 Ob sie auch an all die Toten dachte, die hier auf dem Friedhof
ihre letzte Ruhe gefunden hatten? Vielleicht gehörte das Grab
mit dem Engel ja tatsächlich zu ihrer Familie, und sie besuchte es ab und
20 zu, um ihrer Vorfahren zu gedenken. Aber dann holte Anna etwas
aus ihrer Jackentasche. Kim starrte angestrengt zu ihr hinüber. Es war
ein Briefumschlag! Anna versteckte ihn unter dem Efeu zu Füßen des Engels,
drehte sich um und ging den überwucherten Pfad zurück
in Richtung Eingangstor.

25 **4** „Was machen wir jetzt?", flüsterte Franziska. Ihre Wangen waren
vor Aufregung ganz rot. „Sollen wir Anna weiter folgen?" „Quatsch, wir
müssen erst nachsehen, was in dem Briefumschlag ist", zischte Marie.
„Das ist doch sonnenklar!" „Aber bis dahin ist Anna längst über alle Berge",
erwiderte Franziska säuerlich. Kim überlegte einen Moment, dann sagte
30 sie zu Franziska. „Du folgst Anna. Lass sie nicht aus den Augen,
bis sie wieder zu Hause ist. Marie und ich bleiben hier und kümmern
uns um den Briefumschlag." Franziska nickte: „Alles klar." Sie verschwand
zwischen den Büschen, ohne weitere Fragen zu stellen.

5 Kim sah ihr erstaunt nach. Sie hatte gar nicht gewusst, dass sie andere
35 so gut herumkommandieren konnte. Sie verließ das Versteck
hinter der Ruine[2] und ging auf das Grab mit dem Engel zu. „Jetzt wollen wir doch
einmal nachsehen, was in diesem geheimnisvollen Briefumschlag ist." Marie
folgte ihr. „Bist du sicher, dass uns niemand beobachtet?", fragte sie und
sah sich um. „Das Risiko müssen wir eingehen." Kim ging vor dem Engel
40 in die Hocke und tastete zwischen dem Efeu nach dem Umschlag. „Das ist er ja!"
Triumphierend hielt sie einen blütenweißen Briefumschlag hoch. „Mach schon auf!",
drängte Marie. Der Umschlag war nicht zugeklebt. Kim griff hinein und …

3 Befragt euch gegenseitig zu dem Fall.

4 Was könnte Anna geplant haben? Warum?
Stellt Vermutungen an.

Z **5** Was war in dem Umschlag?
Schreibt die Geschichte weiter.

> **Starthilfe**
>
> Wohin folgten die drei !!! Anna?
> Was tat Anna …?
> …

---

[1] die **Gruft**: eine besondere Grabstätte
[2] die **Ruine**: ein verfallenes Gebäude

Die drei !!! entdeckten, dass Anna erpresst wurde.
Eines Tages fehlte Anna in der Schule. Zu Hause war sie auch nicht!
Auf der Suche nach Anna gerieten die drei !!! in die Werkstatt
eines Elektrogeschäftes, das billige Handys verkaufte.

6 Plötzlich hörte Kim ein Geräusch, und vor Schreck vergaß sie
einen Moment zu atmen. Sie stand wie gelähmt da und lauschte.
45 Das Geräusch klang gedämpft. Es hörte sich an wie ein Wimmern. Oder
wie ein Weinen. Das war es! Irgendwo weinte jemand! Jetzt waren
zwischen zwei Schluchzern auch ein paar gemurmelte Worte zu hören. Die anderen
waren ebenfalls stehen geblieben. Franziskas Augen waren vor Aufregung
weit aufgerissen, und ihr Gesicht war kalkweiß, als sie sich zu Kim und Marie
50 umdrehte und flüsterte. „Das klingt wie Anna!" Kim schluckte. „Bist du sicher?"

7 Franziska nickte heftig. „Anna muss hier irgendwo eingesperrt ein. Vielleicht
hat sie dieser Mistkerl entführt und eingesperrt …" Sie begann leise nach Anna
zu rufen. „Anna? Anna! Wo bist du? Keine Angst, wir holen dich raus." „Psst",
machte Marie und warf einen besorgten Blick zu der Tür auf der anderen Seite
55 der Werkstatt hinüber, die vermutlich in den Laden führte. „Das Weinen kommt
von dort drüben", flüsterte Kim und zeigte nach rechts. Franziska stürzte sofort
auf die rechte Wand der Werkstatt zu, an der mehrere hohe Regale und
ein riesengroßer Schrank aus massivem Holz standen. Sie legte ihr Ohr
an die Schranktür und rief verblüfft: „Das Weinen kommt aus dem Schrank!"

60 8 „Nicht so laut!", zischte Kim, während Franziska versuchte, die Schranktür
zu öffnen. „Das Mistding klemmt", schimpfte sie. „Ich fass es nicht! Hat
dieser fiese Typ Anna etwa in den Schrank eingesperrt?" Marie kam ihr zu Hilfe
und gemeinsam schafften sie es, die schwere Tür aufzuziehen. Das Weinen
wurde lauter, aber von Anna war nichts zu sehen. Stattdessen standen sie
65 vor einer Treppe. Steinerne Stufen führten nach unten und verloren sich
irgendwo in der Dunkelheit. Es roch feucht und modrig.

Doch in diesem Raum fanden die drei !!! Anna auch nicht.
Stattdessen entdeckten sie eine Abhöranlage[3].

6 Welche Fragen könnten die drei !!! stellen?
Schreibt die Fragen auf.

7 Wie würdet ihr als Detektive weiter vorgehen?
  a. Schreibt Stichworte zu eurem Plan auf.
  b. Diskutiert euren Plan in der Klasse.

Möchtet ihr wissen, wie der Fall gelöst wird?
Dann lest das Buch „Die Handy-Falle" am besten selbst.

[3 die **Abhöranlage**: Damit können Gespräche heimlich belauscht werden.

Z Noch mehr Detektivgeschichten

In der Bibliothek könnt ihr nach weiteren Detektivgeschichten stöbern.

Neben verschiedenen „Die drei !!!"-Romanen gibt es auch noch „Die drei ???"-Bücher. Die drei ??? sind die Jungen Justus, Peter und Bob, die als Detektive immer wieder ungelöste Fälle und geheimnisvolle Vorkommnisse aufklären. Ihr Motto lautet: Wir übernehmen jeden Fall! In Deutschland sind bisher 167 Bücher erschienen, es gibt Hörspielfassungen und eine offizielle Webseite im Internet.

Fletcher Moon, von allen wegen seiner geringen Körpergröße auch „Halbmond" genannt, ist alles andere als eine halbe Portion: Mit seinen 12 Jahren hat er – nach Vorlage der Geburtsurkunde seines Vaters – einen Online-Detektivlehrgang abgeschlossen, und das auch noch mit Bravour! Als sich an seiner Schule geheimnisvolle Diebstähle häufen, ist wieder einmal sein meisterhafter Spürsinn gefragt. Doch schon bald muss Fletcher Moon zwei Dinge einsehen: 1. Das Leben eines Detektivs ist brandgefährlich. Und 2. Nichts ist, wie es scheint ...

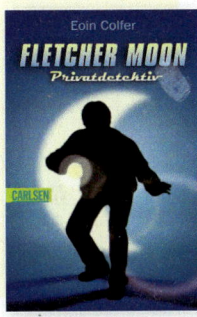

Name: Ingrid – Schülerin und Hobbydetektivin
Alter: 13
Familienstand: manchmal anstrengende Eltern, ein manchmal etwas anstrengender großer Bruder, ein auffälliger Großvater, ein Hund
Lieblingsfarbe: Rot
Lieblingsdetektiv: Sherlock Holmes
Hobbys: Fußball, Theaterspielen, Kriminalfälle aufklären

Ort: Echo Falls – eigentlich eine nette Kleinstadt in Neuengland
Einwohner: ungefähr 13 000
Sehenswürdigkeit: Wasserfall
Besonderheit: auffällig viele Kriminalfälle

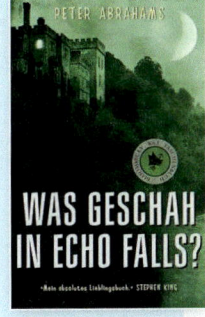

Und wer war nun der Täter in „Der Hund von Baskerville"?

Es war Stapleton, der Naturforscher! Er hatte es auf das Erbe der Baskervilles abgesehen und nutzte die Sage und die Angst vor dem Hund von Baskerville. Er besorgte sich einen großen Hund, den er hungern ließ, sodass er wild und böse wurde. Sir Henry, der rechtmäßige Erbe von Baskerville, wird zwar angefallen, aber er kommt mit dem Schrecken davon. Sein herzkranker Onkel Charles starb jedoch wegen des Schreckens, den ihm der Hund eingejagt hatte.

Was für ein Theater!

Wollt ihr auch einmal Schauspieler sein und eine Theaterszene spielen?
Dann solltet ihr euch zuerst mit ein paar Übungen aufwärmen!

Warm-up[1]: Übungen zum Aufwärmen

Für alle Übungen benötigt ihr viel Platz in eurem Klassenzimmer.

1 Bereitet die Aufwärmübungen vor.
   a. Stellt die Tische und Stühle zur Seite.
   b. Legt Regeln für das Warm-up fest.   → Vorschläge für Regeln findet ihr auch auf Seite 296.

Der Klatschkreis

2 Mit dem Klatschkreis übt ihr, schnell zu reagieren
und euch zu konzentrieren.
   • Stellt euch in einem **Kreis** auf.
     Lasst jeweils **eine halbe Armlänge** Platz
     zu euren Nachbarn.
   • Stellt die Füße fest auf den Boden.
     Lasst die Arme locker hängen.
   • Der oder die Erste **dreht sich nach rechts**,
     sieht der Nachbarin oder dem Nachbarn
     in die Augen und **klatscht einmal**
     kraftvoll in die Hände.
   • Er oder sie dreht sich nun auch nach rechts,
     sieht der oder dem Nächsten in die Augen und
     klatscht kraftvoll in die Hände und so weiter.
   • Gebt den Klatschimpuls **mehrere Runden**
     durch den Kreis.
     Versucht, dabei **schneller** zu werden.

   Tipps: • Achtet darauf, den Klatschrhythmus zu halten.
   • Achtet darauf, den ganzen Körper zu drehen.
     Aber hebt die Füße dabei nicht vom Boden.
   • Eine Steigerung der Übung:
     Wechselt die Richtung durch zweimaliges Klatschen.
     Das erfordert noch mehr Konzentration.

---

[1] **das Warm-up** [sprich: worm-ap]: das Aufwärmen;
hier: von Schauspielern vor dem Theaterspielen

Der Stadtbummel

3 Macht einen Stadtbummel durch euer Klassenzimmer.
- Legt eine Spielleiterin oder einen Spielleiter fest.
- Sie oder er sagt euch, **wie** ihr jeweils durch die Stadt gehen sollt.
- Folgt der Anweisung: Setzt eure **Mimik und Gestik**
  entsprechend ein.
- Nach einer Weile ruft der Spielleiter „**Freeze!**".
- **Stoppt** alle sofort in eurer Bewegung und
  „friert" eure Körperhaltung „ein".
- Bewegt nur die Augen und seht euch um:
  Wie wirken die anderen Eingefrorenen auf euch?
- Dann gibt die Spielleitung die nächste Anweisung.

Tipps: • So könnt ihr durch die Stadt gehen: gelangweilt,
gut gelaunt, schüchtern, hektisch …
• Ihr könnt beim Umhergehen die anderen pantomimisch
begrüßen oder euch ohne Worte mit ihnen verständigen.

4 Wertet euren Stadtbummel aus:
- Was hat euch gut gefallen? Was war nicht so gut?
- Welche Stimmung ist euch leichtgefallen? Welche nicht so leicht?
- Was wollt ihr beim nächsten Mal beachten?

Die Pantomime im Spiegel

5 **Vorbereitung:** Welche Situationen wollt ihr pantomimisch darstellen?
- Schreibt jeder drei Situationen auf einzelne Kärtchen
  oder Zettel.
- Legt eine Spielleiterin oder einen Spielleiter fest.

im Kino

bei der Gartenarbeit

6 **Durchführung:**
- Der Spielleiter **wählt** eine Spielerin oder einen Spieler aus
  und zeigt ihm ein Kärtchen mit einer Situation.
- Der Spieler stellt die Situation **pantomimisch** dar.
- Die anderen **beobachten** die Pantomime genau.
- Dann spiegeln alle die Pantomime.
  Das heißt, sie **spielen alles genau nach**.
- Welche Situation wurde dargestellt?
  Sprecht darüber.
- Dann ist eine andere Spielerin oder ein anderer Spieler
  mit einer neuen Situation an der Reihe.

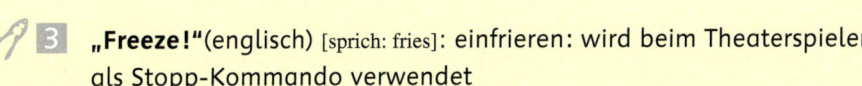

3 „**Freeze!**"(englisch) [sprich: fries]: einfrieren: wird beim Theaterspielen
als Stopp-Kommando verwendet

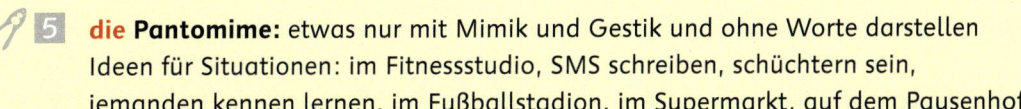

5 **die Pantomime:** etwas nur mit Mimik und Gestik und ohne Worte darstellen
Ideen für Situationen: im Fitnessstudio, SMS schreiben, schüchtern sein,
jemanden kennen lernen, im Fußballstadion, im Supermarkt, auf dem Pausenhof

Eine Szene wie im richtigen Leben

Die folgende Szene ist direkt aus dem „richtigen Leben" gegriffen.
So etwas Ähnliches habt vielleicht auch ihr schon erlebt.
Die Szene eignet sich hervorragend zum Theaterspielen.

1 **a.** Seht euch das Foto auf Seite 179 an.
    b. Lest die Szene überfliegend.
    c. Worum geht es in der Szene?

2 Lest die Szene mit verteilten Rollen.
    Tipp: Ihr benötigt neben den Personen auch eine Leserin oder
            einen Leser für die *Regieanweisungen (in Klammern)*.

Heiße Schokolade

*(Marie, Sina und Emily sind beste Freundinnen. Sie treffen sich
in ihrem Lieblingscafé „Henrys", um die wichtigsten Neuigkeiten
auszutauschen. Marie kommt gerade vom Training im Fitnessstudio.)*

Marie: *(aufgeregt)* Du glaubst es nicht, aber Sascha hat mich heute gefragt,
5   ob wir am Freitag zusammen ins Kino gehen.
Sina: *(neugierig)* Ja? Echt klasse! Er ist zwar nicht so sportlich, aber ich finde
        ihn sehr witzig. Aber erzähl, was hast du gesagt?
Emily: *(interessiert)* Ja, komm, erzähl! Ich bin total gespannt.
        (angeberisch) Aber ich muss euch auch noch etwas Wichtiges erzählen.
10 **Marie:** Aber klar. *(stolz)* Also: Ich habe gesagt, ich überlege es mir noch.
Sina: *(enttäuscht)* Nee, echt? Aber warum? Du hast mir doch schon länger
        erzählt, dass du ihn total süß findest und ihn gerne
        näher kennen lernen möchtest.
Emily: *(zickig)* Oh, Mann, du bist doch echt doof, Marie.
15 **Marie:** *(verliebt)* Ja, ich weiß, aber ich wollte ihm nicht gleich das Gefühl
        geben, ich sei leicht zu haben.
Emily: *(schnippisch)* Na, und wie geht es dann jetzt weiter?
Marie: *(träumerisch)* Wir haben unsere Handynummern ausgetauscht.
(Kellner Matti kommt an den Tisch der drei Mädchen.)
20 **Matti:** *(freundlich, charmant)* Hey, ihr drei Hübschen. Was darf ich
        euch bringen?
Emily: *(cool)* Hi, Matti – du Schleimer – bring mir 'ne Cola, mit Eis bitte!
(Matti notiert den Wunsch. Er schmunzelt vor sich hin.)
Marie: *(freundlich)* Für mich bitte eine große Multisaft-Schorle.
25   Ich bin fast am Verdursten.
(Matti tippt wieder.)

---

 2 **die Regieanweisungen:** kursiv (schräg) geschriebener Text in den Klammern –
        sie geben Hinweise, mit welcher Betonung und Stimmung der Text vorgelesen
        oder gespielt werden soll

Sina: *(unsicher, stotternd und zu leise)* Ähm … und ich hätte gerne eine heiße Schokolade.

(Matti schaut sie fragend an, weil er sie nicht richtig verstanden hat.)

30 **Matti:** *(ganz deutlich)* Wie bitte?

Sina: *(immer noch unsicher, aber lauter)* … 'ne heiße Schokolade.

Matti: Ach so, natürlich. *(Matti notiert etwas und geht lächelnd weg. Er begrüßt Ivo und David, die gerade das Café betreten.)*

(Emily und Marie schauen Sina verständnislos an.)

35 **Emily:** *(laut)* Hey, was ist denn mit dir los? Hat sich da wohl jemand in unseren Matti verknallt? *(lacht fies)*

Sina: *(schüchtern, flehend)* Psst! Nicht so laut! Du weißt doch: Er ist der beste Freund von meinem großen Bruder und …

Marie: *(verständnisvoll)* Kein Problem, Sina! Wir verstehen dich schon.

40 **Emily:** *(zickig)* Na gut, mein Typ ist das zwar nicht … Hat der eigentlich eine Freundin?

Sina: *(verärgert)* Mann, hör bloß auf!

Emily: *(winkt ab)* Jaja, Sina, keine Angst! Aber jetzt erzähle ich …

(Inzwischen stehen schon Ivo und David

45 *mit ihren Sporttaschen am Tisch der drei Mädchen. David hat in einem Ohr einen Kopfhörer und nickt den Mädchen freundlich zu.)*

David: *(freundlich)* Hi, ihr drei!

(Die Mädchen lächeln David freundlich an.)

50 **Ivo:** *(freundlich)* Hi, Schwesterherz, hi, ihr beiden. Na, was gibt es denn so Aufregendes zu besprechen? *(freundlich, aber bestimmt)* Ich sag dir Sina, mach mir bloß keinen Ärger.

55 **Sina:** *(unsicher)* Ja, Ivo.

Emily: *(selbstbewusst)* Mach dir mal keine Sorgen um deine Schwester, auf die passen wir schon gut auf. Stimmt's, Mädels? *(zwinkert den Freundinnen zu)*

Ivo: *(locker)* Ja, Emily, das will ich auch hoffen. Also ciao, ihr drei!

60 *(Ivo und David drehen sich weg und setzen sich zu Freunden an einen anderen Tisch.)*

Matti: *(kommt an den Tisch und stellt die Getränke ab, charmant)* So, bitte, eure Getränke.

Marie: *(freudig)* Ja, endlich, ich verdurste ja schon.

(Sie nimmt das Glas und trinkt sofort.)

65 **Emily:** *(hinterlistig)* Übrigens Matti, wie findest du eigentlich Sina?

(Matti grinst und möchte gerade antworten. Sina sieht Emily böse an, springt aufgeregt auf und rennt aus dem Café. Matti steht mit entsetztem Gesicht da, blickt Sina hinterher und sieht Ivo an.)

Die Personen kennen lernen

Um die Szene „Heiße Schokolade" spielen zu können, beschäftigt ihr
euch genauer mit den Dialogen und den Figuren. Außerdem helfen euch
ein paar Theater-Übungen beim „echten" Schauspielern.

1 Klassengespräch!
- Was geschieht in der Szene?
- Wie verhalten sich die einzelnen Personen?

2 Was erfahrt ihr über die einzelnen Personen?
- Notiert jeder für sich die Namen der Personen.
- Notiert Stichworte zu jeder Person: ihr Verhalten,
  ihre Art zu sprechen, ihre Eigenschaften.

3 Tragt eure Ergebnisse übersichtlich an der Tafel zusammen.
   Tipp: Sprecht dabei besonders über eure unterschiedlichen Eindrücke
   von den Personen.

Pantomime erraten

W 4 Eure Ergebnisse von Aufgabe 3 könnt ihr
pantomimisch darstellen und erraten lassen.
Wählt aus und einigt euch:
- Ihr könnt Eigenschaften und Verhaltensweisen
  pantomimisch darstellen.
- Ihr könnt Personen aus der Szene darstellen.
   Tipps: Die Pantomime kann von einem,
   aber auch von zwei oder drei Darstellern
   gezeigt werden.

Gegenstände wandern

Z 5 „Spielt" mit den Gegenständen, die in der Szene vorkommen.
- Eine oder einer spielt eine halbe Minute mit einem Gegenstand.
   Tipp: Behandelt den Gegenstand so, wie er im Alltag
   verwendet wird.
- Übergebt den Gegenstand einem anderen und
  sagt dabei „Bitte".
   Tipp: Ihr könnt den Gegenstand freundlich, hektisch, cool,
   sauer, verliebt … tragen und übergeben.
- Die oder der Nächste sagt „Danke" und spielt nun selbst.

Tasse mit Löffel
Glas mit Wasser
Tablett
Sporttasche
Handy
…

4 abweisend, arrogant, böse, eingebildet, genervt, hinterlistig, interessiert, langweilig, lieb,
nett, ruhig, schüchtern, selbstsicher, stolz, unfreundlich, wütend, zickig …

Durch Gefühlsfelder gehen

6 Bei dieser Übung stellt ihr in kürzester Zeit vier verschiedene Gefühle dar.

Vorbereitung:

- Ihr benötigt Platz: mindestens vier mal vier Meter.
  Findet also einen geeigneten Raum oder
  räumt Tische und Stühle beiseite.
- Klebt mit Klebeband auf den Boden ein großes Kreuz.
  So entstehen vier Felder, die Gefühlsfelder.
- Ordnet jedem Gefühlsfeld ein Gefühl zu,
  z. B. müde, stolz, wütend ...
  Schreibt jedes Gefühl auf ein eigenes Blatt
  und legt es in ein Feld.
- Jeder sucht sich aus dem Szenentext von Seite 178
  bis 179 einen Satz aus und lernt ihn auswendig.
- Teilt euch in Gruppen von sechs bis acht Spielern auf.

7 **Durchführung**:

- Eine Gruppe geht durch die Gefühlsfelder.
  Die anderen Gruppen beobachten.
- Sprecht eure Sätze nacheinander.
  Sprecht sie so, wie es das jeweilige Gefühlsfeld verlangt.
- Setzt dabei auch passende Mimik und Gestik ein.
- Wenn alle durch die vier Gefühlsfelder gegangen sind,
  ruft ein Beobachter „Freeze!".
- Alle in den Gefühlsfeldern stoppen sofort und
  „frieren" die Bewegungen „ein".
- Die Beobachter beschreiben ihre Beobachtungen.
- Dann ist die nächste Gruppe an der Reihe.

> Aber ich muss euch auch noch etwas Wichtiges erzählen.

Ihr kennt die Dialoge und die Figuren nun schon etwas besser.
Das könnt ihr beim szenischen Lesen nutzen.

8 Lest den Text „Heiße Schokolade" szenisch:

- Ihr setzt und stellt euch so hin wie beim Spielen der Szene.
- Lest die Szene mit verteilten Rollen.
- Zusätzlich bewegt ihr euch aber wie die Personen in der Szene.
- Lest ausdrucksvoll: Beachtet die Regieanweisungen.
- Setzt Mimik und Gestik ein.
- Sprecht immer freier und seht immer weniger in den Text.
  Tipp: Ihr könnt absprechen, ob ihr zwischendurch unterbrechen
  wollt: Ihr könntet euch gegenseitig Tipps zum besseren Lesen
  und Gestalten geben.

Die Rollen einstudieren

Ein Gruppenpuzzle in drei Schritten

**Mit dieser Methode könnt ihr leichter in eure Rolle hineinschlüpfen.
Und ganz nebenbei lernt und übt ihr euren Text.**

1 Die **Stammgruppe** führt am Ende die Szene
„Heiße Schokolade" auf.

1. Stammgruppen

- Bildet Stammgruppen. Ihr braucht in jeder Gruppe
  für alle Rollen Darsteller und einen Regisseur.
  Tipp: Bleibt jemand übrig? – Berater werden immer gebraucht!
  Später gibt es Aufgaben für die Requisite und die Bühnengestaltung.
- Lest die Szene in jeder Gruppe mit verteilten Rollen.

2 Die Darstellerinnen und Darsteller der gleichen Rolle
aus jeder Stammgruppe sind die Experten.
Sie beraten in der **Expertengruppe** über ihre Figuren.

2. Expertengruppe

- Lest noch einmal gemeinsam den Text, aber nur für eure Rolle.
- Wie ist eure Figur? Was tut sie?
  Was denkt und fühlt sie?
  Beratet und macht euch Notizen.
  Tipps: • Wählt als Hilfe weitere Leitfragen aus.
  - Am Ende könnt ihr alle
    sehr unterschiedliche Notizen haben.
    Denn jeder entscheidet für sich,
    wie er die Figur spielen möchte.
  - Die Regisseure beschäftigen sich damit,
    wie die einzelnen Figuren sprechen.

> **Leitfragen für jede Figur:**
> - Wie alt ist die Figur?
> - Welche Kleidung trägt sie?
> - Welche Hobbys hat sie?
> - Was mag sie?
>   Was überhaupt nicht?
> - Geht sie zur Schule oder
>   arbeitet sie bereits?
> - Wer sind ihre Freunde?
> - Wie ist ihre Familie?
> - Hat sie Besonderheiten?

3
- Kehrt in eure **Stammgruppen** zurück.
- Beschreibt jeder die eigene Figur in der Ich-Form.
  Tipp: Sprich und bewege dich dabei so wie die Figur.

3. Stammgruppen

4 Wertet in der Stammgruppe eure Beschreibungen aus:
- Wie wirken die einzelnen Figuren auf euch?
- Habt ihr Tipps und Ergänzungen?
- Wie gehen eure Figuren miteinander um?
- Wie verstehen sie sich miteinander?

5 Lest den Text „Heiße Schokolade" szenisch.
- Geht so vor wie in Aufgabe 10 auf Seite 181.
- Wendet eure Ergebnisse aus dem Gruppenpuzzle an.

3 Hallo, ich bin Marie. Ich bin … Jahre alt. In meiner Freizeit …
Am liebsten beschäftige ich mich mit … Meine Freunde sagen über mich: …

Die Szene proben und spielen

Ihr seid fast so weit: Bald könnt ihr anderen die Szene vorspielen.
Mit den Tipps in den folgenden Aufgaben gelingt nicht nur die Szene
„Heiße Schokolade", sondern auch jede andere.

6 Jeder lernt für sich seinen Rollentext.
- Schreibt euren Rollentext auf.
  Oder kopiert und markiert den Rollentext.
- Ihr müsst euch auch merken, wann ihr mit Sprechen dran seid:
  Was sagt die Figur vor euch?
  Schreibt euch ein Stichwort dazu auf oder markiert es.
- Sprecht euren Text immer wieder Zeile für Zeile,
  bis ihr ihn auswendig könnt.
- Lernt auch die Regieanweisungen mit.
- Die Regisseure helfen beim Textlernen, z. B. als Stichwortgeber
  oder Ansprechpartner.
- Übt den Text auch zu Hause weiter, am besten vor dem Spiegel.

7 Ein Bühnenbild gehört zu jeder Szene, auch wenn es ganz einfach ist.
- Wie könnte die Bühne für eure Szene aussehen?
  Beratet in der Szenengruppe.
  Tipp: Zeichnet eine Skizze.
- Tragt zusammen, was ihr benötigt.
- Gestaltet das Bühnenbild.

8 Mit Requisiten wirkt die Szene lebendiger und echter.
- Welche Requisiten könnt ihr in die Szene einbauen?
  Lest noch einmal im Text nach.
- Wer besorgt was? Wer stellt etwas her? Wann?
  Schreibt es auf.
- Besorgt die Requisiten.

9
- Übt, die Szene auswendig zu spielen.
- Übt die Szene in eurem Bühnenbild und
  mit euren Requisiten.
- Setzt Mimik und Gestik ein.
- Die Regisseure sind die Spielleiter und
  geben Tipps und Hinweise.

10
- Spielt die Szene den anderen Gruppen vor.
- Macht euch als Zuschauer Notizen.
- Sprecht über eure Aufführungen.

Beobachtungsbogen: Eine Szene spielen Name:	☺	☺	☹
frei gesprochen			
deutlich gesprochen			
gut betont			
die Mimik			
die Gestik			
die Requisiten genutzt			
das Zusammenspiel			

Z Eine eigene Szene planen, schreiben, überarbeiten

Was könnte in der nächsten Szene passieren?
Ihr könnt „Heiße Schokolade" weiterschreiben.
Vielleicht führt ihr am Ende sogar ein ganzes Theaterstück auf …

W 1 Wählt aus:
- Ihr könnt ein eigenes Theaterstück über Marie, Sina, ihre Freunde und Bekannten schreiben.
- Ihr könnt mit Hilfe der Vorschläge auf diesen Seiten 184 und 185 eine Fortsetzung zu „Heiße Schokolade" schreiben.

Die Szene planen

2 **a.** Arbeitet in Gruppen von vier bis fünf Mitgliedern zusammen.
b. Plant die Szene zunächst.
Macht euch Notizen zu diesen Fragen:
- Welche Situation: Wo? Wann? Welche Personen?
- Was geschieht?
- Wie endet die Szene?

Die Szene schreiben

3 **a.** Schreibt die Szene am besten am Computer.
Dann könnt ihr jederzeit Änderungen vornehmen und Neues ergänzen.
- Was sagen die Personen nacheinander?
- Über welche Gedanken und Gefühle sprechen sie?
- Wie gehen sie miteinander um?
Tipp: Ihr könnt **Fragen** und **Antworten** verwenden.
Ihr solltet aber auch „**Gesprächsketten**" verwenden:
Einer sagt etwas, der Nächste möchte auch etwas
zum selben Thema sagen, dem Dritten fällt auch etwas dazu ein …
b. Wirkt der Dialog natürlich und „flüssig"?
Probiert es aus: Lest den Dialog mit verteilten Rollen.
c. Schreibt die Regieanweisungen.
- Beschreibt am Anfang kurz die Situation: Wo? Wann? Wer? Warum?
- Wie sprechen die Personen im Einzelnen?

Die Szene überarbeiten

4 **a.** „Funktioniert" eure Szene? Macht den Test:
- Ihr könnt die Szene einer anderen Gruppe vorlesen.
- Ihr könnt die Dialoge aber auch szenisch lesen.   → szenisch lesen: Seite 181, Aufgabe 8
b. Überarbeitet die Dialoge und die Regieanweisungen.

Ideen für eine Fortsetzung

Sinas Ärger

- Wer geht Sina hinterher?
- Wer versucht, sie zu trösten?
- Worüber ärgert sich Sina so?
- Droht die Freundschaft mit Emily zu zerbrechen?
- Wer kann noch schlichten? Wie?
- Macht Emily einen Vorschlag zur Versöhnung?

Emilys Neuigkeiten

Was möchte Emily denn nun so Wichtiges erzählen?

Emily: (*freudig, aufgeregt*) Jetzt muss ich euch aber endlich erzählen, was **mir** passiert ist!
(*Matti kommt mit dem Tablett vorbei und hat gehört, was Emily gesagt hat.*)
Matti: (*macht sich lustig*) Hast du noch jemandem vor den Kopf gestoßen?
Sina: (*selbstbewusst*) Nicht nötig, Matti. Das ist doch längst geklärt.
Emily: (*ungeduldig*) Bring mir lieber noch eine Apfelschorle. (*wendet sich verschwörerisch ihren Freundinnen zu*) Also: Ich hab im Internet einen total süßen Jungen kennen gelernt.
...

Davids Pläne fürs Wochenende

Ivo, David und ihre Freunde sprechen am Nebentisch darüber, was sie am Wochenende machen wollen.
David erzählt von einem spannenden Vorschlag / einer abenteuerlichen Einladung ...
Aber seine Familie hat längst andere Pläne.
Dabei würde er so gern ...

Emily in Nöten

Emily möchte zu Hause einfach nur in Ruhe mit ihrer Internetbekanntschaft telefonieren. Aber alle wollen irgendetwas von ihr und stören sie immerzu:
- Ihr Vater erinnert sie an den Einkauf / möchte auch telefonieren ...
- Ihre Schwester hätte auch gern den Laptop / möchte ihre Ruhe / möchte dringend etwas erzählen ...
- Und dann klingelt es plötzlich auch noch an der Wohnungstür ...

Leseecke: Jugendbücher von Kirsten Boie

Kirsten Boie ist eine der bekanntesten Autorinnen für Kinder- und Jugendbücher in Deutschland. Sie hat bisher mehr als 60 Bücher geschrieben.

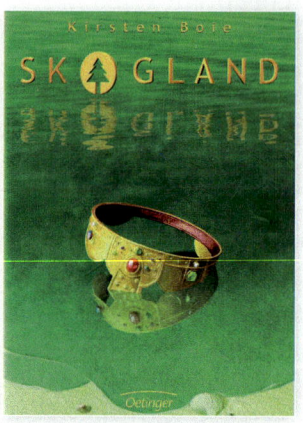

1   **a.** Seht euch die Buchtitel und die Bilder auf den Covern an.
     b. Worum könnte es in den Büchern gehen?
      Sprecht in der Klasse darüber.

2   **a.** Was verraten euch die Klappentexte über den Inhalt der Bücher?
     Stellt Vermutungen an.
     b. Ordnet die Klappentexte den Buchtiteln zu.
      Begründet eure Zuordnung.

1

Warum ist Kevin Bottel nicht als Calvin Prinz geboren worden und Calvin Prinz als Kevin Bottel? Eine Verwechslungsgeschichte mit Biss über zwei Jungen, die sich ähneln wie ein Ei dem anderen.

2

Gerade war Boston noch mit seinen Mitschülern auf dem arabischen Seidenmarkt in Granada. Plötzlich ist alles anders: Durch ein Tor in der Zeit ist Boston im Jahr 1492 gelandet. Er erweckt Misstrauen am spanischen Königshof und auf der Alhambra[1] gerät er in Lebensgefahr. Doch zwei neue Freunde stehen ihm in dieser fast ausweglosen Situation bei.

3   Ein Land voller
Geheimnisse und ein Spiel,
das plötzlich keines mehr
ist … Ausgerechnet die
5 schüchterne Jarven kommt
bei einem Film-Casting
in die letzte Runde.
Die endgültige Entscheidung
über die Hauptrolle soll
10 in Skogland fallen. Aber
dort wartet auf Jarven
eine Überraschung …
Ein aufregendes Buch
zwischen Thriller und
15 Märchen.

[[1] die **Alhambra**: eine bedeutende Festung in Granada (Spanien)

3 **a.** Ordnet die folgenden Textausschnitte den Buchtiteln zu.
b. Um was für Situationen handelt es sich?
Gebt es mit eigenen Worten wieder.

A […] Das Erste, was Boston spürte, war die Wärme. Danach sah er,
dass die Fliese nicht mehr in seinen Händen lag. Hatte er sie fallen lassen?
Es hatte nicht geklirrt. Es war heller auf einmal.
Es war ja nicht so, dass er wirklich Zeit zum Nachdenken hatte, bevor er sah.
5 Es waren ja nur Bruchteile von Sekunden, bevor er begriff und vor allem nicht
begriff. Die Gasse¹ war verschwunden. Er stand, noch immer gebeugt
wie über dem Karton vor dem Laden im Basar, auf einem weiß-sandigen Weg,
der aufwärts führte zwischen Zypressen² und Pinien³, breit genug,
um der Sonne Zugang zu gewähren.
10 Das Erste, was er spürte, war Übelkeit. Als müsse er sich übergeben,
während in seinem Kopf Gedanken durcheinanderwirbelten, Gefühle,
alles war wirr, drehte sich.
Nein! Nein, nein!, dachte Boston und klammerte sich an dem Wort fest, das er
als erstes aus dem Taumel in seinem Hirn zu fassen bekam. Nein, nein, nein! […]

B […] Wieso hatten im Abstand von fünf Minuten drei Menschen
bei meinem Anblick das Gefühl, mich gerade erst eben gesehen zu haben? Hatte ich
einen Doppelgänger? Einen Zombie oder einen Außerirdischen, der
meine Gestalt angenommen hatte, um hier im Elbtunnel sein Unwesen
5 zu treiben? Das Leben war doch schließlich kein Horrorfilm.
Hinter mir hörte ich Schritte. Jemand lief mir nach. […]
Die Schritte hinter mir kamen immer näher. „Nun bleib doch endlich mal
stehen, Mann!", schrie eine Stimme, die so atemlos klang, wie ich mich fühlte.
„Den Typen haben wir doch längst abgehängt! Der hat doch lange
10 keine Chance mehr!" Die Stimme klang nicht sehr zombiehaft. Obwohl man
ja nie weiß. Die Stimme klang völlig normal und kein bisschen außerirdisch
und irgendwie auch sehr vertraut. Ich blieb stehen und stützte meine Hände
auf die Oberschenkel, um Luft zu holen. Dann sah ich hoch.
Vor mir stand ich selber. […]

C […] „Das ist ja krass!", schrie Tine. „Komm mal schnell, Mama! Papa, schnell,
das müsst ihr sehen!" […] „Sie haben den Geburtstag der Prinzessin
von Skogland gezeigt!", sagte sie. „Mist, jetzt ist es zu Ende." „Skogland, das ist auch
so ein äußerst dubioses⁴ Land", sagte ihr Vater. Inzwischen stand auch er
in der Tür, einen Korb mit feuchter Wäsche auf der Hüfte. Tine musste zugeben,
dass sie im Augenblick in dieser Familie die Einzige war, die faul auf dem Sofa
saß und Nüsse aß. Aber wie gut, in diesem Fall wie gut! „Jetzt lasst mich doch
mal ausreden!", sagte Tine. „Und die Prinzessin – ich schwör's! – hat haargenau
ausgesehen wie Jarven, nur in Blond! Aber das Gesicht war haargenau …"

---

¹ **die Gasse:** schmale, enge Straße
² **die Zypresse:** ein Nadelbaum mit spitzer Form,
   der vor allem am Mittelmeer wächst

³ **die Pinie:** ein Nadelbaum mit runder Krone
⁴ **dubios:** merkwürdig, zweifelhaft

Einen spannenden Buchauszug lesen

In dem Jugendroman „Skogland" beginnt alles mit einer Casting-Show, in die die 14-jährige Jarven gerät. Jarven und ihre Mutter erleben einen aufregenden Tag – allerdings nicht gemeinsam.

📖 Skogland   Kirsten Boie

1 Jarven hockte auf dem Boden und sah zu, wie ein Mädchen nach dem anderen nach oben verschwand und wieder zurückkam, manchmal zitterig, fast immer voller Hoffnung.
„Es könnte sein!", rief Kerstin und schmiss sich neben Tine
5 auf den letzten freien Stuhl. „Ich bin eine Runde weiter! Ich komm noch in die nächste Runde! Geil!" „Jessica auch", sagte Tine. „Und Philippa. Ich will auch langsam mal rein! Musstest du was aufsagen?"

2 „Jarven Schönwald?", sagte die Frau im Kostüm, die hinter Kerstin die Treppe heruntergekommen war. Frau Tjarks. „Bist du das? Du bist die Nächste."
10 Sie musterte Jarven[1] von oben bis unten, und Jarven hatte das Gefühl, es läge abgrundtiefe Missbilligung in ihrem Blick[2]. Hatte sie auch nur eine der anderen so angesehen? Fragte sie sich gerade, wieso ein Mädchen, das aussah wie Jarven, sich überhaupt traute, die Zeit der Jury zu vergeuden, nachdem sie doch sehen musste, dass sie nicht den Hauch einer Chance hatte? Jarven spürte wieder,
15 dass sie rot wurde.
„Ich drück die Daumen!", schrie Tine ihr nach. „Du machst das schon, Jarven!"
Aber Jarven wusste jetzt endgültig, was sie tun würde.

1 Was könnte Jarven tun?
   a. Stellt gemeinsam Vermutungen an.
   b. Überlegt auch, wie ihr euch in dieser Situation verhalten würdet.

📖 **3** Jarven ging erst gar nicht auf die Bühne. Am Saaleingang neben dem Tisch, auf dem Handtaschen, Handys und Portmonees lagen, blieb sie stehen
20 und suchte nach ihrer Quittung[3].
„Es tut mir leid, dass ich Sie aufgehalten habe", sagte sie. So war es richtig, korrekt. „Aber ich habe mir überlegt, ich möchte doch nicht." Und sie hielt Herrn Rupertus, der die Wertsachen entgegengenommen hatte, ihre Quittung hin. Die Filmleute warfen sich einen Blick zu. Vielleicht hatten sie so etwas
25 noch nie erlebt.
„Ich kann auch gar nichts auswendig", sagte Jarven schnell.
„Ich kann nichts aufsagen. Und ich – ich möchte nicht."

4 Der Mann nahm ihr die Quittung aus der Hand. „Du möchtest nicht?", fragte er und sah wie Hilfe suchend zu seinen beiden Kollegen. „Aber – warum denn nicht?"
30 Das muss ich nicht erklären, dachte Jarven. Schließlich hätte ich gar nicht erst

---

[1] **sie musterte Jarven:** Sie schaute Jarven genau an.
[2] **in ihrem Blick lag abgrundtiefe Missbilligung:** Sie sah Jarven verachtend an.
[3] **die Quittung:** ein kleiner Zettel, mit dem Jarven ihre Wertsachen wieder abholen kann

zu kommen brauchen. Aber es wäre unhöflich gewesen,
das zu diesen freundlichen Menschen zu sagen. Jarven hatte keine Übung darin,
unhöflich zu sein. Sie zuckte die Achseln. „Nur so", murmelte sie.

5 „Wie schade!", sagte Hilgard, und auf einmal war das werbende Lächeln
35 auf sein Gesicht zurückgekehrt. „Ausgerechnet du ... Du hast ja heute Morgen
vielleicht gemerkt, dass ich euch nachgelaufen bin ..." – er sah auf seine Liste –
„Jarven. Jarven? Ist das richtig?"
Jarven nickte stumm.
„Ich hatte nämlich gleich den Eindruck, dass du – dass du haargenau der Typ
40 bist, den wir ..." Er warf Rupertus und Tjarks einen Blick zu.
„Wir hatten alle drei das Gefühl", sagte Rupertus, „dass du der Typ bist,
den wir suchen. Haargenau der Typ."
Jarven dachte an den Blick der Frau.
„Und jetzt machst du auf einmal einen Rückzieher⁴!", sagte Hilgard.
45 „Dass du nichts auswendig weißt, ist doch weiter kein Problem!
Sprechen kann schließlich jeder." Jarven sah ihn verblüfft an.
„Das wird weit überschätzt!", sagte Rupertus und nickte.
„Es ist mehr – der Typ, der entscheidet!", sagte Hilgard eindringlich.
„Verstehst du? Die Ausstrahlung⁵. Du hast eine Ausstrahlung ..."
50 „... die ist unglaublich!", sagte Rupertus. „Das haben wir gleich gesagt, als wir
dich gesehen haben. Möchtest du nicht vielleicht doch?" Tjarks blieb stumm.

6 Jarven hätte sich gerne hingesetzt. Sie spürte einen leichten Schwindel.
Also war der junge Mann ihretwegen gekommen, heute Mittag. Es gab Filmleute,
die sie schöner fanden als Tine. Die jedenfalls fanden, dass ihre Ausstrahlung
55 stärker war.
Ausstrahlung, dachte Jarven verblüfft, natürlich, das kann stimmen. [...] Aber es
konnte natürlich auch sein, dass die Rolle, für die sie jemanden suchten, gar nicht
die der schönen, attraktiven Hauptperson war. Jarven dachte an die Filme,
die sie kannte. Die Jugendfilme. Fast immer gab es da auch jemanden, der dick und
60 hässlich war und schwitzte. Jemanden mit Akne, über den alle lachen durften.
Vielleicht war es auch so eine Rolle, für die sie vorgesehen war.

7 „Ich weiß nicht", murmelte sie. So dick war sie natürlich nicht. Sie war nur
nicht gertenschlank wie Tine und Britt. Und vor allem war sie nicht blond.
„Was ist denn das für eine Rolle?"

---

⁴ **einen Rückzieher machen:** obwohl man etwas tun wollte, es dann doch nicht mehr tun
⁵ **die Ausstrahlung:** die besondere, beeindruckende Wirkung einer Person auf eine andere

65 „Es handelt sich …", sagte Hilgard, und wieder sah er zu den beiden anderen,
als wolle er sich rückversichern, dass er mit seiner Äußerung nicht zu weit ging.
„Ich bitte dich aber, noch mit niemandem darüber zu sprechen!
Von den anderen Mädchen haben wir es niemandem gesagt. Wenn wir es
dir jetzt schon erzählen, dann nur, weil du offenbar wirklich überlegst, ob
70 du nicht abbrechen sollst."
„Ich sag nichts", sagte Jarven. „Ich schwöre."
Hilgard nickte. „Du verstehst, dass Geheimhaltung im Filmgeschäft
zu den wichtigsten Prinzipien gehört", sagte er. „Aber so viel kann ich
vielleicht schon verraten. Es geht um eine Prinzessin, ja, sieh mich nicht so an!
75 Es ist eine Art – Märchenfilm. Aber für Jugendliche. Kein Kinderkram. Und er
spielt auch in der Gegenwart."
„Eine Prinzessin?", sagte Jarven verblüfft. Sie konnte sich nicht vorstellen,
dass es irgendwen gab, der sich eine Prinzessin so vorstellte wie sie.

2 Wie stellt ihr euch Jarven vor?
   a. Beschreibt sie in Stichworten.
   b. Lest euch gegenseitig eure Beschreibungen vor.

Zur gleichen Zeit erhält Jarvens Mutter in dem Hotel, in dem sie Kurse
abhält, einen Anruf von einem Polizeirevier. Der Anrufer informiert sie,
dass Jarven einen schweren Unfall hatte und im Katharinenhospital
außerhalb der Stadt auf der Intensivstation[6] liegt. Ohne zu überlegen,
fährt Jarvens Mutter los zum Krankenhaus.

8 Sie war mit hohem Tempo auf der linken Spur über die Autobahn gefahren
80 und hatte die Lichthupe benutzt. Sie hatte nicht auf den Tacho gesehen dabei.
Sie hasste schnelles Fahren.
Wieso Lübeck?, dachte Jarvens Mutter. Wo genau war der Unfall denn passiert?
Sie hätte fragen müssen, auch danach, was genau passiert war – war Jarven
durch die Luft geschleudert worden? Womöglich (sie wollte nicht daran denken)
85 überfahren? Würden Folgeschäden bleiben, welche, was war mit ihrem Kind?
Während sie jedes Fahrzeug vor sich von der Spur drängte, spürte sie, wie
ihr Herzschlag ruhiger wurde und wie doch, je näher sie dem Krankenhaus
kam, gleichzeitig auch die Angst wuchs. Sie hatte die Ausfahrt auf der Karte
herausgesucht, bevor sie losgefahren war, alles war vor ihren Augen
90 verschwommen. Aber die Straße war leicht zu finden. Es konnte
nicht mehr lange dauern.
Gleich würde sie da sein.
Jarven.
[…] „Jarven", flüsterte sie. Sie würde wie immer stark sein.

[6 die **Intensivstation**: die Abteilung für Schwerverletzte im Krankenhaus

95 **9** Die Straße Am Waldrand war schmal und ohne Mittelstreifen.
Ohne jede Bebauung rechts oder links zog sie sich kilometerweit ins Land,
uneben und voller Schlaglöcher. Was musste man so sehr
vor den Augen der Öffentlichkeit abschotten[7], was gab es dort zu sehen?
Die Straße endete.

100 Jarvens Mutter bremste im letzten Moment. Ein rot-weißer Kettenbalken[8]
trennte die Fahrbahn vom angrenzenden Wald. Kein Haus weit und breit,
kein Krankenhaus weit und breit.
Hatte sie das Straßenschild falsch gelesen? Hatte sie eine Abzweigung verpasst?

10 Sie setzte zurück, die Reifen quietschten, sie versuchte,
105 auf dem schmalen Asphaltband zu wenden. Der Motor heulte auf, als sie
den Weg, den sie gekommen war, viel zu schnell zurückfuhr.
Dann trat sie hart auf die Bremse. Von vorne, in kaum geringerem Tempo,
als sie selbst fuhr, kam ihr ein Wagen entgegen, ohne auszuweichen.
Anstatt nach rechts zu fahren, hielt er an, seine Stoßstange fast an der ihren.
110 Sie riss die Tür auf. „Gott sei Dank!", rief sie. „Ich suche ..."
„... das Katharinenhospital", sagte der Fahrer und kam freundlich auf sie zu.
Auf der Beifahrerseite stieg mit breitem Lächeln sein Begleiter aus.

3 Jarvens Mutter denkt, dass ihre Tochter einen Unfall hatte.
Was tut sie? Was denkt und fühlt sie?
Beantwortet die Fragen in Stichworten.

4 Wie endet die Fahrt von Jarvens Mutter?
Beschreibt die Situation.

W **5** Was könnte Jarven und ihrer Mutter als Nächstes passieren?
Wählt aus:
• Erzählt mit viel Fantasie aus der Sicht von Jarven.
• Oder erzählt aus der Sicht von Jarvens Mutter.
Schreibt eure Fortsetzungen auf.

Z **6** Warum wird die Geschichte aus der Sicht von **zwei** Personen –
von Jarven **und** ihrer Mutter – erzählt? Begründet.

Z Ihr habt euch nun mit drei Büchern von Kirsten Boie ein wenig beschäftigt.

7 Welches Buch von Kirsten Boie möchtet ihr gern lesen?
Lest das Buch und stellt es vor.
→ Tipps zur Buchvorstellung: Seite 295

---

[7] **etwas vor den Augen der Öffentlichkeit abschotten:** etwas verstecken
[8] **der Kettenbalken:** die Schranke

5 *Jarven könnte so erzählen:* Plötzlich fing ich an ... / Die Jury meinte, ... /
Ich fühlte mich ... / Schließlich ...
Jarvens Mutter könnte so erzählen: Die beiden Männer erzählten mir,
dass Jarven ... / Panisch fuhr ich ... / Ich suchte ...

Ein Interview mit Kirsten Boie lesen

1 Wer ist die Autorin, die all die spannenden Bücher geschrieben hat?
   a. Lest den kurzen Text über Kirsten Boie.
   b. Lest das Interview.

Kirsten Boie (geb. 1950) arbeitete zunächst als Deutsch- und Englischlehrerin. Mit der Adoption ihres ersten Kindes gab sie ihre Lehrtätigkeit auf und begann zu schreiben. Sie hat viele Auszeichnungen erhalten, darunter den Deutschen Jugendliteraturpreis 2007 für ihr Lebenswerk und das Bundesverdienstkreuz 2011.

Mehr als sechzig Bücher sind von Kirsten Boie erschienen und wurden in viele Sprachen übersetzt. Wichtig ist ihr auch die Arbeit als „Schirmfrau"[1], z. B. bei „Lüneburg liest" oder bei „Schule ohne Rassismus".

Frau Boie, woher nehmen Sie Ihre Ideen für Ihre Bücher?
Die kommen nie am Schreibtisch und immer überraschend.
Beim Fahrrad-fahren, bei der Gartenarbeit, beim Abwaschen. Oder manchmal,
weil mir jemand etwas erzählt hat, weil ich etwas gelesen habe oder auch
5 einfach so. Aber die erste Idee reicht dann noch längst nicht für ein Buch,
sie ist noch keine Geschichte. Bei „Prinz und Bottelknabe", z. B., wollte ich
jahrelang ein Buch darüber schreiben, dass in unserem Land viele Menschen
sehr arm und andere sehr reich sind und beide nichts, gar nichts
vom Leben der anderen wissen, aber es sollte trotzdem ein lustiges Buch sein.
10 Das war die Idee, mir hat nur die Geschichte dazu gefehlt. Dann ist mir
plötzlich Mark Twains Buch „Prinz und Bettelknabe" eingefallen, und da
habe ich mir die Grundidee ausgeliehen.

Falls Sie die Chance hätten, eine Zeitreise wie in Ihrem Roman „Alhambra"
zu unternehmen, welches Ziel würden Sie sich aussuchen?
15 Gar keins! In allen früheren Jahrhunderten wäre es einer Frau
aus meiner Familie, in der alle weder Millionäre noch Adelige waren, ja
ziemlich mies gegangen. Keine Heizung, keine warme Kleidung oder Schuhe,
meistens zu wenig zu essen, Arbeit rund um die Uhr; und
für einfache Menschen keine Bücher, kein Theater, kein Kino, Fernsehen und
20 PC sowieso noch nicht erfunden ... Da bleibe ich lieber in der Gegenwart!

Sie schreiben seit über 20 Jahren Bücher für Kinder.
Was ist Ihnen dabei besonders wichtig?
Dass den Kindern (oder später den Jugendlichen) die Bücher gefallen. Dass sie
Spaß daran haben. Dass sie, wenn sie erst mal angefangen haben zu lesen,

---

[1] die **Schirmfrau**: eine Frau, die sich für Hilfsprojekte oder Hilfsaktionen einsetzt
Frau Boie hilft z. B., indem sie vorliest, Texte schreibt oder Geld spendet.

25 weiterlesen wollen. Wenn das nicht passiert, ist ja alles andere gleichgültig.
Darum finde ich es auch wichtig, dass ich immer wieder mit Kindern und
Jugendlichen zu tun habe, privat, aber auch bei Lesungen in Schulen
in ganz unterschiedlichen Gegenden. Es sind ja auch nicht alle 14-Jährigen
gleich! Da lerne ich ganz viel, wenn sie mir z. B. sagen, was sie von meinen Büchern
30 halten, Freundliches, aber natürlich auch Kritisches. Das ist sehr nützlich.

Wie wichtig ist Lesen für Sie?

Ich habe immer gelesen, seit ich fünf Jahre alt war, manchmal bestimmt
eher zu viel. (Weil ich andere Dinge dann vernachlässigt habe, deshalb.) Aber
ich habe dadurch so unglaublich viel über andere Menschen rausgekriegt,
35 beim Lesen guckt man ja sozusagen in die Gedanken und in die Gefühle
der Figuren, und das kann man im richtigen Leben und in Filmen eben nicht.
Da sehen wir die anderen Menschen immer nur von außen. Inzwischen habe
ich leider nur noch ganz wenig Zeit zum Lesen. (Ich lese jetzt natürlich
meistens Bücher für Erwachsene.) Aber ich habe gerade beschlossen,
40 das zu ändern!

Was ist für Sie das schönste Kompliment, das Sie für ein Buch bekommen haben?

Das wirklich Schöne ist ja, dass ich ganz viel Nettes über meine Bücher
gesagt bekomme. Bei Lesungen, in Mails, auch im Gästebuch. Wenn Kinder
eine Fortsetzung zu einem Buch verlangen, ist das doch z. B. ein Kompliment.
45 Ganz schön waren neulich zwei Mails eines Mädchens, das „Skogland"
gelesen hatte. In der ersten Mail schrieb sie, dass das Buch bitte, bitte verfilmt
werden sollte. Und in der zweiten gleich danach schrieb sie, nein,
bitte, bitte nicht! Ich hab das Buch schon dreimal gelesen und ich kann mir
das alles so ganz genau vorstellen, und ein Film würde mir das ja
50 alles kaputt machen! Da hab ich gedacht: Das Mädchen hat etwas Wichtiges
begriffen, nämlich, dass Filme toll sein können, aber Bücher auch, und beide
auf ganz unterschiedliche Weise. Und wenn man gerne liest und
gerne Filme guckt, dann hat man beides. Das ist doch gut.

2 Welche Informationen findet ihr interessant?
Macht euch Notizen dazu. Vergleicht eure Notizen.

3 Was möchtet ihr noch über Kirsten Boie und ihre Bücher erfahren?
Informiert euch im Internet.
Tipps: • Informiert euch auch über ihre Projekte, z. B. „Lüneburg liest".
• Findet Informationen über die Bücher aus dem Interview.

4 Lest weitere Jugendbuchausschnitte. → Seiten 324–327

5 Stellt Kirsten Boie in einem Kurzvortrag vor. → Tipps zum Kurzvortrag: Seite 295

3 Tipp: Du kannst die Homepage von Kirsten Boie aufrufen: www.kirsten-boie.de.

4 Kirsten Boie ist … / Sie schreibt … / Ihre Ideen kommen … /
Besonders wichtig ist ihr … / Lesen bedeutet für sie …

Training: Die Inhaltsangabe

Einen Jugendbuchauszug zusammenfassen

Den folgenden Auszug aus einem Jugendbuch von Kirsten Boie liest du mit dem Textknacker. Du erfährst, welche Abenteuer der Ich-Erzähler Valentin erlebt. Am Ende fasst du den Inhalt des Textes in einer Inhaltsangabe zusammen.

1 Lies den Text mit den Textknacker-Schritten 1 und 2.

Der Junge, der Gedanken lesen konnte

Ein Friedhofskrimi   Kirsten Boie

> **Wer** ist die Hauptperson?

1 Weil ich von der Bücherei aus wieder durch den Haupteingang auf den Friedhof gegangen bin, musste ich natürlich an der Kapelle[1] vorbei. Und da habe ich endlich begriffen, dass ich wirklich und wahrhaftig in ein Abenteuer geraten war. Knietief.
5 Die Schubkarre stand ordentlich abgestellt auf dem Plattenweg neben dem Hintereingang der Kapelle. Wie immer lagen Bronislaws Spaten darauf und die Hacke mit dem langen Stil und die kleine Schaufel, also alles in Ordnung.

> **Was möchte** die Hauptperson? **Wo** spielt die Geschichte? **Wann** spielt die Geschichte?

2 Was mich stutzig gemacht hat, war die Kiste
10 mit den kleinblütigen Begonien. Die ließen ihre Köpfe hängen und von manchen waren sogar schon die ersten Blütenblätter in die sandige Wanne der Karre gefallen, so vertrocknet waren sie. Bronislaw hätte das seinen Blumen nie angetan. Entweder er hätte sie gleich eingepflanzt oder er hätte sie wenigstens reichlich gegossen.
15 Und so mitten in der Sonne stehen gelassen hätte er sie auch nicht.

> **Was** passiert auf einmal?

> **Was denkt** oder **sagt** die Person? **Was fühlt** sie?

3 „Bronislaw?", hab ich gerufen. „Bist du hier, Bronislaw?"
Obwohl man das ja an der Schubkarre sehen konnte.
Es kam aber keine Antwort.
„Bronislaw?", hab ich wieder gerufen. Ich hab gedacht, vielleicht ist er
20 auf dem Klo. Die zweiflügelige Haupttür war ja abgesperrt, und ich habe mit einem Blick auf der Tafel gesehen, dass auch keine Beerdigung anstand.
Aber Bronislaw hat ziemlich lange nicht geantwortet.
(Dass man nicht sofort antwortet, wenn man auf dem Klo ist, ist klar.
25 Darum hab ich auch ein bisschen gewartet.) Ich bin dann durch den Hintereingang gegangen. Ich kannte mich da ja aus.

> **Was** tut die Person? **Was** geschieht?

[[1] **die Kapelle:** ein kleineres Gebäude auf einem Friedhof, in dem Trauerfeiern stattfinden

4 Bronislaw lag auf dem Bauch auf dem Boden
mit merkwürdig angewinkelten Armen und an seinem Hinterkopf
war Blut. So sehen Leichen im Fernsehen aus.

Was geschieht plötzlich?

30 (Nicht dass Mama mich solche Sendungen gucken lässt.)
„Bronislaw!", hab ich gebrüllt. Ich bin nicht weggerannt.
Ich hab mich neben ihm auf die Knie fallen lassen. „Bronislaw, lebst
du noch?" Bronislaw hat gestöhnt. „Ist Bein!", hat er gestöhnt.
„Kann ich nicht aufstehen, verdammte Scheiße!"
35 Ich hab vorsichtig hingeguckt, aber seine Beine sahen
Gott sei Dank beide ganz normal aus. Trotzdem war schon klar,
dass irgendwas damit nicht stimmte. Bronislaw ist keiner,
der jammert. Ich habe an meine Mütze gefasst und überlegt,
was Artjom[2] jetzt getan hätte. Er hätte nicht gezögert.
40 „Ich hol einen Krankenwagen, Bronislaw!", hab ich gerufen.
Aber im selben Augenblick ist mir schon klar geworden, dass ich ja
gar kein Handy hatte. „Ich geh ins Büro!", hab ich gesagt. Bronislaw hat
zur Antwort so gestöhnt, dass ich froh war, einen Grund zu haben
wegzurennen. Sein Gesicht hat ganz blass und unheimlich ausgesehen.

45 **5** Das Friedhofsbüro liegt in einem kleinen, alten Haus, nicht weit
von der Kapelle entfernt. Auf der einen Seite ist das Büro untergebracht und
auf der anderen Seite ist der Raum für die Gartengeräte. Da hatte ich Bronislaw
auch schon mal hinbegleitet. Aber im Büro war ich noch nie gewesen.
„Hilfe!", hab ich geschrien, als ich noch nicht mal ganz am Haus
50 angekommen war. „Hilfe, wir brauchen einen Krankenwagen!"
Eine Frau hat die Tür aufgerissen, aber als sie gesehen hat, dass es ein Kind ist,
das schreit, hat sie plötzlich misstrauisch geguckt.
„Nun brüll hier mal nicht den ganzen Friedhof zusammen!", hat sie gesagt.
„Was ist los?"

55 **6** Ich bin an ihr vorbei ins Büro gestürzt.
An einem Schreibtisch saß ein Mann im weißen Hemd und hat
an einem Computer gearbeitet. „Sie müssen einen Krankenwagen
rufen!", hab ich geschrien. „Sofort! Bronislaw liegt in der Kapelle
beim Hintereingang auf dem Boden und ist verletzt!"
60 „Was?", hat der Mann jetzt auch gesagt. Man konnte
sehen, dass er mir genauso wenig geglaubt hat.
„Bronislaw?", hat die Bürofrau gefragt. „Ich seh nach." Und sie
hat sich auch schon umgedreht, um zur Kapelle zu gehen.
Warum glauben Erwachsene Kindern nie was? „Nein, bitte!",
65 hab ich geschrien. „Das kostet doch viel Zeit! Bronislaw liegt
auf dem Boden in der Kapelle und hat irgendwas mit dem Bein!"

[[2] **Artjom:** der ältere Bruder des Ich-Erzählers Valentin, der vor einiger Zeit tödlich verunglückt ist

7 Es war klar, dass die Frau überlegt hat, was das Richtige war, anzurufen oder nachzugucken. Dann hat sie geseufzt. „Okay, okay", hat sie gesagt. „Aber wenn du geschwindelt hast …"

70 Gleich danach hat sie dann ja gesehen, dass es die Wahrheit war. Als sie den Rettungswagen gerufen hatte, ist sie sofort zur Kapelle gerannt. Der Büromann war schon vorgelaufen. Er hat neben Bronislaw gekniet und ich hab mich dazugehockt. Wo jetzt zwei Erwachsene dabei waren, war es nicht mehr ganz so schrecklich.

75 „Bronislaw!", hab ich geflüstert. „Tut es sehr weh?"
„Geht schon, Kollege!", hat Bronislaw gemurmelt. Er hat sogar versucht, ein bisschen zu lächeln. „Danke für Hilfe!"
„Ach, ist doch klar!", hab ich gesagt. Es war schön, dass er mitgekriegt hat, dass ich es gewesen war, der den Rettungswagen gerufen hatte. […]

80 **8** Von seinem Grundstück her kam uns Herr Schilnsky entgegen. Er hat geschnauft, so schnell war er gerannt. „Ist was passiert?", hat er gerufen. „Wir haben den Rettungswagen gehört, und Evi hat gleich gesagt, es ist ja kein Wunder, wenn alte Leute bei dieser Hitze …" „Jemand hat Bronislaw überfallen!",

85 hab ich gesagt. „Mit Hitze hat das nichts zu tun."
„Was redest du da denn", hat der Büromann gesagt. „Woher willst du das wissen? Er ist gestürzt, mehr kann man doch gar nicht sagen!"
Aber ich wusste, was ich wusste. Wenn einer eine Beule am Hinterkopf hat, aber er liegt auf dem Bauch, dann hat ihm jemand eins übergebraten[3],

90 das ist doch vollkommen logisch. Die Leute lesen zu wenig Kriminalromane. […]

> **Wie löst sich**
> die Spannung
> am Schluss auf?

2 Lies den Text mit dem 3. Schritt des Textknackers.
   a. Lies den Text ein zweites Mal. Dann verstehst du ihn besser.
   b. Notiere wichtige Schlüsselwörter zum Text.
     Die W-Fragen am Rand helfen dir.
     Tipp: Lege eine Folie über den Text und markiere zunächst
       die Schlüsselwörter so wie in Absatz **1**.

Mit einer Inhaltsangabe informierst du andere über eine Geschichte.
Für eine Inhaltsangabe brauchst du noch weitere Angaben zum Text.

3 Beantworte die folgenden Fragen in Stichworten.
   Was ist das für ein Text? Wer ist die Autorin?
   Tipp: Auf Seite 194 oben findest du die Antworten.

[[3] **jemand hat ihm eins übergebraten:** Jemand hat ihm einen Schlag versetzt.

Mit Hilfe deiner Notizen kannst du nun die Inhaltsangabe schreiben.

Einleitung

4 Markiere in deinen Notizen Stichworte, die diese Fragen beantworten:
- Was ist das für ein Text?
- Wer ist die Autorin?
- Wann und wo spielt die Handlung?
- Wer ist die Hauptperson? Welche Personen kommen noch vor?
- Worum geht es in dem Ausschnitt aus dem Roman?

5 Schreibe die Einleitung in ganzen Sätzen auf.
Schreibe deine Inhaltsangabe im Präsens.
Tipp: • Du kannst den folgenden Text vervollständigen.
       • Du kannst aber auch einen eigenen Text schreiben.

Der _____ „Der Junge, der Gedanken _____ “ von _____ spielt vermutlich
an einem Nachmittag auf _____ . Die Hauptperson ist der Ich-Erzähler _____ .
In dem Ausschnitt geht es darum, wie _____ in _____ gerät.

Hauptteil

6 Fasse die Handlung mit Hilfe deiner Schlüsselwörter zusammen.
- Was tun die Personen? Warum tun sie es?
- Was denken und fühlen die Personen?
- Wie endet der Text?

Tipps: • Verwende weiter das Präsens.
        • Schreibe in der **Er**-Form, nicht in der **Ich**-Form.
        • Gib wörtliche Rede in eigenen Worten wieder.

Schluss

W 7 Den Schluss kannst du unterschiedlich gestalten. Wähle aus:
- Du kannst schreiben, wie dir der Text gefallen hat und warum.
- Du kannst schreiben, warum du das Buch jemandem empfiehlst.

→ „Eine Inhaltsangabe schreiben" auf einen Blick: Seite 294

Z Zu einem anderen Buch von Kirsten Boie kannst du selbstständig
eine Inhaltsangabe schreiben.
→ Seiten 326–328

5 Diese Wörter und Wortgruppen passen in die Lücken: Ausschnitt aus dem Roman,
ein großes Abenteuer, (auf) einem Friedhof, Kirsten Boie, Valentin, Valentin.
Außerdem musst du den Buchtitel vervollständigen.

6 Das steht im Text: *„Bronislaw?", hab ich gerufen. „Bist du hier, Bronislaw?" [...]
keine Antwort. „Bronislaw?", hab ich wieder gerufen.*
Das kannst du schreiben: Er ruft mehrfach nach Bronislaw.

Der Aufgabenknacker

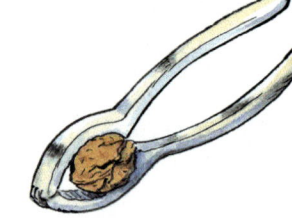

Den Aufgabenknacker kennst du schon gut.
Er hilft dir auch in anderen Fächern, z. B. in Erdkunde.

1. Schritt: Du liest die Aufgabe genau.

1 Lies die Aufgabe **A** mehrmals genau und langsam.

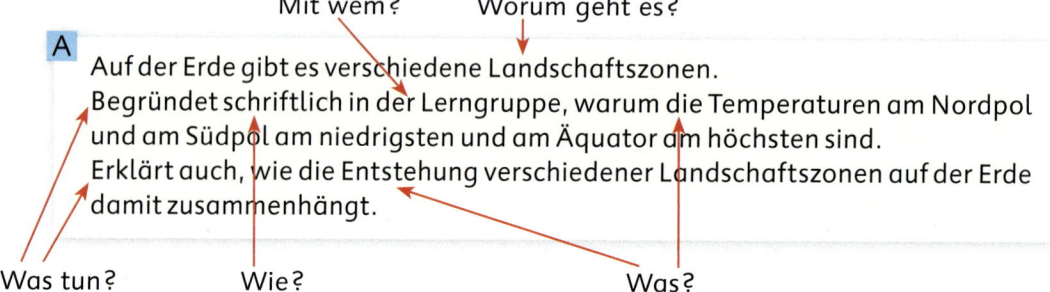

A
Auf der Erde gibt es verschiedene Landschaftszonen.
Begründet schriftlich in der Lerngruppe, warum die Temperaturen am Nordpol und am Südpol am niedrigsten und am Äquator am höchsten sind.
Erklärt auch, wie die Entstehung verschiedener Landschaftszonen auf der Erde damit zusammenhängt.

Mit wem? · Worum geht es? · Was tun? · Wie? · Was?

2 Verben sind die wichtigsten Wörter in einer Aufgabe.
Schreibe die Verben aus Aufgabe **A** auf.

3 Schreibe weitere wichtige Angaben aus der Aufgabe **A** auf:
- Welche Wörter sagen dir genauer, was du tun sollst?
- Wie sollst du die Aufgabe lösen?
- Arbeitest du allein oder mit jemandem zusammen?

2. Schritt: Du überlegst: Was gehört alles zur Lösung der Aufgabe?

4 Die Verben in der Aufgabe sagen dir, was du tun sollst.
Schreibe die Verben vom Rand mit den passenden Erklärungen auf.

- Ich soll Gründe finden und nennen.
- Ich soll Zusammenhänge zwischen Sachverhalten herstellen.
- Ich soll Sachverhalte mit eigenen Worten formulieren.

> erklären
> begründen
> wiedergeben

3. Schritt: Du gibst die Aufgabe mit eigenen Worten wieder.

5
- **Was** sollst du in Aufgabe **A** tun?
- **Wie** sollst du die Aufgabe lösen?
  Schreibe den Lückentext vollständig auf.

Ich soll _____ Ursachen dafür nennen, warum es am Nordpol und am Südpol _____ ist und warum es _____ heiß ist. Außerdem muss ich _____, was die Temperaturen _____ der verschiedenen _____ auf der Erde zu tun haben. Dabei soll ich _____ arbeiten.

> sehr kalt
> schriftlich
> herausfinden
> am Äquator
> Landschaftszonen
> in der Gruppe
> mit der Entstehung

Bei langen Aufgaben musst du jede Teilaufgabe einzeln bearbeiten.

1. Schritt: Du liest die Aufgabe genau.

> **B**
> Informiere in einem Vortrag über die Besonderheiten
> der Landschaftszone Tropischer Regenwald.
> a. Beschreibe wichtige geografische Strukturen und
>   Prozesse dieser Landschaftszone.
> b. Erläutere auch, wie es zur Entstehung
>   dieser Landschaftszone gekommen ist.
> c. Erkläre, welchen Einfluss die geografischen Bedingungen
>   in dieser Landschaftszone auf das Leben und die Wirtschaft haben.

6 Lies die Aufgabe **B** genau, Satz für Satz.
   a. Schreibe alle Verben untereinander auf.
      Schreibe jeweils den Infinitiv (die Grundform) der Verben dahinter.
   b. Schreibe zu jedem Verb auch die anderen wichtigen Wörter auf.

> **Starthilfe**
> Satz 1: Informiere – informieren: Vortrag,
>   Tropischer Regenwald
> Satz 2: Beschreibe – …
> …

2. Schritt: Du überlegst: Was gehört alles zur Lösung der Aufgabe?

7 Wozu fordern dich die Verben in Aufgabe **B** auf?
   Ordne die Verben vom Rand den passenden Erklärungen zu.

- Ich soll sachliche Informationen an andere weitergeben.
- Ich soll darstellen, wie diese Landschaftszone beschaffen ist und
  welche Vorgänge in der Natur dort ablaufen.
- Ich soll Vorgänge aufzeigen, die zur Entstehung
  dieser Landschaftszone geführt haben.
- Ich soll Einflüsse der geografischen Bedingungen auf das Leben
  und die Wirtschaft nennen und sagen, warum das so ist.

> Erkläre …
> Informiere …
> Beschreibe …
> Erläutere …

3. Schritt: Du gibst die Aufgabe mit eigenen Worten wieder.

8 Was sollst du in Aufgabe **B** alles tun?
   Schreibe es in deinen Worten auf.

> **Starthilfe**
> Ich soll einen Vortrag über …
> Dabei muss ich zunächst Merkmale …

➜ der Aufgabenknacker auf einen Blick: Seite 288

Einen Sachtext mit dem Textknacker lesen

? Welche besonderen Eigenschaften hat Papier?
Im folgenden Sachtext kannst du es mit dem Textknacker herausfinden.
Zum Schluss fasst du die wichtigsten Informationen
in einem eigenen Text zusammen.

1. Vor dem Lesen
2. Das erste Lesen
3. Den Text genau lesen
4. Nach dem Lesen

1. Schritt: Vor dem Lesen
Du siehst dir den Text als Ganzes an.

1 a. Sieh dir den Sachtext auf Seite 200 und 201 als Ganzes an.
  • Worauf fällt dein Blick als Erstes?
  • Was erzählen die Bilder?
  Schreibe es auf.
  b. Beantworte diese Fragen schriftlich:
  • Wie heißt die Überschrift?
  • Worum könnte es in dem Sachtext gehen?

2. Schritt: Das erste Lesen
Du überfliegst den Text.

2 a. Überfliege den Sachtext.
  b. Welche Wörter und Wortgruppen fallen dir auf? Schreibe sie auf.
  c. Überprüfe deine Vermutung aus Aufgabe 1b.
  d. Was hat dich an dem Sachtext erstaunt?

3. Schritt: Den Text genau lesen.
Du liest den Text genau und in Ruhe – Absatz für Absatz.

3 Lies den Text auf den Seiten 200 bis 202 nun ganz genau.

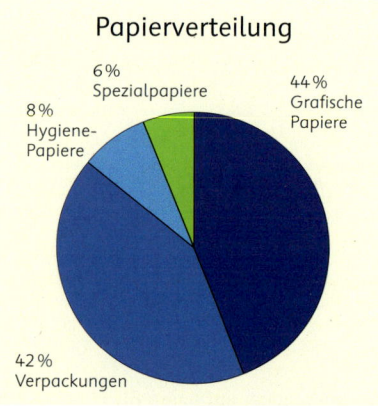

Papierverteilung

6% Spezialpapiere
44% Grafische Papiere
8% Hygiene-Papiere
42% Verpackungen

Papier – Ein wertvoller Alleskönner

1 Können wir uns auch nur einen einzigen Tag ohne Papier vorstellen? Das wird schwierig! Es gäbe weder Safttüten noch Toilettenpapier und auch keine Schreibhefte. In Deutschland
5 entfällt der größte Teil des verwendeten Papiers auf grafisches Papier. Das ist Papier, das zum Lesen und Schreiben genutzt wird. Auch Geldscheine, Fotos und Poster zählen dazu. Einen weiteren großen Anteil des Papierverbrauchs machen
10 Verpackungen wie Kartons oder Safttüten aus.

2 Viele Menschen sind nach dem Einkauf im Supermarkt überrascht, dass Papiertüten die schweren Einkäufe aushalten. Papier kann Lasten tragen, die um ein Vielfaches

15 schwerer sind als das Papier selbst. Das kann man ganz einfach ausprobieren: Legt man ein Din-A4-Blatt als Brücke auf zwei Bücherstapel und stellt ein Glas darauf, so knickt das Papier ein. Faltet man aber das Blatt wie eine Ziehharmonika,

20 so trägt es das Glas. Den gleichen Effekt erzielt man, wenn man kleine Papierrollen aneinanderklebt. Man kann auch beide Techniken miteinander verbinden. In manchen Schulen gibt es Brückenwettbewerbe. Die Erbauer

25 der Papierbrücke mit der größten Tragfähigkeit gewinnen.

3 Ein Blatt Papier zu einem Flieger zu falten und ihn möglichst lange fliegen zu lassen, macht Spaß. Jeder kann selbst ausprobieren,

30 mit welchen Tricks sein gefalteter Flieger am längsten in der Luft bleibt. Im Herbstwind ließen früher die Kinder selbst gebaute Papierdrachen steigen. Diese bestanden aus Tapetenleisten[1], die mit Papier bespannt wurden.

35 Im Modellbau wurden noch vor wenigen Jahren die Tragflächen von Segel- und Motorflugmodellen mit Papier bespannt. Das sparte Gewicht und sorgte für einen guten Auftrieb. Heute wird das Papier gern durch leichten Stoff ersetzt,

40 weil der noch stabiler und reißfester ist.

4 In vielen Gegenden der Welt werden in der Dunkelheit Papierschiffchen mit einer brennenden Kerze und den guten Wünschen für die Familie, das Dorf oder

45 den Frieden in der Welt auf dem Wasser ausgesetzt. Und auf dem Hasesee in Norddeutschland findet jedes Jahr eine merkwürdige Regatta[2] statt: Zugelassen sind nur Boote aus Papier. Zwar kommen nicht immer alle Teilnehmer wieder trocken an Land,

50 doch es beweist: Papier kann schwimmen.

---

[1] **die Tapetenleisten:** schmale Bretter aus Holz
[2] **die Regatta:** eine Wettfahrt für Boote

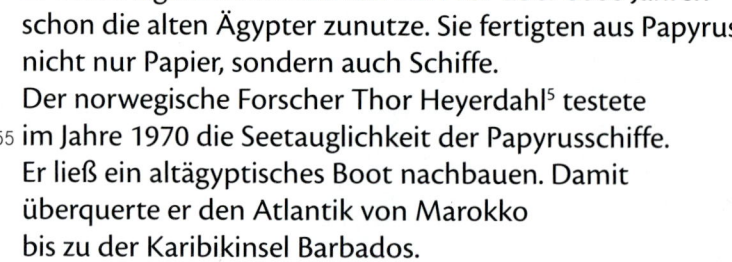

☐5 Diese Eigenschaft machten sich vor über 6000 Jahren schon die alten Ägypter zunutze. Sie fertigten aus Papyrus[4] nicht nur Papier, sondern auch Schiffe. Der norwegische Forscher Thor Heyerdahl[5] testete
55 im Jahre 1970 die Seetauglichkeit der Papyrusschiffe. Er ließ ein altägyptisches Boot nachbauen. Damit überquerte er den Atlantik von Marokko bis zu der Karibikinsel Barbados.

☐6 Im Mittelalter schützte Papier sogar Krieger
60 vor schweren Angriffen mit scharfen Schwertern und Pfeilen. In China trugen die Ritter damals einen Schutzpanzer aus Papier. Man faltete eine bestimmte Papiersorte mehrfach und setzte eine Rüstung aus über 150 Papierschuppen zusammen. Die Papierrüstung schützte genauso gut
65 wie Rüstungen aus Europa, aber sie heizte sich in der Sonne nicht so stark auf. Außerdem war sie mit nur drei Kilogramm Gewicht deutlich leichter als die Eisenrüstung. Die wog ganze achtundzwanzig Kilogramm. Die chinesischen Krieger trafen nie mit den europäischen Rittern zusammen.
70 So blieben diese bei ihren schweren Rüstungen.

☐7 Das Schichtprinzip der Papierrüstung kann man in der Natur finden. Die Jahresringe von Baumstämmen sind nichts anderes als übereinandergelagerte Schichten. Sie machen das Holz sehr widerstandsfähig. Wer gerade
75 ein altes Telefonbuch zur Hand hat, kann die Widerstandsfähigkeit von Papierschichten testen.

Weiter mit dem 3. Schritt: Den Text genau lesen

Absätze gliedern den Text. Was in einem Absatz zusammensteht, gehört inhaltlich zusammen.

4 Schreibe für jeden Absatz eine passende Überschrift auf.
Tipp: Lasse unter jeder Überschrift zwei Zeilen frei.

Manche Wörter sind zum Verstehen besonders wichtig.
Sie sind Schlüsselwörter.

5 a. Die Schlüsselwörter in den Absätzen ☐1 und ☐2 sind schon hervorgehoben. Finde in den weiteren Absätzen selbstständig die Schlüsselwörter.
Tipp: Lege zunächst eine Folie über den Text und markiere Wichtiges.
b. Schreibe die Schlüsselwörter unter jede Absatzüberschrift.

[4] **der Papyrus:** eine schilfähnliche Pflanze
[5] **Thor Heyerdahl** (1914–2002): ein norwegischer Forscher

Manche Wörter werden unter dem Text erklärt.

6 Welche Wörter werden unten auf den Seiten 201 und 202 erklärt?
Schreibe die Wörter mit Erklärung auf.

Manche Wörter werden im Text erklärt.

7 Der Begriff **grafisches Papier** wird im Text erklärt.
   a. Finde die Wortgruppe und die Erklärung.
   b. Schreibe in eigenen Worten auf, was **grafisches Papier** bedeutet.

Zu dem Sachtext gehört auch ein Kreisdiagramm.
Das Diagramm erklärt eine Textstelle genauer.

8 Sieh dir das Kreisdiagramm genauer an.
   a. Lies die Überschrift.
   b. Lies die passenden Sätze in Absatz **1** noch einmal.
   c. Erkläre mit eigenen Worten, was auf der Grafik dargestellt ist.

9 Welche Beispiele gibt es für die einzelnen Papierarten?
   a. Übertrage die folgende Tabelle in dein Heft.
   b. Ergänze weitere Beispiele aus den Absätzen **1** und **2**.

Verpackungen	Grafische Papiere
die Kartons	das Schreibheft
...	...

Z **10** Was sind Beispiele für Hygiene-Papiere und Spezialpapiere?
Schlage im Lexikon nach oder finde Beispiele im Internet.

4. Schritt: Nach dem Lesen
Du arbeitest mit dem Inhalt des Textes.

11 Was sind die besonderen Eigenschaften von Papier?
   a. Lies noch einmal im Text nach.
   b. Schreibe in eine Liste, was Papier alles kann.

> **Starthilfe**
>
> Eigenschaften von Papier
> - Papier kann Lasten tragen
> ...

W **12** Informiere andere über die besonderen Eigenschaften
von Papier. Wähle aus:
   • Du kannst einen informierenden Text für die Schulzeitung schreiben.
   • Du kannst mit Hilfe der Schlüsselwörter einen Kurzvortrag erarbeiten.
   • Du kannst die wichtigsten Ergebnisse auf einem Lernplakat zusammenstellen.

Lesestrategie:
Texte flüssig lesen und vorlesen

Benni möchte einen Kurzvortrag über die Vorläufer des Papiers halten.
Den Anfang seines Kurzvortrags hat er
in vollständigen Sätzen aufgeschrieben.

> 1. Vor dem Lesen
> 2. Das erste Lesen
> 3. Den Text genau lesen

1 Lies den Text mit den Textknacker-Schritten 1 bis 3.

Die Vorläufer des Papiers

1 Schon immer war es ein Wunsch der Menschheit, nicht nur durch Erzählungen, sondern auch durch Zeichnungen, Bilder oder Schriftzeichen den Mitmenschen oder den Nachkommen Informationen zu hinterlassen. Bekannt sind die Höhlenmalereien der Steinzeit, die vor etwa 35 000
5 Jahren entstanden. Ihre Spuren findet man auf allen Kontinenten[1].

2 Im Altertum drückte man die Schriftzeichen mit einem Griffel aus Schilf in noch feuchte Tontafeln. Es wurden auch Inschriften in Stein gemeißelt. Man schrieb auf Rinde, Bast, Leder, Leinen oder Wachs.

deutsch: das Papier
englisch: the paper
französisch: le papier[4]
spanisch: el papel
schwedisch: papper

3 Der wichtigste Schriftträger des Altertums war aber der Papyrus,
10 von dem sich der heutige Begriff „Papier" in vielen Sprachen herleitet. Papyrus war im alten Ägypten sehr wertvoll. Das dürfte an der aufwändigen Herstellung gelegen haben. Deshalb war Papyrus keine Massenware wie heute das Papier. Die ägyptischen Schüler, die zu dem hoch angesehenen Beruf des Schreibers ausgebildet wurden,
15 machten ihre Schreibübungen auf Ton- oder Kalksteinscherben. Nur ganz wichtige Angelegenheiten schrieb man auf Papyrus.

4 In der Epoche[2] der Spätantike (ca. 300 bis 600 n. Chr.[3]) schrieb man auf Pergament, das aus Tierhäuten hergestellt wurde. Die Vorzüge des Pergaments gegenüber dem Papyrus bestanden
20 in seiner glatteren Oberfläche, in seiner Festigkeit und Haltbarkeit sowie auch in seiner überwiegend hellen Farbe. Im Spätmittelalter (ca. 1250 bis 1500 n. Chr.) wurde das Pergament vom Papier verdrängt.

Benni übt, seinen Kurzvortrag möglichst frei vorzutragen.

Schwierige Wörter flüssig lesen

2 **a.** Lies die hervorgehobenen Wörter einmal laut.
   b. Kläre unbekannte Wörter: Schlage sie im Wörterbuch nach.

---

[1] der **Kontinent**: Erdteil, zum Beispiel Europa oder Afrika
[2] die **Epoche**: großer geschichtlicher Zeitabschnitt
[3] **ca. ... n. Chr.** [sprich: zirka ... Jahre nach Christi Geburt]: ungefähr ... Jahre nach der Geburt von Jesus Christus
[4] **le papier** [sprich: le papjee]

Besondere Aussprache beachten

3 Manche Wörter haben eine besondere Aussprache.
- a. Sieh in den Fußnoten auf Seite 204 oder im Wörterbuch nach.
- b. Lies diese Wörter einige Male langsam und bewusst vor.
- c. Lies noch einmal alle schwierigen Wörter vor.

1 Schon immer | war es ein **Wunsch** der **Menschheit**, | nicht nur durch Erzählungen, | sondern auch durch **Zeichnungen**, **Bilder** oder **Schriftzeichen** | den Mitmenschen oder den Nachkommen **Informationen** zu hinterlassen. ||

Sätze flüssig lesen

4 Übe, den ersten Satz des Textes flüssig zu lesen.
- a. Lies zuerst langsam.
  Lies den Satz so oft, bis du ihn ohne Versprecher schaffst.
- b. Lies dann den Satz in normalem Tempo.

Einzelne Wörter betonen

5 Im ersten Satz sind die Betonungen und die Pausen markiert.
- a. Was bedeuten die Markierungen?
  Lies den Kasten am Rand.
- b. An welchen Stellen im Satz stehen die Markierungen?
  Sieh dir den Satz genau an.
- c. Übe, den ersten Satz mit Betonung zu lesen.

	eine kurze Pause machen
||	eine längere Pause machen
⬈	die Stimme heben
⬊	die Stimme senken
ein **Wunsch**	das **Wort** betonen

Den ganzen Text für das Vorlesen vorbereiten

6
- a. Schreibe den Text ab.
  Lass dabei jede zweite Zeile frei.
- b. Markiere die Betonungen und die Pausen.

Den Text flüssig und betont vorlesen

7
- a. Lies den so vorbereiteten Text mehrmals laut.
  Tipps: • Nimm das Vorlesen mit einem Aufnahmegerät auf.
  So kannst du dich selbst kontrollieren.
  • Lass dir Tipps von deiner Partnerin oder deinem Partner geben.
- b. Lies den Text der Klasse vor.
  Versuche, frei zu sprechen und deine Zuhörerinnen und Zuhörer anzusehen.

7 Versuche … zu lesen. / Dein Lesevortrag ist gut, weil …
betont, flüssig, genau, langsam, leise, richtig, schnell

Einen Text mit Grafiken lesen

? Wie nutzen Jugendliche das Internet?
Diese Frage beantwortet der folgende Sachtext.
Der Textknacker hilft dir, den Sachtext und
die Grafiken zu verstehen.

1. Schritt: Vor dem Lesen
2. Schritt: Das erste Lesen
3. Schritt: Den Text genau lesen
4. Schritt: Nach dem Lesen

1 Lies den Sachtext mit den Textknacker-Schritten 1 und 2.

Das Internet – ein vielseitiges Medium

1 Was uns heute so selbstverständlich ist, gibt es weltweit für alle
erst seit 1991: das Internet. Seit es zwei Jahre später seinen Siegeszug antrat,
können wir uns das Leben kaum noch ohne Internet vorstellen. Im Jahr 2010
haben Wissenschaftler eine Studie durchgeführt. Untersucht wurde,
5 wie Jugendliche im Alter von 12 bis 19 Jahren das Internet nutzen.
Und diese Studie beweist, dass das Internet bei Jugendlichen
immer beliebter wird, weil es allen Nutzern viele Möglichkeiten bietet.

2 Die Studie sagt aus, dass die 12- bis 19-jährigen Jugendlichen
durchschnittlich jeden Tag 138 Minuten im Internet unterwegs sind.
10 Dabei nutzen sie fast die Hälfte dieser Zeit für die Kommunikation[1]
mit anderen. Dafür bietet das Internet Online-Communitys[2], Chatrooms,
E-Mails und vor allem die sozialen Netzwerke, die für den Kontakt
mit anderen immer wichtiger werden. Sowohl für Jungen als auch
für Mädchen ist am Internet die Kommunikation am wichtigsten.

Nutzung der täglichen Online-Zeit durch Jungen und Mädchen			
Tätigkeit	alle Nutzer	Jungen	Mädchen
Kommunikation	64 min = 46 %	54 min = 39 %	75 min = 54 %
Spiele	24 min = 17 %	33 min = 24 %	8 min = 6 %
Informationssuche	19 min = 14 %	19 min = 14 %	21 min = 15 %
Unterhaltung (Musik, Videos, Bilder)	32 min = 23 %	30 min = 22 %	35 min = 25 %

Gesamtzeit: ca. 138 Minuten = 100 %

15 **3** Über die Kommunikation hinaus ist das Internet auch äußerst beliebt
wegen seines Unterhaltungswertes. Um Musik zu hören, Videos oder Bilder
anzusehen, werden immerhin etwa 23% der Online-Zeit verwendet.
Vor 25 Jahren nutzte man dafür vor allem elektronische Geräte zu Hause:
Fernseher, Videogeräte, Stereoanlagen usw. Heute dagegen kann man
20 das außer mit dem Computer auch mit Smartphones, Netbooks, Tablet-PCs
tun und mit ihnen sogar unterwegs online sein. Diese Geräte nutzen
Jugendliche durchschnittlich 24 Minuten täglich für Spiele im Internet.

[1] die **Kommunikation**: die Verständigung untereinander
[2] die **Online-Community**: eine Gemeinschaft von Internetnutzern mit gleichen Interessen

4 Neben der Kommunikation, der Unterhaltung und dem Spielen
im Internet sind den Jugendlichen Informationen wichtig, die das Internet
25 bietet. Denn im Internet kann man sich schnell und umfassend
zu bestimmten Sachverhalten informieren oder Hilfe bei den Hausaufgaben
erhalten. Etwa 20 Minuten ihrer täglichen Online-Zeit nutzen Jugendliche
dafür. Auf welche Art und Weise sich die Jugendlichen Informationen
suchen und wo sie überall recherchieren, zeigt die Grafik 1 genauer.
30 Suchmaschinen, Online-Lexika, Newsgroups[3] und Nachrichtenportale
(Internetseiten, auf denen über wichtige Tagesereignisse berichtet wird)
sind wichtige und beliebte Informationsquellen. Je älter Jugendliche werden,
desto beliebter werden z. B. die Newsgroups und die Nachrichtenportale.

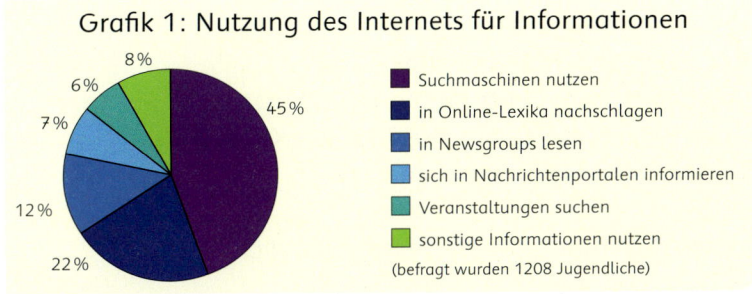

Grafik 1: Nutzung des Internets für Informationen

- 8%
- 6%
- 7%
- 45%
- 12%
- 22%

■ Suchmaschinen nutzen
■ in Online-Lexika nachschlagen
■ in Newsgroups lesen
■ sich in Nachrichtenportalen informieren
■ Veranstaltungen suchen
■ sonstige Informationen nutzen
(befragt wurden 1208 Jugendliche)

5 Die Studie über die Internetnutzung durch Jugendliche
aus dem Jahr 2011 hat auch ergeben, dass es in der Nutzung
35 des Internets durch Jungen und Mädchen Unterschiede gibt. Mädchen
sind eher an Kommunikation und Unterhaltung interessiert, Jungen
eher an Online-Spielen (siehe Tabelle auf Seite 206).
Das aber ändert sich, wenn die Jugendlichen älter werden.
Mit zunehmendem Alter nimmt die Bedeutung der Online-Spiele ab.
40 Stattdessen wird mehr Zeit dafür aufgewendet, sich im Internet
zu informieren. Auch die Nutzung des Internets für die Unterhaltung nimmt
bei den Älteren leicht zu. Die Funktion „Kommunikation", z. B. in den sozialen
Netzwerken, bleibt aber für alle am wichtigsten.

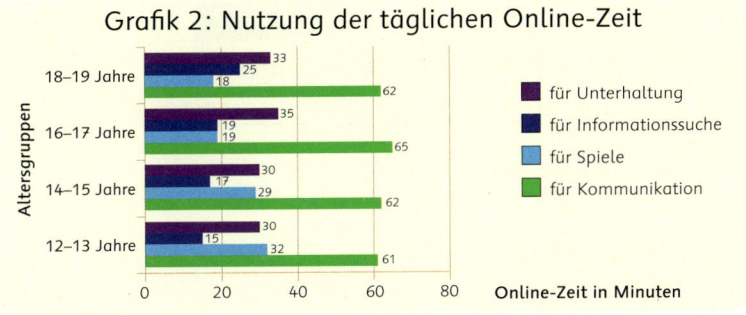

Grafik 2: Nutzung der täglichen Online-Zeit

Altersgruppen

18–19 Jahre: 33, 25, 18, 62
16–17 Jahre: 35, 19, 19, 65
14–15 Jahre: 30, 17, 29, 62
12–13 Jahre: 30, 15, 32, 61

0 20 40 60 80 Online-Zeit in Minuten

■ für Unterhaltung
■ für Informationssuche
■ für Spiele
■ für Kommunikation

45 **6** Häufig wird behauptet, das Internet stehle den Jugendlichen Zeit, die ihnen
dann zum Lernen fehle. Das kann die Studie nicht bestätigen, denn Jugendliche

[3 **die Newsgroup** [engl.; sprich: njüsgrup] – **die Newsgroups**: übersetzt: die Nachrichtengruppe;
ein Internetforum, in dem zu einem bestimmten Thema Nachrichten und neue Informationen
ausgetauscht werden

wissen durchaus, wann und wofür das Internet nützlich ist. Immer mehr Jugendliche wissen auch, wo sie glaubwürdige Informationen finden können und welche Informationen sie lieber noch einmal überprüfen sollten.

50 **7** Auch vor den Gefahren des Internets verschließen die meisten Jugendlichen nicht die Augen. Sie überlegen immer genauer, wie sie persönliche Daten wie Bilder, E-Mail-Adressen, Anschriften, Angaben zur Person vor den Augen Fremder verbergen. Allerdings muss auch gesagt werden, dass die sogenannten Privacy-Optionen[4] in den sozialen Netzwerken mitunter
55 nur schwer zu finden und zu bedienen sind. Immerhin aber haben im Jahr 2010 etwa zwei Drittel der Mitglieder in den Online-Communitys diese Optionen genutzt, im Jahr davor war es nur etwa die Hälfte.

8 Die größten Gefahren sehen Jugendliche darin, dass sie betrogen werden könnten, dass Viren ihren Computer schädigen oder dass ihnen Daten
60 gestohlen werden könnten. Die meisten sind sich einig: Am besten schützt man sich, wenn man beim Surfen „den Kopf nicht ausschaltet", keinen Kontakt zu Unbekannten aufnimmt und die AGB[5] der Anbieter genau studiert.

2 **a.** Was ist an dem Text besonders wichtig oder interessant für dich? Schreibe es auf.
Schreibe die Überschrift des Textes darüber.
b. Welche Fragen hast du zum Text?
Schreibe die Fragen auf.

Antworten auf deine Fragen findest du, wenn du den Text genau liest.
Das ist der 3. Schritt des Textknackers.

Acht Absätze gliedern den Sachtext über das Internet.
Was in einem Absatz zusammensteht, gehört inhaltlich zusammen.

3 Schreibe zu jedem Absatz eine passende Überschrift auf.
Tipp: Lasse nach jeder Überschrift zwei Zeilen frei.

Starthilfe
1. So „alt" ist das Internet
2. Eine Studie über …

Die Schlüsselwörter sind zum Verstehen besonders wichtig.

4 Die Schlüsselwörter im Absatz **1** sind hervorgehoben.
Finde in den anderen Absätzen selbstständig die Schlüsselwörter.
Schreibe sie unter die Überschriften.

[4] die **Privacy-Option** [engl.; sprich: praivesi-optschen] – die **Privacy-Options**: Möglichkeiten, private Daten zu schützen: Man kann einschränken, wer Zugriff auf private Daten hat.
[5] die **AGB** [Abkürzung]: die **A**llgemeinen **G**eschäfts**b**edingungen, die Bedingungen, zu denen z. B. ein Vertrag abgeschlossen wird

Manche Wörter werden unter dem Text erklärt. Das sind Fußnoten.
Andere Wörter werden im Text erklärt.

5 a. Die Fußnoten zum Text findest du ganz unten auf den Seiten 206 bis 208.
   Welche Wörter werden erklärt?
   Schreibe die Wörter mit den Worterklärungen auf.
   b. Das Wort **Nachrichtenportale** wird im Text erklärt.
   Schreibe das Wort und die Erklärung auf.

Starthilfe

Die Fußnoten
1 die Kommunikation: …
…

Suche Wörter, die du nicht verstanden hast, im Lexikon.

6 Das Wort **Studie** kommt mehrfach im Text vor.
   a. Lies den folgenden Lexikonartikel.
   b. Erkläre das Wort **Studie** mit eigenen Worten.

> **Stu|die,** die (lat.) ➔ wissenschaftliche Untersuchung: Studien
> dienen z. B. der Erforschung des Verhaltens einzelner Menschen oder
> Gruppen von Menschen in bestimmten Lebensbereichen. Erkenntnisse
> aus Studien sind z. B. wichtig für solche Lebensbereiche wie die Medizin,
> die Lebensmittelindustrie, die Bildung oder die Medien.

Zu dem Sachtext gehören auch eine Tabelle und zwei Grafiken.
Sie erklären einige Textstellen genauer.

7 Sieh dir die Tabelle genau an.
   a. Lies die Überschrift.
   b. Lies die passenden Sätze im Text.
   c. Erkläre die Tabelle mit eigenen Worten.

8 Was zeigen die Grafiken unter den Absätzen **4** und **5**?
   a. Erkläre es mit eigenen Worten.
   b. Was sagen die Grafiken genauer als der Text?
   Schreibe es auf.

? **Wie nutzen Jugendliche das Internet?**
Im 4. Schritt beantwortest du die Fragen zum Text.

W 9 Wähle aus:
   • Du kannst einen eigenen Text für die Schülerzeitung schreiben.
   • Du kannst mit Hilfe deiner Notizen einen Kurzvortrag erarbeiten.   ➔ Tipps: Seite 295

 **7 8** Die Tabelle zeigt, dass … / Die Grafik zeigt, dass … / Die Grafik verdeutlicht, dass … /
Die Tabelle belegt, dass … / Die Grafik informiert darüber, dass …

Texte überarbeiten: Eine Personenbeschreibung

Die Schreibkonferenz

In einer Schreibkonferenz überarbeitet ihr Texte gemeinsam in der Gruppe.
Für die Durchführung der Schreibkonferenz werden Regeln vereinbart.

Regel 1: Die Autorin oder der Autor liest zunächst die Personenbeschreibung vor.
Die anderen hören aufmerksam zu.

Regel 2: Sagt zuerst, was euch gefällt.

Regel 3: Fragt nach, wenn ihr etwas nicht verstanden habt.

Regel 4: Überarbeitet gemeinsam die Personenbeschreibung, bis sie euch gefällt.
Die Arbeitstechnik hilft euch dabei.

Arbeitstechnik

Eine Personenbeschreibung überarbeiten

Eine Personenbeschreibung überarbeitet ihr am besten **in mehreren Durchgängen**.

Tipp 1: Achtet auf eine **sinnvolle Reihenfolge**:
- **Wer** ist die Person? **Woher** ist sie bekannt?
- **Was** wisst ihr über die Person?
- **Wie** sieht die Person **insgesamt** aus?
- **Wie** sieht ihr **Gesicht** aus? **Wie** sind ihre **Haare**?
- **Wie** sieht ihre **Kleidung** aus?
- **Was fällt besonders** an ihr **auf**?
- **Wie wirkt** die Person auf euch?

Tipp 2: Verwendet das Präsens.
Tipp 3: Gestaltet die Satzanfänge abwechslungsreich.
Tipp 4: Beschreibt das Aussehen der Person möglichst genau.
Tipp 5: Überprüft die Rechtschreibung.

Regel 5: Schreibt die Personenbeschreibung noch einmal sauber und in gut lesbarer Schrift auf.
Ihr könnt sie auch am Computer schreiben.

Den Text überarbeiten

Özlem hat ihre Freundin Liana beschrieben.

W Wählt aus:

- Ihr könnt Özlems Text in der Schreibkonferenz überarbeiten.
- Ihr könnt den Text aber auch allein, also jeder für sich überarbeiten.

1 Lest die Personenbeschreibung von Özlem.
   Tipp: Legt eine Folie über den Text und markiert, was ihr noch nicht so gelungen findet.

Meine Freundin Liana

Ihr Gesicht ist schmal. Liana lacht und man kann ihre weißen Zähne sehen. Sie geht auf die Wilhelm-Busch-Schule in Köln und ist 13 Jahre alt. Ihre Ohren sind klein und die Augen sind groß, aber schmal. Ich möchte meine Freundin Liana beschreiben. Ihre Nase ist normal groß und ihr Mund ist breit.

Liana hatte braune Haare. Sie waren zu einem seitlichen Zopf frisiert. Der Zopf war rechts, und links hatte sie einen Scheitel. Sie hatte einen Pony. Außerdem war der Zopf mit einem blauen Haargummi zusammengebunden.

Liana trägt enge blaue Jeans. Lianas Hosenbeine sind hochgekrempelt. Liana hat hellblaue Turnschuhe mit weißen Sohlen an. Lianas Schuhe haben seitlich schwarze Streifen und die Schuhbänder sind hellblau.

Liana hat eine tolle Tasche. Sie trägt eine schöne Jacke und ein schwarzes T-Shirt. Außerdem trägt sie Ohrringe.

Liana hat ein schwarzes Handy in der Hand und lacht. Ihre Fingernägel hat sie helblau lackiert. Auf mich wirkt sie witzig und frech. Die bunte Tasche und der seitliche Zopf sind typisch für Liana.

Durch die Überarbeitung könnt ihr
• die Person verständlicher und anschaulicher beschreiben,
• Textstellen neu schreiben, die euch noch nicht gefallen,
• die Rechtschreibung überprüfen und korrigieren.

Tipp 1: Achtet auf eine sinnvolle Reihenfolge.

> *Ihr Gesicht ist schmal. Liana lacht und*
> *man kann ihre weißen Zähne sehen. Sie geht*
> *auf die Wilhelm-Busch-Schule in Köln und ist 13 Jahre alt.*
> *Ihre Ohren sind klein und die Augen sind groß,*
> *aber schmal. Ich möchte meine Freundin Liana beschreiben.*
> *Ihre Nase ist normal groß und ihr Mund ist breit.*

2 **a.** Überprüft die Reihenfolge der Sätze.
Verwendet dabei die Arbeitstechnik von Seite 210.
b. Schreibt die Sätze in einer sinnvollen Reihenfolge auf.

Tipp 2: Verwendet bei der Personenbeschreibung das Präsens.

> *Liana hatte braune Haare. Sie waren*
> *zu einem seitlichen Zopf frisiert. Der Zopf*
> *war rechts, und links hatte sie einen Scheitel.*
> *Sie hatte einen Pony. Außerdem war der Zopf*
> *mit einem blauen Haargummi zusammengebunden.*

3 Welche Sätze stehen nicht im Präsens?
Ersetzt die Verbformen durch die Präsensform.

Tipp 3: Gestaltet die Satzanfänge abwechslungsreich.

> *Liana trägt enge blaue Jeans. Lianas Hosenbeine sind*
> *hochgekrempelt. Liana hat hellblaue Turnschuhe*
> *mit weißen Sohlen an. Lianas Schuhe haben seitlich*
> *schwarze Streifen und die Schuhbänder sind hellblau.*

4 Probiert aus, wie ihr die Satzanfänge verbessern könnt.
Wählt unterschiedliche Satzanfänge aus.

4 außerdem, daneben, darüber hinaus
Lianas Schuhe = ihre Schuhe

Tipp 4: Beschreibt das Aussehen der Person möglichst genau.

> *Liana hat eine tolle Tasche. Sie trägt eine schöne Jacke*
> *und ein schwarzes T-Shirt. Außerdem trägt sie Ohrringe.*

5 Lianas Kleidung und Ohrringe könnt ihr genauer beschreiben.
   a. Wie sieht Lianas Tasche aus?
      Findet passende Adjektive.
   b. Wie sieht Lianas Jacke aus?
      Beschreibt Lianas Jacke möglichst genau.
   c. Lianas T-Shirt hat auch einen Aufdruck.
      Beschreibt ihn genauer.
   d. Wie sehen Lianas Ohrringe aus?
      Findet passende Adjektive.

Tipp 5: Überprüft die Rechtschreibung.

> *Liana hat ein schwarzes handy in der hand und lacht.*
> *Ihre Fingernegel hat sie helblau lackiert. auf mich*
> *wirkt si witzig und frech. Die bunte Tasche und*
> *der seitliche Zopf sind typisch für Liana.*

> ## Achtung:
> ## Fehler!

6 Im letzten Absatz gibt es sechs Rechtschreibfehler.
   Schreibt die Sätze richtig auf.
   Tipps: • Groß oder klein?
         Nomen schreibt ihr groß.
         Am Satzanfang schreibt ihr auch groß.
       • Verwandtes Wort?
         Wenn ihr nicht wisst, ob ihr ein Wort mit **e** oder **ä** schreibt, leitet es ab.
       • Lang oder kurz?
         Langes i ist meist **ie**.
         Nach einem kurzen Vokal folgen meist zwei Konsonanten.

→ dein Rechtschreib-Check: Seite 246–247

Jeden überarbeiteten Text schreibt ihr am Ende in Reinschrift auf.

7 Schreibt Özlems Personenbeschreibung
   mit euren Überarbeitungen auf.

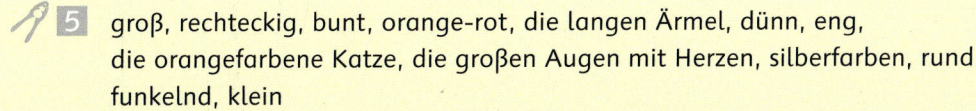

5 groß, rechteckig, bunt, orange-rot, die langen Ärmel, dünn, eng,
die orangefarbene Katze, die großen Augen mit Herzen, silberfarben, rund,
funkelnd, klein

Selbstständig planen und arbeiten

Einen Arbeitsplatz einrichten

Du verbringst täglich viel Zeit an deinem Arbeitsplatz.

1 Wie kann ein Arbeitsplatz aussehen?
   a. Beschreibe die Abbildungen.
   b. Welcher Arbeitsplatz gefällt dir besser? Begründe deine Auswahl.

2 Wie sollte dein Arbeitsplatz aussehen?
   a. Schreibe auf, welche Materialien du am häufigsten
      zum Lernen und Arbeiten benötigst.
   b. Zeichne mit Hilfe der Fragen am Rand
      einen Arbeitsplatz, der für dich gut geeignet ist.
      Beschrifte die Gegenstände in deiner Zeichnung.
   c. Präsentiere deine Zeichnung in der Klasse.

   • Was sollte immer
     in der Nähe liegen?
   • Was benötigst du ab und zu,
     aber nicht ständig?
   • Was benötigst du selten?

**Deinen Arbeitsplatz richtest du am besten so ein, dass du in Ruhe
und konzentriert deine Aufgaben bearbeiten kannst.**

3 Wie gut kannst du an deinem Arbeitsplatz arbeiten?
   a. Schreibe auf, was an deinem Arbeitsplatz schon gut funktioniert.
   b. Schreibe Dinge auf, die dich beim Arbeiten stören oder ablenken.

4 Wie könnt ihr eure Arbeitsplätze noch verbessern?
   Besprecht Möglichkeiten und notiert sie an der Tafel.

Aufgaben und Freizeit sinnvoll planen

An manchen Tagen hast du viele Aufgaben zu erledigen.
An anderen Tagen ist vielleicht nicht so viel zu tun.
Mit einem Wochenplan verschaffst du dir einen Überblick
über deine festen Termine und Aufgaben.

Montag	Dienstag	Mittwoch	Donnerstag	Freitag	Samstag	Sonntag
8:00–13:00 Unterricht	8:00–13:50 Unterricht	8:00–... Unterricht	8:00–... Unterricht	8:00–... Unterricht	vormittags: frei	
Mittag	Mittag	Mittag	Mittag	Mittag	Mittag	Mittag
15:00–16:00 Einkaufen helfen	15:00–16:30 Hausaufgaben	14:30–15:30 Hausaufgaben			14:00–16:00 Hausaufgaben	nachmittags: Rausgehen
16:00–16:30 Hausaufgaben		15:30–16:00 Aylin abholen	16:00–18:00 Hausaufgaben		16:00–18:00 Basketball	

5 a. Besprecht den Wochenplan genau.
- Was ist an den Schultagen vormittags alles eingetragen?
- Welche Aufgaben sind nachmittags und am Wochenende eingetragen?
- Welche festen Termine sind schon für Freizeit und Erholung eingetragen?

b. Wann ist Zeit für Verabredungen und andere Hobbys?
Nennt mit Hilfe des Plans Tage und Uhrzeiten.
Begründet eure Wahl.

**Du kannst dir selbst einen Wochenplan anlegen. Er erleichtert dir
einen Überblick über deine Aufgaben und deine Freizeit in der Woche.**

6 Schreibe einen Wochenplan und trage deine eigenen Termine ein:
- Wie lange hast du an den einzelnen Tagen Unterricht?
- Wie lange brauchst du jeden Tag für die Hausaufgaben?
- Welche weiteren Aufgaben hast du?
- Wann hast du Zeit für Freizeit und Erholung?

Tipp: Schreibe deinen Plan am Computer. So kannst du dir
für jede Woche einen neuen Plan ausdrucken.

Briefe schreiben

Einen persönlichen Brief schreiben

Malte hat seinem Freund Tarek einen Brief ins Krankenhaus geschickt.

1 Aachen, den 15.4.2013

2 Hey Tarek,

3 was ist denn mit dir los? Ich hab von deinen Eltern gehört, dass du dir ein Bein gebrochen hast. Und du musst nun noch ein paar Tage in Paderborn in der Klink liegen. So weit weg,
5 das ist megablöd. Tut mir echt leid! Und ich kann dich nicht einmal besuchen.

4 Sag mal, wie hast du das überhaupt hingekriegt? Bestimmt hat das sehr weh getan. Ich schicke dir mal ein spannendes Buch mit. Vielleicht bringt dich das auf andere Gedanken
10 beim Chillen. Sag deinem Gipsbein, dass es schnell wieder in Ordnung kommen soll.

5 Telefonieren geht wohl im Moment nicht? Schreib mir doch bitte mal, was den Tag über alles so abgeht. Würde mich sehr freuen.
15 6 Ach so, von der Clique soll ich auch grüßen.

7 Also dann Ciao

8 *Malte*

1 Warum hat Malte den Brief geschrieben?
Schreibe einen Satz auf.

2 Beantworte diese Fragen schriftlich:
• Was ist Tarek passiert?
• Was schreibt Malte dazu?
• Was wünscht Malte seinem Freund Tarek?
Schreibt jeweils die Nummer des Abschnitts dazu.

3 Welche Wörter und Wortgruppen im Brief sind besonders persönlich?
Schreibe sie mit der Nummer des Abschnitts auf.
Tipp: Am Anfang des Briefes sind sie schon
hellblau hervorgehoben.

Persönliche Briefe haben meist denselben Aufbau.

4 Aus welchen Teilen besteht ein persönlicher Brief?
  a. Zeichne die Skizze ab.
  b. Nummeriere die Abschnitte eines Briefs.
  c. Schreibe die richtigen Bezeichnungen dazu:

  die Anrede, der Gruß, der Text, der Ort und das Datum,
  die Unterschrift

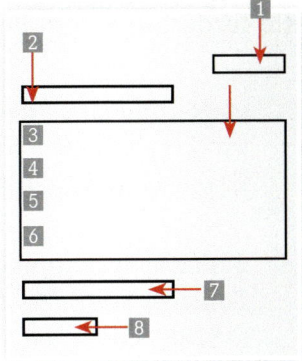

Nun kannst du selbst einen persönlichen Brief schreiben.

W Wähle aus:
- **Du kannst auf den Brief von Malte antworten.** → Aufgabe 5
- **Du kannst auch einen eigenen Brief schreiben.** → Aufgabe 6

5 Stell dir vor, du bist Tarek.
  Schreibe eine Antwort auf Maltes Brief.
  - Beachte dabei die Arbeitstechnik
    „Einen persönlichen Brief schreiben".
  - Du kannst die folgenden Ideen verwenden.
    Du kannst aber auch eigene Ideen verwenden.
  - Bedanke dich auch bei Malte für seinen Brief.

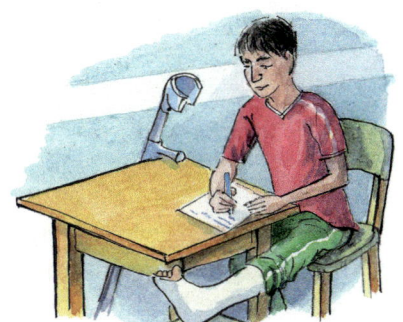

  Ideen für deinen Brief:

  ein paar Tage bei den Großeltern, mit dem Rad gefahren, holpriger Weg,
  Geschichten im Buch spannend, manchmal langweilig in der Klinik,
  ganz allein im Zimmer, hoffentlich bald ein neues Handy

6 Wähle eine Person aus, die du gut kennst.
  Du kannst einen Freund oder eine Freundin, einen Verwandten
  oder eine Verwandte, einen Nachbarn oder eine Nachbarin … auswählen.
  Schreibe der Person einen Brief.

Arbeitstechnik

Einen persönlichen Brief schreiben

- Schreibe den **Ort** und das **Datum oben rechts**.
- Wähle eine passende **Anrede**.
- Erkundige dich, **wie es** dem **Empfänger geht**.
- Schreibe auch, **warum** du schreibst.
- **Stelle** deine **Fragen** oder **antworte** auf **Fragen**, die dir gestellt wurden.
- Beende deinen Brief mit einem passenden **Gruß** und **unterschreibe** ihn.

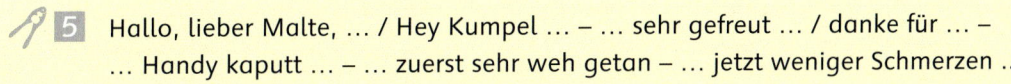

5 Hallo, lieber Malte, … / Hey Kumpel … – … sehr gefreut … / danke für … –
… Handy kaputt … – … zuerst sehr weh getan – … jetzt weniger Schmerzen …

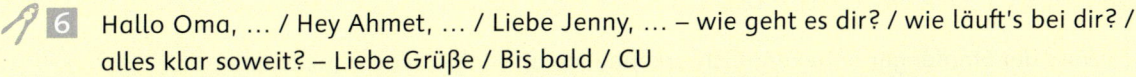

6 Hallo Oma, … / Hey Ahmet, … / Liebe Jenny, … – wie geht es dir? / wie läuft's bei dir? /
alles klar soweit? – Liebe Grüße / Bis bald / CU

Einen offiziellen[1] Brief schreiben

Kia fordert in einem Brief Informationen über ein Ausflugsziel an.

Kia Sander
Kurze Straße 11
63129 Mönchengladbach

Biologische Station im Kreis Düren e.V.
Zerkaller Straße 5
D 52385 Nideggen

           Mönchengladbach, den 23. Mai 2013

Sehr geehrte Damen und Herren,

ich bin Schülerin einer 7. Klasse in Mönchengladbach. Unsere Klasse
möchte im nächsten Monat eine Exkursion machen. In der Zeitung
haben wir erfahren, dass es in der Biologischen Station in Düren vieles
5 zu entdecken gibt.
Wir würden gern einen Ausflug dorthin machen und wollen uns gut
vorbereiten. Deshalb bitten wir Sie, uns Informationsmaterial zu schicken.
Wir möchten gern wissen: Welche Veranstaltungen finden im Juni statt?
Was ist besonders interessant für uns? Wie teuer ist der Besuch
10 der Veranstaltungen? Gibt es Ermäßigungen für Schulklassen?
Wir bitten Sie deshalb um Informationsmaterial über Ihre Einrichtung.
Ich danke Ihnen für Ihre Bemühungen.

Mit freundlichen Grüßen

Kia Sander

---

1 Warum hat Kia den Brief geschrieben?
Schreibe einen Satz auf.

2 Kia kennt den Empfänger des Briefes nicht persönlich.
Woran kannst du das erkennen? Schreibe es auf.

3 Welche der folgenden Überschriften passen zu welchen Sätzen in Kias Brief?
- Schreibe die Überschriften in der richtigen Reihenfolge auf.
- Schreibe jeweils die passenden Zeilenangabe dazu.

> die Bitten an den Empfänger   der Grund des Schreibens
> der Dank für die Bemühungen   die Vorstellung
> die Fragen an den Empfänger

[1 **offiziell:** formell, unpersönlich, geschäftlich

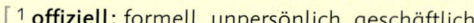 *Dass der Empfänger unbekannt ist, erkenne ich an ... – Anrede ohne Namen ...*

Ein offizieller Brief hat eine besondere äußere Form.

4 a. Zeichne die Skizze ab.
   b. Nummeriere die Abschnitte eines Briefs.
   c. Schreibe die richtigen Bezeichnungen an die Pfeile.

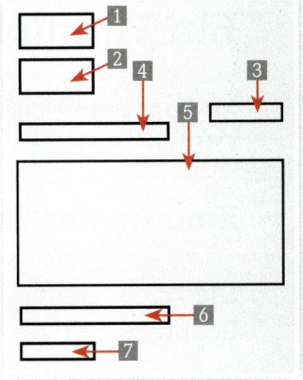

> die Unterschrift   der Ort und das Datum   der Gruß
> der Empfänger   der Absender   der Text
> die Anrede

Nun kannst du einen eigenen offiziellen Brief schreiben.

W Aus welchem Anlass möchtest du den offiziellen Brief schreiben?
Wähle aus:

• **Was kann in der Schule besser gemacht werden?**   → Schreibe an die Schulleitung.
• **Möchtest du Informationsmaterial über eine Veranstaltung bestellen?**   → Schreibe an den Veranstalter.

5 Schreibe deinen Brief.

6 Überarbeite deinen Brief mit Hilfe der Checkliste.
Wende dabei auch den Rechtschreib-Check an.   → der Rechtschreib-Check: Seite 246–247

Checkliste: Einen offiziellen Brief schreiben	ja	nein
– Habe ich beide Adressen aufgeschrieben (Absender und Empfänger)?	☐	☐
– Habe ich die richtige Anrede gewählt?	☐	☐
– Habe ich mich kurz vorgestellt?	☐	☐
– Habe ich meine Fragen oder Bitten geäußert?	☐	☐
– Habe ich mich bei der Person bedankt?	☐	☐
– Habe ich einen Gruß geschrieben?	☐	☐
– Habe ich unterschrieben?	☐	☐

Z 7 Schreibe deinen offiziellen Brief mit dem Computer.
Tipp: Schreibe ihn nach dem Muster von Aufgabe 4.

Tipp: Offizielle Briefe kannst du auch an die Gemeindeverwaltung, andere offizielle Stellen und an Firmen schreiben.

Versuche beschreiben

Ein Versuch mit Wasser

Im Fachunterricht werden häufig Versuche durchgeführt.
Oft will man dadurch eine bestimmte Frage beantworten, zum Beispiel:

Kann Papier Wasser leiten?

Die Bilder zeigen einen Versuch mit einem Streifen Küchenpapier.
Er soll zeigen, ob Wasser von einem Glas in das andere Glas gelangt.

1 Welche Materialien benötigt man für den Versuch?
Schreibe mit Hilfe von Bild **1** eine Liste.
Tipp: Man kann gefärbtes Wasser
verwenden wie auf dem Bild.
Man kann aber auch klares Wasser
nehmen.

Starthilfe

Folgende Materialien benötigt man:
– 1 Glas mit Wasser
– 1 …

2 Beschreibe mündlich, was auf den Bildern **2** bis **4** geschieht.
Formuliere vollständige Sätze.

3 **a.** Führt den Versuch in Partnerarbeit durch.
b. Welches Ergebnis erhaltet ihr? Erklärt das Ergebnis.
Tipp: Ihr könnt den Versuch nicht selbst durchführen?
Oder ihr seid unsicher, wie man das Ergebnis erklären soll?
Dann schlagt auf Seite 328 nach.

Der Aufbau einer Versuchsbeschreibung

Eine genaue Beschreibung ist wichtig, wenn jemand anderes
ebenfalls den Versuch durchführen möchte.
Deshalb sollte eine Versuchsbeschreibung klar und übersichtlich
aufgebaut sein.

| Vorbereitung |
| Durchführung |
| Ergebnis |
| Erklärung des Ergebnisses |

4 • Welche Bilder auf Seite 220 zeigen die Vorbereitung?
• Welche Bilder zeigen die Durchführung?
Notiere es.

5 Die folgenden Ausschnitte aus einer Versuchsbeschreibung
sind noch unvollständig und ungeordnet.
Ordne sie den Bildern zu.

Starthilfe

Bild 1 = C
Bild 2 …

A
… taucht man den Papierstreifen mit einem Ende
in das Glas mit Wasser.
Das andere Ende hängt man in das leere Glas.

B
… Nach … Minuten ist das … schon
ein Viertel gefüllt.

C
Folgende Materialien legt man bereit:
Ein Glas mit …, ein leeres Glas und ein …

D
Nach … Minuten ist das … bis zur Hälfte
mit Wasser gefüllt.

6 Auch die folgenden Ausschnitte gehören zu der Versuchsbeschreibung.
• Welcher Ausschnitt **beschreibt** das Ergebnis?
• Welcher Ausschnitt **erklärt** das Ergebnis?

E
… bis sich der Papierstreifen
ganz vollgesaugt hat. Nach 30 Minuten
ist das leere Glas schon ein Viertel
mit Wasser gefüllt. Nach 150 Minuten
ist in beiden Gläsern gleich viel Wasser.

F
Papier besteht aus vielen Fasern.
Diese Fasern funktionieren wie kleine Röhrchen.
Zwischen den Fasern und in den Fasern wird
das Wasser ins andere Glas geleitet. Das
geschieht so lange, bis beide Gläser gleich voll sind.

7 Schreibe nun die vollständige Versuchsbeschreibung auf.
a. Vervollständige die Ausschnitte
aus den Aufgaben 5 und 6.
Überlege dir geeignete Satzanfänge.
b. Finde eine passende Überschrift.

Starthilfe

Bei diesem Versuch soll untersucht werden,
ob Papier Wasser …
Vorbereitung:
Folgende Materialien legt man bereit: …
Durchführung: Zuerst nimmt man …
Ergebnis: …
Erklärung des Ergebnisses: …

Eine Versuchsbeschreibung überarbeiten

Tom hat einen Versuch mit Eiswürfeln durchgeführt.

1 Besprecht in Gruppen, worum es bei dem Versuch geht.

Tom stellt seine Versuchsbeschreibung in der Schreibkonferenz vor.

> Wie kann man Eiswürfel angeln?
> Vorbereitung: Für den Versuch benötigt man ein Glas mit kaltem Wasser,
> einen 15–20 cm langen Wollfaden und einen Salzstreuer mit Salz.
> Den Eiswürfel gibt man in das Glas mit Wasser.
> Den Wollfaden knotet man an ein Ende des Stiftes zu einer Angel.
> Durchführung: Zuerst streute man einige Salzkörner auf den Eiswürfel.
> Davor hält man den Stift mit dem Faden so über das Glas,
> dass ein Stück vom Ende des Fadens auf dem Eiswürfel liegt.
> Anschließend streute man ...

2 a. Überarbeitet Toms Beschreibung mit Hilfe der Arbeitstechnik.
   b. Beendet die Versuchsbeschreibung selbstständig.
   c. Ergänzt eine Skizze zum Versuchsablauf.
   Tipp: Für die Erklärung schlagt auf Seite 328 nach.

➜ Tipps für die Schreibkonferenz: Seite 291

Arbeitstechnik

Versuche beschreiben

Eine Versuchsbeschreibung ist meist im **Präsens** geschrieben und
immer **gleich aufgebaut**:

Überschrift:	Wähle eine **treffende** Überschrift. Häufig ist das die Versuchsfrage.
Einleitung:	Schreibe, **was** du mit dem Versuch **herausfinden** oder untersuchen möchtest.
Vorbereitung:	Nenne alle **Materialien**, die du für den Versuch bereitlegen musst.
Durchführung:	**Beschreibe genau**, was man nacheinander tut und was geschieht.
Ergebnis:	**Formuliere** das **Ergebnis** des Versuchs.
Erklärung:	**Begründe** oder erkläre das **Ergebnis**.

Einen Versuch beschreiben

Dieser Versuch zeigt, wie man Kandiszucker herstellen kann.
Du kannst den Versuch selbstständig und vollständig beschreiben.
Beachte dabei die Arbeitstechnik „Versuche beschreiben".

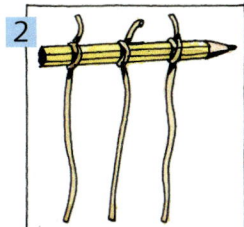

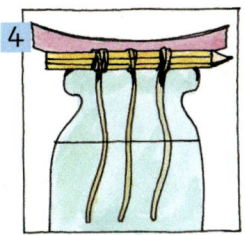

1   a. Sieh dir die Abbildungen genau an.
     b. Notiere in Stichworten, was auf den einzelnen Abbildungen dargestellt ist.

2   Schreibe eine vollständige Versuchsbeschreibung.
- Verwende deine Notizen aus Aufgabe 1.
  Verwende auch die Hilfen am Rand.
- Entscheide dich für eine dieser beiden Formen:
  Verwende die **man**-Form oder das **Passiv**.

> – Bindfaden, Bleistift, Pappe,
>   Glas mit Wasser, 50 g Zucker …
> – Bindfäden an … knoten
> – … im … auflösen
> – … auf die Glasöffnung legen
> – … ins Wasser hängen
> – Glasöffnung mit … abdecken
> – ca. 14 Tage … auf … stellen
> – … verdunstet
> – … Zuckerkristalle bilden sich …

Starthilfe

> Herstellung von Kandiszucker
> Bei diesem Versuch wird Kandiszucker hergestellt.
> Vorbereitung: Zuerst werden folgende Materialien bereitgelegt:
> …

> Herstellung von Kandiszucker
> Bei diesem Versuch stellt man …
> Vorbereitung: Zuerst legt man … bereit.
> …

3   Überarbeite deine Versuchsbeschreibung selbstständig.
Prüfe sie auch mit Hilfe der Arbeitstechnik auf Seite 222.

4   Die beste Prüfung für deine Versuchsbeschreibung ist aber die praktische:
Führe den Versuch genau nach deiner Beschreibung durch.
Funktioniert alles?

Schrift und Schreiben

Schön schreiben – lesbar schreiben

Andro und Mila haben zwei Gedichtstrophen abgeschrieben.

Milas Text

Andros Text

1 Vergleicht, wie Mila und Andro die Strophen abgeschrieben haben.
- Welchen Text könnt ihr gut lesen?
  Welchen Text könnt ihr schlecht lesen?
- Woran liegt das?

2 Was kann Mila an ihrer Schrift verbessern?
Schreibe Tipps auf.
Tipp: Die Pfeile helfen dir.

> **Starthilfe**
>
> auf der Grundlinie schreiben,
> Abstände zwischen die Wörter setzen
> …

3 Schreibe die Gedichtstrophen sauber und lesbar ab.
Tipp: Probiere aus, mit welchem Schreibgerät deine Schrift
am schönsten ist.

4 Was könnt ihr an eurer Schrift noch verbessern?
- a. Tauscht eure Gedichtstrophen aus.
- b. • Was könnte eure Partnerin oder euer Partner noch verbessern?
  • Welche Buchstaben sollte sie oder er noch üben?
  Schreibt Stichworte auf.

 1 **wacker:** tüchtig

Mit den folgenden Übungen kannst du das flüssige Schreiben trainieren.
Schreibe sorgfältig und deutlich. Dann kann man alles gut lesen.

5 Schreibe liegende Achten.
Übe so lange, bis die Achten gleichmäßig sind.
Tipp: Mit einem Füller schreibst du vielleicht
besser als mit einem Kugelschreiber.

6 a. Schreibe abwechselnd drei liegende und
drei stehende Achten.
b. Schreibe liegende und stehende Achten nach
deiner eigenen Reihenfolge.

7 a. Suche eine Silbenfolge aus der Abbildung aus.
b. Schreibe eine ganze Reihe mit diesen Silben in Schreibschrift.
Schreibe, ohne abzusetzen.

logologologologo juhujuhujuhujuhu

hifihifihifihifi salamisalamisalami

8 Schreibe folgende Wörter in Schreibschrift.
Setze dabei den Stift zwischen den Buchstaben eines Wortes nicht ab.

in, an, nun, aus, eins, drei, wann, dann

 9 Diktiert euch von den folgenden Wörtern abwechselnd zehn Wörter.
Schreibt die Wörter flüssig und gut lesbar auf, ohne den Stift abzusetzen.

ab, an, das Ohr, da, ja, das Bett, so, der Meter, wo, der Zoo, wir, vor, der See,
rot, das Rad, acht, der Hof, aber, der Berg, dumm, das Ende, um, der Euro,
der Kopf, zu, die Milch, die Wurst, die Wiese, der Tisch

10 a. Schreibt jeder eine Wörterliste mit fünf Wörtern auf.
Jedes Wort soll höchstens fünf Buchstaben haben. Tauscht die Listen.
b. Lernt die Liste eures Partners oder eurer Partnerin auswendig.
Ihr habt eine Minute Zeit.
c. Schreibt die Wörter auswendig und in Schönschrift auf.
d. Ist alles richtig geschrieben? Kontrolliert es.
Tipp: Um es schwieriger zu machen, schreibt mehr Wörter auf.
Oder schreibt Wörter mit mehr Buchstaben auf.

Ein Lernplakat gestalten

Auf ein Plakat schreibst du am besten in Druckschrift.
Das genaue Schreiben von Druckschrift kannst du üben.

1 Schreibe jeden Druckbuchstaben zweimal auf.
- Schreibe genau auf die Linien.
- Schreibe die Buchstaben nach oben und nach unten immer gleich lang.

Aa Bb Cc Dd Ee Ff Gg Hh Ii Jj
Kk Ll Mm Nn Oo Pp Qq Rr Ss
Tt Uu Vv Ww Xx Yy Zz

2 Für Plakate brauchst du oft auch Zahlen.
Schreibe diese Zahlen je zweimal:

0 1 2 3 4 5 6 7 8 9 10 20 30 100 1000

Plakate sollen auch aus der Entfernung lesbar sein.
Schreibe deine Druckbuchstaben besonders groß.

3 Übe große Druckschrift auf einem quer gelegten DIN-A4-Blatt:
- Zeichne auf ein Blatt drei große Druckbuchstaben mit Bleistift vor.
- Male die Buchstaben mit einem dicken Stift nach.
- Übe Großbuchstaben, Kleinbuchstaben und Zahlen.

Ein Lernplakat mit Gesprächsregeln
erleichtert die Gespräche in der Klasse.

4 Schreibe die Gesprächsregeln
in Druckschrift ab.

- einander zuhören
- nicht durcheinanderreden
- den anderen ausreden lassen
- den Gesprächspartner ansehen
- sachlich bleiben

Zu einem guten Plakat gehört auch ein Bild.
Es regt zum genauen Hinsehen und Lesen an.

5 Welche Bilder passen zum Thema „Gesprächsregeln"?
   a. Sammelt Ideen und notiert sie.
   b. Wählt eine Idee aus.
      • Ihr könnt selbst ein Bild malen oder fotografieren.
      • Oder ihr schneidet Bilder aus Zeitschriften aus.

Bevor ihr das Plakat gestaltet, macht ihr einen Entwurf.

6 Fertigt einen Entwurf für das Plakat auf einem DIN-A4-Blatt an.
   a. Überlegt:
      • Wo soll die Überschrift stehen und wie groß soll sie sein?
      • Wo wollt ihr das Bild oder die Bilder hinkleben?
      • Wo soll der Text stehen und wie groß sollen die Buchstaben sein?
   b. Zeichnet einen Rahmen für das Bild.
   c. Für Überschrift und Text zeichnet ihr größere und
      kleinere Wellenlinien auf. Diese drei Beispiele helfen euch:

Ihr gestaltet nun euer Lernplakat.

7 Übertragt euren Entwurf auf das Plakat:
   • Zeichnet den Rahmen für das Bild oder die Bilder.
   • Zeichnet mit Bleistift dünne Linien
     für die Überschrift und für die Gesprächsregeln.
   • Schreibt die Überschrift und den Text auf.
     Überprüft die Rechtschreibung.
   • Klebt das Bild oder die Bilder auf das Plakat.
   Tipp: Ihr könnt für die Überschrift und den Text
         auch farbige Stifte verwenden.
         Nehmt aber nicht *zu* viele Farben.

8 Hängt die Lernplakate in der Klasse auf.

1. Trainingseinheit

Im Spiegel |

Corinnas Familie | war am Wochenende | in eine neue Wohnung gezogen. |
Alle hatten mit angepackt. | Daher lag Corinna | ausnahmsweise |
am Montagmorgen um sieben Uhr | noch im Bett. | Die Mutter
hatte Verständnis | für die Müdigkeit ihrer Tochter. | Sie wusste aber, |
5 dass sie Corinna nun | wecken musste: | „Steh auf! | Sonst beginnt
dein erster Schultag | mit Verspätung." |
Corinna gähnte noch einmal, | stand auf und ging ins Bad. | Aus Gewohnheit
sah sie zuerst | in den Spiegel. | Sie fragte sich, | ob es in der neuen Klasse |
wohl Schwierigkeiten geben könnte. | Plötzlich sprach ihr Spiegelbild: |
10 „Kein Grund zur Sorge, | Corinna, | sei einfach du selbst!" | Da wusste
Corinna, | dass es ein schöner Tag werden würde. |

(109 Wörter)

1 Was sagte Corinnas Spiegelbild?
Schreibe den Satz ab.

2 Im Trainingstext kommen einige schwierige Verbformen vor.
Schreibe die folgenden Verbformen dreimal.

ziehen – er zieht – er zog – gezogen, liegen – sie liegt – sie lag – gelegen,
wissen – sie weiß – sie wusste – gewusst, beginnen – sie beginnt – sie begann – begonnen,
gähnen – sie gähnt – sie gähnte – gegähnt, sprechen – er spricht – er sprach – gesprochen

Nomen mit -ung, -heit, -keit und -nis

Wörter mit -ung, -heit, -keit und -nis sind Nomen.
Nomen schreibst du immer groß.

3 Im Trainingstext sind Wörter und Wortgruppen mit -ung, -heit, -keit
und -nis hervorgehoben. Trage sie in eine Tabelle ein.

Starthilfe

Nomen mit -ung	Nomen mit -heit	Nomen mit -keit	Nomen mit -nis
die Wohnung	…	…	…

4 Bilde Nomen mit -ung, -heit und -nis.
Schreibe sie mit dem richtigen Artikel in deine Tabelle.

entfernen, heizen, kreuzen, verletzen   +   -ung
frei, gesund, klug, wahr   +   -heit
ergeben, erleben, geheim, hindern   +   -nis

 4 Nomen auf -ung und -heit haben den Artikel die: die Entfernung, die Freiheit.
Nomen auf -nis haben meist den Artikel das: das Ergebnis.

Zusammengesetzte Wörter mit **-mal** und **-weise** schreibst du
klein und zusammen.

5 Im Trainingstext findest du Wörter mit **-mal** und **-weise**.
  a. Schreibe die Sätze ab.
  b. Markiere **-mal** und **-weise**.

6 a. Ordne die folgenden Wörter nach dem Alphabet.
     Schreibe sie geordnet auf.
  b. Präge dir immer drei Wörter ein. Schreibe sie aus dem Gedächtnis auf.

normalerweise, dreimal, beispielsweise, viermal, teilweise, manchmal,
einmal, schrittweise, diesmal, glücklicherweise, ausnahmsweise

Z 7 Schreibe mit den Wörtern aus Aufgabe 6 je einen Satz auf.

Die Wortfamilie liegen

liegen → sie liegt – sie lag – gelegen, durchliegen, die Liegewiese, der Liegestuhl

8 a. Schreibe die Wörter der Wortfamilie **liegen** ab.
  b. Im Trainingstext findest du ein Wort der Wortfamilie **liegen**.
     Schreibe den Satz ab.

Komma bei Sätzen mit dass

Satzbild: _____ , **dass** _____ .

9 a. Im Trainingstext „Im Spiegel" gibt es zwei Sätze mit **dass**. Schreibe sie ab.
  b. Kennzeichne das Komma mit einem Pfeil und kreise **dass** ein.

10 Bilde Sätze mit **dass** und schreibe sie auf.
    Kennzeichne das Komma mit einem Pfeil und kreise **dass** ein.

Ich weiß, Ich glaube, Ich wünsche mir, Ich bin sicher,	dass	ich nichts vergessen habe. du die Wahrheit gesagt hast. ich die Prüfung schaffen werde. mein Verein das Spiel gewinnt.

11 Schreibe die schwierigen Wörter aus dieser Trainingseinheit dreimal.

12 Schreibe den Trainingstext „Im Spiegel" fehlerfrei ab.   → Tipps zum Abschreiben: Seite 297

 11 **Merkwörter:** die Familie, sie gähnte, plötzlich, selbst, das Spiegelbild, umziehen, sie wusste

2. Trainingseinheit

Kostbares Nass |

Zwei Drittel der Erde | sind von Wasser bedeckt, | doch davon sind |
etwa 97 Prozent Salzwasser. | Weil Salz unserem Körper | Wasser entzieht, |
können wir es nicht trinken. | Es eignet sich | auch nicht zum Waschen, |
zum Zähneputzen | oder zum Bewässern von Pflanzen. | Süßwasser dagegen
5 kann man trinken. | Es kommt als Grundwasser, | als Regenwasser | und als
Oberflächenwasser vor. | Oberflächenwasser gibt es | in Seen, Flüssen
und Bächen. |
Wasser ist | die Grundlage des Lebens überhaupt. | Menschen, |
Pflanzen und Tiere | brauchen es zum Überleben. |
10 Aber nur jeder zweite Bewohner der Erde | hat ausreichend |
Trinkwasser zur Verfügung, | denn in zahlreichen Ländern |
herrscht Wassermangel. | In einer Reihe | von ärmeren Ländern |
müssen die Menschen | verunreinigtes Wasser trinken. |
Davon werden sie krank. | Meist fehlt ihnen auch noch das Geld, |
15 um Medizin zu bezahlen. |

(125 Wörter)

1 Warum können wir kein Salzwasser trinken?
Schreibe die Antwort aus dem Text ab.

2 Schreibe die Wörter der Wörterliste dreimal.

zwei Drittel, bedecken – bedeckt, davon, das Prozent, das Salz, entziehen,
waschen – er wäscht – er wusch – gewaschen, überhaupt, die Pflanzen,
der Bewohner, herrschen – es herrscht, zu wenig, verunreinigt, die Medizin

Wörter mit kurzem Vokal und ss

Nach einem kurzen Vokal schreibst du meist zwei Konsonanten,
z. B. ss: das Wạsser, mụss.

3 a. In welchen Wörtern und Wortgruppen im Trainingstext
kommt das Wort **Wasser** vor? Schreibe sie auf.
b. Setze unter den kurzen Vokal **a** jeweils einen Punkt.
c. Markiere das **ss** nach dem kurzen Vokal.

4 a. Ordne die folgenden Wörter nach dem Alphabet. Schreibe sie auf.
b. Schreibe zu fünf Wörtern jeweils ein verwandtes Nomen mit **ss** auf.

das Essen, der Kuss, die Tasse, das Wissen, der Schlüssel, das Messer, der Fluss,
die Klasse, das Schloss, die Kasse, die Nuss, der Sessel, der Schluss

Merkwörter mit i

Es gibt nur wenige Wörter mit einem langen **i** ohne ein **e** danach.
Diese Wörter musst du dir merken: Es sind Merkwörter.

die Apfelsine, der Igel, das Kaninchen, das Kilo, das Kino, das Krokodil,
lila, die Margarine, die Maschine, die Medizin, mir, prima, der Ski,
der Tiger, die Turbine

5 Mit Wörterlisten kannst du dein Gedächtnis trainieren.
  a. Lege drei Wörterlisten mit jeweils fünf Merkwörtern mit **i** an.
  b. Präge dir jeweils eine Wörterliste ein.
  c. Decke die Liste ab. Schreibe die Wörter auswendig auf.
     Markiere das lange **i**.
  d. Kontrolliere, ob du die Wörter richtig geschrieben hast.

→ Tipps für das Üben mit Wörterlisten: Seite 244–245

Die Wortfamilie Zahl

die **Zahl** → zählen – sie zählte – gezählt, bezahlen, erzählen,
zahlreich, zahllos, bezahlbar, die Aufzählung, der Zähler, die Anzahl

6 a. Schreibe die Wörter der Wortfamilie **Zahl** ab.
  b. Schreibe weitere Familienmitglieder auf.

Komma bei Aufzählungen

Die Wörter einer Aufzählung trennst du durch Kommas voneinander.
Ausnahme: Vor **und** und **oder** steht kein Komma.

Satzbilder: ,   und   .   ,   oder   .

7 Im Trainingstext findest du zu jedem Satzbild Sätze.
  a. Schreibe die Sätze ab. Zeichne die Satzbilder dazu.
  b. Kreise **und** und **oder** ein. Markiere die Kommas mit einem Pfeil.

8 Trainiere die Wörter aus dieser Trainingseinheit, die du besonders
   üben möchtest. Schreibe die Wörter dreimal.

9 Schreibe den Trainingstext „Kostbares Nass" ab.

→ Tipps zum Abschreiben: Seite 297

 8 **Merkwörter:** der Bewohner, das Drittel, entziehen, die Medizin,
die Pflanzen, das Prozent, das Salz, zu wenig

3. Trainingseinheit

Urzeittiere |

Bei Ausgrabungen | finden Forscher immer wieder | Skelette von Tieren aus der Urzeit. | Diese Tiere lebten, | als es auf der Erde | noch keine Menschen gab. | Die meisten Urzeittiere | waren friedliche Pflanzenfresser. | Es gab aber auch Arten, | die für andere Tiere | sehr gefährlich werden konnten. |
5 Norwegische Forscher | fanden ein riesiges Skelett, | das zu einem Reptil | aus dem Meer gehörte. | Es war acht Meter lang | und hatte gewaltige Zähne. | Jeder Zahn war so groß | wie eine Ananas. | Nach mühsamen Ausgrabungen | entdeckten die Forscher Knochen | von anderen Meeresreptilien, | die vollständig | und außergewöhnlich gut erhalten waren. | Weil der Fundort
10 in Norwegen | so ergiebig ist, | werden die Ausgrabungen fortgesetzt. | Wichtige Fundstücke | werden im Museum ausgestellt, | weil sich viele Menschen | dafür interessieren. |

(116 Wörter)

1 Wo werden die Fundstücke ausgestellt? Schreibe die Antwort ab.

2 Schreibe die Wörter der Wörterliste dreimal.

die Urzeittiere, die Ausgrabung, das Skelett, norwegisch, der Forscher – die Forscher, das Reptil – die Reptilien, acht Meter lang, die Ananas, mühsam, entdecken – sie entdeckten, fortsetzen – es wird fortgesetzt, interessieren

Adjektive auf -ig, -lich, -isch und -sam

3 **a.** Schreibe die hervorgehobenen Wörter und Wortgruppen aus dem Trainingstext untereinander auf.
b. Schreibe bei den Wortgruppen das Adjektiv in der Grundform dazu.
c. Markiere -ig, -lich, -isch und -sam.

4 Bilde aus den folgenden Nomen Adjektive auf -ig oder -lich.

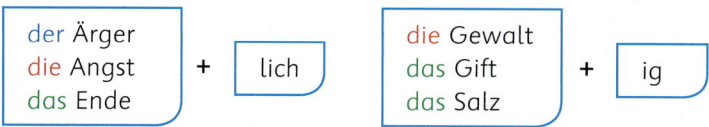

der Ärger
die Angst   +   lich
das Ende

die Gewalt
das Gift   +   ig
das Salz

5 Bilde aus diesen Wörtern Adjektive auf -isch oder -sam.
Tipp: Verwende ein Wörterbuch.

der Dieb, der Neid, schweigen, sparen, sorgen, der Sturm, das Telefon, wachen

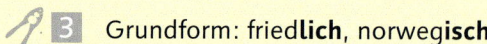

3 Grundform: fried**lich**, norweg**isch**

6 Schreibe die Sätze ab und setze Adjektive aus Aufgabe 5 ein.

Wer wenig Geld ausgibt, ist ▭ .
Wenn draußen starker Wind weht, ist es ▭ .
Sorgfältig und ▭ sind ähnliche Wörter.
Ist jemand ▭ , dann passt er gut auf und ist vorsichtig.
Wer nicht viel redet, ist ▭ .

Die Wortfamilie stellen

> **stellen** ➜ er stellt – er stellte – gestellt, darstellen, herstellen, einstellen, feststellen, vorstellen, aufstellen, die Stelle, die Ausstellung

7 a. Schreibe die Wörter der Wortfamilie **stellen** untereinander auf.
   b. Bilde mit den Verben im Infinitiv und **-ung** neue Nomen.
   c. Schreibe mit drei Wörtern der Wortfamilie je einen Satz auf.

> **Starthilfe**
>
> darstellen – die Darstellung

Komma in Sätzen mit als und weil

Satzbilder: ▭ , **als** ▭ . **Als** ▭ , ▭ .

▭ , **weil** ▭ . **Weil** ▭ , ▭ .

8 Im Trainingstext findest du drei Sätze mit **als** oder **weil**.
   a. Schreibe die Sätze ab. Zeichne jeweils das Satzbild dazu.
   b. Kreise **als** und **weil** ein. Kennzeichne das Komma mit einem Pfeil.

9 a. Stelle die Sätze aus Aufgabe 8 um.
      Schreibe die umgestellten Sätze auf.
   b. Kreise **als** und **weil** in den Sätzen ein.
   c. Kennzeichne das Komma mit einem Pfeil.

10 Trainiere die schwierigen Wörter aus dieser Trainingseinheit.
   a. Schreibe die Wörter dreimal.
   b. Sammle die Wörter in deiner Rechtschreibkartei. ➜ Tipps zur Rechtschreibkartei: Seite 297

11 Schreibe den Trainingstext „Urzeittiere" ab. ➜ Tipps zum Abschreiben: Seite 297

---

7 eine Ausstellung eröffnen, die Einstellung von neuen Mitarbeitern beschließen, die Herstellung von Autos überwachen

10 **Merkwörter:** die Ananas, außergewöhnlich, herausfinden, interessieren – das Interesse, das Skelett, die Urzeittiere

4. Trainingseinheit

„Girls' Day" |

Einmal im Jahr | findet in ganz Deutschland | der „Girls' Day" statt. |
Dann können sich die Mädchen | über Berufe informieren, |
die oft als typische Männerberufe gelten. | Aus Aylins Klasse | meldeten sich
zwölf Mädchen | in verschiedenen Betrieben an. | Aylin fand einen Platz |
5 bei der Feuerwehr. | Ein freundlicher Mitarbeiter | führte sie überall herum. |
Sie durfte einen Feuerlöscher bedienen | und sogar eine Leiter
hochklettern. | In ihrem Artikel für die Schülerzeitung | schreibt sie
von ihren Erfahrungen: |
„Am Mittwoch, den 25. April, | war ich zum „Girls' Day" | bei der Feuerwehr. |
10 Ich habe viel | über den ungewöhnlichen Beruf erfahren. |
Besonders gut finde ich, | dass man dort | Menschen helfen kann. |
Es gibt auch eine Jugendfeuerwehr. | Wer mindestens | zehn Jahre alt ist, |
kann dort mitmachen. | Das möchte ich gern ausprobieren, |
bevor ich mich später | um ein Praktikum bewerbe." |

(131 Wörter)

1 Was können Mädchen am „Girls' Day" tun?
Schreibe den Satz ab.

2 Schreibe die Wörter der Wörterliste dreimal.

informieren, typisch, verschieden, der Betrieb – die Betriebe, überall, bedienen,
dürfen – sie darf – sie durfte, hochklettern, der Mittwoch, der Beruf,
mindestens, mitmachen, ausprobieren, später, das Praktikum

Wörter mit h

**Nach einem langen Vokal oder einem langen Umlaut steht manchmal ein h.
Die Wörter mit h musst du dir merken. Es sind Merkwörter.**

3 Im Trainingstext sind die Wörter und Wortgruppen mit h hervorgehoben.
a. Schreibe die Wörter und Wortgruppen ab.
b. Markiere jeweils den langen Vokal und das h.

4 a. Schreibe die folgenden Wörter mit h nach dem Alphabet geordnet auf.
b. Wähle zehn Wörter mit h aus und schreibe ein verwandtes Wort auf.
c. Markiere den langen Vokal und das h.

berühmt, die Wahrheit, mehr, sehr, nehmen,
ungefähr, der Verkehr, ähnlich, während, fühlen,
die Bühne, die Bahn, ahnen, ihnen, das Jahr, mahnen

Starthilfe
berühmt – der Ruhm

Zahlwörter

Zahlen bis zu einer Million schreibst du klein und zusammen:
eins, elf, einhundert, fünfundzwanzigtausend.

5 Schreibe die folgenden Sätze ab. Schreibe die Zahlen als Wörter.

Er ist 13 Jahre alt.
Es ist 8 Uhr.
Anton kann schon bis 100 zählen.
Die Ausstellung hatte über 2000 Besucher.
Er kommt schnell von 0 auf 100.
Zu dem Fußballspiel kamen über 10 000 Zuschauer.
Aus dem Urlaub sende ich dir 1000 Grüße.

Die Wortfamilie **finden**

> **finden** → sie findet – sie fand – gefunden, vorfinden, auffinden, der Fund,
> zurechtfinden, herausfinden, das Fundbüro, die Fundsache, der Finderlohn

6 a. Schreibe die Wörter der Wortfamilie **finden** ab.
   b. Finde im Trainingstext die Verbformen von **finden**.
   Schreibe die Sätze mit **finden** auf.

Komma bei **Datum** und **Zeit**

Angaben von Datum und Uhrzeit trennst du durch ein Komma ab.
Das Komma am Ende kannst du setzen oder auch weglassen:

Am Montag, den 10. Juni, um 7:30 Uhr(,) begann mein Praktikum.

7 Im Trainingstext „Girls' Day" findest du einen Satz mit Datumsangabe.
   a. Schreibe den Satz vollständig ab markiere die Datumsangabe.
   b. Kennzeichne die Kommas mit einem Pfeil.

8 Trainiere die schwierigen Wörter aus dieser Trainingseinheit.
   a. Schreibe die Wörter dreimal.
   b. Sammle die Wörter in deiner Rechtschreibkartei.

→ Rechtschreibkartei: Seite 297

9 Schreibe den Trainingstext „Girls' Day" ab.

→ Tipps zum Abschreiben: Seite 297

 8 **Merkwörter:** der Betrieb, gespannt, hochklettern, informieren,
das Praktikum, typisch

5. Trainingseinheit

Gefahren im Netz |

Obwohl heute fast jeder | das Internet nutzt, | werden die Gefahren |
oft übersehen. | Betrüger knacken | mit viel Aufwand und Energie |
die Passwörter, | zum Beispiel | beim bargeldlosen Bezahlen | mit Karte oder |
beim Online-Bankkonto. | Sie können dann | auf fremde Konten |
5 zugreifen und Geld | an sich selbst überweisen. | Meist wird der Schaden |
erst entdeckt, | nachdem es für eine Reaktion | zu spät ist. |
Als „Trojaner" bezeichnet man | ein Computerprogramm, |
das als einfache Anwendung | getarnt ist, | aber in Wirklichkeit |
eine andere Funktion erfüllt. | Wenn jemand zum Beispiel |
10 den Anhang einer E-Mail öffnet, | kann sich ein Trojaner | auf der Festplatte
einnisten. | Er kann dort | unbemerkt Daten löschen | und großen Schaden
anrichten. | Am besten lässt man sich | von einem Spezialisten beraten, |
wie man seinen Computer | schützen kann. |

(122 Wörter)

1 Was wird „Trojaner" genannt? Schreibe die Antwort ab.

2 Schreibe die Wörter der Wörterliste dreimal.

das Internet, der Aufwand, das Passwort, das Bankkonto – die Bankkonten,
fremd, entdeckt, tarnen – getarnt, in Wirklichkeit, die E-Mail, einnisten, unbemerkt,
die Daten, einen Schaden anrichten, am besten, schützen, der Computer

Fremdwörter auf -(t)ion, -ie, -ist und -ieren

Wörter mit -(t)ion, -ie, -ist und -ieren sind häufig Fremdwörter.
Du musst dir merken, wie sie geschrieben werden.
Wenn du die Bedeutung der Wörter nicht kennst,
schlage im Wörterbuch nach oder recherchiere im Internet.

3 In der Wörterliste findest du Wörter auf **-(t)ion** und **-ieren**.
   a. Schreibe die Verben untereinander auf.
   b. Schreibe jeweils das passende Nomen daneben.

gratulieren, produzieren, argumentieren, organisieren,
funktionieren, reagieren, die Organisation, die Funktion,
die Produktion, die Reaktion, die Argumentation,
die Gratulation

> **Starthilfe**
>
> gratulieren – die Gratulation,
> argumentieren – …

 3 Nomen mit **-(t)ion** haben den Artikel **die**.

4 a. Ordne die Wörter auf **-ie** und **-ist** alphabetisch. Schreibe sie auf.
   b. Unterstreiche die Endung **-ie** rot, die Endung **-ist** blau.

der Artist, die Chemie, die Theorie, der Polizist, die Industrie, die Energie,
der Jurist, die Demokratie, die Biologie, der Tourist

Adjektive mit -los

Aus Nomen können mit der Endung -los Adjektive werden:
die Schuld – schuldlos.

5 Schreibe diese Wortgruppen mit **-los** mit den passenden Erklärungen auf.

> das bargeldlose Bezahlen
> der wolkenlose Himmel
> der mühelose Sieg

> der Himmel ohne Wolken
> der Sieg ohne Mühe
> das Bezahlen ohne Bargeld

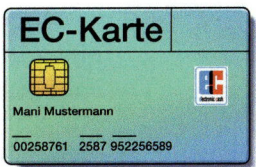

Die Wortfamilie nutzen

nutzen → sie nutzt – sie nutzte – genutzt, benutzen – der Benutzer,
abnutzen, der Nutzen, nützlich

6 a. Schreibe die Wörter der Wortfamilie **nutzen** ab.
   b. Markiere das Wort aus der Wortfamilie,
      das im Trainingstext vorkommt.

Komma bei nachdem, obwohl, wenn

Satzbilder: Obwohl _____ ✓, _____.   Wenn _____ ✓, _____.

_____ ✓, nachdem _____.

7 Finde im Trainingstext zu jedem Satzbild einen Satz.
   a. Schreibe die Sätze auf. Zeichne die Satzbilder dazu.
   b. Kreise **nachdem**, **obwohl** und **wenn** ein. Markiere die Kommas.

8 Schreibe schwierige Wörter aus dieser Trainingseinheit dreimal.

9 Schreibe den Trainingstext „Gefahren im Netz" ab.   → Tipps zum Abschreiben: Seite 297

✐ **4** Nomen mit **-ie** haben den Artikel **die**.
   Nomen mit **-ist** haben den Artikel **der**.

✐ **8** **Merkwörter:** das Bankkonto, der Computer, die E-Mail, die Festplatte, das Internet

6. Trainingseinheit

Vorhang auf! |

Am Freitagabend | war es endlich so weit: | Das neue Theaterstück, |
das „Dschungelbuch" heißt, | wurde von der Theater-AG | der Nord-Schule
aufgeführt. | Die Zuschauer waren begeistert. | Zwanzig Schülerinnen
und Schüler | aus der sechsten bis neunten Klasse | hatten wochenlang
5 geprobt. | Letzte Woche hatten sie sich sogar | von Montag bis Freitag |
jeden Nachmittag getroffen. |
Trotz der guten Vorbereitung | gab es am Morgen |
vor der ersten Vorstellung | einen großen Schreck: | Der Junge, |
der den Affenkönig spielen sollte, | war krank! | Zum Glück konnte schon |
10 vor dem Mittag | ein passender Ersatz gefunden werden. |
Bis zum frühen Abend | wurde an den Kostümen | und
am Bühnenbild gearbeitet. | Und am Ende stimmte dann alles |
und die Mitwirkenden | konnten sehr zufrieden sein. | Der Beifall
der Zuschauer | war riesig. | Das Stück wird noch einmal | am Dienstag
aufgeführt. |

(127 Wörter)

1 Welchen großen Schreck gab es? Schreibe den Satz ab.

2 Schreibe die Wörter der Wörterliste dreimal.

der Vorhang, so weit, das Theaterstück, der Dschungel, die Zuschauer, zwanzig,
wochenlang, proben – geprobt, trotz, der Schreck, zum Glück, das Kostüm – die Kostüme,
das Bühnenbild, die Mitwirkenden, der Beifall, aufführen – aufgeführt

Wochentage und Tageszeiten

Wochentage und Tageszeiten mit Artikel sind Nomen.
Nomen schreibst du groß: der Abend, der Dienstag.
Auch zusammengesetzte Nomen schreibst du groß:
der Montagmorgen, am Mittwochmittag.

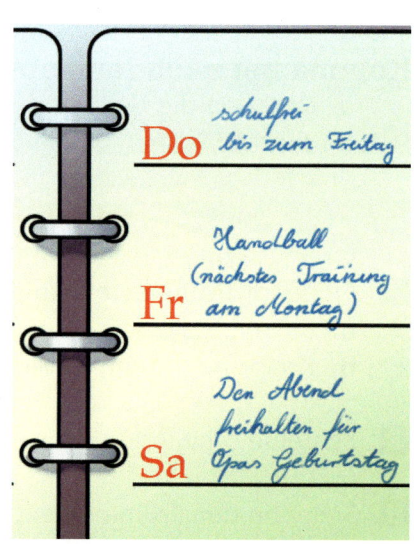

3 Im Trainingstext sind Wochentage und
Tageszeiten hervorgehoben.
Schreibe alle hervorgehobenen Wortgruppen
untereinander auf.

4 Was machst du am Montagmorgen,
am Dienstagnachmittag, am … ?
Schreibe sechs Sätze auf.

Getrenntschreibung von Wortgruppen

Diese Wortgruppen schreibst du immer getrennt:
ein bisschen, gar nicht, auf einmal, noch einmal, vor allem.

5 Schreibe den Lückentext ab und setze passende Wortgruppen ein.

Vor der Aufführung wurde ▭ eine letzte Probe gemacht.
Doch die Theatergruppe war ▭ zufrieden. ▭ der neue Affenkönig
hatte oft den Text vergessen. Alle waren ▭ aufgeregt.
Bei der Aufführung hat dann ▭ doch alles gut geklappt.

Die Wortfamilie **enden**

enden ➜ er endet – er endete – geendet, beenden, das Ende,
zu Ende sein, zu Ende gehen, das Endergebnis

6 a. Schreibe die Wörter der Wortfamilie **enden** dreimal.
   b. Schreibe fünf weitere Wörter aus der Wortfamilie auf.

Komma in **Relativsätzen**

Satzbilder: **Der** , **der** , ▭ .
              Hauptsatz Relativsatz Hauptsatz

              Das , **das** , ▭ .

7 Im Trainingstext findest du zu jedem Satzbild einen Satz.
   a. Schreibe die beiden Sätze ab. Zeichne die Satzbilder dazu.
   b. Markiere das Relativpronomen. Markiere die Kommas mit einem Pfeil.

8 a. Schreibe die folgenden Sätze ab.
   b. Markiere die Relativpronomen.
   c. Setze die Kommas an der richtigen Stelle.

Das Bühnenbild das einen Urwald zeigte war besonders gelungen.
Der Affenkönig der die Rolle gut spielte bekam viel Beifall.
Die Tänze die im Stück zu sehen waren waren toll.

Achtung:
Fehler!

9 Schreibe schwierige Wörter aus dieser Trainingseinheit dreimal.

10 Schreibe den Trainingstext „Vorhang auf!" ab.   ➜ Tipps zum Abschreiben: Seite 297

🖊 **9** **Merkwörter:** endlich, geprobt, letzte Woche, sogar, wochenlang, zufrieden, zwanzig

7. Trainingseinheit

Ein einmaliges Kennzeichen |

„Es müssen doch | Fingerabdrücke da sein", | wendet sich die Kommissarin |
an den Mann von der Spurensicherung. | Er entgegnet: | „Leider hat
der Täter | nach dem Aufbrechen der Tür | alles abgewischt." |
Dieses Gespräch stammt | aus einem Fernsehkrimi. | Aber auch
5 in Wirklichkeit | ist das Sichern der Fingerabdrücke | eine wichtige Aufgabe
an einem Tatort. | Jeder Mensch hat an seinen Fingerspitzen |
einzigartige Linien in der Haut. | Beim Anfassen eines Gegenstands |
hinterlässt man durch Schweiß | einen Abdruck, | den niemand sonst |
auf der Welt hat. | Durch das Bestäuben | mit dunklem Puder | kann man
10 den Abdruck | sichtbar machen. | Experten können dann oft herausfinden, |
wem der Abdruck gehört. |
Die Kommissarin aus dem Film | hat eine Idee. | Der Täter hat den Lappen |
zum Abwischen | aus der Küche geholt. | Und siehe da: | Dort findet sie |
auch einen brauchbaren Fingerabdruck. | „Gutes Bauchgefühl!", |
15 lobt der Kollege. |

(135 Wörter)

1   Warum findet die Kommissarin einen Fingerabdruck in der Küche?
    Schreibe die Antwort aus dem Text ab.

2   Schreibe die Wörter der Wörterliste dreimal.

    das Kennzeichen, der Abdruck, die Kommissarin, entgegnen – er entgegnet,
    das Gespräch, stammen – es stammt, in Wirklichkeit, einzigartig, die Linie,
    hinterlassen – es hinterlässt, niemand, der Puder, der Experte, die Idee, der Kollege

Verben werden zu Nomen

Verben können zu Nomen werden. Der Artikel das macht's.
Und die starken Wörter beim und zum machen's.

3   Im Trainingstext sind Wortgruppen mit Nomen mit das, beim und
    zum hervorgehoben.
    a. Schreibe die Sätze mit den hervorgehobenen Wortgruppen auf.
    b. Markiere den Artikel das und die starken Wörter beim und zum.

4 a. Mache aus den Verben am Rand mit Hilfe von **das**, **beim** und **zum** Nomen.
   b. Schreibe den Lückentext ab. Setze dabei die Nomen passend ein.

Das _____ in der Kletterhalle macht Elgin Spaß.
In einem Schnupperkurs hatte sie beim _____ des neuen Sports
gleich Feuer gefangen. Mittlerweile fühlt sie sich auch sicher
beim _____ und _____.
Beim _____ hat sie allerdings einige blaue Flecke bekommen.

> anseilen
> ausprobieren
> fallen
> klettern
> sichern

Wortgruppen mit sein

Wortgruppen mit sein schreibst du immer getrennt und klein:
dabei sein, zusammen sein, offen sein, weg sein, hier sein, allein sein.

5 a. Schreibe die Wortgruppen mit **sein** ab.
   b. Finde im Trainingstext noch eine Wortgruppe mit **sein**.
      Schreibe sie dazu.
   c. Schreibe mit vier Wortgruppen mit **sein** je einen Satz auf.

Die Wortfamilie fühlen

> **fühlen** → sie fühlt – sie fühlte – gefühlt, gefühlvoll – gefühllos,
> der Fühler, das Gefühl, sich anfühlen, mitfühlen – das Mitgefühl

6 a. Schreibe die Wörter der Wortfamilie **fühlen** ab.
   b. Finde im Trainingstext ein weiteres Wort aus der Wortfamilie **fühlen**.
      Schreibe es auf. Schreibe auch die Zeile dazu.

Satzzeichen bei der wörtlichen Rede

7 Im Trainingstext findest du zu jedem Satzbild einen Satz.
   a. Schreibe die Sätze ab. Zeichne die Satzbilder dazu.
   b. Kreise die Anführungszeichen ein.
   c. Markiere die Kommas und die Doppelpunkte mit einem Pfeil.

8 Trainiere die schwierigen Wörter aus dieser Trainingseinheit.
   Schreibe die Wörter dreimal.

9 Schreibe den Trainingstext „Ein einmaliges Kennzeichen" ab.

→ Tipps zum Abschreiben: Seite 297

✎ **5** dabei sein wollen, nett sein sollen, nicht gern allein sein mögen, offen sein können

✎ **8** **Merkwörter:** da sein, einmalig, das Gespräch, die Idee, niemand, der Schweiß, es stammt

8. Trainingseinheit

Chinesische Nudeln |

Oft hört man, | dass Marco Polo die Nudelherstellung | aus Asien
mitgebracht hat. | Dort haben die Menschen tatsächlich |
schon vor viertausend Jahren | Nudeln gegessen. |
Ein chinesischer Forscher | fand bei einer Ausgrabung | etwas Erstaunliches: |
5 In einem uralten Tontopf, | der bisher rund herum | von Erde umschlossen war, |
steckte ein Knäuel Spagetti. | „Ich konnte meinen Fund |
gerade noch fotografieren", | berichtete der Forscher, | „dann zerfielen |
die Nudeln aus grauer Vorzeit | an der Luft zu Staub." |
Auch wenn man | über den Ursprung | der Nudelgerichte in Europa |
10 nichts Genaues weiß, | belegen einige Funde, | dass schon
die alten Griechen | Nudeln aßen | und auch die Römer | diese Teigwaren
genossen haben. | Heute kann man | unzählige Nudelgerichte genießen. |
Du hast sicher schon gewusst, | dass Marco Polo viel Neues |
von seiner Reise mitbrachte. | Die Nudeln gehörten aber wohl nicht dazu. |

(130 Wörter)

1 Was steckte in dem uralten Tontopf? Schreibe den Satz ab.

2 Schreibe die Wörter der Wörterliste dreimal.

chinesisch, die Nudeln, tatsächlich, uralt, der Tontopf, bisher, das Knäuel,
die Spagetti, fotografieren, aus grauer Vorzeit, zu Staub zerfallen, der Staub,
der Ursprung, die Griechen, die Teigwaren, unzählig, wohl

Adjektive werden zu Nomen

Adjektive können zu Nomen werden.
Die starken Wörter etwas, viel und nichts machen's.

3 Im Trainingstext sind Nomen mit etwas, viel und nichts hervorgehoben.
   a. Schreibe die Sätze mit den hervorgehobenen Wortgruppen auf.
   b. Markiere die starken Wörter etwas, viel und nichts.

4 a. Mache aus den Adjektiven am Rand mit Hilfe von etwas, viel
      oder nichts Nomen.
   b. Schreibe den Lückentext ab und setze die Nomen ein.

Mit Nudeln kann man viel _____ machen. Nudelgerichte sind nichts
_____, also kann man sie häufig essen, wenn man möchte. Man kann
mit Nudeln sogar etwas _____ herstellen, zum Beispiel Apfel-Lasagne.

> lecker
> süß
> teuer

Besondere Verbformen mit ss und ß

Bei manchen Verben wechseln ss und ß.
Achte auf die Vokallänge:

Kurzer Vokal + ss: ich e̦sse   Langer Vokal + ß: ich a̱ß

5   Im Trainingstext sind Verbformen mit **ss** und **ß** hervorgehoben.
    a. Schreibe die Verbformen mit Personalpronomen in eine Tabelle.
    b. Ergänze diese Verbformen an der passenden Stelle:

sie genießt, essen, er wusste, wir genossen, wissen, sie essen

Starthilfe

Infinitiv	Präsens	Präteritum	Perfekt
…	…	…	sie haben gegessen

Die Wortfamilie springen

springen → er springt – er sprang – gesprungen, der Springer, der Sprung,
der Springbrunnen, sprunghaft, das Springseil, das Sprungbrett

6   **a.** Schreibe die Wörter der Wortfamilie **springen** ab.
    b. Finde im Trainingstext ein weiteres Mitglied der Wortfamilie **springen**.
      Schreibe es auf. Schreibe auch die Zeile dazu.

Satzzeichen bei der wörtlichen Rede

Satzbild: „＿＿＿＿＿", ＿＿＿＿, „＿＿＿＿."

7   Im Trainingstext findest du zum Satzbild einen Satz.
    a. Schreibe den Satz ab. Zeichne das Satzbild dazu.
    b. Kreise die Anführungszeichen ein.
    c. Markiere die Kommas mit einem Pfeil.

8   Trainiere die schwierigen Wörter aus dieser Trainingseinheit.
    a. Schreibe die Wörter dreimal.
    b. Sammle die Wörter in deiner Rechtschreibkartei.   → Rechtschreibkartei: Seite 297

9   Schreibe den Trainingstext „Chinesische Nudeln" ab.   → Tipps zum Abschreiben: Seite 297

8   **Merkwörter:** chinesisch, das Knäuel, tatsächlich, unzählig, uralt, der Ursprung

Rechtschreiben: Die Arbeitstechniken

Training mit Wörterlisten

Ein Training mit Wörterlisten ist besonders geeignet für Wörter, die du dir merken musst.

Wörter mit kurzem Vokal

Nach einem kurzen Vokal folgen meist zwei Konsonanten.

jedenfalls, die Nummer, gerannt, geschafft, die Gesellschaft, bestimmt, bekannt, schrecklich, die Sammlung, herrschen, der Bagger, gesperrt, angestellt, anstatt, der Sonntag, drittens, der Irrtum, stattfinden, die Hoffnung, das Päckchen

 a. Schreibe jeweils fünf Wörter auf eine Karteikarte.
b. Setze einen Punkt unter den kurzen Vokal.
c. Markiere die Konsonanten nach dem kurzen Vokal.

 Mit den folgenden Übungen kannst du die Wörterlisten trainieren. Wähle aus.

Eine Merkübung

 • Lies die Wörter einer Wörterliste mehrmals halblaut oder laut.
• Präge dir die Wörter ein.
• Decke die Wörterliste ab.
• Schreibe die Wörter aus dem Gedächtnis auf.
• Kontrolliere, ob du alles richtig geschrieben hast.
• Schreibe deine Fehlerwörter noch einmal richtig auf.

Wörter in Sätzen verwenden

3 • Präge dir die Wörter aus einer Wörterliste ein.
• Schreibe die Wörter auswendig auf.
• Kontrolliere deine Rechtschreibung genau.
• Schreibe zu jedem Wort einen Satz auf.
Du kannst auch mehrere Wörter in einem Satz verwenden.

Starthilfe

Der Läufer mit der Nummer 153 ist zuerst durchs Ziel gerannt.

Eine Partnerübung

 4 Übe die Wörterlisten mit einer Partnerin oder einem Partner.
  - Zeige ihr oder ihm etwa zwei Minuten lang eine Karteikarte.
  - Nach zwei Minuten schreibt sie oder er die Wörter auswendig auf.
  - Dann kontrolliert ihr gemeinsam, ob alles richtig geschrieben ist.

Wörter mit kurzem Vokal und tz

der Blitz, die Hitze, jetzt, die Katze, letzte, die Mütze, der Platz, plötzlich, putzen, der Satz, schmutzig, schwitzen, sitzen, die Spitze, nutzen, trotzdem, verletzen, der Witz, zuletzt, benutzen, ersetzen, besetzt, schätzen, witzig

W **5** Schreibe mit den Wörtern drei Wörterlisten mit je sechs Wörtern. Wähle aus:
  - Du kannst die Wörter einer Liste auswendig aufschreiben. → Aufgabe 2
  - Du kannst die Wörter auch in Sätzen verwenden. → Aufgabe 3

Hier findest du weitere Wörterlisten, die du trainieren kannst.

Merkwörter mit ä		
der Ärger	der Käfer	das Märchen
der Bär	das Getränk	der März
der Käse	der Käfig	das Gedächtnis
das Geländer	der Kapitän	mähen
das Gerät	der Lärm	ärgerlich
die Hälfte	das Mädchen	das Treppengeländer

Wörter mit h zwischen zwei Silben		
nahe	glühen	die Schuhe
bemühen	höher	sehen
blühen	die Brühe	stehen
früher	die Mühe	beinahe
dahin	die Reihe	verstehen
geschehen	ruhig	aufstehen

Mit deinen Fehlerwörtern und Merkwörtern kannst du eigene Wörterlisten aufschreiben und trainieren.

Tipp: Trainiere jeden Tag mit einer Wörterliste.

Dein Rechtschreib-Check

Mit dem Rechtschreib-Check kannst du selbstständig Fehler finden.
Du prüfst und korrigierst damit Wörter in deinen eigenen Texten.

1 **Deutlich sprechen – genau hinhören**
- Sprich dir das geschriebene Wort vor.
- Sprich es besonders **langsam und deutlich**.
- Lies das Wort dabei Buchstabe für Buchstabe mit.
- So kannst du Flüchtigkeitsfehler und fehlende Buchstaben erkennen.

2 **Lang oder kurz?**
Sprich das Wort leise vor dich hin:
Ist der Vokal lang oder kurz?

Langer Vokal:
- Meist folgt nur **ein** Konsonant: *geben*.
- **Langes i** ist meist **ie**: *die Diebe*.
- Vor **m, n, l, r** kommt manchmal ein **h**: *hohl*.

Kurzer Vokal:
Meist folgen **zwei** Konsonanten,
- zwei gleiche: *rollen, retten* oder
- zwei verschiedene: *halten, selten*.

3 **Verwandtes Wort?**
- Findest du ein Wort schwierig?
  Weißt du nicht, ob ein Wort mit **ä** oder **e**, **äu** oder **eu** geschrieben wird?
  Dann finde ein **verwandtes Wort**, das du sicher schreiben kannst.
- Denn den **Wortstamm** in verwandten Wörtern **schreibst** du
  immer **gleich**:
  fällen mit **ll** so wie *fallen*;
  das Gebäude mit **äu** so wie *bauen* mit **au**;
  fahren so wie *das Fahrrad*,
  die Fahrbahn, *der Fahrstuhl*,
  wegfahren.

4 **b oder p, d oder t, g oder k am Wortende?**
Verlängere das Wort. Dann hörst du,
wie es endet:
der Korb – die Körbe;
das Schild – die Schilder;
der Erfolg – die Erfolge.

5 Groß oder klein?

Nomen schreibst du groß.

Mit diesen Fragen erkennst du Nomen:

- Hat das Wort einen oder mehrere **Begleiter**?
  Die Begleiter können z. B. bestimmte oder unbestimmte Artikel,
  Adjektive, Pronomen oder Zahlwörter sein.
  *der Vogel, ein Fahrrad, eine Frau, die Schüler, **eure** Hefte, **dieser** Hund,*
  ***drei** Männer, eine **lange** Leine, das **dritte** Tor*
- Endet das Wort auf **-ung, -heit, -keit, -nis**?
  Dann schreibe groß.
  *die Heizung, die Dunkel**heit**, die Einsam**keit**, das Hinder**nis***
- Gibt es vor dem Wort eines der **starken Wörter**
  am, beim, zum, alles, nichts, viel? Dann schreibe groß.
  ***beim** Essen, **alles** Gute, **etwas** Neues*

6 Komma – ja oder nein?

- Ein Komma steht bei Aufzählungen:
  Er isst am liebsten Spagetti, Pizza, Obst und Pudding.
- Ein Komma steht zwischen Haupt- und Nebensätzen mit
  dass, weil, wenn oder mit einem **Relativpronomen**:
  *Ich glaube, **dass** ich die Aufgaben geschafft habe.*
  ***Weil** ich mit dem Bus fahre, brauche ich eine Fahrkarte.*
  *Der Mann, **der** die grüne Jacke trägt, wohnt nebenan.*
- Ein Komma steht bei wörtlicher Rede vor (und nach) dem Begleitsatz:
  „Ich mag Blumen", sagt sie.
  „Sie war gestern zu Hause", sagte er, „und sie hat ferngesehen."

1 Hast du den Rechtschreib-Check verstanden?

So kannst du es überprüfen.

- a. Lies die Checkpunkte **1** bis **6** Satz für Satz.
- b. Schreibe mit eigenen Worten auf, wie du beim Überprüfen
  deiner Texte vorgehen musst.

> **Starthilfe**
>
> Punkt 1
> Ich soll das Wort besonders langsam und deutlich aussprechen.
> Dabei lese ich Buchstabe für …

**Auf den folgenden Seiten kannst du die einzelnen Punkte
des Rechtschreib-Checks üben.**

Checkpunkt **1**: Deutlich sprechen – genau hinhören

1 Wende Checkpunkt **1** bei dem folgenden Text an.
  a. Sprich die hervorgehobenen Wörter Buchstabe für Buchstabe.
  b. Entscheide: Sind die Wörter im Text richtig oder falsch geschrieben?
  c. Schreibe den verbesserten Text fehlerfrei auf.

Vesnas Stärken

Vesna weiß noch nicht, welchn Beruf sie im Praktikum ausprobieren möchte. Daher denkt sie darüber nach, was sie besonder gut kann. Ein wichtiger Anhaltsunkt sind für Vesna ihre Lieblngsfächer. Natürlich sind es die Fächer, in denen sie gute Noten bekommen hat. Erfolg macht eben Spaß!

Achtung: Fehler!

Checkpunkt **2**: Lang oder kurz?

2 Lies die Wörter der folgenden Wörterliste halblaut.
  a. In welchen Wörtern sprichst du einen kurzen Vokal, in welchen Wörtern einen langen Vokal?
  b. Schreibe die Wörter ab.
    • Setze unter kurze Vokale einen Punkt.
    • Unterstreiche lange Vokale.
    • Markiere die Konsonanten nach den Vokalen.

der Ball, die Blume, der Damm, danken, das Feld, die Lehne,
die Mutter, helfen, retten, das Paddel, die Höhle, die Rassel,
die Rede, der Weg, die Wiese, der Dank

3 Wende Checkpunkt **2** bei dem folgenden Text an.
  a. Sprich die hervorgehobenen Wörter langsam und deutlich. Achte dabei auf die Länge des Vokals.
  b. Entscheide: Sind die Wörter richtig oder falsch geschrieben?
  c. Schreibe den verbesserten Text fehlerfrei auf.

Vesnas Freizeit

In ihrer Freizeit spilt Vesna Handbal in einem Sportverein und jogt zweimal in der Woche. Außerdem verdient sie sich Taschengeld in einem Lebensmitelladen. Sie packt Warren aus und mus sie in die Regale stelen. Auch spricht sie viel mit den Kunden und zeigt ihnen, wo die Sachen zu finden sind.

Achtung: Fehler!

Checkpunkt 3 : Verwandtes Wort?

4 a. Schreibe zu jedem Wort aus der folgenden Liste
ein verwandtes Wort auf.
b. Markiere in jedem Wort den Stamm.

der Bäcker, er fällt, sie fährt, die Träume, freundlich, interessieren, aufräumen

5 Wende Checkpunkt 3 bei dem folgenden Text an.
a. Finde zu jedem hervorgehobenen Wort ein verwandtes Wort.
b. Entscheide: Sind die Wörter im Text richtig oder falsch geschrieben?
c. Schreibe den verbesserten Text fehlerfrei auf.

Vesnas Verwandte

Fragt man Eltern und Verwandte nach Vesnas Sterken,
so hört man meistens Folgendes: Vesna ist sehr fräundlich und
geduldig. Sie unterhelt sich gern mit anderen Menschen.
Dabei hört sie gut zu und lesst sie ausreden. Außerdem
hat sie ein gutes Benehmen und ist höflich.

Checkpunkt 4 : b oder p, d oder t, g oder k am Wortende?

6 a. Verlängere die Wörter aus der folgenden Liste.
b. Schreibe die Wörter und ihre Verlängerungen auf.
Setze vor die Nomen den bestimmten Artikel.
Tipp: Verwende ein Wörterbuch.

die Schuld, der Halt, der Erfolg, krank, gelb, der Typ

> **Starthilfe**
>
> die Schuld – die Schulden
> …

7 Wende Checkpunkt 4 bei dem folgenden Text an.
a. Verlängere die hervorgehobenen Wörter.
b. Entscheide: Sind die Wörter im Text richtig oder
falsch geschrieben?
c. Schreibe den verbesserten Text fehlerfrei auf.

Vesnas Freundinnen und Freunde

Ihre Freundinnen und Freunde finden Vesna total in Ordnung.
In ihrer Klasse gipt es niemanden, der sie nicht mag. Sie hilft gern,
wenn sie kann. Sie ist einfach liep und kluk und daher bei allen beliept.

Checkpunkt 5 : Groß oder klein?

8 a. Schreibe die Nomen der folgenden Wörterliste ab.
b. Woran erkennst du, dass es Nomen sind? Markiere es.

Starthilfe

die Krankheit …

die Krankheit, die Überraschung, das Erlebnis, ein Flugzeug,
der Stundenplan, viel Schönes, nichts Neues, alles Gute, beim Lesen

9 Wende Checkpunkt **5** bei dem folgenden Text an.
a. Finde Merkmale von Nomen bei den hervorgehobenen Wörtern.
b. Entscheide: Sind die Wörter im Text richtig oder falsch geschrieben?
c. Schreibe den verbesserten Text fehlerfrei auf.

Vesnas Praktikum

Alle finden, dass Vesna mit ihrer freundlichkeit bei anderen personen
gut ankommt. Neulich sagte ein Lehrer zu ihr: „Du bist sprachlich
sehr geschickt und kannst etwas neues gut erklären. Denk doch mal
darüber nach, ob du dein Praktikum im nächsten schuljahr nicht
in einem geschäft machen möchtest."

Achtung:
Fehler!

Checkpunkt 6 : Komma – ja oder nein?

10 a. Schreibe die folgenden Satzgefüge auf.
b. Kreise **als**, **weil** und **dass** ein und markiere die Kommas.

Alma hatte noch mehr Spaß im Praktikum, als sie eine spannende Aufgabe bekam.
Weil Josip gut mit Menschen umgehen kann, möchte er im Kaufhaus arbeiten.
Can weiß, dass er für das nächste Schuljahr einen Praktikumsplatz braucht.

11 Wende den Checkpunkt **6** bei folgendem Text an.
a. Schreibe den Text ab.
b. Prüfe und markiere:
• Findest du **als**, **weil** oder **dass**?
• Findest du eine Aufzählung?
c. Setze die Kommas.

Vesnas Bewerbung

Nun denkt Vesna dass sie sich bald für einen Praktikumsbetrieb
entscheiden sollte. Weil viele Schülerinnen und Schüler ein Praktikum
machen muss sie sich mit der Bewerbung beeilen. Vesna wird sich
in Supermärkten Kaufhäusern Läden und Schuhgeschäften bewerben.

Kommas
fehlen!

Den Rechtschreib-Check selbstständig anwenden

Mit diesem Text kannst du den Rechtschreib-Check ausprobieren.

📖 **Unsere Sterken** [3]

Neulich [1] besuchten zwei Auszubildende die [6] in einem Kfz-Betriep [4]

arbeiten, unseren Unterricht. Sie informierten uns

über die schulischen Voraussetzungen [5] und über die Ausbildung [5].

Bisher treumten [3] viele nur davon, Erfolg [4] zu haben und

5 reich [5] zu werden. In Wirklichkeit landen [6] nur wenige Schüler

beim Film [5] oder in der Fußballbundesliga. Die Arbeit [5] sollte

zur begabung [5] pasen [2] und Freude [5] machen. Manche von uns

haben sehr geschickte Hende [3], andere könen [2] schnell rechnen

oder gut reden. Einige Klassenkameradinnen und

10 Klassenkameraden haben einen grünen daumen [5].

Für sie wäre die Arbeit in einem Gartenbaubetrieb [5]

geeignet. Jeder solte [2] also darüber nachdenken,

was er besonders [1] gut kann und [6]

erst dann überlegen, wo er sein praktikum [5]

15 machen möchte. Mark, mein Nebenmann,

ist richtik [4] fleißig [4] und kann alles

an seinem Fahrad [1] reparieren [1]. Ihm haben

die Berichte aus der Kfz-Werkstatt gut gefalen [2].

> **Achtung: Fehler!**

> **Kommas fehlen!**

251

Im Text auf Seite 251 sind einige Wörter orange hervorgehoben.
Und die Checkpunkte sind schon markiert.

1 Welche Wörter sind richtig geschrieben?
Welche falsch?
a. Überprüfe alle orangefarbenen Wörter.
Tipp: Die Ziffern über den Wörtern sagen dir,
welchen Checkpunkt du anwenden kannst.
b. Schreibe alle orangefarbenen Wörter in eine Tabelle.
Schreibe die Nomen mit ihrem bestimmten Artikel auf.

Starthilfe	
richtig geschrieben	verbessert
neulich	die Stärken
…	…

Im Text auf Seite 251 sind manchmal zwei Wörter unterstrichen.
Zwischen den beiden Wörtern könnte ein Komma fehlen.

2 Wo sind Kommas richtig gesetzt?
Wo fehlen sie?
Überprüfe bei allen unterstrichenen Wörtern,
ob ein Komma fehlt.
Wende dabei Checkpunkt **6** an.

3 Schreibe den verbesserten Text fehlerfrei und gut lesbar ab.
Tipp: Kontrolliere immer jeweils einen Satz und
schreibe ihn dann in dein Heft.

4 Probiere den Rechtschreib-Check an einem Diktat oder
an einem eigenen Text aus.
• Markiere zunächst deine Fehlerwörter und andere schwierige Wörter.
Markiere auch die Wörter, bei denen du unsicher bist.
• Prüfe jedes dieser Wörter mit den Checkpunkten **1** bis **5**.
• Berichtige die Fehler.
• Prüfe dann den Text mit dem Checkpunkt **6**.
• Setze fehlende Kommas.

Ein Tipp zum Schluss: Wende den Rechtschreib-Check in Zukunft
bei allen deinen Texten an.

Z Auch diesen Text kannst du mit dem Rechtschreib-Check prüfen.

Die Checkpunkte sind hier aber nicht markiert.
Du musst selbst überlegen, welcher Checkpunkt jeweils der richtige ist.

📖 Fit ins Praktikum

In der Mittagspaue saßen Lorenzo und Tom mit Schülerinnen und
Schülern aus der 9. Klasse zusammen an einem tisch. Die kamen gerade
aus dem Praktikum und erzehlten von ihren erlebnissen. Pia meinte:
„Beim Frisör war es toll. Ich durfte den Kundinnen die Haare <u>waschen und</u>
5 mich mit ihnen unterhalten. Ich habe vil über den Beruf gelernt.
Aber ich hätte nie gedacht, dass ein Arbeitstag so anstrengent sein kann.
Besonders das stundenlange stehen war ich nicht gewohnt." Vlado lächelte:
„Bei mir war es genau umgekehrt. Vom Fußballtraining bin ich
viel Bewegung gewohnt, aber im Büro musste ich fast den ganzen Tag sitzen
10 und Post sortieren. Da kribbelte es richtik in den Beinen."
Tea meinte: „sportlichkeit ist jedenfalls kein Nachteil. Im Altenheim hätte ich
viel mehr Kraft gebrauchen können. Die alten Leute mussten <u>gebadet gekämmt,</u>
angezogen und unterhalten werden. Und mnche waren ganz schön schwer.
Wenn man da nicht kräftig zupacken <u>kann ist</u> man schnell aufgeschmissen."
15 Lorenzo und Tom sahen sich erstaunt an. Daran hatten sie noch gar nicht gedacht.
Körperliche Fitness war also in den meisten Praktikumsberufen gefragt.
Tom stiß Lorenzo mit dem Ellenbogen in die Rippen und flüsterte:
„Du, wir treffen uns um 17:00 Uhr an dem <u>Parkplatz der</u>
an der Waldstraße liegt. Machst du mit? Ich brauche
20 beim laufen Gesellschaft." „<u>Ehrensache" antwortete</u> Lorenzo, „meinst du,
ich will mein Praktikum abbrächen, weil ich zu schlapp bin?"

> **Achtung:
> Fehler!**

> **Kommas
> fehlen!**

Z **5** Überprüfe den Text mit Hilfe des Rechtschreib-Checks.
    a. Überlege, mit welchem Checkpunkt du die orangefarbenen Wörter
       und die unterstrichenen Wörter überprüfen musst.
    b. Begründe die Richtigschreibung im ganzen Satz.
    c. Schreibe den Text in richtiger Schreibung und Kommasetzung
       in dein Heft.

> **Starthilfe**
>
> Bei <u>Mittagspause</u> fehlt ein s.
> Wenn ich das Wort deutlich spreche,
> höre ich … (Checkpunkt 1)
> …

Verbreihen trainieren

Bei einigen Verben bleibt der Wortstamm immer gleich:
er lobt – er lobte – er hat gelobt.
Manche Verben ändern sich aber im Präteritum oder im Perfekt:
sie gewinnt – sie gewann – sie hat gewonnen.

→ Verbtabelle: Seite 308

1 **a.** Trage die folgenden Verbformen in eine Tabelle ein.
   b. Was ändert sich in den Verbformen? Markiere es.

er ist gefahren, sie hat geholfen, er fährt, er wirft, er hat gesprochen, er fuhr,
sie trug, sie findet, er spricht, sie hat getragen, er sprach, sie half, werfen,
helfen, sie hat gefunden, finden, sie trägt, er warf, er hat geworfen, sie hilft,
fahren, sprechen, sie fand, tragen

Starthilfe

Infinitiv	Präsens	Präteritum	Perfekt
fahren	er fährt	…	…
…			

**Es gibt leider keine Regel, welche Verben sich im Präteritum oder
im Perfekt ändern. Du musst dir die Verbreihen merken.**

2 Schreibt die Verbreihen aus der Aufgabe 1 auswendig auf:
   a. Diktiert euch zu jeder Verbreihe jeweils eine Verbform.
   b. Schreibt die anderen Formen der Verbreihen aus dem Gedächtnis auf.

3 **a.** Schreibe die folgenden Sätze ab.
     Setze dabei passende Verben aus der Aufgabe 1 im Präteritum ein.
   b. Wähle drei weitere Verben aus und schreibe Sätze im Präsens auf.

Unter Lebensgefahr   der Feuerwehrmann der verletzten Person.
Nach einem Einbruch   der Dieb mit einem gestohlenen Auto davon.
Nach langem Suchen   sie endlich in der Turnhalle die Sporttasche wieder.

Z Ein Quartett mit Verbformen

4 Gruppenarbeit!
   a. Schreibt jede Verbform der Tabelle
     aus der Aufgabe 1 auf eine Karteikarte.
     Schreibt jeweils Infinitiv, Präsens,
     Präteritum und Perfekt dazu.
   b. Jetzt könnt ihr mit den Karten
     Quartett spielen.

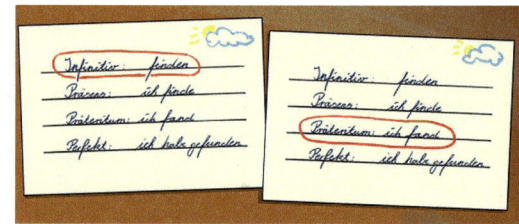

Üben mit der Rechtschreibkartei

In der Rechtschreibkartei sammelst du schwierige Wörter und deine Fehlerwörter auf Lernkärtchen.

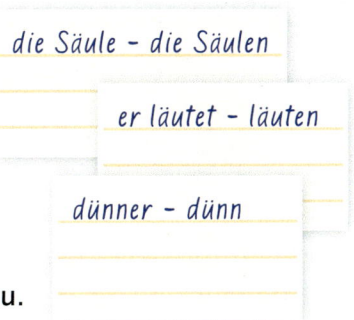

So legst du deine Rechtschreibkartei an:
- Schreibe jedes schwierige Wort oder Fehlerwort richtig geschrieben auf eine Karteikarte in die erste Zeile.
- Schreibe mit deiner schönsten Schrift.
- Schreibe bei Nomen den Artikel und den Plural hinzu.
- Bei Verben und Adjektiven schreibst du die Grundform dazu.

 1 a. Diktiert euch gegenseitig folgende Merkwörter.
b. Vergleicht eure Wörter Buchstabe für Buchstabe.
c. Legt für falsch geschriebene Wörter Lernkärtchen an.

die Waage, ihr, bohren, die Höhle, der Stuhl, fühlen, das Moos, bloß, brav, die Hexe, der Fuchs, der Bär, der Kaiser, der Clown, das Theater, die Strophe, das Thermometer, vielleicht, trotzdem, interessant

Mit deiner Rechtschreibkartei kannst du selbstständig wiederholen und üben.

Arbeitstechnik

Mit der Rechtschreibkartei trainieren

- **Wähle** jeweils **acht Karteikarten** aus.
- **Lies** jedes Wort **halblaut**.
- **Präge** dir das Wort **genau ein**.
- **Drehe** die Karteikarte **um** und **schreibe** das Wort **auf**.
- Wenn du die acht Wörter geschrieben hast, **kontrolliere** sie **genau**.
- Die **richtig** geschriebenen Wörter legst du auf einen Stapel.
- Ist ein Wort **fehlerhaft**, legst du die Karte auf einen anderen Stapel.
- Deine persönlichen Fehlerwörter **trainierst** du weiter, **bis es klappt**.
- Die acht Karteikarten **sortierst** du hinten im Kasten **wieder ein**.

2 Wähle acht Karteikarten aus deiner Rechtschreibkartei aus. Übe sie mit Hilfe der Arbeitstechnik, bis du alles sicher schreiben kannst.

Tipp: Übe deine Fehlerwörter regelmäßig.

Wortfamilien und Wortfelder

Wortfamilien rund um den Beruf erkennen

Hast du schon einen Berufswunsch?

Ich finde mehrere Berufe interessant. Ich denke, eine Berufsberatung kann mir helfen.

Zur Wortfamilie Beruf gehören eine Reihe von Wörtern.
Wortfamilien helfen dabei, Wörter besser zu verstehen.

1 a. Lest die Sprechblasen vor.
   Welche Wörter gehören zur Wortfamilie **Beruf**?
  b. Lest auch die Wörter auf dem Baum vor.
  c. Erklärt euch die Wörter gegenseitig.

		einberufen
der Berufswunsch		berufen
der Berufsverkehr		
das Berufsleben		
die Berufsberatung		
die Berufsberaterin	berufstätig	
die Berufskleidung	berufsbildend	beruflich
die Berufsfeuerwehr	berufsbedingt	

- beruf-

2 a. Schreibe die Sätze aus den Sprechblasen auf.
  b. Markiere **Beruf** farbig.

3 Einige Wörter der Wortfamilie **Beruf** gehören in die folgenden Sätze.
Schreibe die Sätze vollständig auf.

Toms Vater hat schon Menschen gerettet. Er arbeitet bei der ▨▨▨▨.
Im Einsatz kann es auch für ihn selbst gefährlich werden. Deshalb trägt er
eine besondere ▨▨▨▨. Wenn die Straßen voll sind, z. B. im ▨▨▨▨,
ist es schwer, mit dem Löschzug zum Einsatzort zu gelangen.
Auch Toms Mutter ist ▨▨▨▨: Sie arbeitet als Altenpflegerin.
Tom selbst ist sich noch nicht sicher, was er später ▨▨▨▨ machen möchte.

4 Bilde selbst Wörter aus der Wortfamilie **Beruf**.

die Schule, der Anfänger, die Ausbildung,
die Bezeichnung, das Geheimnis

Starthilfe
der Beruf + s + die Schule = die ...

1 Ein Pilot ist **berufsbedingt** viel unterwegs. Während der Ausbildung
arbeite ich in der Gärtnerei und gehe auf eine **berufsbildende** Schule. Unsere Rektorin
hat eine Klassenkonferenz **einberufen**.

Für die Wortfamilien **arbeiten** und **prüfen** könnt ihr selbst
einen Wortfamilien-Baum zeichnen.

arbeiten	die Prüfung	die Hausarbeit	überarbeiten
der Prüfling	der Arbeitsplatz	arbeitsfähig	prüfen
die Fahrprüfung	unbearbeitet	die Prüferin	die Prüfungsaufgabe
die Gartenarbeit	der Arbeitstag	nachprüfen	überprüfen
die Verarbeitung	das Prüfungsfach	verarbeiten	geprüft
die Überprüfung	der Arbeitgeber	prüfend	ausarbeiten
die Prüfungsfrage	der Arbeitnehmer	die Arbeitskollegin	die Meisterprüfung
der Bauarbeiter	der Arbeitsmarkt	bearbeiten	arbeitslos

 5 Welche Wörter gehören zu einer gemeinsamen Wortfamilie?
  a. Zeichnet jeder einen Baum auf ein Blatt Papier.
    Beschriftet den einen Baumstamm mit dem Wortstamm **-arbeit-**
    und den anderen Baumstamm mit **-prüf-**.
  b. Sortiert die Wörter nach den Wortfamilien.
    Schreibt sie auf den richtigen Baum.

 6 **a.** Findet noch weitere Wörter zu jeder Wortfamilie.
  b. Verwendet vier Wörter aus jeder Wortfamilie in eigenen Sätzen.

In manchen Wortfamilien können sich die Wortstämme verändern,
z. B. bei Fremdwörtern: das Pra**k**tikum – die Pra**x**is.

 7 **a.** Schreibt die beiden hervorgehobenen Wörter auf.
  b. Lest das Gespräch halblaut mit verteilten Rollen.

Carla: Bald geht unser Betriebspraktikum los.
Dave: Hast du schon einen Praktikumsplatz?
Carla: Noch nicht. Mein Bruder war letztes Jahr Praktikant
    in einer Tischlerei. Dem gefiel das richtig gut. Aber ich bin
    nicht so praktisch veranlagt. Vielleicht mache ich
    mein Praktikum lieber im kaufmännischen Bereich.
    Hast du dir schon einen Praktikumsbetrieb gesucht?
Dave: Ja, ich interessiere mich für den Gärtnerberuf und
    möchte etwas mehr über die Praxis erfahren.

 **8** **a.** Findet alle Wörter aus der Wortfamilie **Praxis**.
    Schreibt sie mit dem Artikel auf.
  b. Erklärt euch gegenseitig, was die einzelnen Wörter bedeuten.

 6 Momentan gibt es viele freie Stellen auf dem **Arbeitsmarkt**. Manche **Arbeitgeber**
bieten **Zeitarbeit** an, also eine Beschäftigung für eine begrenzte Zeit.
Viele **Arbeitnehmer** arbeiten nicht in ihrem erlernten Beruf.

Wortfelder kennen lernen

Manche Berufe kannst du an typischen Gegenständen erkennen.

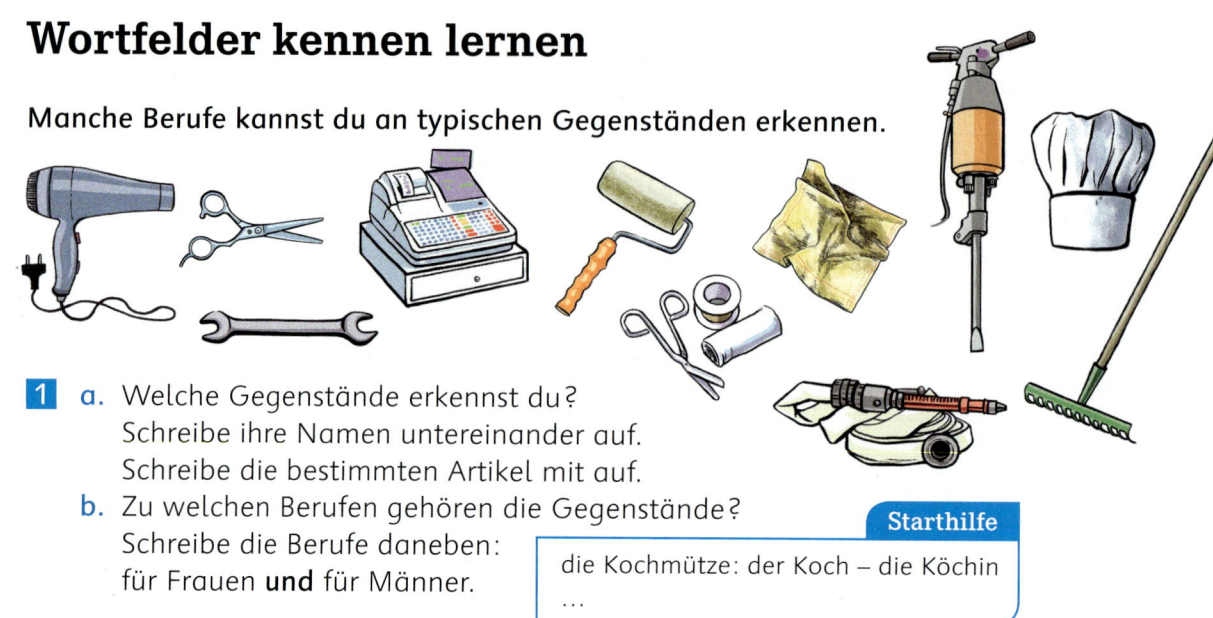

1 a. Welche Gegenstände erkennst du?
   Schreibe ihre Namen untereinander auf.
   Schreibe die bestimmten Artikel mit auf.

b. Zu welchen Berufen gehören die Gegenstände?
   Schreibe die Berufe daneben:
   für Frauen **und** für Männer.

> **Starthilfe**
> die Kochmütze: der Koch – die Köchin
> …

Alle Berufe haben etwas gemeinsam: Sie bezeichnen Personen.
Wörter mit solchen Gemeinsamkeiten, also mit ähnlichen Bedeutungen
gehören zu einem Wortfeld.

2 Finde weitere Wörter aus dem Wortfeld **Berufe**.
   Schreibe die Wörter mit den bestimmten Artikeln auf.

Z 3 a. Kennst du typische Gegenstände zu diesen Berufen?
   Schreibe und zeichne sie dazu.

b. Was haben alle Berufe noch gemeinsam?
   Schreibe Stichworte auf.

Besonders in Handwerksberufen benötigt man viele Werkzeuge.

der Schraubendreher	der Handbohrer	der Schaukelstuhl	der Steckschlüssel
das Sofa	der Schemel	die Gartenbank	der Vorschlaghammer
die Flachzange	die Stichsäge	der Seitenschneider	der Ledersessel

4 a. Welche Wörter gehören zum Wortfeld **Werkzeuge**?
   Schreibe die Wörter auf.

b. Zu welchem Wortfeld gehören die übrigen Wörter?
   Finde einen Namen
   für das Wortfeld und
   schreibe die Wörter auf.

> **Starthilfe**
> Wortfeld Werkzeuge: der Schraubendreher, …
> Wortfeld …: der …

1 der Feuerwehrschlauch, der Fön, der Haartrockner, der Pressluftbohrer,
   der Putzlappen – das Putztuch , der Schraubenschlüssel,
   das Verbandszeug: das Pflaster – die Binde – die Schere, die Haarschneideschere,
   die Harke, die Kasse, die Kochmütze, die Malerrolle

Wortfelder können dir helfen, wenn du dich mit einem Thema genauer beschäftigen möchtest, zum Beispiel mit einem bestimmten Beruf.

gärtner!
ein beruf voller leben

Informationen über die Berufsausbildung im Deutschen Gartenbau

Startseite
Der Beruf
Bildungswege
Adressen
Berufschancen/Karriere
Kontakt
Job-Börse

▣ Impressum
▣ Suche
▣ E-Mail

⬚⬚ Überblick: Der Beruf Gärtner/in

Gärtner/in, ein Beruf...

➤ **...für Kreative**
Ob bei der Anlage eines Privatgartens oder der Bepflanzung eines Blumenkübels, in jedem Fall sind gute Ideen gefragt - vor allem für die Farbgestaltung und standortgerechte Verwendung der Pflanzen. Gärtnerinnen und Gärtner müssen kreativ sein und ein Gespür für Formen und Farbzusammenstellungen haben.

➤ **... für Entscheider**
Wer im Gartenbau beschäftigt ist, kann nicht zu jeder Zeit alles mit dem Chef oder der Chefin besprechen. Manchmal sind schnelle, eigenverantwortliche Entscheidungen gefragt.

➤ **... für Teamarbeiter**
Eigene Ideen sind auch im Gartenbau wichtig, aber sie müssen ins Team eingebracht werden, denn im Gewächshaus oder auf der

🔲 7 Fachrichtungen
Der Beruf Gärtner wird in sieben Fachrichtungen ausgebildet:

▣ Baumschule
▣ Friedhofsgärtnerei
▣ Garten-/Landschaftsbau
▣ Gemüsebau
▣ Obstbau
▣ Staudengärtnerei
▣ Zierpflanzenbau

5 Welche Wörter auf dieser Internetseite gehören zum Thema **der Gärtner – die Gärtnerin**?
  a. Schreibe die Wörter auf. Schreibe dabei Nomen mit Artikeln auf.
  b. Welche Wörter und Wortgruppen gehören noch zu diesem Thema? Ergänze deine Liste selbstständig.

> **Starthilfe**
>
> Thema der Gärtner – die Gärtnerin
> der Gartenbau, der Privatgarten ...
> umgraben, den Rasen pflegen, blühend ...

6 a. Lege für das Thema **der Koch – die Köchin** einen Cluster an.
  b. Finde Wörter rund um dieses Thema: Du kannst Nomen (mit Artikeln), Verben und auch Adjektive aufschreiben.

Z 7 a. Wähle einen Beruf aus, der dich interessiert.
  b. Finde Informationen zu diesem Beruf, zum Beispiel im Internet.
  c. Gestalte einen Cluster oder eine Mindmap mit Wörtern zu dem Beruf.

✎ **6 7** die Berufsbezeichnung: Wie heißt ...?   der Arbeitsplatz: Wo arbeitet ...?
die Arbeitszeiten: Wann arbeitet ...?   die Tätigkeiten: Was macht ...?
die Arbeitsmittel: Was benutzt ...?   die Ausbildung: Was hat ... gelernt?

Wortarten wiederholen

Im Spinnennetz

Ein erstaunliches Kunstwerk

Wenn du ein Spinnennetz vorsichtig
mit Wasser besprühst, funkelt es in der Sonne
und du kannst es gut erkennen. Die Fäden
bestehen aus einer hauchdünnen Spinnenseide.
5 Sie wird in den Spinndrüsen der Spinne
hergestellt und ist ein ganz besonderes Material.
Spinnenseide ist sehr leicht, aber trotzdem
reißfest. Auch ein heftiger Regenschauer kann
einem Netz aus so einer Seide nichts anhaben,
10 denn sie ist wasserfest.
Diese einmaligen Eigenschaften beschäftigen
auch die Wissenschaftler. Sie möchten zum Beispiel
eine kugelsichere Weste herstellen, die so zart
wie ein Seidenhemd ist. Aber bisher ist
15 das Geheimnis um die Zusammensetzung
der Fäden noch nicht gelöst. Ein Museum
in London stellte im Jahr 2012 einen Umhang
aus echten Spinnfäden aus. Fünf Jahre lang
hatten 80 Mitarbeiter dafür
20 unzählige Spinnennetze eingesammelt.

1 Was für eine Weste wollen Wissenschaftler herstellen?
    a. Schreibe die Antwort aus dem Text ab.
    b. Markiere in deiner Antwort alle Adjektive.

2 Finde im Text passende Adjektive zu den folgenden Nomen.
    Schreibe die Wortgruppen auf.

    ein _____ Regenschauer   ein _____ Kunstwerk   eine _____ Weste

3 Wie könnte der Umhang aus echten Spinnfäden aussehen?
    Beschreibe ihn in Sätzen. Verwende in jedem Satz ein Adjektiv.

der Kragen, die Kapuze, die Taschen, der Stoff, der Umhang, die Knöpfe	rund, eckig, goldfarben, federleicht, dünn, zart, groß, durchsichtig	**Starthilfe** Der Umhang ist federleicht. …

2 Achte auf die Endungen! **Beispiele:** der große Regenschauer ➔ ein großer Regenschauer, das große Kunstwerk ➔ ein großes Kunstwerk, die große Weste ➔ eine große Weste

4 Finde im Text vier zusammengesetzte Nomen mit **Spinne**.
Schreibe sie mit dem bestimmten Artikel auf.

Starthilfe

das Spinnennetz, die …

5 Sechs der folgenden Nomen kommen im Text vor.
  a. Schreibe alle Nomen untereinander auf.
  b. Welche Nomen findest du im Text?
     Setze einen Haken hinter die jeweiligen Nomen.

die Fäden, der Forscher, das Geheimnis, der Mantel, das Material,
das Museum, der Regenschauer, die Rose, die Sonne, der Wasserhahn

6 Welcher Artikel passt?
Schreibe die Sätze ab.
Setze dabei den bestimmten oder den unbestimmten Artikel ein.

Forscher haben _____ Umhang aus Seide und Gold entwickelt,
der _____ Träger unsichtbar machen soll. _____ Stoffgewebe funktioniert
nur bei bestimmtem Licht, das für _____ menschliches Auge
nicht zu erfassen ist. Ziel der Forschung ist aber nicht
_____ geheimnisvolle Unternehmung, sondern
die Anwendung in _____ Medizin.

7 a. Schreibe den Trainingstext von Seite 260 ab.
  b. Markiere alle Verben.
  c. Welche Verben kommen mehrmals vor? Kreise sie ein.
  d. Schreibe alle Verben im Infinitiv und
     in der 3. Person Singular Präsens auf.
     Tipp: Du kannst in der Verbtabelle auf Seite 308 nachschlagen.

Starthilfe

besprühen – er besprüht
funkeln – …

8 Schreibe den folgenden Text ab.
Setze die passenden Verben vom Rand im Präsens ein.

Spinnen _____ am liebsten Insekten. Sie _____ die kleinen Tierchen
in ihrem Spinnennetz. Jede Spinnenart _____ ihre eigene Netzart.
Eine besonders schöne Form ist das Radnetz, das man morgens
oft draußen _____. Eine Spinne _____ nie in ihrem eigenen Netz fest.
Sie hat am Ende ihrer Beine drei Klauen. Wie auf Stelzen _____
sie damit über die Spinnfäden.

fangen
fressen
kleben
laufen
sehen
weben

 6 der Träger → den Träger unsichtbar machen, ein Umhang → einen Umhang entwickeln
die Medizin → in der Medizin

Auf dem Feld

Wo? Wohin?

Der Bauer will sein Heu heimbringen, bevor das Gewitter losbricht.

die Peitsche
die Mistgabel
der Bauer
der Heuwagen
die Pferde
die Wolke
der Vogel
der Baum
das Schild

1 Was siehst du auf dem Bild? Wo siehst du es?
Schreibe sechs Sätze auf.
Verwende dabei die Wörter **auf**, **in**, **vor**, **neben**, **über** und **unter**.

📖 Heuernte

Ein Bauer wollte sein Heu in die Scheune bringen. Am Morgen freute er sich
über das schöne Wetter. Nun musste das Heu auf den Leiterwagen
geladen werden. Der Bauer beeilte sich, denn über ihm zogen
erste Gewitterwolken auf.
5 Endlich war alles verladen. Die Pferde zogen schwer schnaufend an,
doch sie brachten den Wagen nicht fort. Der Bauer ärgerte sich über
die Pferde. Ein Grashüpfer saß oben auf dem Heu und beobachtete alles.
Er dachte: „Den Pferden zuliebe will ich den Wagen verlassen und
ihn leichter machen." Daraufhin sprang er hinab.
10 Tatsächlich wurde der Wagen nun fortgezogen. Hinter dem Wagen
rief der Grashüpfer dem Bauern nach: „Aber ich freue mich schon
auf eine gemütliche Fahrt beim nächsten Mal!"

2 Im Text sind Wortgruppen mit Präpositionen hervorgehoben.
  a. Schreibe sie untereinander auf.
  b. Welche Wortgruppen erfragt man mit **Wo?**
     Welche Wortgruppen erfragt man mit **Wohin?**
     Markiere sie unterschiedlich.

Merkwissen

Mit einigen **Präpositionen** kannst du ausdrücken,
wo etwas ist (Dativ) oder **wohin** etwas kommt (Akkusativ).

 in
 auf
 über
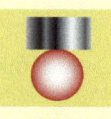 unter
 vor
 hinter
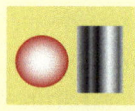 neben

Der Bauer bringt die Pferde ░░░░ Stall.
Er führt sie ░░░░ Gang bis zu ihrer Box.
Er striegelt die Pferde ░░░░ Box.
Er schüttet Hafer ░░░░ Futtereimer.
Der Bauer schaufelt das Heu ░░░░ Heuboden.
Die Blitze zucken am Himmel ░░░░ Haus.
Die Regentonne steht ░░░░ Stalltür und ist voll.

3 Schreibe den folgenden Lückentext ab.
Setze dabei eine passende Präposition und den richtigen Artikel ein.
Tipp: Frage mit **Wo?** und **Wohin?**.
So findest du heraus, ob du den Dativ oder
den Akkusativ einsetzen musst.

> neben
> in
> über
> auf

Starthilfe

> Wohin bringt der Bauer die Pferde? (Akkusativ)
> → Der Bauer bringt die Pferde in <u>den</u> …

Worüber freut sich der Bauer? Wovon träumt … ?

Der Bauer freut sich über schönes Wetter.
Worüber freut sich aber ein Grashüpfer?

4 Manche Verben haben eine feste Präposition.
  a. Schreibe die Sätze mit den hervorgehobenen Wörtern
     aus dem Text „Heuernte" ab.
  b. Markiere die Verbformen und die Präpositionen.
  c. Unterstreiche die Nomen mit Artikeln im Akkusativ.

Starthilfe

> … freute er sich über das schöne Wetter, …

5 Auch die folgenden Verben haben eine feste Präposition.
  a. Schreibe mit jedem Verb einen Satz auf.
  b. Markiere die Verbformen und die Präpositionen.
  c. Unterstreiche die Wortgruppen im Akkusativ und
     im Dativ unterschiedlich.

mit Dativ: sich unterscheiden von, träumen von, sprechen über,
               erzählen von, beginnen mit
mit Akkusativ: bitten um, sich wundern über, warten auf,
               sich freuen auf, sich ärgern über

5 sich von anderen … unterscheiden, von einer eigenen Wohnung träumen,
über Neuigkeiten sprechen, mit einem Praktikum beginnen,
sich auf den Geburtstag freuen, auf den Bus warten

Adverbien des Ortes und der Zeit

Die Klasse 7b beschäftigt sich in der Projektwoche mit Spinnen.
Tom und Jannis schreiben einen Bericht über die Baldachinspinne.

Ein Netz wie ein Zelt

Für unser Projekt beobachteten wir heute
eine Baldachinspinne. Ein Baldachin ist
ein Zeltdach aus Stoff, das man oben
über einem Bett oder einem Thron findet.
5 Diese Spinne webt draußen Netze, die so ähnlich
wie ein Baldachin aussehen. Daher hat sie
ihren Namen. Weil man die Netze ▭ am besten
erkennen kann, gingen wir schon um sieben Uhr
in den Park. ▭ hatten wir ▭
10 ein baldachinförmiges Netz gefunden. So
ein Gebilde hatten wir ▭ noch nicht gesehen.
Als wir genauer hinschauten, sahen wir,
dass sich ▭ eine Fliege im Netz verfing.
Die Spinne überwältigte sie ▭.
15 Vermutlich hatte sie ▭ gewartet und
bekam nun ▭ etwas zu fressen.

1 • Wann beobachtete die Klasse 7b eine Baldachinspinne?
   • Wo findet man einen Baldachin?
   • Wo webt diese Spinne Netze?
   Schreibe die Antworten auf.

2 Schreibe den Text ab.
   Setze dabei in jede Lücke ein passendes Wort.
   Tipp: Manchmal passen verschiedene Wörter.
        Probiere es aus.

bald, bisher, dort, endlich, gerade, morgens, sofort, stundenlang

Starthilfe

…
Weil man die Netze morgens am besten …

Merkwissen

Adverbien des Ortes können ausdrücken, **wo** etwas geschieht: *überall, hier*.
Adverbien der Zeit können ausdrücken, **wann** etwas geschieht: *bald, morgens*.
Adverbien verändern ihre Form nicht.

das / ein Adverb – die Adverbien

3 a. Markiere in deinem Text die Adverbien des Ortes und der Zeit unterschiedlich.
 b. Schreibe die Adverbien in eine Tabelle.

Wo …?
Wann …?

Starthilfe

Adverbien des Ortes	Adverbien der Zeit
oben	heute
…	…

Die **7**b hat noch mehr über die Baldachinspinne herausgefunden.

Die Baldachinspinne ist überall zu finden, wo es feucht und nicht zu hell ist. Ihr Körper ist vorne braun-gelblich. Der Hinterleib der Weibchen hat immer eine hellere Farbe. Freiwillig verlässt sie selten ihr Netz. Aber manchmal muss sie einen neuen Lebensraum finden. Dann lässt sich die Baldachinspinne an einem langen Faden vom Wind forttragen. Der Faden bleibt irgendwo hängen. Hier baut die Spinne ein neues Netz.

4 a. Schreibe die Sätze ab.
     Markiere die Adverbien des Ortes und der Zeit unterschiedlich.
 b. Trage die Adverbien in deine Tabelle von Aufgabe 3 ein.
 c. Wähle sechs Adverbien aus deiner Tabelle aus.
     Schreibe eigene Sätze mit den sechs Adverbien auf.

Jannis heftet eine Information an die Projektwand. Aber da fehlt doch was!

Unser Beitrag zur Baldachinspinne ist fertig geworden.
Wir haben daran gearbeitet.
Wir hängen das Ergebnis auf.
Die Fotos werden ergänzt.

5 a. Der Text von Jannis ist nicht verständlich.
     Ergänzt die Sätze mit passenden Adverbien des Ortes und der Zeit.
     Nehmt eure Tabelle zu Hilfe.
 b. Schreibt den neuen Text auf.
 c. Markiert die Adverbien des Ortes und der Zeit unterschiedlich.

 4 stundenlang auf einen Anruf warten, bald Wochenende haben, immer einen Fahrradhelm tragen, manchmal Hilfe benötigen, irgendwo einen Schlüssel verlieren, morgens als Erster munter sein

Verben verwenden

Das Plusquamperfekt verwenden

In der Ballade „John Maynard" geschah an Bord eines Schiffs
ein Unglück. Alle Passagiere und alle Seeleute überlebten.
Aber der Steuermann John Maynard starb dabei.

Was hatte sich vor dem Tod von John Maynard ereignet?

Das Schiff „Die Schwalbe" hatte im Hafen von Detroit abgelegt. Alle Passagiere
hatten sich auf die Ankunft in Buffalo gefreut. Plötzlich hatte jemand
das Feuer an Bord des Schiffes entdeckt. Der Kapitän hatte immer wieder
nach John Maynard gerufen. John Maynard hatte großen Mut gezeigt.
Er hatte das Schiff in die Brandung gesteuert. Er hatte so alle Passagiere gerettet.

1 a. Schreibe die hervorgehobenen Verbformen mit den Personalpronomen auf.
  b. Markiere die Formen von **haben**.

> **Starthilfe**
>
> es hatte abgelegt
> sie hatten …

2 Wie werden die Formen von **haben** gebildet?
Wiederholt es gemeinsam.
Schreibt dazu die Formen im Präsens und im Präteritum
nebeneinander auf.

3 Was hatte John Maynard alles unternommen?
Schreibe Sätze mit **hatte/hatten** und den folgenden Wortgruppen auf.

das Schiff sicher gesteuert, dem Kapitän bei der Rettung geholfen,
die Passagiere beruhigt, das Steuerrad fest in der Hand gehalten

2 3 ich habe – ich hatte, du hast – du hattest, er/sie/es hat – er/sie/es hatte,
wir haben – wir hatten, ihr habt – ihr hattet, sie haben – sie hatten
Der Kapitän (hatte) das Schiff sicher (gesteuert).

Was war vor dem Tod von John Maynard noch geschehen?

Das Schiff war pünktlich in Detroit abgefahren. Alle Passagiere waren fröhlich an Bord gegangen. Plötzlich war im Schiffraum das Feuer entstanden. Die Passagiere waren auf das Deck gekommen. Sie waren auf dem Deck panisch durcheinandergelaufen. Das Schiff war an den Felsen zerbrochen. Aber alle waren unverletzt von Bord gegangen.

4 Auch in diesen Sätzen sind Verbformen hervorgehoben.
   a. Schreibe die Verbformen mit den Personalpronomen auf.
   b. Markiere die Formen von **sein**.

> **Starthilfe**
>
> es war abgefahren
> sie waren …

5 Wiederholt gemeinsam die Formen von **sein**.
Schreibt die Formen im Präsens und im Präteritum nebeneinander.

6 Was war noch alles passiert?
Schreibe Sätze mit **war/waren** auf.
Tipp: Du kannst die Satzschalttafel verwenden.

Die Passagiere Alle	waren	mit ihren Kindern immer näher	gekommen gelangt erloschen
Die rettende Küste Das Feuer	war	unverletzt an den Strand durch das Wasser	

7 Was hatte sich vor dem Tod von John Maynard ereignet?
Schreibe einen Text im Plusquamperfekt.
Tipp: Du kannst die Stichworte vom Rand verwenden.

> • aus Detroit abgefahren
> • John … steuert Schiff
> • Feuer bricht aus
> • John steht tapfer am …
> • er rettet …

> **Merkwissen**
>
> Wenn du ausdrücken möchtest, dass ein Vorgang vollendet war, bevor ein anderer begann, verwendest du das **Plusquamperfekt**.
> *Die Passagiere* **hatten** *sich auf die Fahrt* **gefreut**, *bevor das Feuer ausbrach.*
> Viele Verben bilden das Plusquamperfekt mit **haben** und dem **Partizip Perfekt**:
> *sie* **hatten gerufen**.
> Verben der **Bewegung** bilden es mit **sein**: *sie* **waren gekommen**.

5 6 Das Plusquamperfekt besteht meist aus zwei Verbformen.
Deshalb entsteht in vielen Sätzen eine <u>Satzklammer</u>.
Das Schiff (war) pünktlich (abgefahren).

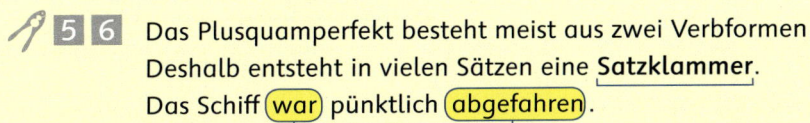

2. Stelle im Satz   Satzende

Das Passiv verwenden

Welcher Papierflieger fliegt am weitesten?
Das will die 7c in einem Wettbewerb ausprobieren.
Doch wie wird ein Papierflieger gefaltet?

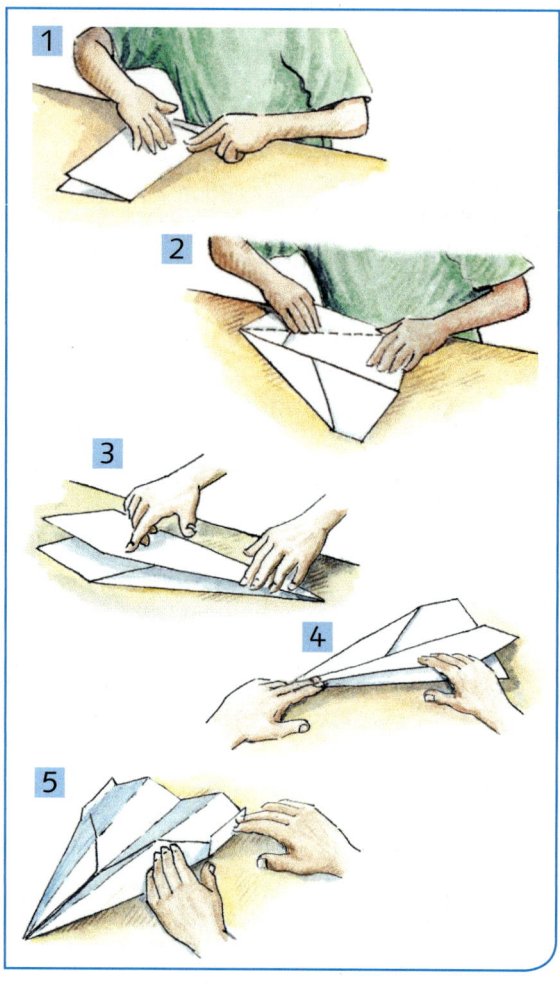

R Die schrägen Spitzen werden nach unten gefaltet.

T Die vorderen Ecken werden zur Mittellinie gefaltet.

T Zum Schluss werden die Flügelseiten nach oben geknickt.

A Dann werden beide Seiten in der Mittelfalte zusammengeklappt.

S Das Papier wird der Länge nach gefaltet. Dann wird es wieder geöffnet.

1 Wie wird ein Papierflieger gebastelt?
   a. Ordne die Sprechblasen in der richtigen Reihenfolge.
      Tipp: Die Buchstaben an den Sprechblasen ergeben ein Lösungswort.
   b. Schreibe die Bastelanleitung auf.

> **Starthilfe**
> S Das Papier wird der Länge nach gefaltet.
> … Dann wird es …

2 In den Sprechblasen sind Verbformen hervorgehoben.
   a. Schreibe die Verbformen mit den Personalpronomen auf.
   b. Markiere die Formen von **werden**.

> **Starthilfe**
> es wird gefaltet, es wird …

In Anleitungen verwendest du oft das Passiv. Es beschreibt,
was getan wird. *Wer* etwas *tut*, ist in Anleitungen meist unwichtig.

3 Welches Papier wird für Papierflieger verwendet?
Schreibe den folgenden Lückentext auf.
Setze dabei die passenden Passivformen vom Rand ein.

Welches Papier verwendet wird, ist bei Papierfliegern durchaus
wichtig. Manchmal _____ dickes Papier oder Karton für
den Flieger _____ . Dann ist er oft zu schwer und stürzt ab.
Oder es _____ Papiertücher _____ . Dann halten die Faltlinien
oft nicht so gut und der Flieger kann dann nicht richtig fliegen.
Am besten _____ Kopierpapier _____ . Daraus _____ gute und
schnelle Flieger _____ .

> wird … verwendet
> werden … benutzt
> wird … genommen
> werden … gemacht

Merkwissen

Das **Passiv** beschreibt, was mit einer Person oder einem Gegenstand getan wird.
Dabei ist der **Vorgang wichtig**, aber nicht, wer ihn ausführt.
Du bildest das Passiv mit einer Form von **werden** und dem **Partizip Perfekt**:
*es **wird gefaltet**, sie **werden geknickt**.*

Nun schreibst du die Anleitung für ein anderes Flugzeug – den Adler.

- das Papier der Länge nach
  falten, wieder öffnen
- die oberen Ecken zur Mittellinie
  falten
- die neu entstandenen oberen
  Ecken so zur Mittellinie falten,
  dass die Faltlinie genau durch
  die beiden unteren Ecken geht
- die Spitze auf die Mittellinie
  klappen, genau
  bis auf die Ecken, die sich dort
  schon treffen
- das Papier umdrehen
- die Flügel nach unten
  falten – startklar!

4 Wie wird der Adler gefaltet?
a. Schreibe zuerst die hervorgehobenen Verben auf.
b. Schreibe die entsprechende Passivform daneben.
c. Schreibe nun den Anleitungstext.

 4 Zuerst (wird) das Papier der Länge nach (gefaltet).

Satzklammer: 2. Stelle im Satz   Satzende

Das Passiv im Präsens und im Präteritum

Die 7c möchte nun ihre Flugzeuge ausprobieren.

Alle Papierflieger liegen bereit. Vier Teilnehmer gibt es in jeder Gruppe. Vor dem Start werden alle Flieger noch einmal geprüft. Dann werden die ersten Teilnehmer an den Startpunkt gerufen. Endlich wird das Kommando für den Start gegeben. Jetzt ist es so weit: Jeder nimmt seinen Papierflieger in die Hand. Die Zeit wird gestoppt. Welches Flugzeug fliegt am längsten? Die beiden besten Flieger kommen eine Runde weiter.

1 In dem Text wird beschrieben, was beim Wettbewerb gerade **gemacht wird**.
   a. Welche Sätze stehen im Passiv?
      Schreibe sie auf.
   b. Markiere in den Passivsätzen die Formen von **werden**.

Sascha schreibt einen Bericht über den Wettbewerb für die Schülerzeitschrift.

2 Was **wurde** beim Wettbewerb alles **gemacht**?
   a. Schreibe aus dem Text alle Passivformen untereinander auf.
   b. Schreibe daneben jede Passivform im Präteritum.
      Tipp: Ersetze das Präsens von **werden** durch das Präteritum.

> **Starthilfe**
> sie werden geprüft – sie wurden geprüft
> …

3 **a.** Schreibe nun den gesamten Text im Präteritum auf.
   b. Markiere in deinem Text die Passivformen im Präteritum.

> **Starthilfe**
> Alle Papierflieger lagen bereit.
> Vor dem Start wurden …

4 Ergänze unter deinen Text diese Passivsätze im Präteritum:

Zum Schluss **wird** der Sieger **geehrt**.
Der glückliche Gewinner **wird** in einem Interview **befragt**.
Er **wird gebeten**, das Besondere an seinem Flieger zu erklären.

2 ich werde – ich wurde, du wirst – du wurdest, er / sie / es wird – er / sie / es wurde,
wir werden – wir wurden, ihr werdet – ihr wurdet, sie werden – sie wurden

Den Konjunktiv verwenden

Es gibt so große Papierboote, dass Menschen darin Platz nehmen können.

Panne bei der Zeitnahme

In Neustadt fand am Wochenende ein Rennen mit Papierbooten statt. Die Gruppe Piraten trat gegen die Gruppe Kartonboot an. Nach Angaben der Rennleitung habe es bei der Zeitnahme offensichtlich einen Fehler gegeben. Dadurch habe die Gruppe Kartonboot fälschlicherweise gewonnen. Nach Zeugenaussagen habe die Gruppe Piraten aber eindeutig vor der Gruppe Kartonboot gelegen. Die Piraten seien also doch zuerst ins Ziel gerudert.

1 Worum geht es in der Meldung?
Schreibe einen Satz auf.

2 Was haben die Rennleitung und die Zeugen gesagt?
Die Meldung gibt das im Konjunktiv wieder.
   a. Schreibe die blauen Verben zusammen mit den Personalpronomen auf.
   b. Finde im Text weitere Verben im Konjunktiv.
      Schreibe sie auch auf.

Merkwissen

Mit dem **Konjunktiv I** kannst du etwas wiedergeben, das jemand anderes gesagt hat. Manchmal ist dann nicht klar, welche Aussagen stimmen.
Der **Konjunktiv I** wird mit einer Form von **sein** oder **haben** und dem **Partizip Perfekt** gebildet.

3 Was steht noch in der Meldung?
Schreibe den folgenden Lückentext auf.
Setze dabei die passenden Konjunktivformen vom Rand ein.

Die Rennleitung _____ noch einmal gemeinsam
mit den Zeitnehmern und den Zeugen _____,
Der verantwortliche Zeitnehmer sagte, ihm _____
beim Auslösen der Stoppuhr wohl ein Fehler _____.
Beim Ertönen des Startsignals _____ er kurz
unaufmerksam _____. Daraufhin _____ sich die Rennleitung
_____, zwei erste Plätze zu vergeben.

> sie habe beraten
> er sei passiert
> er sei gewesen
> sie habe (sich) entschlossen

 3 Der Konjunktiv I besteht oft aus zwei Verbformen.
Deshalb entsteht in vielen Sätzen eine **Satzklammer**.
Beispiel: Nach Zeugenaussagen (habe) das Piratenboot (gewonnen).

Satzklammer: 2. Stelle im Satz   Satzende

Satzglieder verwenden

Das Subjekt und das Prädikat

Dominik und Mara finden auf dem Dachboden einen alten Kriminalroman.

> Der Diener rief morgens um acht Uhr an. Sofort fuhr Kommissar Arnold
> zum Schloss. An der Tür wartete die Gräfin. Sie führte den Kommissar
> zu einem Schrank. Aus ihm war der wertvolle Pokal gestohlen. Die Gräfin
> rief die Hausdame. Sie hatte den Pokal am Tag zuvor noch geputzt.

1 Wer rief den Kommissar an? Wer …?
   a. Schreibe die Sätze ab.
   b. Frage mit **Wer oder was?** nach den Subjekten.
   c. Markiere die Subjekte.

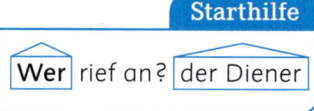

Starthilfe

Wer rief an? der Diener

2 Was tat der Diener? Was tat …?
   a. Frage mit **Was tat?** nach dem Prädikat.
   b. Markiere die Prädikate.

Starthilfe

Was tat der Diener? Er rief an.

3 Was taten der Kommissar, der Diener und die Hausdame danach?
   a. Sieh dir das Bild an.
   b. Schreibe Sätze auf.
   c. Markiere die Subjekte und Prädikate.

Starthilfe

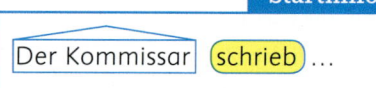

Der Kommissar schrieb …

Merkwissen

Mit **Wer oder was?** fragst du nach dem **Subjekt**.

Mit **Was tut?** oder **Was tat?** fragst du nach dem **Prädikat**.

Das Akkusativobjekt und das Dativobjekt

Dominik und Mara finden die Hausdame verdächtig. Sie lesen weiter.

> Kommissar Arnold verhörte die Schlossbewohner. Der Diener antwortete dem Kommissar nicht. Der Hund fraß einen Knochen. Die Gräfin beschuldigte die Hausdame. Der Kommissar misstraute dem Diener. Die Hausdame kochte dem Kommissar einen Kaffee. Der Diener brachte der Gräfin den Tee.

4 Wen oder was verhörte der Kommissar?
Wem antwortete …?
  a. Schreibe die Sätze ab.
  b. Frage mit **Wen oder was?** nach dem Akkusativobjekt.
  c. Frage mit **Wem?** nach dem Dativobjekt.
  d. Markiere die Objekte.
Tipp: In manchen Sätzen gibt es zwei Objekte.

> **Starthilfe**
>
> **Wen** oder **was** verhörte Kommissar Arnold? | die Schlossbewohner |
> …
> **Wem** misstraute der …?

5 Anschließend beschattete Kommissar Arnold die Personen im Schloss. Was konnte er beobachten?
  a. Schreibe Sätze mit Dativobjekten und Akkusativobjekten auf.
  b. Markiere alle Satzglieder.

Wer?	Was tut?	Wem?	Wen oder was?
Die Hausdame Der Diener Die Gräfin	schrieb kaufte kochte schenkte brachte erklärte erzählte schickte	dem Diener dem Kommissar der Hausdame der Gräfin einem Freund seiner Mutter dem Gärtner ihrem Sohn	einen alten Koffer. einen langen Brief. ein Fernglas. ein gutes Essen. ein großes Paket. einen schönen Blumenstrauß. den Weg ins Dorf. ein gefährliches Geheimnis.

> **Merkwissen**
>
> Mit **Wen oder was?** fragst du nach einem **Akkusativobjekt**.
>
> Mit **Wem?** fragst du nach einem **Dativobjekt**.

Die adverbialen Bestimmungen der Zeit und des Ortes

Mara tippt nun auf den Diener als Täter.
Im Buch nimmt die Geschichte ihren Lauf.

Am nächsten Morgen befragte Kommissar Arnold die Hausdame und den Diener in seinem Büro nach ihren Alibis. Die Verdächtigen hatten etwas zu unterschiedlichen Zeiten an unterschiedlichen Orten getan.

> Wann haben Sie den Pokal zuletzt gesehen?
> Wo sind Sie gestern Abend gewesen?
> Wann haben Sie die Gräfin zuletzt im Schloss gesehen?

> Um 17 Uhr habe ich den Pokal in den Schrank zurückgestellt. Ich bin dann in mein Zimmer gegangen. Dort habe ich ein wenig geschlafen. Die Gräfin habe ich kurz vor 16 Uhr in der Halle gesehen.

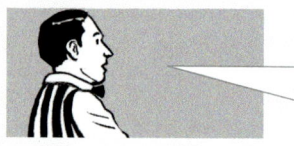

> Ich habe den Pokal am Mittag im Schrank gesehen. Gegen 19 Uhr bin ich nach Hause gekommen. Ich habe bis Mitternacht im Wohnzimmer gelesen. Ich habe die Gräfin seit 16 Uhr nicht mehr im Schloss gesehen.

1 Wo sind die Hausdame und der Diener gewesen?
Wohin sind sie gegangen? Wann …?
- a. Schreibe die Aussagen der Hausdame und des Dieners ab.
- b. Frage mit **Wo?** oder **Wohin?** nach dem Ort.
- c. Frage mit **Wann?** oder **Wie lange?** nach der Zeit.
- d. Markiere die adverbialen Bestimmungen der Zeit und des Ortes.
- e. Schreibe die Fragen **Wann?**, **Wie lange?**, **Wo?** oder **Wohin?** über die passenden Satzglieder.

> **Starthilfe**
>
> Wann?   Wohin?
> Um 17 Uhr habe ich den Pokal in den Schrank zurückgestellt.

> **Merkwissen**
>
> Mit **Wann?** oder **Wie lange?** fragst du nach der **Zeit**.
> Mit **Wo?** oder **Wohin?** fragst du nach dem **Ort**.

Der Kommissar hörte ein Telefongespräch mit, das die Hausdame führte. Der Kommissar konnte aber nur Wortfetzen verstehen und mitschreiben. Neben dem Telefon fand er später einen abgerissenen Zettel mit verschiedenen Angaben zu Zeit und Ort.

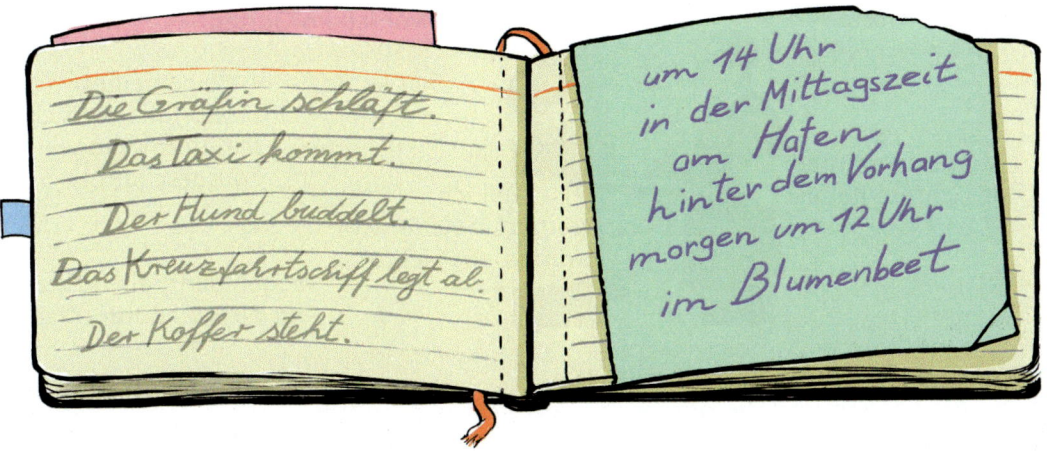

Die Gräfin schläft.
Das Taxi kommt.
Der Hund buddelt.
Das Kreuzfahrtschiff legt ab.
Der Koffer steht.

um 14 Uhr
in der Mittagszeit
am Hafen
hinter dem Vorhang
morgen um 12 Uhr
im Blumenbeet

2 Welche Angaben zu Ort und Zeit passen zu den Notizen?
  a. Ergänze die passenden adverbialen Bestimmungen.
    Schreibe die Sätze auf.
    Tipp: In einem Satz gibt es zwei Angaben.
  b. Schreibe die Fragen **Wann?**, **Wie lange?**, **Wo?** oder **Wohin?**
    über die passenden adverbialen Bestimmungen.

3 Adverbiale Bestimmungen können im Satz
  an verschiedenen Stellen stehen.
  a. Stelle die Sätze aus Aufgabe 2 um.
  b. Schreibe alle möglichen sinnvollen Sätze auf.
  c. Markiere jeweils den Ort und die Zeit.

> **Starthilfe**
>
> Die Gräfin schläft in der Mittagszeit.
> In der Mittagszeit schläft die Gräfin.

 4 Wie ändert sich die Aussage, wenn ihr die Satzglieder umstellt?
  a. Lest noch einmal alle umgestellten Sätze aus Aufgabe 3.
  b. Besprecht: Was ändert sich an der Betonung des Satzes jeweils,
    wenn die Angaben zu Zeit oder Ort vorne stehen?

Dominik und Mara sind sich jetzt sicher: Die Hausdame und der Diener haben den Pokal gestohlen. Sie wollen gemeinsam auf eine Kreuzfahrt gehen. Und was glaubst du? Wer war der Täter?

Die adverbiale Bestimmung des Grundes

Frau Bihal wollte verreisen. Aber es wurde bei ihr eingebrochen.
Die Polizei befragt Frau Bihal dazu.

> Warum waren Sie im Garten?

> Weil ich mit meinen Enkelkindern spielte, war ich im Garten.

> Warum war die Alarmanlage ausgeschaltet?

> Wegen eines Stromausfalls hat sich die Alarmanlage ausgeschaltet.

> Warum brannte das Licht im Keller?

> Weil ich kurz vorher im Keller war, brannte das Licht.

> Warum war die Balkontür offen?

> Wegen der großen Hitze war die Balkontür offen.

1 Warum war Frau Bihal im Garten? Warum ...?
   a. Schreibe die Fragen und die passenden Antworten zusammen auf.
   b. Unterstreiche die Fragewörter in den Fragen.
   c. Markiere die Satzglieder, die die Fragen beantworten.

Starthilfe

Warum waren Sie im Garten? Weil ich mit meinen Enkelkindern spielte, war ...

Merkwissen

Die adverbiale Bestimmung des Grundes:
Mit **Warum?** fragst du nach dem **Grund**, warum etwas geschieht.
Dieses Satzglied kann eine Wortgruppe oder ein **weil**-Satz sein.
Warum war das Licht aus? wegen eines Stromausfalls
weil der Strom ausgefallen war

> Sie können heute die Reise nicht antreten.

> Die Spurensicherung muss sehr schnell arbeiten.

> Der Dieb wird bald gefasst werden.

2 Warum kann Frau Bihal die Reise noch nicht antreten?
   Begründe es mit den passenden Gründen vom Rand.
   Schreibe die vollständigen Sätze auf.
   Tipp: Die adverbiale Bestimmung kann an verschiedenen Stellen im Satz stehen.

> weil die Polizei noch Fragen hat
> wegen weiterer Ermittlungen
> weil ihr die Lust auf die Reise vergangen ist

---

2 Sie können die Reise wegen weiterer Ermittlungen nicht ...
Wegen weiterer Ermittlungen können Sie ...
Die Reise können Sie wegen ...

Die adverbiale Bestimmung der Art und Weise

Die Polizei hat herausgefunden, **wie** der Täter vorgegangen ist.

Der Täter gelangte mit Hilfe eines Seils auf den Balkon. Indem er eine Brechstange benutzte, konnte er das Schreibtischfach öffnen. Blitzschnell räumte er das Fach aus.

1 Wie gelangte der Täter auf den Balkon?
  a. Schreibe zu jedem Satz die Frage auf.
  b. Schreibe auch die Antwort dazu.

Starthilfe

Wie gelangte der Täter …

Merkwissen

Die adverbiale Bestimmung der Art und Weise:
Mit **Wie?** oder **Auf welche Weise?** fragst du nach der Art und Weise,
wie etwas geschieht oder wie jemand etwas tut. Das Satzglied kann ein einzelnes Wort,
eine Wortgruppe oder ein Nebensatz sein.
Wie öffnete er die Tür? mit Hilfe einer Brechstange (indem er eine Brechstange benutzte)

2 Wie haben sich die Beteiligten dann weiter verhalten?
Ergänze diese Sätze mit einer adverbialen Bestimmung vom Rand:

Der Polizist befragte die Nachbarn.
Ein Zeuge beschrieb den Dieb.
Der Dieb flüchtete.
Die Spurensicherung verglich die Fingerabdrücke.

ausführlich
ganz genau
indem er davon rannte
ziemlich oberflächlich

Z **3** In folgendem Text kommen verschiedene adverbiale Bestimmungen vor.
  a. Schreibe die Sätze ab.
  b. Frage nach den adverbialen Bestimmungen und markiere sie.
    Schreibe auch die Frage dazu, mit der du
    die adverbiale Bestimmung erfragst.

Weil Mara gern Rätsel löst, mag sie Krimis.
Jeden Montag leiht sie sich ein neues Buch in der Bücherei aus.
Sie liest einen Krimi ganz schnell durch.
Dominik ärgert sie, indem er sie „die Kommissarin" nennt.

3 Wann? Wo? Warum? Wie?

Satzgefüge verwenden

Der Hauptsatz

Viola und Nala wollen sich am Nachmittag treffen.

Die Schulglocke läutet zum Schulschluss.
Nala und Viola sitzen auf der Schultreppe.
Die beiden sind beste Freundinnen.
Nala verabredet sich mit Viola für den Nachmittag.
Viola freut sich. Nala ist für einen Kinobesuch.
Viola ist dagegen. Nala hat noch eine andere Idee:
Es gibt ein neues Schwimmbad.
Viola hält aber nichts von dem Vorschlag.

1 a. Schreibe die Sätze untereinander ab.
   Lass unter jedem Satz eine Zeile frei.
 b. Markiere in jedem Satz das Subjekt
   und das Prädikat.

> **Starthilfe**
>
> Die Schulglocke (läutet) zum …
> Nala und …

2 a. Untersuche: An welcher Stelle im Satz steht
   das gebeugte Verb jeweils?
 b. Gibt es eine Regel?
   Schreibe sie auf.

> **Starthilfe**
>
> Das gebeugte Verb steht immer an …

> **Merkwissen**
>
> Ein **einfacher Satz** besteht mindestens aus einem **Subjekt** und
> einem **Prädikat**. So einen Satz nennt man auch **Hauptsatz**.
> Er kann noch weitere Satzglieder enthalten, z. B. ein Objekt und
> adverbiale Bestimmungen.

3 a. Bilde aus folgenden Wörtern und Wortgruppen Hauptsätze.
 b. Schreibe sie auf.
   Schreibe am Satzanfang groß.
 c. Markiere in jedem Satz das Subjekt und das Prädikat.

Viola und Nala	sitzen	nebeneinander
Sie	fahren	immer gemeinsam zur Schule
Die beiden	kennen sich	nur selten
	streiten sich	schon immer sehr gut
	verstehen sich	seit vielen Jahren

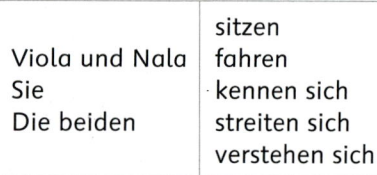

Der Nebensatz

Viola ist gegen einen Kinobesuch, weil das Kino zu teuer ist.

Zwei einfache Sätze kannst du mit einem Bindewort wie weil verbinden:
Nala und Viola diskutieren. Viola **möchte** nicht ins Kino.
Nala und Viola diskutieren, weil Viola nicht ins Kino **möchte**.

> ### Merkwissen
>
> Mit Hilfe eines **Bindeworts** (einer Konjunktion) wie **weil** kann man Sätze
> verbinden. Es entsteht ein **Satzgefüge**. Der Satz mit **weil** ist ein **Nebensatz**.
> **Das gebeugte Verb** steht **im Nebensatz** immer **am Ende**.

4 a. Verbinde jeweils zwei der folgenden Sätze mit dem Bindewort **weil**.
Stelle dabei das gebeugte Verb ans Ende des **weil**-Satzes.
b. Markiere **weil** und setze das Komma.

Viola ist gegen einen Kinobesuch. Ihr fehlt das nötige Taschengeld.
Viola will nicht schwimmen gehen. Das Wasser ist ihr noch zu kalt.
Viola mag den Jugendclub nicht. Es gab neulich dort Streit mit Marco.

5 a. Schreibe die folgenden Sätze ab.
b. Markiere die Hauptsätze und die Nebensätze unterschiedlich.
c. Markiere die gebeugte Verbform in jedem Hauptsatz und
in jedem Nebensatz.

Viola mag keinen der Vorschläge von Nala, weil es immer einen Grund
dagegen gibt. Weil Viola keine eigenen Vorschläge macht,
wird Nala allmählich ärgerlich. Weil Nala nicht streiten möchte, geht sie lieber.

Z 6 Warum ist Nala ärgerlich?
Ergänze die folgenden Hauptsätze mit einem **weil**-Satz.
Schreibe deine Sätze auf.

Nala ist ärgerlich.
Viola bekommt Angst.
Viola macht einen Vorschlag.

> ### Starthilfe
>
> Nala ist ärgerlich, weil Viola …

> ### Merkwissen
>
> Zwischen **Hauptsatz und Nebensatz** steht ein **Komma**.
> Der Nebensatz kann **vor oder nach** dem Hauptsatz stehen.

Nebensätze mit weil

Viola möchte mit Nala zum Slacken[1] gehen, weil es viel Spaß macht.

Viola möchte sich mit Nala zum Slacken im Park treffen. Beim Slacken wird ein langes Band, die Slackline[2], zwischen zwei Bäume gespannt. Darauf kann man ähnlich wie beim Seiltanzen balancieren.
Viola sagt zu Nala: „Slacken ist toll, weil es viel Spaß macht. Es wird dir sicherlich gefallen! Außerdem ist es nicht teuer: Weil ich schon eine Slackline habe, brauchen wir überhaupt kein Geld."

1 Viola möchte Nala von ihrer Idee überzeugen.
Sie begründet ihren Vorschlag mit zwei **weil**-Sätzen.
   a. Schreibe die beiden Satzgefüge mit **weil** ab.
   b. Markiere die Hauptsätze und die Nebensätze unterschiedlich.
   c. Kreise **weil** und die Kommas ein.

2 • In den folgenden Satzgefügen kannst du selbst das Bindewort **weil** ergänzen.
   • Und du kannst die passenden Verbformen zuordnen.
   Schreibe die Sätze vollständig auf.

Slacken kennt nicht jeder, _____ es die Sportart noch nicht lange _____. _____ die Slackline ständig in Bewegung _____, muss man sich konzentrieren. _____ viele Jugendliche im Park _____, lernt man schnell andere kennen. Das Herunterfallen ist nicht so schlimm, _____ man die Slacklines sehr nah am Boden _____.

> (sie) üben
> (es) gibt
> (man) spannt
> (sie) ist

Warum sind wir manchmal traurig und manchmal froh?
Dafür kann es viele Gründe geben.

3 Beantworte die folgenden Fragen.
Du kannst ernste, aber auch witzige Begründungen mit **weil** verwenden.
   • Warum knurrt dir manchmal der Magen?
   • Warum fängt die Schule so früh an?
   • Warum sind Blätter grün?
   • Warum willst du manchmal streiten?

Merkwissen

Weil ist ein **Bindewort** (eine Konjunktion). Es verbindet einen **Hauptsatz mit einem Nebensatz**. Nebensätze mit **weil** geben eine **Begründung** an.

---

[1] **das Slacken:** engl. [sprich: släckn]
[2] **die Slackline:** engl. [sprich: släcklain]

Nebensätze mit wenn

Du brauchst ein paar gute Tipps, wenn du das Slacken ausprobierst.

Du lernst das Slacken leichter, **wenn** du mit einem kürzeren Band beginnst.

Du findest einen besseren Stand, **wenn** du im mittleren Teil auf das Band steigst.

4 a. Schreibe die beiden Satzgefüge aus den Sprechblasen ab.
   b. Markiere die Hauptsätze und die Nebensätze unterschiedlich.
   c. Kreise **wenn** und die Kommas ein.

Auch wenn ist ein Bindewort (eine Konjunktion) in Satzgefügen.

5 Verbinde je zwei der folgenden Sätze mit dem Bindewort **wenn**.
   Tipp: Einige Satzglieder musst du dabei umstellen.

Du kannst besser das Gleichgewicht halten.
(Wenn) Du fixierst mit den Augen den Zielpunkt.

Die Verletzungsgefahr ist geringer.
(Wenn) Du befestigst das Band nur auf Kniehöhe.

Du kannst bei Wettkämpfen mitmachen.
(Wenn) Du bist besonders gut.

Unter welchen Bedingungen bekomme ich heute noch ein Eis?
Du bekommst ..., wenn du ...

6 Findet zu zweit Sätze, die Bedingungen angeben.
   • Eine oder einer liest langsam die folgenden Satzanfänge vor.
   • Die oder der andere ergänzt passende **wenn**-Sätze.
   • Dann wechselt ihr.

> Du bekommst heute noch ein Eis, wenn ...
> Ich muss lachen, wenn ...
> Wir können uns verabreden, wenn ...
> Wir können ins Schwimmbad gehen, wenn ...

Merkwissen

Wenn ist ein **Bindewort** (eine Konjunktion). Es verbindet einen **Hauptsatz mit einem Nebensatz**. Nebensätze mit **wenn** geben eine **Bedingung** an.

5 Du fixierst mit ... den ... → ..., wenn du mit ... den ... fixierst.

Nebensätze mit dass

Jurek glaubt, dass sein Freund Milo ihn verraten hat.

Jurek: Jetzt gib es zu, dass du mit Ronja gesprochen hast.

Milo: Es ist gar nicht wahr, dass ich es ihr gesagt habe.

Jurek: Ich hätte nie gedacht, dass du so etwas hinter meinem Rücken tun würdest.

Milo: Du hast nur gesehen, dass wir uns unterhalten haben.

Jurek: Gib doch zu, dass es dich selbst erwischt hat.

1 Was wirft Jurek seinem Freund Milo vor?
Schreibe einen Satz auf.

2 a. Schreibe das Gespräch ab.
b. Markiere die Hauptsätze und die Nebensätze unterschiedlich.
c. Kreise **dass** und die Kommas ein.

Auch **dass** ist ein Bindewort (eine Konjunktion), mit dem man Sätze
verknüpfen kann.

3 Jurek und Milo klären ihr Missverständnis.
Schreibe die Sätze vollständig auf:
• Setze **dass** ein.
• Ergänze die gebeugte Verbform am Ende des Satzes.

> (sie) mögen
> (er) verrät
> (er) mag
> (er) hat
> (er) erzählt
> (sie) sollten

Es stimmt, _____ Jurek Ronja sehr _____ .
Jurek befürchtet, _____ Milo es Ronja _____ .
Für Milo ist es Ehrensache, _____ er seinen Freund nicht _____ .
Er findet, _____ sie zusammenhalten _____ .
Ronja hat nicht mitbekommen, _____ die beiden Jungen sie _____ .
Sie findet, _____ Fabio schöne Augen _____ , und denkt nur an ihn.

Merkwissen

Dass ist ein **Bindewort** (eine Konjunktion).
Es verbindet einen **Hauptsatz mit einem Nebensatz**.

Nebensätze mit weil, wenn und dass

Mina hofft, dass sie in der neuen Rockband dabei ist.

Falsche Frage

Mina spielt gern Schlagzeug.
Sie hört, ▭▭▭▭ eine neue Schulrockband
gegründet wird. Der Musiklehrer soll bereits
eine Liste der Mitspieler haben.
5 ▭▭▭▭ Mina mitmachen möchte, fragt sie
den Musiklehrer: „Stehe ich auf Ihrer Liste
für die neue Band?" Der Lehrer verneint.
Mina ist sehr enttäuscht.
Sie hat geglaubt, ▭▭▭▭ sie dabei sein würde.
10 Sie will wortlos den Raum verlassen.
Da ruft der Lehrer: „▭▭▭▭ du mitspielen willst,
schreibe ich dich mit dazu."

1 Weil, wenn oder dass?
   a. Schreibe die Sätze ab.
   b. Setze in die Lücken jeweils das passende Bindewort ein.

2 Bilde aus den Satzanfängen und den Satzteilen im Kasten
vollständige Satzgefüge.
   • Schreibe die Satzgefüge auf.
   • Verwende die Konjunktionen wenn, weil oder dass.
   Tipp: Manchmal passen auch zwei verschiedene Konjunktionen.
        Schreibe dann beide Satzgefüge auf.

Der Musiklehrer freut sich, ...
Die Proben finden erst um 17 Uhr statt, ...
Die Auswahl der Stücke dauert lange, ...
Schon nach zwei Proben ist klar, ...

> ▭▭▭▭ die meisten Jugendlichen
> bis nachmittags Unterricht haben.
> ▭▭▭▭ Mina mitspielen will.
> ▭▭▭▭ jeder am liebsten nur
> seine Lieblingsmusik spielen will.
> ▭▭▭▭ sie bis zum Schulfest noch
> oft üben müssen.

3 Der Auftritt beim Schulfest war ein voller Erfolg.
Was erzählen die Zuhörer danach?
Schreibe Sätze mit dass, wenn und weil auf.

Starthilfe

> Wenn die Schlagzeugerin ein Solo
> spielte, gab es besonders viel Beifall.
> ...

 3 großartige Sänger – tolle Show – Publikum begeistert – mehrere Zugaben –
Musik lockte zum Tanzen – viele Stücke bekannt – viele sangen mit

Nebensätze mit Relativpronomen

Es gibt eine Gruppe Musiker, die Musikinstrumente aus Gemüse verwendet.

Musik mit Gemüse

Zwölf Musiker hatten eine Idee,
die sehr ungewöhnlich ist:
Sie gründeten ein Orchester,
das verschiedene Gemüsearten
5 als Instrumente benutzt.
Flöten entstehen aus Gurken,
die ausgehöhlt werden.
Aus einer Möhre und einer Paprikaschote
basteln die Musiker eine Trompete,
10 die verblüffend echt klingt.
Zu der Gruppe gehört auch ein Koch,
der nach dem Konzert aus allen Resten
eine Gemüsesuppe kocht.
Die Zuhörer sind jedes Mal begeistert.

1 Aus welchem Gemüse entsteht eine Trompete?
Schreibe einen Satz auf.

2 a. Schreibe den Text ab. Lass immer eine Zeile frei.
   b. Markiere Hauptsätze und Nebensätze unterschiedlich.
   c. Welche Wörter leiten hier die Nebensätze ein? Kreise sie ein.

3 Was ist sehr ungewöhnlich? Wer benutzt … ?
   a. Untersucht den Text „Musik mit Gemüse" genauer.
   b. Markiert in jedem Satz das Nomen,
       das der Nebensatz genauer erklärt.

> **Starthilfe**
> Zwölf Musiker hatten eine Idee, die sehr …

**Die Relativpronomen der, das, die und die leiten Nebensätze ein.
Sie beziehen sich jeweils auf ein Nomen im Hauptsatz.**

4 Verbinde die Relativpronomen und die Nomen im Text mit Pfeilen.

> **Merkwissen**
> Der Relativsatz **erklärt** ein Nomen im Hauptsatz **genauer**.
> *Ich höre gern Musik, die gute Laune macht.*
>
> *Ich habe einen Freund, der bei der Jugendfeuerwehr ist.*

Was passiert mit Instrumenten, die kaputt gehen?

5 a. Schreibe den folgenden Lückentext ab.
Setze dabei die passenden Relativpronomen ein.
b. Verbinde jeweils das Relativpronomen und das Nomen mit einem Pfeil.

Vor jedem Auftritt schnitzen die Musiker das Gemüse zurecht, _____ sie für ihre Musik brauchen. Als Trommel dient ein Kürbis, _____ während des Konzerts manchmal platzt. Zum Glück steht neben jedem Musiker ein Korb, _____ genügend Ersatzinstrumente enthält. Die Zuhörer staunen über die Töne, _____ die Gemüseinstrumente erzeugen. Nach dem Konzert bekommen die Zuhörer die Suppe, _____ der Koch bereitet hat.

6 In den folgenden Sätzen stimmt etwas nicht.
Die Relativsätze stehen in den falschen Sätzen.
a. Ordne die Relativsätze richtig zu.
Schreibe die Satzgefüge neu auf.
b. Verbinde jeweils das Relativpronomen und das Nomen mit einem Pfeil.

Die Kellnerin traf den Koch, der in der Pfanne brutzelte.
Endlich fand die Köchin die Marmelade, die die Tische deckte.
Die Hilfsköchin vergaß den Pfannkuchen, der auf dem Markt einkaufte.
Der Chef rief die Kellnerin, die auf das Brötchen sollte.

Tipp: Mit Relativsätzen machst du deinen Text anschaulicher.
Verwende sie, um wichtige Nomen genauer zu erklären.

7 Ergänze die folgenden Hauptsätze mit Relativsätzen.
Schreibe deine Sätze auf.

> **Starthilfe**
> Ich mag Musik, die besonders …

Ich mag Musik.
Mein Vater singt ein Lied.
Meine Schwester näht mir eine Jacke.
Ich suche mein Fahrrad.
Morgen läuft der Film.
Ich kaufe ein Geschenk.

Wissenswertes auf einen Blick

Das Gedicht

Gedichte haben mindestens eine **Strophe** und sind
in **Versen** (Gedichtzeilen) geschrieben.
- Eine **Strophe** verbindet eine bestimmte Anzahl von Versen
  zu einer Einheit und gliedert das Gedicht oder Lied.
- Gedichte haben manchmal eine **besondere Form**.
- Gedichte **reimen** sich häufig.
- Der **Reim** ist der möglichst genaue Gleichklang von Wörtern.
- Gedichte haben einen **Sprecher**.
- Eine **besondere Sprache** bringt die Gedichte **zum Klingen**.
- **Vergleiche** machen Gedichte **anschaulich und lebendig**.
- **Sprachbilder**, z. B. Gegensätze, machen Gedichte **lebendig**.
- In manchen Gedichten gibt es **Personifikationen**.
- In vielen Gedichten gibt es **Metaphern**,
  Wörter mit übertragener Bedeutung.

➜ Gedichte lesen,
schreiben und
vortragen:
Seite 130–139

Reime am Ende von Gedichtzeilen, die aufeinanderfolgen, nennt man **Paarreime**.		Reimt sich jeweils der übernächste Vers, so spricht man von **Kreuzreimen**.		Umschließt ein Reim einen Paarreim, heißt er **umarmender Reim**.	
taumle	a	*Macht*	c	*Wind*	e
baumle	a	*träufen*	d	*Welt*	f
Bäumen	b	*Nacht*	c	*hält*	f
träumen	b	*ersäufen*	d	*geschwind*	e

Ein Gedicht oder eine Ballade auswendig lernen

Mit diesen Tipps kannst du Gedichte oder Balladen auswendig lernen:
- Lerne die erste Strophe **Zeile für Zeile** auswendig.
- Du kannst dir mit einem Blatt Papier helfen: Lege das Blatt so,
  dass du **jeweils nur den Anfang jeder Zeile** lesen kannst.
- Sprich dann die **Strophe als Ganzes**.
- Lerne die anderen Strophen genauso.

➜ Gedichte auswendig
lernen:
Seite 60, 139
➜ Balladen auswendig
lernen:
Seite 143

Die Ballade

Eine Ballade ist ein **besonderes Gedicht**.
- Eine Ballade besteht meist aus **mehreren Strophen**.
- Balladen **reimen sich** häufig.
- In einer Ballade gibt es oft **wörtliche Rede**.
- In einer Ballade geht es oft um ein **dramatisches Geschehen**.
- Eine Ballade erzählt **eine Geschichte**.
- Die besondere Sprache „**malt Bilder** in unserem Kopf".
- In einer Ballade kann es **Metaphern** geben,
  Wörter mit übertragener Bedeutung.

➜ Balladen lesen und
vortragen:
Seite 140–149,
152–153

Texte lesen, vorlesen, vortragen

Die Detektivgeschichte

Die Detektivgeschichte gehört zu den **Krimis**, das ist die Abkürzung für **Kriminalgeschichte** oder **Kriminalroman**.
Ein Krimi erzählt davon, wie ein **Verbrechen** stattfindet und wie es **aufgeklärt** wird.
In vielen Krimis kommen **Detektive** oder **Kommissare** vor.
Der Detektiv oder Kommissar untersucht die **Tat**, klärt die **Vorgeschichte** des **Opfers**, verfolgt **Spuren und Hinweise**, befragt **Zeugen**, ermittelt **Verdächtige** und **löst** den Fall.

➔ Detektivgeschichten lesen: Seite 166–175

Das Jugendbuch

Jugendbücher sind hauptsächlich **für Jugendliche** geschrieben.
Es geht in den Jugendbüchern häufig um Themen wie Erwachsenwerden, Freizeit, Freundschaften, Familie und auch Schule. Die **Hauptpersonen** in Jugendbüchern sind meist selbst **Jugendliche**.

➔ Jugendbücher kennen lernen: Seite 186–197

I	eine kurze Pause machen
II	eine längere Pause machen
➚	die Stimme heben
➘	die Stimme senken
ein **Wunsch**	das **Wort** betonen

Texte flüssig lesen und vorlesen

- Kläre **unbekannte** Wörter: **Schlage** sie im Wörterbuch **nach**.
- Lies **schwierige** Wörter **mehrfach** laut.
- Lies Wörter mit **besonderer Aussprache** mehrfach **langsam** und **bewusst** vor.
- Lies einen **Teil** des Textes langsam, bis du ihn **ohne Versprecher** schaffst. Lies dann den Text in **normalem Tempo**.
- **Betone** wichtige Wörter und mache **Pausen**.
- Bereite dann den **ganzen Text** für das Vorlesen vor. Lies ihn **mehrmals laut**.

➔ flüssig lesen und vorlesen: Seite 204–205

Ausdrucksvoll vorlesen oder vortragen

Vor dem Vorlesen oder Vortragen
- Lies die Geschichte, das Gedicht oder die Ballade **mehrmals** leise und mit dem Textknacker.
- **Lerne** das Gedicht oder die Ballade **auswendig**. So kannst du **möglichst frei** sprechen.

Beim Vorlesen oder Vortragen
Gestalte deinen Vortrag spannend und fesselnd für das Publikum:
- **Stell** dich so **hin**, dass dich **jeder gut sehen** kann.
- Lies oder sprich **laut** und **deutlich**.
- Lies oder sprich manche Textstellen **lauter**, manche **leiser**.
- Lies oder sprich manche Textstellen **schneller**, manche **langsamer**.
- Betone **wichtige Wörter**.
- Mache **Pausen**, z. B. vor einer spannenden Stelle.
- Achte auf die **wörtliche Rede** und die **Satzzeichen**.
- Lies oder sprich so, dass das Publikum **hören** kann, **wie dramatisch** das Geschehen ist: Lies oder sprich aufgeregt, ängstlich, ruhig, eindringlich …
- Setze **Mimik** und **Gestik** beim Vorlesen oder Vortragen ein.

➔ ausdrucksvoll vorlesen und vortragen: Seite 60, 131–132, 135, 138, 143–146, 204–205

Der Textknacker

Mit dem Textknacker knackst du jeden Text.

1. Schritt: Vor dem Lesen

Du siehst dir den Text als Ganzes an.
- Worauf fällt dein Blick als Erstes?
- Was erzählen dir die **Bilder** und die **Überschrift**?
- Worum könnte es gehen?

2. Schritt: Das erste Lesen

Du überfliegst den Text.
Oder du liest den Text einmal durch.
- Welche **Wörter, Wortgruppen** oder **Absätze** fallen dir auf?
- Was ist interessant für dich? Was macht dich neugierig?

3. Schritt: Den Text genau lesen

Du liest den Text genau und in Ruhe – Absatz für Absatz.
So findest du wichtige Informationen.
- **Absätze** und **Zwischenüberschriften** gliedern den Text.
- **Schlüsselwörter** sind besonders wichtige Wörter.
- **Bilder am Rand** oder **im Text** helfen dir, den Text zu verstehen.
- Manche **Wörter** werden **am Rand** oder **unter dem Text erklärt**.
- Schlage Wörter, die du nicht verstanden hast, **im Lexikon** nach.
- Welche **Fragen** hast du an den Text?

4. Schritt: Nach dem Lesen

Du arbeitest mit dem Inhalt des Textes.
- Welche **Informationen** sind für dich und deine Aufgabe **wichtig**?

➡ Sachtexte lesen
und verstehen:
Seite 34–37, 40, 74–79,
86–87, 94–97, 106–107,
200–203, 206–208

➡ literarische Texte
lesen und verstehen:
Seite 16–17, 52, 54,
114–116, 142, 144–145,
148–149, 156–161,
167–174, 196–198

Der Aufgabenknacker

1. Schritt: Du **liest** die Aufgabe genau.
2. Schritt: Du überlegst: Was gehört alles zur **Lösung** der Aufgabe?
3. Schritt: Du gibst die Aufgabe **mit eigenen Worten** wieder.
Diese **Verben** sagen dir, was du tun sollst:

Beschreibe …	Ich soll wiedergeben, wie etwas aussieht, abläuft oder funktioniert.
Fasse zusammen …	Ich soll die wichtigsten Informationen wiedergeben.
Nenne …	Ich soll etwas aufzählen.
Vergleiche …	Ich soll Gemeinsamkeiten und Unterschiede finden.
Erkläre …	Ich soll Zusammenhänge herstellen.
Begründe …	Ich soll Gründe für etwas finden und nennen.
Gib … wieder	Ich soll etwas mit eigenen Worten formulieren.
Informiere …	Ich soll Informationen an andere weitergeben.
Erläutere …	Ich soll Vorgänge aufzeigen und veranschaulichen.

➡ der Aufgabenknacker:
Seite 198–199

Eine Checkliste anlegen

Überlegt, **welche Schritte** zur Erledigung einer Aufgabe gehören.
- Schreibt für die einzelnen Schritte Checkfragen,
  die ihr mit **Ja** oder **Nein** beantworten könnt.
- Ergänzt in **weiteren** Checkfragen, was für die Aufgabe noch wichtig ist.

➡ eine Checkliste
anlegen:
Seite 67, 149

Eine Grafik erschließen

Grafiken können **zusätzliche Informationen** zu Sachtexten enthalten.

1. Schritt: Vor dem Lesen
Du siehst dir die Grafik als Ganzes an.
• Lies die **Überschrift** der Grafik und benenne das **Thema**.

2. Schritt: Das erste Lesen
Du siehst dir die Grafik genauer an und liest die Angaben.
• Lies die **Erklärungen**, z. B. die Legende.
• **Form**: Welche Form hat die Grafik?
• **Quelle**: Wer hat die Grafik veröffentlicht?
• **Beschriftung**: Welche Angaben liest du?

3. Schritt: Die Grafik genau untersuchen
Du untersuchst und beschreibst einzelne Informationen,
um sie zu verstehen.
• **Entnimm** der Grafik verschiedene **Informationen**.
• **Stelle Fragen** an die Grafik und **formuliere** entsprechende **Antworten**.

4. Schritt: Nach dem Lesen
Du hast nun alle Informationen zur Beantwortung der Frage.
• **Erkläre** mit eigenen Worten, was in der Grafik dargestellt ist.

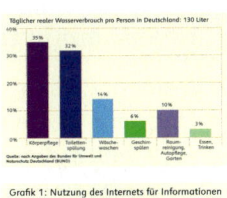
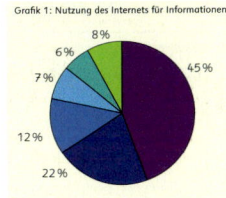

→ eine Grafik
erschließen:
Seite 47, 206–209

Der Buchknacker

1. Schritt: Vor dem Lesen
Du siehst dir das Buch als Ganzes an.
• Das **Buchcover** verrät dir etwas über das Buch.
• Der **Klappentext** verrät dir mehr über den Inhalt des Buches.

2. Schritt: Das erste Lesen
Du liest einen Textausschnitt: erster Eindruck.

3. Schritt: Beim genauen Lesen
Du liest den Text genau – Absatz für Absatz.
• **Absätze** gliedern den Text.
• **Schlüsselwörter** sind zum Verstehen besonders wichtige Wörter.
• Schlage Wörter, die du nicht verstanden hast, im **Lexikon** nach.
• Stelle **eigene Fragen** an den Text.

4. Schritt: Nach dem Lesen
Du kannst das Buch mit Hilfe deiner Arbeitsergebnisse vorstellen.

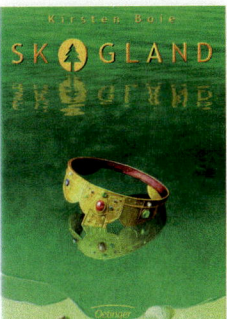

→ der Buchknacker:
Seite 186–191

Einen Arbeitsplan anlegen

Für einen Arbeitsplan legt ihr eine Tabelle mit fünf Spalten an.
• Schreibt in die **erste** Spalte die **Wochentage**.
• Schreibt in die **zweite** Spalte zu dem Tag die jeweilige **Aufgabe**.
• Schreibt in die **dritte** Spalte, **wer** jeweils verantwortlich ist.
• Schreibt in die **vierte** Spalte, **wann** ihr die Aufgabe **erledigt** habt.
• Schreibt in die **letzte** Spalte, welche **Fragen oder Probleme** es gibt.

→ einen Arbeitsplan
anlegen:
Seite 214–215

Ideen sammeln, Texte überarbeiten, berichten

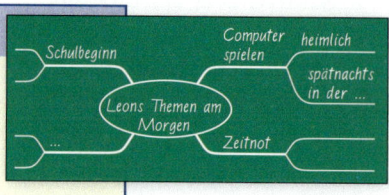

Ideensammlung: Cluster

In einem Cluster kannst du Ideen zu einem Thema sammeln:
- Schreibe **in die Mitte** das **Thema**. **Kreise** das Thema **ein**.
- Schreibe auf dein Blatt, was dir zum Thema einfällt.
- Schreibe so viele Wörter auf, wie dir **in 5 bis 10 Minuten** einfallen.

→ einen Cluster
anfertigen:
Seite 106, 113, 259

Ideensammlung: Die Mindmap

In einer Mindmap kannst du **Ideen sammeln** und
deine **Gedanken ordnen**:
- Nimm ein **leeres Blatt Papier** und lege es quer vor dich hin.
- Zeichne darauf einen **Baum mit Ästen und Zweigen**.
- Schreibe das **Thema** auf den **Stamm**.
- Schreibe **wichtige Wörter** zu dem Thema auf die **Äste**.
- Schreibe **Informationen** zu den Wörtern auf die **Zweige**.

→ eine Mindmap
anfertigen:
Seite 18, 259

Einen Text überarbeiten

Einen Text kannst du mit diesen Tipps überarbeiten:
- Gestalte **die Satzanfänge** abwechslungsreich.
- Verwende **treffende Verben**.
- Ergänze an passenden Stellen **Adjektive**.
- Verwende beim schriftlichen Erzählen das **Präteritum**,
  bei einer Personenbeschreibung das **Präsens**.
- Überprüfe **die Rechtschreibung**.
- Schreibe den Text noch einmal i**n gut lesbarer Schrift** auf.

→ Texte überarbeiten:
Seite 58, 64–67, 129,
210–213

Regeln für die Schreibkonferenz

In einer Schreibkonferenz überarbeitet ihr Texte gemeinsam.
Für die Schreibkonferenz werden Regeln vereinbart:
Regel 1: Die Autorin oder der Autor **liest** den Text **vor**.
            Die anderen **hören** aufmerksam **zu**.
Regel 2: Sagt zuerst, was euch **gefällt**.
Regel 3: **Fragt nach**, was ihr nicht verstanden habt.
Regel 4: **Überarbeitet gemeinsam** den Text, bis er euch gefällt.
Regel 5: Schreibt den Text noch einmal **in gut lesbarer Schrift** auf.

→ Regeln für
die Schreibkonferenz:
Seite 210, 222

Berichten

Berichten kannst du über ein Ereignis oder zum Beispiel über einen Tag.
Du beantwortest **genau** und **knapp** die **W-Fragen**:
- **Wann** geschah etwas?
- **Wo** geschah etwas?
- **Wer** war beteiligt?
- **Was geschah** der Reihe nach?
- **Was** für ein Schaden entstand?
Ein Bericht wird **im Präteritum** geschrieben.
Er enthält nur rein sachliche und richtige Angaben.

→ berichten:
Seite 150

Beschreiben

Eine Person beschreiben

Beschreibe eine Person mit Hilfe der folgenden Fragen:
- **Wie** sieht die Person **insgesamt** aus? Wie **alt** ist sie ungefähr?
- **Wie** sieht ihr **Gesicht** aus? Wie sind ihre **Haare**?
- **Wie** sieht ihre **Kleidung** aus? Was für **Schuhe** hat sie an?
- Gibt es etwas, **was** dir **besonders** an ihr **auffällt**?
- **Wie wirkt** sie auf dich?

→ eine Person
beschreiben:
Seite 51, 53, 68–69,
154, 164–165, 210–213

Beschreiben: Einen Steckbrief schreiben

- **Plane** deine **Schreibaufgabe**: Was willst du beschreiben? Für wen?
- **Sammle Informationen** aus Sachtexten und Büchern.
- **Lies** die Texte mit dem **Textknacker** und **notiere** wichtige **Informationen**.
- **Ordne** die Informationen den **Hauptstichwörtern** zu. Schreibe den Steckbrief. Beschränke dich auf **sachliche** Stichworte. Erfinde nichts hinzu.
- **Überprüfe** deinen Steckbrief, z. B. mit einer Checkliste. Überarbeite ihn.

Berufe-Steckbrief

1 *die Berufsbezeichnung*
2 *der Arbeitsort*
3 *die Tätigkeiten*
4 *die Arbeitszeit*
5 *wichtige Stärken*
6 *wichtige Schulfächer*
7 *die Ausbildung*
8 *ähnliche Berufe*

→ Steckbriefe
schreiben:
Seite 80, 87

Versuche beschreiben

Eine genaue Beschreibung ist wichtig, wenn jemand anderes ebenfalls den Versuch durchführen möchte. Eine Versuchsbeschreibung sollte **klar** und **übersichtlich** aufgebaut sein.

Eine Versuchsbeschreibung ist meist **im Präsens** geschrieben und immer **gleich aufgebaut**:

Überschrift: Wähle eine treffende Überschrift. Häufig ist das die **Versuchsfrage**.

Einleitung: Schreibe, **was** du mit dem Versuch **herausfinden** oder untersuchen möchtest.

Vorbereitung: Nenne alle **Materialien**, die du für den Versuch bereitlegen musst.

Durchführung: **Beschreibe genau**, was man nacheinander tut und was geschieht.

Ergebnis: **Formuliere** das Ergebnis des Versuchs.

Erklärung: **Begründe** oder erkläre das Ergebnis.

→ Versuche
beschreiben:
Seite 44–45, 220–223

Eine Anleitung schreiben

In einer Anleitung beschreibst du, wie man etwas tun kann.
- Nenne zuerst das benötigte **Material**.
- Beschreibe dann die einzelnen **Arbeitsschritte**. Beschreibe **ganz genau**.
- Beschreibe auch so, dass andere die Schritte leicht verstehen und ausführen können.
- Halte die **richtige Reihenfolge** ein.
- Verwende die **man**-Form oder das **Passiv**.

→ Anleitungen
schreiben:
Seite 42–42, 98–100

Miteinander diskutieren

Wenn ihr auf diese Regeln achtet, gelingt die Diskussion:
- **Lasst** euch gegenseitig **ausreden**.
- **Hört** euch gegenseitig genau **zu**.
- **Beleidigt** euch gegenseitig **nicht** und **lacht** euch **nicht aus**.
- Sprecht nur **zum Thema**.
- Sprecht **klar** und **deutlich**.
- **Seht** die anderen beim Sprechen **an**.
- Legt eine **Sitzordnung** fest.
- **Wählt** eine **Diskussionsleiterin** oder einen **Diskussionsleiter**.
- Tragt eure **Meinungen sachlich** vor.
- **Begründet** eure Meinungen **mit starken Argumenten**.
- **Unterstützt** eure Argumente **mit Beispielen**.

→ miteinander
diskutieren:
Seite 18–19, 22, 26–29

Pro- und Kontra-Argumente sammeln

Wenn du eine **Meinung** vertreten willst, **begründe** sie mit Argumenten.
- Finde **Pro-Argumente**, wenn du dafür bist.
- Finde **Kontra-Argumente**, wenn du dagegen bist.
- **Sammle** deine Argumente in einer **Tabelle**.
- Finde passende **Beispiele** zu deinen Argumenten.

Meinung
Argument
Beispiel

→ Pro- und Kontra-
Argumente:
Seite 26–29, 118–123,
126–129

Stellung nehmen

Du kannst z. B. zu einem Kommentar Stellung nehmen.

Schreibe eine **Einleitung**:
- Schreibe auf, **warum** du Stellung nimmst.
- Schreibe dann deine **Meinung**.

Schreibe den **Hauptteil**:
- Schreibe mit deinen **Gründen** Sätze mit **weil** oder **denn** auf.
- Schreibe **Beispiele** zu deinen Gründen.
  Verknüpfe deine Sätze durch passende Wörter wie *zum Beispiel*, *beispielsweise* oder *nämlich*.

→ Stellung nehmen:
Seite 118–121,
122–123, 126–129

Diskutieren im Klassenrat

- Schreibt auf einzelne **Zettel**, über welche **Probleme** oder **Themen** ihr sprechen wollt.
- Sammelt eure Vorschläge in einem **Ideenkasten**.
- Wählt vor jedem Klassenrat eine **Präsidentin** oder einen **Präsidenten**. Sie oder er **eröffnet** den Klassenrat und **leitet** das Gespräch.
- Beratet zuerst über die **Reihenfolge** der Themen.
- Notiert während und nach der Diskussion die **Ergebnisse**.
- Wenn nötig, **fragt** eure Lehrerin oder euren Lehrer **um Rat**.

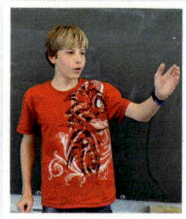

→ Diskutieren
im Klassenrat:
Seite 23

Aktives Zuhören

Wenn du **aufmerksam zuhörst**, vermeidest du **Missverständnisse**.
Gut zuhören heißt, dass der **ganze Körper aktiv** ist!
- **Sieh** deine Partnerin oder deinen Partner **an**.
- **Höre** genau **zu**. **Unterbrich** deine Partnerin oder deinen Partner **nicht**.
- **Konzentriere** dich auf das Wichtige.
- **Wende** dich deiner Partnerin oder deinem Partner **zu**.
- **Frage**, ob du alles **richtig verstanden** hast.

→ aktiv zuhören:
Seite 28

Regeln für die Gruppenarbeit

1. **Jedes** Mitglied erhält **eine Aufgabe**.
2. Alle arbeiten **gemeinsam**.
3. Jedes Mitglied arbeitet **mit jeder / jedem** zusammen.
4. **Keine / keiner lenkt** die Gruppe **ab**.
5. **Keine / keiner meckert** über ihre / seine Aufgabe.
6. Einer **leitet** die Gruppe, einer **schreibt**, einer **misst** die **Zeit**,
   einer **schlägt** im Wörterbuch **nach** und einer **trägt** das Ergebnis **vor**.

Das Gruppen-Puzzle

Mit dem Gruppen-Puzzle könnt ihr lange Sachtexte verstehen.
1. Schritt: Bildet **Stammgruppen**. Jedes Mitglied einer Stammgruppe
soll zum **Experten** für einen Absatz werden.
2. Schritt: Die Experten für jeden Absatz treffen sich
in den **Expertengruppen**.
3. Schritt: Die Experten kehren in ihre **Stammgruppen** zurück.
Nun ist in allen Stammgruppen **jeder** ein **Experte**
für einen anderen Absatz.

→ Gruppen-Puzzle:
Seite 182

Einen persönlichen Brief schreiben

- Schreibe den **Ort** und das **Datum oben rechts**.
- Wähle eine passende **Anrede**.
- Erkundige dich, **wie es** dem Empfänger **geht**.
- Schreibe auch, **warum** du schreibst.
- **Stelle** deine **Fragen** oder **antworte** auf **Fragen**, die dir gestellt wurden.
- **Beende** deinen Brief mit einem passenden **Gruß** und **unterschreibe** ihn.

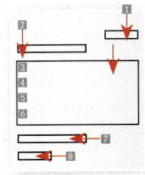

→ einen persönlichen
Brief schreiben:
Seite 56, 140, 216–217

Einen offiziellen Brief schreiben

- Schreibe zuerst **oben links** den **Absender**, darunter den **Empfänger**.
- Schreibe den **Ort** und das **Datum** etwas tiefer **rechts**.
- Wähle eine **passende Anrede**.
- **Stelle** dich **vor**.
- **Nenne** den **Grund** deines Schreibens.
- **Stelle** deine **Fragen** an den Empfänger. **Nenne** auch deine **Bitten**.
- **Bedanke** dich beim Empfänger.
- **Beende** deinen Brief mit einem **passenden Gruß** und **unterschreibe** ihn.

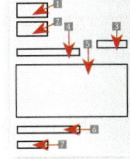

→ einen offiziellen
Brief schreiben:
Seite 218–219

Eine Geschichte erzählen

Deine Geschichte braucht: **Einleitung**, **Hauptteil** und **Schluss**.
Mache mit deiner **Einleitung** die Leser und Zuhörer **neugierig**:
• **Wer** ist die Hauptperson?
• **Wo** spielt die Geschichte? **Wann** spielt die Geschichte?
• **Was möchte** die Hauptperson?
Gestalte den **Hauptteil spannend und lebendig**:
• **Was passiert** auf einmal?
• **Was fühlt** die Hauptperson?
• **Was denkt** oder **sagt** die Hauptperson?
Löse am **Schluss** schnell die **Spannung**:
• **Wie löst sich** die Spannung zum Schluss auf?
Beachte auch die **Tipps zum spannenden Erzählen**.

➔ eine Geschichte
erzählen:
Seite 64–67,
156–161, 191

Spannend erzählen

Mit diesen Tipps gelingt dir eine besonders **spannende Geschichte**:
• Finde für die **Einleitung** einen Satz, der **besonders neugierig** macht.
• Baue im Hauptteil mit einem **plötzlichen Ereignis Spannung** auf.
• Erzähle über die **Gefühle** der Hauptperson.
• Durch **Gedanken** und **wörtliche Rede** wird die Geschichte **lebendig**.
• **Steigere** die Spannung: Unterschiedliche **Satzanfänge** machen den Hauptteil **abwechslungsreich**. Besondere, treffende **Adjektive** machen die Geschichte „**stark**".
• Auf dem **Höhepunkt** passiert oft alles **ganz schnell**.
• **Löse** die **Spannung** am **Schluss** mit einem **überraschenden Ende**.

➔ spannend erzählen:
Seite 64–67, 191

Eine Inhaltsangabe schreiben

Beantworte diese Fragen, um Inhalte von Texten zusammenzufassen:
• **Was** ist das für ein **Text**? **Wer** ist die **Autorin** oder der **Autor**?
• **Wann** spielt die Handlung? **Wo** spielt die Handlung?
• **Wer** ist die **Hauptperson**? **Welche Personen** kommen noch vor?
• **Was tun** die Personen? **Warum** tun sie es?
• **Was denken und fühlen** die Personen?
• **Wie endet** der Text?
Verwende das **Präsens**. Schreibe in der **Er-Form**, nicht in der Ich-Form.
Gib auch **wörtliche Rede in eigenen Worten** wieder.

➔ eine Inhaltsangabe
schreiben:
Seite 145, 152–153,
194–197

Mündlich nacherzählen

• **Lies** den Text **genau**.
• **Markiere wichtige Wörter** auf einer Folie oder schreibe sie auf.
  Du kannst zum Nacherzählen auch **Erzählkärtchen** verwenden.
• Erzähle **in der richtigen Reihenfolge**.
• Erzähle **spannend** und **mit eigenen Worten**.
• Lasse nichts **Wichtiges** aus. **Füge nichts hinzu**.
• Erzähle **im Präteritum**.

➔ mündlich
nacherzählen:
Seite 140, 146, 158, 162

Vortragen und präsentieren

Einen Kurzvortrag vorbereiten und halten

Mit einem Kurzvortrag kannst du andere über ein Thema informieren.

1. Schritt: Das Thema aussuchen und Informationen beschaffen
- Wähle ein interessantes **Thema** aus.
- Sammle **Informationen** in Büchern, Lexika und im Internet.

2. Schritt: Informationen aus Texten entnehmen
- **Lies** die Texte mit dem **Textknacker**.
- Schreibe **Stichworte** auf **Karteikarten**.

3. Schritt: Den Kurzvortrag gliedern und die Notizen ordnen
- Entscheide, welche Informationen **wichtig** sind.
- **Gliedere** dann den Kurzvortrag und **ordne** deine Informationen.

4. Schritt: Eine Einleitung und einen Schluss formulieren
- Formuliere einen **Einleitungssatz** und Sätze für einen **Schluss**.

5. Schritt: Den Kurzvortrag üben und halten
- **Übe**, deinen Kurzvortrag möglichst **frei zu sprechen**.

➜ einen Kurzvortrag
vorbereiten:
Seite 40, 81, 88–89,
106–109, 193, 203, 209

Frei vortragen

- **Stelle dich** so hin, dass **alle dich sehen** können.
- Versuche, **frei** zu **sprechen** und wenig abzulesen.
- Sprich **langsam** und **deutlich**.
- **Sieh** beim Sprechen die Zuhörerinnen und Zuhörer **an**.
- Zeige an passenden Stellen **Bilder** und **Materialien**.

➜ frei vortragen:
Seite 40, 81, 86–89,
109, 209

Ein Plakat oder eine Folie gestalten

- Wählt ein **passendes Format** aus.
- Findet eine passende **Überschrift**.
- Entscheidet, welchen **Text** und welche **Bilder** ihr zeigen wollt.
- Überlegt, wie ihr **Überschrift**, **Text** und **Bilder anordnen** wollt.
- Schreibt **groß** genug und gut **lesbar**.
- Nehmt andere Stifte für **Hervorhebungen**.

➜ ein Plakat gestalten:
Seite 57, 203, 226–227
➜ eine Folie gestalten:
Seite 38–39, 40, 108

Eine Folie präsentieren

- Stelle dich so hin, dass du die Folie **nicht verdeckst**.
- **Erkläre** deine Folie: Sprich **frei** und in **ganzen Sätzen**.
- **Zeige** manchmal auf die passenden Stellen auf der Folie.
  Dann kann die Klasse dir besser folgen.
- Erkundige dich **zum Schluss**, ob es **Fragen** gibt.

➜ eine Folie
präsentieren:
Seite 39, 40, 109

Ein Buch vorstellen

- Zeige den Zuhörerinnen und Zuhörern **das Buchcover**.
- Nenne den **Titel** und die **Autorin** oder den **Autor** des Buches.
- **Wer?** – Stelle die **Hauptpersonen** vor.
- **Wo?** – **Wann?** – **Was?** – Erzähle **kurz** etwas über den **Inhalt**.
- Erkläre, warum dir das Buch gut oder nicht so gut **gefallen** hat.
- **Lies** einen **Ausschnitt** aus dem Buch **vor**.

➜ ein Buch vorstellen:
Seite 191

Regeln für das Warm-up

Mit dem Warm-up könnt ihr euch für das Theaterspielen aufwärmen.
• Alle Schülerinnen und Schüler machen bei den Übungen mit!
• Es darf gelacht, aber niemand ausgelacht werden!
• Die Anweisungen des Spielleiters sind zu befolgen!
• Während der Übung muss sich jeder Teilnehmer auf sich konzentrieren!

➜ Regeln für das Warm-up: Seite 176–177

Ein Standbild bauen

Mit einem Standbild könnt ihr eine Situation oder ein Gefühl darstellen.
• Entscheidet euch, **wer welche Person** darstellt.
• Achtet besonders auf die **Gestik** (die Körperhaltung) und die **Mimik** (den Gesichtsausdruck) der Personen.
• Die Darstellerinnen und Darsteller stellen sich **unbeweglich wie ein Standbild** auf. Niemand spricht.
• **Die anderen beraten** und korrigieren die Darsteller.
• **Alle beschreiben, wie das Standbild** auf sie **wirkt**.
• Die Darsteller **beschreiben** ebenfalls, **wie sie sich fühlen**.

➜ ein Standbild bauen: Seite 15, 145

Szenisch lesen

Beim szenischen Lesen könnt ihr euch besser in die Rollen einfühlen:
• Ihr **setzt** und **stellt** euch so **hin** wie beim Spielen der Szene.
• **Lest** die Szene **mit verteilten Rollen**.
• Zusätzlich **bewegt** ihr euch aber **wie die Personen** in der Szene.
• Lest **ausdrucksvoll**: Beachtet die **Regieanweisungen**.
• Setzt **Mimik** und **Gestik** ein.
• Versucht, **immer freier** zu sprechen und immer weniger in den Text zu sehen.
Tipp: Ihr könnt absprechen, ob ihr zwischendurch **unterbrechen** wollt: Ihr könntet euch gegenseitig **Tipps zum besseren Lesen** und **Gestalten** geben.

➜ szenisch lesen: Seite 145, 181–182, 184

Eine Szene spielen

Mit diesen Tipps könnt ihr eine Szene spielen:
• Legt fest, welche **Figuren** es gibt. **Verteilt** die **Rollen**.
• Schreibt den **Text** für jede Rolle auf einzelne **Rollenkarten**.
• **Markiert** Wörter, die ihr **besonders betonen** möchtet.
• Schreibt dazu, was eure **Figur tut**, was sie **fühlt** und **denkt**.
• Lernt euren **Text auswendig**.
• Übt gemeinsam, die Szene zu spielen: Setzt **Gestik** (Körpersprache) und **Mimik** (Gesichtsausdruck) ein.
• **Besprecht**: Wie haben sich die Spieler in ihren Rollen gefühlt? Wie hat die Szene auf die Zuschauer gewirkt?

➜ eine Szene spielen: Seite 15, 145, 183

Richtig abschreiben

Richtiges Schreiben kannst du durch Abschreiben lernen.
Beachte beim Abschreiben diese sechs Schritte:

1. Schritt: **Lies** den Text.

2. Schritt: **Präge dir die Wörter** bis zum Strich genau **ein**.
Lies dazu nochmals Wort für Wort, Silbe für Silbe.

3. Schritt: Decke nun die Textstelle ab. **Schreibe** die Wörter
auswendig auf. Schreibe **langsam** und **ordentlich**.
Schreibe nur in jede zweite Zeile.

4. Schritt: **Überprüfe**, was du geschrieben hast.
Vergleiche Wort für Wort mit der Vorlage.

5. Schritt: **Streiche** Fehlerwörter mit einem Lineal **durch**.
Schreibe das Wort **richtig** über das Fehlerwort.

6. Schritt: Schreibe die Fehlerwörter in die **Rechtschreibkartei**.

→ richtig abschreiben:
Seite 229–243

die Säule – die Säulen

er läutet – läuten

dünner – dünn

Eine Rechtschreibkartei anlegen und damit üben

Die Rechtschreibkartei anlegen

• Schreibe das schwierige Wort oder das Fehlerwort –
richtig geschrieben – in die erste Zeile.
Schreibe **Nomen** mit den **bestimmten Artikeln** auf.
Ergänze bei **Verbformen** die **Personalpronomen**.
• **Unterstreiche** die **Fehlerstellen**.
• Schreibe bei Nomen den Plural oder den Singular dazu.
• Schreibe bei Verben und Adjektiven die **Grundform** dazu.
• Schreibe einen passenden **Rechtschreibtipp** auf jedes Lernkärtchen.
• **Ordne** deine Lernkärtchen **nach dem Alphabet**.
• Bewahre deine Lernkärtchen in einem **Karteikasten** auf.

Mit der Rechtschreibkartei trainieren

• **Wähle** jeweils **acht Karteikarten** aus.
• **Lies** jedes Wort **halblaut**. **Präge** dir das Wort **genau ein**.
• **Drehe** die Karteikarte **um** und **schreibe** das Wort **auf**.
• Wenn du die acht Wörter geschrieben hast, **kontrolliere** sie **genau**.
• Die **richtig** geschriebenen Wörter legst du auf einen Stapel.
• Ist ein Wort **fehlerhaft**, legst du die Karte auf einen anderen Stapel.
• Deine persönlichen Fehlerwörter **trainierst** du weiter, **bis es klappt**.
• Die acht Karteikarten **sortierst** du hinten im Kasten **wieder ein**.

→ Rechtschreibkartei:
Seite 233, 235, 243,
255

Wörter nachschlagen

Im Wörterbuch schlägst du nach, wie ein Wort geschrieben wird.
• **Links und rechts oben** auf der Seite des Wörterbuchs steht
der **Buchstabe** des Alphabets, unter dem du suchen musst,
schwimmen findest du unter **S**.
• Wenn die Wörter mit demselben Buchstaben beginnen,
vergleiche jeweils den **zweiten** Buchstaben.
• Manchmal musst du sogar den **dritten**, **vierten** oder
fünften Buchstaben ansehen.

→ Wörter
nachschlagen:
Seite 37

Wortbildung

Aus zwei Nomen kann ein **zusammengesetztes Nomen** entstehen:
der Roggen + das Brot = das Roggenbrot.

Nomen und Adjektiv können ein **zusammengesetztes Adjektiv** bilden.
Du schreibst das Adjektiv immer klein: *das Bild + schön = bildschön.*

Die Wörter einer Wortfamilie haben einen gleichen Teil.
Du schreibst den Teil immer gleich: *der **Fahr**er, das **Fahr**zeug, die Vor**fahr**t.*

In einigen Wörtern steckt das Wort **Ende**.
Du schreibst dann immer **end-** oder **End-**: *end**lich**, **end**los, das **End**spiel.*

Die Vorsilben **ver-** und **ent-** schreibst du immer gleich:
ver- + stecken = verstecken, ent- + täuschen = enttäuschen.

Viele Wörter sind mit **irgend-** zusammengesetzt.
Du schreibst sie immer **zusammen**: *irgendwer, irgendwie, irgendwann.*

Alle Wörter mit den Endungen **-ig**, **-isch**, **-lich**, **-sam** und **-los** sind
Adjektive.
Du schreibst sie immer klein: *die Neugier + -ig = neugierig.*

Zusammengesetzte Wörter mit **-mal** und **-weise** schreibst du klein
und zusammen: *dreimal, normalerweise.*

➜ Wortbildung:
Seite 229, 232, 237

Großschreibung am Satzanfang

Am Satzanfang und **nach einem Punkt, Fragezeichen oder
Ausrufezeichen** schreibst du immer groß:
*Ein junger König lebte allein. **Er** war traurig.*

Großschreibung von Tageszeiten

Nach **gestern**, **heute** und **morgen** werden die Tageszeiten
großgeschrieben: *gestern Abend, heute Abend, morgen Abend.*

Wochentage und **Tageszeiten mit Artikel** sind **Nomen**.
Nomen schreibst du **groß**: *der Abend, der Dienstag.*
Auch **zusammengesetzte Nomen** schreibst du **groß**:
der Montagmorgen, am Mittwochmittag.

➜ Großschreibung
von Tageszeiten:
Seite 238

Wörter mit ß

Nur nach einem langen Vokal oder einem Zwielaut (au, ei)
kann ß stehen: *gro*ß*e, hei*ß*en.*

➜ Wörter mit ß:
Seite 243

Zahlwörter

Zahlen bis zu **einer Million** schreibst du **klein** und **zusammen**:
eins, elf, einhundert, fünfundzwanzigtausend.

➜ Zahlwörter:
Seite 235

Getrenntschreibung von Wortgruppen

Diese Wortgruppen schreibst du **immer getrennt**:
ein bisschen, gar nicht, auf einmal, noch einmal, vor allem.

Auch Wortgruppen mit **sein** schreibst du immer **getrennt und klein**:
dabei sein, zusammen sein, offen sein, weg sein, hier sein, allein sein.

➜ Getrenntschreibung
von Wortgruppen:
Seite 239, 241

Der Rechtschreib-Check

1 Deutlich sprechen – genau hinhören
- Sprich dir das geschriebene Wort **langsam** und **deutlich** vor.
  So kannst du Flüchtigkeitsfehler und fehlende Buchstaben erkennen.

2 Lang oder kurz?
Sprich das Wort leise vor dich hin:
Ist der Vokal lang oder kurz?

Langer Vokal:
- Meist folgt nur ein Konsonant.
- Langes **i** ist meist **ie**.
- Vor **m, n, l, r** kommt
  manchmal ein **h**: *hohl.*

Kurzer Vokal:
Meist folgen zwei Konsonanten,
- zwei gleiche: *retten* oder
- zwei verschiedene: *halten.*

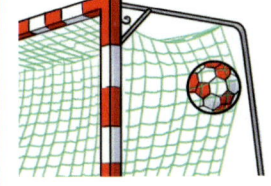

3 Verwandtes Wort?
Findest du ein Wort schwierig?
Weißt du nicht, ob ein Wort mit **ä** oder **e**, **äu** oder **eu** geschrieben wird?
Dann finde ein **verwandtes Wort**, das du sicher schreiben kannst.
Denn den **Wortstamm** in verwandten Wörtern **schreibst** du immer
gleich: *das Gebäude* mit **äu** so wie *bauen* mit **au**.

4 b oder p, d oder t, g oder k am Wortende?
Verlängere das Wort. Dann hörst du, wie es endet.

5 Groß oder klein?
Nomen schreibst du groß.
Mit diesen Fragen erkennst du Nomen:
- Hat das Wort einen oder mehrere **Begleiter**? Schreibe groß.
  Die Begleiter können z. B. bestimmte oder unbestimmte Artikel,
  Adjektive, Pronomen oder Zahlwörter sein.
- Endet das Wort auf **-ung, -heit, -keit, -nis**? Schreibe groß.
- Gibt es vor dem Wort eines der **starken Wörter am, beim, zum,
  etwas, nichts, viel**? Schreibe groß.

6 Komma – ja oder nein?
- Ein Komma steht bei **Aufzählungen**.
- Ein Komma steht zwischen Haupt- und Nebensätzen mit
  dass, weil, wenn oder mit einem **Relativpronomen**.
- Ein Komma steht bei **wörtlicher Rede** vor (und nach) dem Begleitsatz.

➜ der Rechtschreib-
Check:
Seite 67, 129, 153, 219,
249–253

Die Satzarten und die Satzschlusszeichen

Nach einem **Aussagesatz** steht ein **Punkt**.
Nach einem **Ausrufesatz** steht ein **Ausrufezeichen**.
Nach einem **Fragesatz** steht ein **Fragezeichen**.
Nach einem Punkt, Fragezeichen, Ausrufezeichen schreibst du **groß**.

Komma bei Aufzählungen

Wenn du Wörter **aufzählst**, trennst du sie durch **Kommas** voneinander.
Ausnahme: Vor **und** und **oder** steht **kein Komma**.
Sie legen Luftmatratzen, Schlafsäcke, Kekse und Taschenlampen bereit.

→ Komma bei Aufzählungen: Seite 231

Komma bei weil, wenn, als, obwohl, nachdem

Beginnt ein Satz mit **weil, wenn, als, obwohl, nachdem**, folgt etwas später ein **Komma**. Das Komma steht zwischen zwei Verben:
Weil er Schmerzen hatte, verließ er sofort das Spielfeld.
Satzbild: **Weil** ⬭ , ⬭ .

Beginnt ein Satz mit dem **Hauptsatz**, steht das Komma vor **weil, wenn, als, obwohl** oder **nachdem**: *Sie gewinnt, obwohl die Gegnerin stark ist.*
Satzbild: ___ , **obwohl** ___ .

→ Komma bei **weil** und **wenn**: Seite 233, 237, 280–281, 283

Sätze mit dass

Nach den Verben **sagen, denken, meinen** folgen oft **dass**-Sätze.
Der **dass**-Satz wird durch Komma vom Hauptsatz abgetrennt.
Das gebeugte Verb steht am Ende des **dass**-Satzes.
*Ludwig behauptet, **dass** die Amsel Löwen jagt.* ___ , **dass** ___ .

→ Sätze mit **dass**: Seite 229, 282–283

Wörtliche Rede

Wörtliche Rede markierst du mit „**Anführungszeichen**".
Oft steht bei der wörtlichen Rede ein Begleitsatz.
Achte auf die Satzzeichen:

• Der Begleitsatz steht vorne:
  Die Maus sagte: „Bitte, lass mich frei." ___ : „___ ."

• Der Begleitsatz steht hinten:
  „Bitte, lass mich frei", sagte die Maus. „___ ", ___ .

• Der Begleitsatz steht in der Mitte:
  „Bitte", sagte die Maus, „lass mich frei." „___ ", ___ , „___ ."

→ wörtliche Rede: Seite 241

Komma bei Relativsätzen

Ein **Relativsatz** erklärt ein **Nomen im Hauptsatz** genauer.
Er wird mit der, das, die oder die eingeleitet. Vor und nach dem Relativsatz steht ein Komma.
Satzbild: **Der** ___ , **der** ___ , ___ . **Das** ___ , **das** ___ , ___ .
Die ___ , **die** ___ , ___ . **Die** ___ , **die** ___ , ___ .

→ Komma bei Relativsätzen: Seite 239, 284

Die Zeitformen der Verben

Infinitiv: Die Grundform des Verbs heißt **Infinitiv**.
Die Grundform hat meistens die Endung **-en**: *sagen.*

Präteritum: Wenn du über Vergangenes **schriftlich** erzählst oder berichtest, verwendest du meist das **Präteritum**:
haben – er hatte, laufen – er lief, stehen – er stand.

→ Verben im Präteritum: Seite 261, 266

Perfekt: Wenn du über Vergangenes **mündlich** erzählst, verwendest du meist das **Perfekt**.
Viele Verben bilden das Perfekt mit **haben**: *Du hast gespielt.*
Das Perfekt von Verben der **Bewegung** wird mit **sein** gebildet:
Du bist gefahren.

→ Verben im Perfekt: Seite 261

Futur: Wenn du über Dinge sprichst, die in der **Zukunft** liegen, verwendest du oft das Futur. Das **Futur** wird mit **werden** gebildet.
Ich werde ein Roboter sein.

Plusquamperfekt: Wenn du ausdrücken möchtest, dass ein **Vorgang vollendet** war, **bevor** ein anderer begann, verwendest du das Plusquamperfekt. Es wird mit Formen von **haben** und **sein** gebildet:
Die Passagiere hatten sich auf die Fahrt gefreut, bevor das Feuer ausbrach.

→ Verben im Plusquamperfekt: Seite 266–267

Modalverben

Nach **dürfen**, **können** und **müssen** steht ein weiteres Verb in der Grundform (im Infinitiv): *Mein Freund muss zu mir halten.*

Trennbare Verben

Einige **Verben** sind **zusammengesetzt**.
Im Satz können die Teile des Verbs getrennt stehen (Satzklammer):
Sie rechnet die Aufgabe aus.

In der Grundform (im Infinitiv) schreibst du die beiden Teile zusammen:
ausrechnen. Man nennt diese Verben **trennbare Verben**.

Das Passiv

Das **Passiv** beschreibt, was mit einer Person oder einem Gegenstand **getan wird**. Der **Vorgang** ist **wichtig**, aber **nicht**, **wer** ihn ausführt.
Du bildest das Passiv mit einer **Form** von **werden**: *es wird gefaltet, sie werden geknickt.*

→ das Passiv verwenden: Seite 44–45, 268–270

Konjunktiv I

Mit dem **Konjunktiv I** kannst du etwas **wiedergeben**, das **jemand anderes gesagt** hat. Manchmal ist nicht klar, welche Aussagen stimmen.
Der Konjunktiv wird oft mit Verformen von **sein** oder **haben** gebildet.

→ den Konjunktiv I verwenden: Seite 150–151, 273

Nomen und ihre Artikel

Vor einem Nomen steht oft **ein bestimmter Artikel** (*der*, *das*, *die*, *die*) oder **ein unbestimmter Artikel** (*ein*, *ein*, *eine*).

Nomen können **im Singular** und **im Plural** stehen: *der Hut – die Hüte*. Den unbestimmten Artikel gibt es **nur im Singular**, im **Plural** hat das Nomen dann gar **keinen Artikel**.

Zwei Nomen können ein **zusammengesetztes** Nomen bilden: *der Roggen + das Brot = das Roggenbrot*. **Der Artikel** richtet sich **nach dem zweiten Nomen**.

➜ Artikel von Nomen:
Seite 104–105,
260–261
➜ Nomen im Singular
und im Plural:
Seite 260–261

➜ zusammengesetzte
Nomen:
Seite 256–257

Singular (Einzahl)

	der (männlich)	das (sächlich)	die (weiblich)
Nominativ (1. Fall) **Wer oder was?**	der Hut / ein Hut	das Ei / ein Ei	die Tasche / eine Tasche
Genitiv (2. Fall) **Wessen?**	des Hutes / eines Hutes	des Eis / eines Eis	der Tasche / einer Tasche
Dativ (3. Fall) **Wem?**	dem Hut / einem Hut	dem Ei / einem Ei	der Tasche / einer Tasche
Akkusativ (4. Fall) **Wen oder was?**	den Hut / einen Hut	das Ei / ein Ei	die Tasche / eine Tasche

Plural (Mehrzahl)

	der (männlich)	das (sächlich)	die (weiblich)
Nominativ (1. Fall) **Wer oder was?**	die Hüte / Hüte	die Eier / Eier	die Taschen / Taschen
Genitiv (2. Fall) **Wessen?**	der Hüte / ——	der Eier / ——	der Taschen / ——
Dativ (3. Fall) **Wem?**	den Hüten / Hüten	den Eiern / Eiern	den Taschen / Taschen
Akkusativ (4. Fall) **Wen oder was?**	die Hüte / Hüte	die Eier / Eier	die Taschen / Taschen

Präpositionen

Wörter wie *in*, *auf*, *über*, *unter*, *vor*, *hinter*, *neben* sind Präpositionen. Sie zeigen, **wo** etwas ist (Dativ) oder **wohin** etwas kommt (Akkusativ):
Wo liegt die Muschel? **Auf** *dem Kies. Auf dem Regal. Auf der Bank.*
Wohin legt er die Muschel? **Auf** *den Kies. Auf das Regal. Auf die Bank.*

➜ Präpositionen:
Seite 262–263

Verben mit Präpositionen

Auf **manche Verben** folgt eine **feste Präposition**.
Nach der Präposition folgt ein Nomen im Akkusativ oder Dativ:
- **mit Akkusativ:** *bitten* **um**, *(sich) wundern* **über**, *warten* **auf**, *tun* **für**, *(sich) freuen* **auf**, *(sich) ärgern* **über**;
- **mit Dativ:** *erzählen* **von**, *fragen* **nach**, *sagen* **zu**, *sprechen* **mit**, *beginnen* **mit**, *träumen* **von**.

➜ Verben
mit Präpositionen:
Seite 263

in

auf

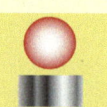
über

unter

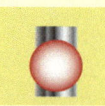
vor

hinter

neben

Adjektive

Mit **Adjektiven** kannst du Personen, Tiere oder
Gegenstände **genauer beschreiben**: *Der Hut ist **alt**.*
Alle Wörter mit den Endungen **-ig**, **-isch**, **-lich**, **-sam** und **-los** sind
Adjektive.
Adjektive können auch zwischen Artikel und Nomen stehen.
Achte auf die Endungen: *der **alt**e Hut – ein **alt**er Hut.*

Willst du beschreiben, wie sich Menschen, Tiere, Gegenstände
unterscheiden, kannst du **gesteigerte Adjektive** verwenden.
Die Grundform: *Der Apfel ist **so groß wie** die Birne.*
Der Komparativ (die 1. Steigerungsform): *Ute ist **größer als** Anton.*
Der Superlativ (die 2. Steigerungsform): *Die Melone ist **am größten**.*

Ein Nomen und ein Adjektiv können ein **zusammengesetztes** Adjektiv
bilden: *das Bild + schön = bildschön.*

➜ Adjektive:
Seite 260–261

➜ zusammengesetzte
Adjektive:
Seite 260

Singular (Einzahl)

	der (männlich)	das (sächlich)	die (weiblich)
Nominativ (1. Fall) **Wer oder was?**	der alte Hut ein alter Hut	das frische Ei ein frisches Ei	die rote Tasche eine rote Tasche
Genitiv (2. Fall) **Wessen?**	des alten Hutes eines alten Hutes	des frischen Eis eines frischen Eis	der roten Tasche einer roten Tasche
Dativ (3. Fall) **Wem?**	dem alten Hut einem alten Hut	dem frischen Ei einem frischen Ei	der roten Tasche einer roten Tasche
Akkusativ (4. Fall) **Wen oder was?**	den alten Hut einen alten Hut	das frische Ei ein frisches Ei	die rote Tasche eine rote Tasche

Plural (Mehrzahl)

	der (männlich)	das (sächlich)	die (weiblich)
Nominativ (1. Fall) **Wer oder was?**	die alten Hüte alte Hüte	die frischen Eier frische Eier	die roten Taschen rote Taschen
Genitiv (2. Fall) **Wessen?**	der alten Hüte alter Hüte	der frischen Eier frischer Eier	der roten Taschen roter Taschen
Dativ (3. Fall) **Wem?**	den alten Hüten alten Hüten	den frischen Eiern frischen Eiern	den roten Taschen roten Taschen
Akkusativ (4. Fall) **Wen oder was?**	die alten Hüte alte Hüte	die frischen Eier frische Eier	die roten Taschen rote Taschen

Adverbien

Adverbien des Ortes können ausdrücken, **wo** etwas
geschieht: *überall, hier.*
Adverbien der Zeit können ausdrücken, **wann** etwas
geschieht: *bald, morgens.*
Adverbien **verändern** ihre **Form nicht**.

➜ Adverbien
verwenden:
Seite 264–265

Personalpronomen

Die Wörter **ich**, **du**, **er** – **es** – **sie**, **wir**, **ihr**, **sie** sind **Personalpronomen**.
Sie ersetzen **Nomen** oder Wortgruppen, in denen **Nomen** vorkommen.
Der Käse war lecker. *Er* war sahnig. *Das Brot* war lecker. *Es* war frisch.
Die Tomate war lecker. *Sie* war rot. *Die Trauben* sind gut. *Sie* sind süß.

Die Personalpronomen können auch im **Akkusativ** und im **Dativ** stehen.

Nominativ:	Akkusativ:	Dativ:
ich	mich	mir
du	dich	dir
er – es – sie	ihn – es – sie	ihm – ihm – ihr
wir	uns	uns
ihr	euch	euch
sie	sie	ihnen

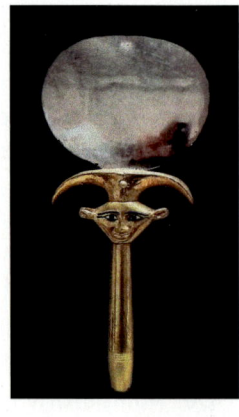

→ Personalpronomen: Seite 62–63

Possessivpronomen

Die Wörter **mein**, **dein**, **sein**/**sein**/**ihr**, **unser**, **euer**, **ihr**,
meine, **deine**, **seine**/**seine**/**ihre**, **unsere**, **eure**, **ihre**
sagen, wem etwas gehört. Es sind **Possessivpronomen**.

	Kleber	Plakat	Schere	Stifte
ich	mein		meine	
du	dein		deine	
er	sein		seine	
es	sein		seine	
sie	ihr		ihre	
wir	unser		unsere	
ihr	euer		eure	
sie	ihr		ihre	

Wenn du **Wen oder was?** fragen kannst, können sich die **Endungen**
der Possessivpronomen **verändern**.

Ich habe	meinen	mein	meine		
Du hast	deinen	dein	deine	Kleber	entdeckt.
Jan hat	seinen	sein	seine	Lineal	gefunden.
Das Mädchen hat	seinen	sein	seine	Mappe	gesucht.
Jenny hat	ihren	ihr	ihre	Plakat	vergessen.
Wir haben	unseren	unser	unsere	Schere	verlegt.
Ihr habt	euren	euer	eure	Stift	verloren.
Sie haben	ihren	ihr	ihre		

→ Possessivpronomen: Seite 24–25

Pronomen „kein"

Statt eines Artikels können auch andere Wörter das Nomen begleiten,
zum Beispiel kein. Der Begleiter **kein** hat dieselben Formen wie **ein**:

Nominativ:	Akkusativ:	Dativ:
kein – kein – keine	keinen – kein – keine	keinem – keinem – keiner

→ Pronomen „kein": Seite 104–105

Satzglieder

Satzglieder sind Teile eines Satzes. Ein Satzglied kann
aus einem Wort oder aus einer Wortgruppe bestehen.
Mit der **Umstellprobe** kannst du erkennen, welche Wörter
zu einem Satzglied gehören.

Leon schenkt seinem Freund eine CD.

Eine CD schenkt Leon seinem Freund.

→ Satzglieder:
Seite 272–277

Das Subjekt

Mit Wer oder was? fragst du nach dem Subjekt.

Wer oder was isst einen Apfel? Moritz

Wer oder was war so schön? das Geschenk

→ Subjekt:
Seite 272

Das Prädikat

Mit Was tut?, Was tat? oder Was hat getan? fragst du
nach dem Prädikat.

Das Prädikat sagt, was jemand tut oder tat oder getan hat.
In den meisten Sätzen steht das Prädikat an zweiter Stelle:
Louisa füttert die Fische.

Manchmal bildet das Prädikat eine Klammer:
Louisa hat die Fische gefüttert.

→ Prädikat:
Seite 272

Die Objekte

Mit Wen oder was? fragst du nach einem Akkusativobjekt.

Wen oder was fegt Julka? den Boden

Mit Wem? fragst du nach einem Dativobjekt.

Wem helfe ich? dem Mann

→ Objekte:
Seite 273

Adverbiale Bestimmungen der Zeit und des Ortes

Mit **Wann?** fragst du nach der **Zeit**, in der etwas geschieht:
Wann spielt Berkay Fußball? am Samstag

Mit **Wo?** oder **Wohin?** fragst du nach dem **Ort**:
Wo spielt Berkay Fußball? auf dem Fußballplatz
Wohin bringt Moritz die Bücher? in die Bücherei

→ adverbiale
Bestimmungen
der Zeit und des Ortes:
Seite 274–275

Die adverbiale Bestimmung des Grundes

Mit **Warum?** fragst du nach dem Grund, warum etwas geschieht.
Dieses Satzglied kann **eine Wortgruppe** oder **ein weil-Satz** sein:
Warum war das Licht aus? *wegen eines Stromausfalls (weil der Strom
ausgefallen war)*

➜ die adverbiale
Bestimmung
des Grundes:
Seite 276

Die adverbiale Bestimmung der Art und Weise

Mit **Wie?** oder **Auf welche Weise?** fragst du nach der Art und Weise,
wie etwas geschieht oder **wie jemand etwas tut**. Das Satzglied kann
ein **einzelnes Wort**, **eine Wortgruppe** oder **ein Nebensatz** sein:
Wie öffnete er die Tür? *mit Hilfe einer Brechstange (indem er
eine Brechstange benutzte)*

➜ die adverbiale
Bestimmung
der Art und Weise:
Seite 278

Der Hauptsatz

Ein einfacher Satz besteht mindestens aus einem **Subjekt** und
einem **Prädikat**. So ein Satz heißt auch **Hauptsatz**.
Er kann noch **weitere Satzglieder** enthalten, zum Beispiel ein Objekt
und adverbiale Bestimmungen.
(Das gebeugte Verb) steht im **Hauptsatz** immer an **zweiter Stelle**:

Mika (spielt) im Hof Fußball.

Die Satzklammer

Manchmal besteht das **Prädikat** aus mehreren Teilen. Im Satz
können die Teile dann getrennt stehen. (Das gebeugte Verb) steht
dann an **zweiter Stelle**, der andere Teil **am Ende des Hauptsatzes**.
Das Prädikat bildet eine **Satzklammer**.

Bei **trennbaren Verben** wie *wiederfinden* bildet sich oft eine Satzklammer:
Ich (finde) meine Sporthose (wieder).

Im **Perfekt** bildet sich oft eine Satzklammer:
Der Polizist (hat) den Unfall nicht (gesehen).

Im **Plusquamperfekt** bildet sich oft eine Satzklammer:
Das Auto (hatte) einen Laternenpfahl (gerammt).

Im **Konjunktiv** bildet sich oft eine Satzklammer:
Das Piratenboot (sei) als Erstes ins Ziel (gefahren).

Im **Passiv** bildet sich oft eine Satzklammer:
Zuerst (wird) das Glas mit Wasser (gefüllt).

Auch bei **Modalverben** wie **müssen, können, wollen, dürfen**
und **sollen** bildet sich oft eine Satzklammer:
Ich (muss) vorsichtig (sein).

Der Fragesatz

Mit **W-Fragen** kannst du nach bestimmten Informationen fragen:
Wer … ?, Wo … ? , Wann … ? , Wie … ? , Warum … ? …
Bei **W-Fragen** steht das gebeugte Verb immer an **zweiter Stelle**:

Wann lebte *Marco Polo? Wie* sah *er aus? Wer* kam *nach Venedig?*

Entscheidungsfragen sind Fragen, auf die man **nur mit Ja oder Nein** antworten kann. In einer Entscheidungsfrage steht das gebeugte Verb immer an **erster Stelle**:

Kommst *du heute zum Training?* Regnet *es draußen?*

Nebensätze mit Konjunktionen

Mit Hilfe eines **Bindewortes** (einer Konjunktion) wie **weil**, **wenn**, **als**, **obwohl**, **nachdem** oder **dass** kann man Sätze verbinden. Es entsteht ein **Satzgefüge**. Der Satz mit **weil**, **wenn**, **als**, **obwohl**, **nachdem** oder **dass** heißt **Nebensatz**.
In einem Nebensatz steht das gebeugte Verb **am Ende des Satzes**.
Zwischen dem Hauptsatz und dem Nebensatz steht ein **Komma**.
Der Nebensatz kann **vor oder nach** dem Hauptsatz stehen.

weil-Sätze
Mit **weil**-Sätzen kann man etwas begründen:
Ich stehe früh auf, weil mein Praktikum früh beginnt*.*

wenn-Sätze
Nebensätze mit **wenn** geben eine Bedingung an:
Ich trage meine Regenjacke, wenn es regnet*.*

dass-Sätze
Nach den Verben **sagen**, **denken**, **meinen** und **glauben** folgen oft **dass**-Sätze:
Ich glaube, dass morgen die Sonne scheint*.*

Wenn der **Nebensatz vor dem Hauptsatz** steht, ändert sich im Hauptsatz die **Stellung** des gebeugten Verbs: Es steht jetzt **an erster Stelle** im Hauptsatz. Das nennt man **Inversion**.
Das **Komma** steht **zwischen** den beiden gebeugten Verben:
Wenn es regnet*,* brauche *ich einen Schirm.*

→ Satzgefüge:
Seite 278–285

Relativsätze

Relativsätze sind **Nebensätze**. Sie erklären ein **Nomen im Hauptsatz** genauer. Das gebeugte Verb steht immer **am Ende** des Relativsatzes.

Ich höre gern Musik, die gute Laune macht*.*

Ich habe einen Freund, der bei der Jugendfeuerwehr ist*.*

Starke, unregelmäßige und trennbare Verben

Infinitiv	Präsens	Präteritum	Perfekt
*anrufen	sie ruft an	sie rief an	sie hat angerufen
*anziehen	er zieht an	er zog an	er hat angezogen
*ausbrechen	es bricht aus	es brach aus	es ist ausgebrochen
bestehen	er besteht	er bestand	er hat bestanden
binden	sie bindet	sie band	sie hat gebunden
bitten	er bittet	er bat	er hat gebeten
bleiben	sie bleibt	sie blieb	sie ist geblieben
brechen	er bricht	er brach	er hat gebrochen
brennen	es brennt	es brannte	es hat gebrannt
bringen	sie bringt	sie brachte	sie hat gebracht
denken	er denkt	er dachte	er hat gedacht
dürfen	sie darf	sie durfte	sie hat gedurft
*einsteigen	er steigt ein	er stieg ein	es ist eingestiegen
erkennen	sie erkennt	sie erkannte	sie hat erkannt
essen	er isst	er aß	er hat gegessen
fahren	sie fährt	sie fuhr	sie ist gefahren
fallen	er fällt	er fiel	er ist gefallen
finden	sie findet	sie fand	sie hat gefunden
fliegen	er fliegt	er flog	er ist geflogen
geben	sie gibt	sie gab	sie hat gegeben
sich gefallen	er gefällt sich	er gefiel sich	er hat sich gefallen
gehen	sie geht	sie ging	sie ist gegangen
geschehen	es geschieht	es geschah	es ist geschehen
gewinnen	er gewinnt	er gewann	er hat gewonnen
greifen	sie greift	sie griff	sie hat gegriffen
haben	er hat	er hatte	er hat gehabt
halten	sie hält	sie hielt	sie hat gehalten
helfen	er hilft	er half	er hat geholfen
kennen	sie kennt	sie kannte	sie hat gekannt
kommen	er kommt	er kam	er ist gekommen
können	sie kann	sie konnte	sie hat gekonnt
lassen	er lässt	er ließ	er hat gelassen
laufen	sie läuft	sie lief	sie ist gelaufen
lesen	er liest	er las	er hat gelesen
liegen	sie liegt	sie lag	sie hat gelegen
messen	er misst	er maß	er hat gemessen

* trennbares Verb

Infinitiv	Präsens	Präteritum	Perfekt
mögen	sie mag	sie mochte	sie hat gemocht
müssen	er muss	er musste	er hat gemusst
*nachschlagen	sie schlägt nach	sie schlug nach	sie hat nachgeschlagen
nehmen	er nimmt	er nahm	er hat genommen
rennen	sie rennt	sie rannte	sie ist gerannt
rufen	er ruft	er rief	er hat gerufen
scheinen	sie scheint	sie schien	sie hat geschienen
schlafen	er schläft	er schlief	er hat geschlafen
schließen	sie schließt	sie schloss	sie hat geschlossen
schreiben	er schreibt	er schrieb	er hat geschrieben
schreien	sie schreit	sie schrie	sie hat geschrien
schwimmen	er schwimmt	er schwamm	er ist geschwommen
sehen	sie sieht	sie sah	sie hat gesehen
sein	er ist	er war	er ist gewesen
sinken	es sinkt	es sank	es ist gesunken
sitzen	sie sitzt	sie saß	sie hat gesessen
sprechen	er spricht	er sprach	er hat gesprochen
springen	sie springt	sie sprang	sie ist gesprungen
stehen	er steht	er stand	er hat gestanden
sterben	sie stirbt	sie starb	sie ist gestorben
tragen	er trägt	er trug	er hat getragen
treffen	sie trifft	sie traf	sie hat getroffen
treten	er tritt	er trat	er hat getreten
tun	sie tut	sie tat	sie hat getan
sich unterscheiden	es unterscheidet sich	es unterschied sich	es hat sich unterschieden
verbinden	er verbindet	er verband	er hat verbunden
verlieren	sie verliert	sie verlor	sie hat verloren
*vortragen	er trägt vor	er trug vor	er hat vorgetragen
waschen	sie wäscht	sie wusch	sie hat gewaschen
werden	er wird	er wurde	er ist geworden
werfen	sie wirft	sie warf	sie hat geworfen
wiegen	er wiegt	er wog	er hat gewogen
wissen	sie weiß	sie wusste	sie hat gewusst
wollen	er will	er wollte	er hat gewollt
ziehen	sie zieht	sie zog	sie hat gezogen

* trennbares Verb

☐ Miteinander reden: Eine Diskussion untersuchen

Der Auszug aus dem Jugendbuch „Die Klassensprecherin" von Marianne Kurtz handelt von einer Diskussion, die ein überraschendes Ende hat.

Die Klassensprecherin   Marianne Kurtz

Sara muss an das Kreisgespräch denken, das sie heute vor der Wahl
geführt haben. Es ging dabei um die Aufgaben und Fähigkeiten eines
Klassensprechers.
Sara hat sich nicht an der Diskussion beteiligt. Sie beteiligt sich nie
5 an Diskussionen. Aber sie hat trotzdem gut aufgepasst; so gut,
dass sie alles noch ganz genau im Gedächtnis behalten hat.
„Der Stärkste muss Klassensprecher werden", meinte Tobias.
Und Meike tippte sich an die Stirn und fragte: „So einer
wie Alex, was? Der holt einmal aus und fünf
10 liegen flach. Dann ist die Klasse bald leer."
Alle lachten. Sogar Frau Grübner
schmunzelte. Und Alexander kratzte sich
verlegen am Kopf. „Warum glaubst du,
dass ein Klassensprecher stark sein
15 muss, Tobias?", wollte Frau Grübner
wissen.
Tobias erklärte, dass er ja auch
bei Schlägereien dazwischengehen
müsse, zum Beispiel, wenn ein Großer
20 einen Kleineren verprügeln wolle.
Wieder mussten alle lachen, weil Tobias der Kleinste und
Schwächste in der Klasse ist.
Jennifer meldete sich und verlangte, dass der Klassensprecher
dann auch eingreifen müsse, wenn die Jungen die Mädchen ärgern.
25 „Er soll also Streitigkeiten schlichten", stellte Frau Grübner fest.
„Muss er oder sie deshalb aber unbedingt kräftig sein?"
„Mut muss er auf jeden Fall haben", meinte Stefan.
„Er soll einem ja auch schließlich helfen, wenn man mal ein Problem hat."
„Ja", pflichtete Jan-Hendrik bei, „zum Beispiel, wenn die Freundin
30 nicht mehr mit einem gehen will."
Da gab es erneut Gelächter. Frau Grübner runzelte die Stirn und Meike schlug vor, dass
Jan-Hendrik doch eine Anzeige in die Schülerzeitung setzen solle, wenn er so dringend eine
Freundin suche.
Daraufhin war Jan-Hendrik richtig giftig geworden.
35 So ist das immer mit ihm, denkt Sara. Dauernd reißt er Witze über andere.
Aber wenn es mal einer wagt, etwas über ihn zu sagen, flippt er gleich aus.

Dabei weiß jeder, dass Jan-Hendrik es gar nicht nötig hätte, lange nach
einer Freundin zu suchen. Viele Mädchen in der Klasse finden ihn sehr nett
und würden gerne mit ihm gehen. [...]

40 Aber warum ist er nur so gemein? Es kam noch eine Reihe von Beiträgen. Serap wünschte
sich einen klugen Klassensprecher, Lisa einen, der „keinen Scheiß macht". Daniel wollte
jemanden, der argumentieren und die Wünsche der Klasse auch gegenüber Lehrern vertreten
kann. Und dann haben sie Sara gewählt. – Warum?.

**Sara beteiligt sich nicht an der Diskussion,
dennoch wird sie zur Klassensprecherin gewählt.**

1 a. Was erfahrt ihr über Sara?
        Lest die entsprechenden Textstellen.
     b. Äußert eure Vermutungen, warum Sara zur Klassensprecherin gewählt wurde.

In dem Jugendbuchauszug wird ein wichtiges Thema diskutiert.

2 Benennt das Thema der Diskussion.

3 Welche Anforderungen werden an einen Klassensprecher gestellt?
     a. Schreibt auf, welche Wünsche an einen Klassensprecher
        in der Diskussion geäußert werden.
     b. Schreibt eure eigenen Anforderungen an einen Klassensprecher auf.
     c. Vergleicht eure Anforderungen mit dem Text.

Einige Redebeiträge stören den Diskussionsverlauf.

4 Welche Äußerungen stören die Diskussion und wie können diese verbessert werden?
     a. Schreibt die Äußerungen auf, die gegen Diskussionsregeln verstoßen.
        Wie reagieren die Schülerinnen und Schüler auf diese Äußerungen?
        Schreibt die Reaktionen dazu.
     b. Überlegt, warum diese Redebeiträge geäußert wurden.
     c. Schreibt Vorschläge auf, wie mit anderen Worten reagiert werden könnte.

	Redebeitrag	Reaktion	Vorschlag
Meike	So einer wie Alex, was? Der holt einmal aus und fünf liegen flach. dann ist die Klasse bald leer. (Zeilen 8–10) ...	...	...

Starthilfe

5 Berichtet über eure eigene Klassensprecherwahl.
     Habt ihr euch an die Regeln gehalten?

Hier findest du den vollständigen Rap von den Seiten 71 bis 79.

Komm auf Tour – meine Stärken, meine Zukunft.
Rap 2020

Hast du für mich ein wenig Zeit?
Ich bin weit weg von dir
für dich ist's eine Ewigkeit
doch bald bist du bei mir.
5 Der Zeittunnel wird die Jahre verdichten
und von deinen ersten Schritten berichten.
2020 bist du so alt wie ich
jetzt kommt's auf dich an
ja, genau auf dich!
10 Du brauchst wirklich nicht viel
versetze Berge!
Es liegt in deinen Händen
lass dich ein und spiel
du brauchst nur ein Ziel.
15 Wo liegt deine Stärke?
Jetzt kommt's auf dich an!
Jetzt bist du dran!

Komm auf Tour, du!
Der Countdown läuft.
20 Steig jetzt ein
in deine Zukunft.
Zeig deine Power
mach dich schlauer!

Wohin die Reise geht
25 kann heut' noch keiner sagen
aber du sagst wo
wo es langgeht
du stellst hier die Fragen:
Wo geht's lang?
30 Was will ich tun?
Wo will ich hin?
Was hab ich drauf?
Wer will ich sein?
Was hält mich auf?
35 Mit wem will ich geh'n?
Wie will ich leben?
Vielleicht zu zweit?
Will ich etwa jetzt ein Kind?
Ich glaub', ich steh' im Wind!
40 Küssen, fummeln, schmusen
Hände geh'n auf Entdeckungsreise.
Machst du mit?
Ey Baby, spürst du's nicht?
Ey Mann, raffst du's nicht?
45 Ohne Pille und ohne Gummi
kommst du bei mir nicht weit!
Wie will ich leben?
Will ich leben so wie meine Alten?
Den ganzen Tag ackern

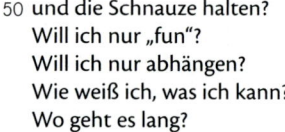

50 und die Schnauze halten?
Will ich nur „fun"?
Will ich nur abhängen?
Wie weiß ich, was ich kann?
Wo geht es lang?
55 Jetzt kommt's auf mich an!
Shit, jetzt sind wir dran.

Komm auf Tour, du!
Der Countdown läuft.
Steig jetzt ein
60 in deine Zukunft.
Zeig deine Power
mach dich schlauer!

Wohin die Reise geht
mach dich am besten schlau
65 wer den coolsten Tipp hat
weiß keiner so genau:
Hab ich zwei linke Hände?
Bin ich voll kreativ?
Meine Graffiti füllen Wände?
70 Oder bin ich nur naiv?
Werd' ich'n Sesselpooper?
Ich liebe meinen PC!
Oder ackere ich draußen
im hammerhohen Schnee?
75 Ich liebe Zahlen und das Klingeln der Kasse
in Mathe war ich stets der Beste der Klasse.
Volltexten kann ich jeden Kunden.
Bring den Rap und komm über die Runden!
Ey! – bist du glatt gekämmt
80 ich mach mir gleich ins Hemd.
Muss ich immer cool sein?
Darf ich lieber schwach sein?
Kannst du ständig fit sein?
Darf ich einfach schwul
85 oder lesbisch sein?
Will ich immer gut sein?
Oder stinkend reich sein?
Darf ich im Leben weich sein?
Kann ich nie ohne Job sein?
90 Muss ich immer der Erste sein?
Jetzt kommt's auf mich an.
Stimmt, jetzt sind wir dran.

Komm auf Tour, du!
Der Countdown läuft.
95 *Steig jetzt ein*
in deine Zukunft.
Zeig deine Power
mach dich schlauer!

⚡ Gedichte an die Sonne

Dies ist das vollständige Gedicht von S. 133.

In der Frühe Theodor Storm

Goldstrahlen schießen übers Dach.
Die Hähne krähn den Morgen wach;
Nun einer hier, nun einer dort,
So kräht es nun von Ort zu Ort.

Und in der Ferne stirbt der Klang –
Ich höre nichts, ich horche lang.
Ihr wackern Hähne, krähet doch!
Sie schlafen immer, immer noch.

Dies ist der vollständige Liedtext von S. 136.

Gib mir Sonne Rosenstolz

Es kann gar nicht hell genug sein
Alle Lichter dieser Welt
Sollen heute für mich leuchten
Ich werd rausgehn
5 Mich nicht umdrehn
Ich muss weg

Manchmal muss Liebe schnell gehn
Mich überfahrn, mich überrolln
Manchmal muss das Leben wehtun
10 Nur wenn es wehtut
Ist es gut, dafür zu gehn

Gib mir Sonne
Gib mir Wärme
Gib mir Licht
15 All die Farben wieder zurück
Verbrenn den Schnee
Das Grau muss weg
Schenk mir 'n bisschen Glück

Wann kommt die Sonne?
20 Kann es denn sein, dass mir gar nichts mehr gelingt?
Wann kommt die Sonne?
Kannst du nicht sehn, dass ich tief im Schnee versink?

Und ich trage mein Herz offen
Alle Türen ganz weit auf
25 Hab keine Angst mich zu verbrennen
Auch wenn's wehtut
Nur was weh tut, is auch gut

Gib mir Sonne
Gib mir Wärme
30 Gib mir Licht
All die Farben wieder zurück
Verbrenn den Schnee
Das Grau muss weg
Schenk mir 'n bisschen Glück

35 Wann kommt die Sonne?
Kann es denn sein, dass mir gar nichts mehr gelingt?
Wann kommt die Sonne?
Kannst du nicht sehn, dass ich tief im Schnee versink?

Feier das Leben, feier das Glück
40 Feier uns beide, es kommt alles zurück
Feier die Liebe, feier den Tag
Feier uns beide, es ist alles gesagt

Hier kommt die Sonne, hier kommt das Licht
Siehst du die Farben, und alle zurück

45 Hier kommt die Sonne
Hier kommt die Sonne
Hier kommt die Sonne
Die Sonne
Die Sonne

Dies ist der vollständige Liedtext von S. 137.

Waitin' on a Sunny Day Bruce Springsteen

It's rainin' but there ain't a cloud in the sky
Musta been a tear from your eye
Everything'll be okay
Funny thought I felt a sweet summer breeze
5 Musta been you sighin' so deep
Don't worry we're gonna find a way

I'm waitin', waitin' on a sunny day
Gonna chase the clouds away
Waitin' on a sunny day

10 Without you I'm workin' with the rain fallin' down
Half a party in a one dog town
I need you to chase the blues away
Without you I'm a drummer girl that can't keep a beat
An ice cream truck on a deserted street
15 I hope that you're coming to stay

I'm waitin', waitin' on a sunny day
Gonna chase the clouds away
Waitin' on a sunny day

Hard times baby, well they come to tell us all
20 Sure as the tickin' of the clock on the wall
Sure as the turnin' of the night into day
Your smile girl, brings the mornin' light to my eyes
Lifts away the blues when I rise
I hope that you're coming to stay

Dies ist das vollständige Gedicht von Seite 138.

Heidebilder   Detlev von Liliencron

Tiefeinsamkeit spannt weit die schönen Flügel,
Weit über stille Felder aus.
Wie ferne Küsten grenzen graue Hügel,
Sie schützen vor dem Menschengraus.

5 Im Frühling rauscht in mitternächtiger Stunde
Die Wildgans hoch in raschem Flug.
Das alte Gaukelspiel: in weiter Runde
Hör ich Gesang im Wolkenzug.

Verschlafen sinkt der Mond in schwarze Gründe,
10 Beglänzt noch einmal Schilf und Rohr.
Gelangweilt ob so mancher holden Sünde,
Verlässt er Garten, Wald und Moor.
Die Mittagssonne brütet auf der Heide,
Im Süden droht ein schwarzer Ring.
15 Verdurstet hängt das magere Getreide,
Behaglich treibt ein Schmetterling.

Ermattet ruhn der Hirt und seine Schafe,
Die Ente träumt im Binsenkraut,
Die Ringelnatter sonnt in trägem Schlafe
20 Unregbar ihre Tigerhaut.

Im Zickzack zuckt ein Blitz, und Wasserfluten
Entstürzen gierig dunklem Zelt.
Es jauchzt der Sturm und peitscht mit seinen Ruten
Erlösend meine Heidewelt.
25 In Herbstestagen bricht mit starkem Flügel
Der Reiher durch den Nebelduft.
Wie still es ist! Kaum hör ich um den Hügel
Noch einen Laut in weiter Luft:

Auf eines Birkenstämmchens schwanker Krone
30 Ruht sich der Wanderfalke aus;
Doch schläft er nicht, von seinem leichten Throne
Äugt er durchdringend scharf hinaus.

Der alte Bauer mit verhaltnem Schritte
Schleicht neben seinem Wagen Torf.
35 Und holpernd, stolpernd schleppt mit lahmem Tritte
Der alte Schimmel ihn ins Dorf.
Die Sonne leiht dem Schnee das Prachtgeschmeide;
Doch ach! wie kurz ist Schein und Licht.
Ein Nebel tropft, und traurig zieht im Leide
40 Die Landschaft ihren Schleier dicht.

Ein Häslein nur fühlt noch des Lebens Wärme,
Am Weidenstumpfe hockt es bang.
Doch kreischen hungrig schon die Rabenschwärme
Und hacken auf den sichern Fang.

45 Bis auf den schwarzen Schlammgrund sind gefroren
Die Wasserlöcher und der See.
Zuweilen geht ein Wimmern, wie verloren,
Dann stirbt im toten Wald ein Reh.
Tiefeinsamkeit, es schlingt um deine Pforte
50 Die Erika das rote Band.
Von Menschen leer, was braucht es noch der Worte,
Sei mir gegrüßt, du stilles Land.

Dies ist das vollständige Gedicht von Seite 139.

Untergang der Sonne   Heinrich Heine

Die schöne Sonne
Ist ruhig hinabgestiegen ins Meer;
Die wogenden Wasser sind schon gefärbt
Von der dunkeln Nacht,
5 Nur noch die Abendröte
Überstreut sie mit goldnen Lichtern;
Und die rauschende Flutgewalt
Drängt ans Ufer die weißen Wellen,
Die lustig und hastig hüpfen,
10 Wie wollige Lämmerherden,
Die abends der singende Hirtenjunge
Nach Hause treibt.

Wie schön ist die Sonne!
So sprach nach langem Schweigen der Freund,
15 Der mit mir am Strande wandelte,
Und scherzend halb und halb wehmütig,
Versichert' er mir: die Sonne sei
Eine schöne Frau, die den alten Meergott
Aus Konvenienz geheiratet;
20 Des Tages über wandle sie freudig
Am hohen Himmel, purpurgeputzt,
Und diamantenblitzend,
Und allgeliebt und allbewundert
Von allen Weltkreaturen,
25 Und alle Weltkreaturen erfreuend
Mit ihres Blickes Licht und Wärme;
Aber des Abends, trostlos gezwungen,
Kehre sie wieder zurück
In das nasse Haus, in die öden Arme
30 Des greisen Gemahls.

„Glaub mir's" – setzte hinzu der Freund,
Und lachte und seufzte und lachte wieder –
„Die führen dort unten die zärtlichste Ehe!
Entweder sie schlafen oder sie zanken sich,
35 Dass hoch aufbraust hier oben das Meer
Und der Schiffer im Wellengeräusch es hört,
Wie der Alte sein Weib ausschilt:
,Runde Metze des Weltalls!
Strahlen buhlende!
40 Den ganzen Tag glühst du für andre,
Und Nachts, für mich, bist du frostig und müde!'
Nach solcher Gardinenpredigt,
Versteht sich! bricht dann aus in Tränen
Die stolze Sonne und klagt ihr Elend,
45 Und klagt so jammerlang, dass der Meergott
Plötzlich verzweiflungsvoll aus dem Bett springt,
Und schnell nach der Meeresfläche hinaufschwimmt,
Um Luft und Besinnung zu schöpfen.

So sah ich ihn selbst, verflossene Nacht,
50 Bis an die Brust dem Meer enttauchen.
Er trug eine Jacke von gelbem Flanell,
Und eine lilienweiße Schlafmütz,
Und ein abgewelktes Gesicht."

☐ John Maynard – Eine Ballade über eine wahre Begebenheit

Die Ballade „John Maynard" beruht auf einer wahren Begebenheit.
Der Dichter Theodor Fontane hat nicht alles frei erfunden.

1 Lies die Ballade auf den Seiten 141 bis 143.

Am **9. August 1841** gegen 20 Uhr geriet die „Erie", ein Passagierschiff, auf der Fahrt von Detroit nach Buffalo in Brand. Es wird berichtet, dass der Steuermann Luther Fuller seinen Platz auf der brennenden „Erie" bis zum Schluss nicht verließ. Trotz seines entschlossenen Handelns kamen die meisten der über 200 Passagiere bei dem **Schiffsbrand** ums Leben. Luther Fuller überlebte schwer verletzt.

2 Informiere dich über den Eriesee und die Schiffskatastrophe vom 9. August 1841.

3 Vergleiche die wahren Ereignisse mit dem Geschehen in der Ballade.
    a. Trage Übereinstimmungen und Unterschiede in eine Tabelle ein.
    b. Wie wirken die Veränderungen auf euch?
       Sprecht darüber.

	wahre Begebenheit	Ballade
Unterschiede	– Name des Steuermanns: …	…
Übereinstimmungen	…	…

4 Schreibe eine Geschichte aus der Perspektive eines Passagiers.
Folgende Fragen helfen dir dabei:
• Warum fährst du nach Buffalo?
• Was tust du auf der Überfahrt?
• Wie reagierst du, als der Alarm beginnt?
• Welche Gefühle hast du, als die Gefahr zunimmt?

Z Die Ballade „Nis Randers" genauer untersuchen

Die Ballade „Nis Randers" findest du im Schülerbuch auf den Seiten 144–145.
Mit diesen Aufgaben kannst du den Text untersuchen.

1 Beantworte die Fragen zum Inhalt der Ballade.
- Wie viele Söhne hat die Mutter von Nis Randers?
- Warum möchte die Mutter nicht, dass Nis in das Rettungsboot steigt?
- Warum steigt er trotzdem ein?
- Wer wird gerettet?

In der Ballade gibt es viele sprachliche Bilder.
In der neunten und zehnten Strophe (Zeile 25 bis 30)
werden z. B. Metaphern verwendet, um das Meer zu
veranschaulichen.

> **Metaphern** sind sprachliche Bilder. Ein Wort oder eine Wortgruppe wird aus einem Zusammenhang herausgenommen und auf etwas anderes übertragen.

2 Untersuche die neunte und die zehnte Strophe
genauer.
- a. Lies die neunte und zehnte Strophe noch einmal.
- b. Lies die Fußnoten 5 bis 7.
- c. Welche Wörter werden auf die Situation auf dem Meer übertragen?
  Schreibe sie auf.
- d. Was veranschaulichen sie? Tauscht euch zu zweit darüber aus.

Das Bild auf Seite 147 im Schülerbuch veranschaulicht das Meer ebenfalls.

3 Vergleiche das Bild mit der Beschreibung des Meeres
in der neunten und zehnten Strophe.
Nenne Gemeinsamkeiten und Unterschiede.

In der Ballade hat Nis vor der Rettung (Zeile 10 bis 18)
eine Meinungsverschiedenheit mit seiner Mutter.

W Wähle eine der folgenden beiden Aufgaben aus.

4 Welches Gespräch könnte Nis mit seiner Mutter nach der Rettung führen?
Präsentiert es zu zweit in einem Rollenspiel.

5 Versetze dich in die Mutter von Nis.
Was könnte sie denken, als Nis in das Boot steigt?
Schreibe ihre Gedanken auf.

Dies ist die vollständige Ballade von den Seiten 148 bis 149.

Die Brück' am Tay   Theodor Fontane

(28. Dezember 1879)
When shall we three meet again?
Macbeth

„Wann treffen wir drei wieder zusamm?"
5 „Um die siebente Stund', am Brückendamm."
„Am Mittelpfeiler."
„Ich lösche die Flamm."
„Ich mit."
„Ich komme vom Norden her."
10 „Und ich vom Süden."
„Und ich vom Meer."
„Hei, das gibt einen Ringelreihn,
Und die Brücke muss in den Grund hinein."
„Und der Zug, der in die Brücke tritt
15 Um die siebente Stund?"
„Ei, der muss mit."
„Muss mit."
„Tand, Tand
Ist das Gebilde von Menschenhand!"

20 Auf der Norderseite, das Brückenhaus –
Alle Fenster sehen nach Süden aus,
Und die Brücknersleut' ohne Rast und Ruh
Und in Bangen sehen nach Süden zu,
Sehen und warten, ob nicht ein Licht
25 Übers Wasser hin „Ich komme" spricht,
„Ich komme, trotz Nacht und Sturmesflug,
Ich, der Edinburger Zug."

Und der Brückner jetzt: „Ich seh' einen Schein
Am anderen Ufer. Das muss er sein.
30 Nun, Mutter, weg mit dem bangen Traum,
Unser Johnie kommt und will seinen Baum,
Und was noch am Baume von Lichtern ist,
Zünd' alles an wie zum Heiligen Christ,
Der will heuer zweimal mit uns sein –
35 Und in elf Minuten ist er herein."

Und es war der Zug. Am Süderturm
Keucht er vorbei jetzt gegen den Sturm,
Und Johnie spricht: „Die Brücke noch!

Aber was tut es, wir zwingen es doch.
40 Ein fester Kessel, ein doppelter Dampf,
Die bleiben Sieger in solchem Kampf.
Und wie's auch rast und ringt und rennt,
Wir kriegen es unter: das Element.

Und unser Stolz ist unsre Brück';
45 Ich lache, denk' ich an früher zurück,
An all den Jammer und all die Not
Mit dem elend alten Schifferboot;
Wie manche liebe Christfestnacht
Hab' ich im Fährhaus zugebracht
50 Und sah unsrer Fenster lichten Schein
Und zählte und konnte nicht drüben sein."

Auf der Norderseite, das Brückenhaus –
Alle Fenster sehen nach Süden aus,
Und die Brücknersleut' ohne Rast und Ruh
55 Und in Bangen sehen nach Süden zu;
Denn wütender wurde der Winde Spiel,
Und jetzt, als ob Feuer vom Himmel fiel',
Erglüht es in niederschießender Pracht
Überm Wasser unten … Und wieder ist Nacht.

60 „Wann treffen wir drei wieder zusamm?"
„Um Mitternacht, am Bergeskamm."
„Auf dem hohen Moor, am Erlenstamm."
„Ich komme."
„Ich mit."
65 „Ich nenn' euch die Zahl."
„Und ich die Namen."
„Und ich die Qual."
„Hei!
Wie Splitter brach das Gebälk entzwei."
70 „Tand, Tand
Ist das Gebilde von Menschenhand."

Z Erlkönig – Eine Ballade und eine Sage

Die folgende Ballade hat Johann Wolfgang Goethe vor mehr als 200 Jahren geschrieben. Sie erzählt davon, wie sich ein Kind zu Tode fürchtet.

1 Lies die Ballade.
Achte beim Lesen darauf, wer jeweils spricht.

Erlkönig   Johann Wolfgang Goethe

Wer reitet so spät durch Nacht und Wind?
Es ist der Vater mit seinem Kind.
Er hat den Knaben wohl in dem Arm,
Er fasst ihn sicher, er hält ihn warm.

5 „Mein Sohn, was birgst du so bang dein Gesicht?"
„Siehst, Vater, du den Erlkönig nicht?
Den Erlenkönig mit Kron' und Schweif?"
„Mein Sohn, es ist ein Nebelstreif."

„Du liebes Kind, komm, geh mit mir!
10 Gar schöne Spiele spiel ich mit dir;
Manch bunte Blumen sind an dem Strand,
Meine Mutter hat manch gülden[1] Gewand."

„Mein Vater, mein Vater, und hörest du nicht,
Was Erlenkönig mir leise verspricht?"
15 „Sei ruhig, bleibe ruhig, mein Kind;
In dürren[2] Blättern säuselt der Wind."

„Willst, feiner Knabe, du mit mir gehn?
Meine Töchter sollen dich warten[3] schön;
Meine Töchter führen den nächtlichen Reihn[4]
20 Und wiegen[5] und tanzen und singen dich ein."

„Mein Vater, mein Vater, und siehst du nicht dort
Erlkönigs Töchter am düstern Ort?"
„Mein Sohn, mein Sohn, ich seh es genau:
Es scheinen die alten Weiden so grau."

25 „Ich liebe dich, mich reizt deine schöne Gestalt;
Und bist du nicht willig, so brauch ich Gewalt."
„Mein Vater, mein Vater, jetzt fasst er mich an!
Erlkönig hat mir ein Leids[6] getan!"

Dem Vater grauset's[7], er reitet geschwind,
15 Er hält in den Armen das ächzende Kind,
Erreicht den Hof mit Müh und Not;
In seinen Armen das Kind war tot.

[1]**gülden:** goldenes; [2]**dürren:** hier: vertrockneten; [3]**warten:** pflegen, [4]**Reihn:** der Reigen (ein Tanz); [5]**wiegen:** hier: schaukeln; [6]**hat mir ein Leids getan:** hat mir wehgetan; [7]**grauset's:** bekommt Angst

Es ist Nacht. Die Weiden am Weg sehen grau und gespenstisch aus.

2 • Wart ihr auch schon einmal an so einem unheimlichen Ort?
Habt ihr dort etwas gesehen, das gar nicht da war?
• Was habt ihr dabei gedacht, gehört oder gefühlt?
Sprecht zu zweit darüber.

**Das Kind sieht, hört und fühlt unheimliche Dinge.
Der Vater versucht, das Kind zu beruhigen, und erklärt,
was die Dinge tatsächlich sind.**

ruhig
beruhigend
ängstlich
einschmeichelnd
leise
laut
fordernd
aufgeregt
...

3 Gruppenarbeit!
Lest die Strophen 2 bis 6 mit verteilten Rollen.
a. Legt zuerst fest, wer welche Rolle übernehmen soll:
Vater, Kind, Erlkönig.
b. Besprecht dann, wie jeder seinen Text sprechen sollte.
Tipp: Die Adjektive am Rand helfen euch dabei.
c. Lest dann die Strophen ausdrucksvoll vor.

4 • Was erlebt das Kind?
• Wie erklärt der Vater das dem Kind?
a. Trage die passenden Textstellen in eine Tabelle ein.
Die Zeilenangaben helfen dir.
b. Fasse in eigenen Worten zusammen, was nacheinander geschieht.

Was erlebt das Kind?	Wie erklärt der Vater das dem Kind?
Z. 6: Siehst, Vater, du den Erlkönig nicht?	Z. 8: Mein Sohn, es ist ein Nebelstreif.
Z. 13, 14: ...	Z. 16: ...
Z. 21, 22: ...	Z. 24: ...
Z. 27, 28: ...	

5 An welcher Stelle der Ballade ist die Angst des Kindes am größten?
Lies diese Stelle so vor, dass die Zuhörer die Angst spüren können.

6 Lerne die Ballade auswendig und trage sie vor.

7 Eine bekannte Vertonung der Ballade „Erlkönig" stammt von Franz Schubert.
a. Informiere dich darüber in Bibliotheken und im Internet.
b. Präsentiere die Vertonung und die Informationen dazu in der Klasse
z. B. in einem Kurzvortrag.

Ein Gedicht, in dem eine Geschichte erzählt wird, heißt Ballade.
Manchmal erinnern Balladen an alte Sagen, z. B. Goethes Ballade „Erlkönig".
In Dänemark erzählte man sich vor vielen Jahren
die Sage von Erlkönigs Tochter und dem Ritter Oluf.

Erlkönig ist ein anderer Name für Elfenkönig. In Dänemark sagt man dafür „Ellerkonge".
Elfen sind sagenhafte Wesen, die vor allem in Wäldern, Gewässern und Bäumen leben.
Sie gehen mit den Menschen vertraut und offen um, stehen ihnen bei, strafen sie aber
auch mit Krankheiten.

Erlkönigs Tochter

Am Tage vor seiner Hochzeit ritt Herr Oluf durchs Land, um seine
Hochzeitsgäste einzuladen. Er gelangte an einen Waldsee. An seinem Ufer sah
er Elfen tanzen. Eine von ihnen war Erlkönigs Tochter, die Elfenprinzessin.
Als sie Herrn Oluf erblickte, streckte sie ihm ihre Hand entgegen: „Herr Oluf,
5 tanz mit mir! Zwei goldene Spore[1] schenke ich dir dafür." Er aber erwiderte:
„Morgen ist mein Hochzeitstag. Deshalb darf ich nicht tanzen."
Doch Erlkönigs Tochter gab nicht auf und warb weiter um ihn: „Tritt näher,
Herr Oluf, komm und tanz mit mir! Ein Hemd aus Seide schenke ich dir
dafür." Als Herr Oluf wiederum ablehnte, lockte Erlkönigs Tochter ein drittes
10 Mal: „Tritt näher, Herr Oluf, komm und tanz mit mir! Einen Haufen Gold
schenke ich dir dafür." Einen Augenblick überlegte Herr Oluf. Er wusste:
Wenn er sich verlocken ließe, dann würde Erlkönigs Tochter ihn in ihr Reich
entführen und für immer Macht über ihn besitzen. Und so entgegnete er ihr:
„Das Gold hätte ich wohl gern, doch tanzen darf ich nicht mit dir."
15 Da wurde Erlkönigs Tochter wütend. Sie gab ihm einen kräftigen Schlag
aufs Herz. Einen solchen Schmerz hatte Herr Oluf in seinem ganzen Leben
noch nicht gespürt. Vor Schmerz brach er zusammen. Erlkönigs Tochter aber
hob ihn aufs Pferd und schickte ihn nach Hause.
Als er dort ankam, erschrak seine Mutter: „Sag, mein Sohn, wovon bist du so
20 blass und bleich?" Und Herr Oluf erzählte von seiner unheilvollen Begegnung.
„Was aber soll ich deiner Braut sagen?" „Sag ihr, ich bin in den Wald geritten,
um Pferd und Hunde auszuführen."
Am nächsten Morgen erschien die Braut mit den Hochzeitsgästen.
Sie begannen zu feiern. Als die Braut nach ihrem Bräutigam fragte,
25 antwortete Herrn Olufs Mutter, wie er es ihr aufgetragen hatte. Die Braut
blickte um sich und sah auf dem Erdboden ein scharlachrotes Tuch liegen.
Das erweckte ihre Neugier. Sie hob es auf: Darunter lag Herr Oluf und war tot.

8 Woran ist Herr Oluf gestorben?
Schreibe deine Vermutungen auf.

[1]**die Sporen:** eine Spitze aus Metall an Reitstiefeln, mit denen der Reiter sein Pferd antreiben kann

Im ersten und zweiten Absatz spricht Herr Oluf mit der Elfenprinzessin.

9 a. Lies noch einmal die Zeilen 1–14.

b. Was sagt die Elfenprinzessin?
Was sagt Herr Oluf?
Lest oder spielt das Gespräch zu zweit mit verteilten Rollen.

In Sagen werden den Hauptpersonen häufig drei Aufgaben gestellt.
Herr Oluf muss keine Aufgaben lösen, aber er muss drei Verlockungen widerstehen.

10 Erzähle mit eigenen Worten, womit Erlkönigs Tochter Herrn Oluf verlocken will,
mit ihr zu tanzen.

11 a. Lies noch einmal, was Erlkönigs Tochter jeweils zu Herrn Oluf sagt.

b. Welche Verlockung ist für Herrn Oluf am größten?
Begründe deine Meinung.

Komm und tanz mit mir!
Einen Haufen Gold schenke
ich dir dafür!

Das Gold hätte ich wohl
gern, doch tanzen darf ich
nicht mit dir.

12 Warum will Herr Oluf nicht mit der Elfenprinzessin tanzen?
Schreibe dazu einen kurzen Text.

13 Herr Oluf lässt sich nicht verlocken.
Wie reagiert Erlkönigs Tochter darauf?
a. Finde die Textstelle in der Sage.
b. Lies diese Stelle ausdrucksvoll vor.

14 Nach seiner Rückkehr erzählt Herr Oluf seiner Mutter von der Begegnung.
Schreibe das ganze Gespräch mit Hilfe des Textes auf.
Verwende dabei wörtliche Rede.

Starthilfe

Die Mutter rief erschrocken: „Sag, mein Sohn,
wovon …

Z Der Handschuh – eine Ballade selbstständig interpretieren

Eine der berühmtesten Balladen von Friedrich Schiller ist „Der Handschuh".

Der Handschuh   Friedrich Schiller

Vor seinem Löwengarten,
Das Kampfspiel zu erwarten,
Saß König Franz,
Und um ihn die Großen der Krone,
5 Und rings auf hohem Balkone
Die Damen in schönem Kranz.

Und wie er winkt mit dem Finger,
Auf tut sich der weite Zwinger,
Und hinein mit bedächtigem Schritt
10 Ein Löwe tritt,
und sieht sich stumm
Rings um,
Mit langem Gähnen,
Und schüttelt die Mähnen,
15 Und streckt die Glieder,
Und legt sich nieder.

Und der König winkt wieder,
Da öffnet sich behend
Ein zweites Tor,
20 Daraus rennt
Mit wildem Sprunge
Ein Tiger hervor,
Wie der den Löwen erschaut,
Brüllt er laut,
25 Schlägt mit dem Schweif
Einen furchtbaren Reif
Und recket die Zunge,
Und im Kreise scheu
Umgeht er den Leu[1]
30 Grimmig schnurrend;
Drauf streckt er sich murrend
Zur Seite nieder.

Und der König winkt wieder,
da speit das doppelt geöffnete Haus
35 Zwei Leoparden auf einmal aus,
Die stürzen mit mutiger Kampfbegier
Auf das Tigertier,
Das packt sie mit seinen grimmigen Tatzen,
Und der Leu mit Gebrüll
40 Richtet sich auf, da wird's still,
Und herum im Kreis,
Von Mordsucht heiß,
Lagern die gräulichen Katzen.

Da fällt von des Altans[2] Rand
45 Ein Handschuh von schöner Hand
Zwischen den Tiger und den Leun
Mitten hinein.

Und zu Ritter Delorges spottenderweis
Wendet sich Fräulein Kunigund:
50 „Herr Ritter, ist eure Lieb so heiß,
Wie Ihr mir's schwört zu jeder Stund,
Ei, so hebt mir den Handschuh auf!"

Und der Ritter in schnellem Lauf
Steigt hinab in den furchtbarn Zwinger
55 Mit festem Schritte,
Und aus der Ungeheuer Mitte
Nimmt er den Handschuh mit keckem Finger.

Und mit Erstaunen und mit Grauen
Sehen's die Ritter und Edelfrauen,
60 Und gelassen bringt er den Handschuh zurück.
Da schallt ihm sein Lob aus jedem Munde,
Aber mit zärtlichem Liebesblick –
Er verheißt ihm sein nahes Glück –
Empfängt ihn Fräulein Kunigunde.
65 Und er wirft ihr den Handschuh ins Gesicht:
„Den Dank, Dame, begehr ich nicht!"
Und verlässt sie zur selben Stunde.

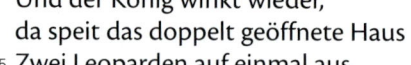

1 a. Lies die Ballade zweimal.
b. Woran erkennst du, dass das Geschehen in dieser Ballade sich vor mehreren hundert Jahren zugetragen hat? Schreibe es auf. Belege es auch mit Textstellen.

2 Interpretiere die Ballade schriftlich.
Verwende dazu auch die Balladenmerkmale von den Seiten 142 bis 147.

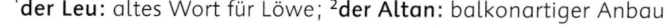

[1]**der Leu:** altes Wort für Löwe; [2]**der Altan:** balkonartiger Anbau

ℤ Friedrich Schiller – ein junger Künstler seiner Zeit

Friedrich Schiller ist einer der bekanntesten Schriftsteller Deutschlands.
Die folgenden Sätze berichten über sein Leben.

Von 1799 bis zu seinem Tod am 9. Mai 1805 in Weimar wurden viele seiner Werke erstaufgeführt („Maria Stuart", „Die Jungfrau von Orleans", „Die Braut von Messina" und „Wilhelm Tell").

Durch ein Gespräch über die „Urpflanze" begann 1794 die Freundschaft mit Goethe.

Als Schiller 13 Jahre alt war, musste er auf Befehl des Herzogs Karl Eugen in die Karlsschule in Stuttgart eintreten. Die Karlsschule war eine Militärakademie und wurde vom Herzog beaufsichtigt. Dort studierte Schiller zunächst Jura, später wechselte er über zur Medizin.

1791 erkrankte Schiller an Lungenentzündung, die nie vollständig ausheilte.

In dem Stück „Die Räuber" kritisierte Schiller den Adel, sodass ihm vom Herzog jede weitere dichterische Betätigung verboten wurde.

Ludovike Simanowiz:
Friedrich Schiller (1793)

Kurz vor Schillers siebtem Geburtstag wurde sein Vater nach Ludwigsburg versetzt.

Schiller wurde am 10. 11. 1759 in Marbach am Neckar geboren. Als sein Vater, der Offizier war, 1764 aus dem Siebenjährigen Krieg zurückkehrte, zog die Familie ins nahe gelegene Lorch.

Von 1781 bis 1782 lebte und arbeitete Schiller als Dichter und Militärarzt in Stuttgart.

Nach dem Schreibverbot floh Schiller zunächst ins damalige Ausland nach Mannheim. Er konnte „Die Räuber" nur im Ausland uraufführen und konnte danach auch nicht zurück nach Württemberg. 1789 ging er nach Jena, wo er durch Goethe eine unbezahlte Stelle als Professor an der Universität bekam.

1799, nach seinem Umzug nach Weimar, arbeitete Schiller noch enger mit Goethe zusammen.

1790 heiratete er Charlotte von Langenfeld.

In den letzten Jahren in der Karlsschule konnte er das Stück „Die Räuber" zu Ende schreiben.

Schiller und Goethe regten sich gegenseitig zum Schreiben an. 1797 wird als das Balladenjahr bezeichnet, da sie in diesem Jahr viele ihrer schönsten Balladen schrieben.

1 a. Bringe die Sätze in die richtige Reihenfolge.
   b. Schreibe eine kurze Biografie Schillers.

2 Stelle einen Bezug zwischen der Hauptaussage der Ballade „Der Handschuh"
und dem Leben Schillers her.
Schreibe einen zusammenhängenden Text.

z Einen weiteren Jugendbuchauszug von Kirsten Boie lesen

Das Jugendbuch „Alhambra"[1] handelt von einer Zeitreise.
Während einer Sprachreise in Spanien entdeckt der 14-jährige Schüler Boston
bei einem Trödler eine alte arabische Fliese. Und plötzlich findet er sich
im Granada des Jahres 1492 wieder und er muss beweisen,
dass er nicht ins 15. Jahrhundert gehört.

Alhambra   Kirsten Boie

Johanna stand auf. „Du erzählst mir, dass du aus der Zukunft kommst!", sagte sie. „Du erzählst
mir, dass ein Kontinent entdeckt werden wird, von dem wir nichts wissen! Du erzählst mir,
mit anderen Worten, lauter Dinge, die kein Christenmensch glauben kann. Aber wo ist dein
Beweis?"
5 Boston sackte in sich zusammen. Einen Augenblick lang hatte er das Gefühl gehabt, dass die
Prinzessin ihm, wenn sie ihm vielleicht auch noch nicht wirklich glaubte, so doch wenigstens
gern glauben wollte. Aber einen Beweis hatte er nicht für sie.
„Versuch doch, es für möglich zu halten!", sagte er. „Findest du es denn leichter, an den Teufel
zu glauben?"
10 Sehr langsam schüttelte Johanna den Kopf. „Ich weiß nicht, was ich glauben soll", murmelte
sie und ließ ihn nicht aus den Augen. Ihre Hand wanderte zögernd zum Ausschnitt ihres
Kleides. Ihre Augen bohrten sich in die seinen, als versuche sie, ihn zu bannen. „Und das hier?
Was ist das?"
Zögernd zog sie die Hand wieder zurück und streckte sie ihm fast drohend entgegen.
15 Darin hielt sie nichts anderes als ein Ketchuptütchen aus einer Hamburgerkette. Boston
erkannte es wieder.
„Das?", fragte er verblüfft, und er spürte, wie ein Lachen in ihm aufsteigen wollte.
Die Erwartung war so groß gewesen, er hatte mit allem gerechnet; und jetzt
das: nichts als ein Ketchuptütchen. „Das ist", jetzt konnte er das Lachen nicht mehr bremsen,
20 „doch nichts weiter als Ketchup!"
Die Prinzessin sah ärgerlich aus; wie schnell ihre Stimmung immer umschlug.
Sie zog die Hand mit dem Tütchen zurück und hielt sie sich dicht unter
die Augen. „Ket-was?", fragte sie. Sie durfte nicht glauben, dass er sie zum Narren hielt.
Er brauchte sie, er brauchte sie.
25 „Ketchup!", sagte Boston wieder. „Einfach nur Ketchup! Aber den kennt ihr wahrscheinlich
auch noch nicht. Man macht ihn aus Tomaten." Erst als er Johannas verwirrtes Gesicht sah,
fiel ihm ein, dass sie auch keine Tomaten kennen konnte. Tomaten wuchsen in Amerika; und
Amerika war nicht entdeckt.
„Das kommt aus Amerika!", sagte Boston. „Guck mal, Johanna! Wovon ich dir erzählt habe!
30 [...]"
Mit einem schnellen Griff nahm er ihr das Tütchen aus der Hand. Es fühlte sich klebrig an
und ein wenig feucht von Schweiß. „Hier ist die Reißlinie!"

---

[1]**die Alhambra:** Die Alhambra ist eine bedeutende Festung in Granada (Spanien).
Die gesamte Burganlage hat eine Größe von 13 Hektar.

Johanna starrte auf seine Hände. Sie war erschrocken einen Schritt zurückgetreten,
als fände sie das, was er ihr zeigen wollte, unheimlich.
35 „Hier reißt man es auf!", sagte Boston. „Siehst du? So." Mit spitzen Fingern fasste er das
Päckchen an der oberen Kante; an der Perforation riss es auf. Er war vorsichtig.
Ketchup machte eklige Flecken, es musste ja nicht spritzen.
„Hier!", sagte Boston.
Die Prinzessin beugte sich ein wenig vor, während sie ihre Füße nicht vom Fleck bewegte. Sie
40 reckte den Hals, dann stieß sie einen unterdrückten Schrei aus.
Eine Hand wanderte zu ihrem Mund.
„Einfach nur Ketchup!", sagte Boston beruhigend. Er drückte auf das Tütchen,
der Ketchup quoll über den Rand. Er leckte ihn ab und hielt der Prinzessin
das Tütchen hin. „Probier mal!"
45 Dann erst sah er, dass sie zitterte. Sie zitterte so sehr, dass er Angst bekam.
Ihre Augen waren starr und traten vor. „Das ist doch nur Ketchup!", rief Boston wieder, und
um es ihr zu beweisen, presste er den dickflüssigen Inhalt
aus der Packung und sog ihn auf. „Ist sogar ziemlich lecker!"
In diesem Moment begann die Prinzessin zu brüllen.

1 Boston steckt in einer unglaublichen Situation.
Suche Textstellen dazu und gib sie mit eigenen Worten schriftlich wieder.

2 Erkläre schriftlich, welchen Wunsch Boston hat, als er das Tütchen aufreißt,
und warum diese Reaktion falsch ist.

**Dieses Jugendbuch wechselt zwischen Vergangenheit und Gegenwart.
In der Vergangenheit begegnet Boston Personen,
die nichts über seine Gegenwart wissen.**

3 Stelle dir vor, du würdest wie Boston in der Vergangenheit landen und
wolltest wie er beweisen, dass du aus der Zukunft kommst.
• Sieh nach, was du in deinen Taschen bei dir trägst.
Lege diese Dinge vor dich auf den Tisch.
• Überlege, wie sie auf jemanden wirken könnten, der nicht weiß,
worum es sich dabei handelt.
• Schreibe einen kurzen Text dazu.

Kirsten Boie hat das Jahr 1492 für die Zeitreise ausgewählt.

4 Was verbindet eine arabische Fliese mit dem spanischen Ort Granada?
Was geschah in Granada im Jahr 1492?
a. Sammle Informationen über diese Zeit in der Bibliothek und im Internet.
b. Präsentiere die Informationen in der Klasse, z. B. in einem Kurzvortrag.

⚡ Die Inhaltsangabe:
Ein Jugendbuchauszug von Kirsten Boie

Als Niklas seinen neuen Mitschüler Karl kennen lernt,
hat er gleich ein mulmiges Gefühl. Zu dem folgenden Textauszug
kannst du eine Inhaltsangabe schreiben.

1 Was erfährst du über Niklas?
Lies den Auszug aus dem Jugendbuch „Nicht Chicago. Nicht hier."

Nicht Chicago. Nicht hier. Kirsten Boie

Der Neue ist am ersten Tag nach den Ferien in die Klasse gekommen. Frau Römer hat ihn vorgestellt,
aber keine Sekunde hätte irgendwer geglaubt, dass er nicht auch den Mut gehabt hätte, allein
in die Klasse zu gehen.
Wie er dasteht, wie er die Klasse mustert, kalt. „Das ist Karl", sagt Frau Römer und lächelt. „Guck mal,
5 wo du sitzen magst, Karl. Viel ist ja nicht mehr frei. Aber ich mache demnächst sowieso
eine neue Sitzordnung." […]
„Da drüben vielleicht", sagt Frau Römer und lächelt Karl aufmunternd zu. „Okay?"
Karl zuckt die Achseln, aber er geht zu dem Platz und lässt seinen Rucksack in den Gang fallen.
Dann setzt er sich.
10 „Am besten, du erzählst selbst ein bisschen was über dich, Karl", sagt Frau Römer wieder und lächelt.
Aber Karl lächelt nicht zurück. „Machen Sie mal", sagt er und Frau Römer zuckt zusammen.
Kaum merklich. Aber Niklas sieht es genau.
„Na gut, dann ich", sagt sie. Sie lächelt schon wieder. „Karl ist neu hierhergezogen, in den Ferien.
Habt ihr euch noch nicht getroffen, Niklas? Er wohnt bei euch im Ort."
15 Niklas schüttelt den Kopf.
„Ist doch schön, könnt ihr zusammen fahren", sagt Frau Römer und schlägt schon das Klassenbuch
auf. „Und auch mal gemeinsam arbeiten. Wenn irgendwas ist, Karl, du kannst immer zu mir kommen."
Karl nickt nicht zur Antwort. Karl sieht aus, als hätte er nichts gehört, als ginge ihn dies hier nichts an.
„Alles klar", sagt er.
20 Also hat er doch zugehört.
Niklas hat überlegt, was gemeinsam arbeiten bedeuten soll, schließlich hat Frau Römer das extra
gesagt. Zusammen fahren, das ist logisch, es gibt nur den einen Bus. Aber gemeinsam arbeiten –
er weiß nicht, ob er das will, nicht mit dem Neuen. Kann sein, der Neue macht ihm Angst.
„Partnerarbeit, das haben wir schon lange nicht mehr gehabt", sagt Frau Römer und schreibt
25 die verschiedenen Aufgaben an die Tafel. „Ihr habt die ganze Woche Zeit, aber ihr solltet euch
schon auch mal nachmittags zusammensetzen. Nur im Unterricht, da wird die Zeit kaum reichen."
Sie gibt Niklas einen Bogen, dann Hendrik, der neben ihm sitzt. „Am besten, ihr sucht eure Partner
auch ein bisschen danach aus."
„Wollen wir?", fragt Hendrik. Nicht dass sie direkt befreundet sind; aber sie sitzen nebeneinander,
30 schon das ganze Schuljahr, und Hendrik ist auch nicht so gut. Ein Guter würde vielleicht nicht
mit Niklas arbeiten wollen, die Guten wollen meistens mit den Guten.
Aber da ist Frau Römer schon dazwischengegangen.
„Karl, du könntest dich ja vielleicht mit Niklas zusammensetzen", sagt sie.

„Dann habt ihr es nicht so weit. Und lernt euch gleich ein bisschen kennen."

35 Karl sieht sie an, lange. Nicht fragend. Nicht zustimmend.

Frau Römer versucht zu lächeln. „Na, was ist", sagt sie.

Karl sieht sie immer noch an. „Mir egal", sagt Karl. Genau in ihre Augen hinein.

Das also war der Anfang.

„Ich komm dann nachher zu dir", sagt Niklas im Bus auf der Rückfahrt. „Müssen wir wohl."

40 Natürlich will Karl nicht mit ihm arbeiten. Aber Niklas ist nicht daran schuld. Frau Römer hat
sie eingeteilt.

Karl steht einfach so da. Mitten im Gang. Niklas erwartet auch nicht, dass Karl ihm antwortet.

Als der Bus hält, stemmt Karl sich wieder gegen die Tür.

„Ich komm zu dir", sagt er.

45 Dann gibt er die Tür frei.

Niklas hat überlegt, ob er sein Zimmer aufräumen soll. Es sieht grauenvoll aus, sagt Karin. Grauenvoll
ist ja noch ein Kompliment für so ein Zimmer, sagt Svenja. Halt du dich da raus, sagt Niklas.
Wenn Karl heute kommt, könnte man es machen. Niklas hebt die Unterhosen auf und die Socken und
die Sweatshirts und stopft sie im Bad in die Wäschetonne. Kann sein, sie sind schmutzig, kann sein,

50 sie sind sauber. Jetzt kann man wieder treten. „Ich fass es nicht", sagt Svenja. „Du räumst auf?"
Aber ganz so weit muss Niklas vielleicht doch nicht gehen. Er schiebt ein paar Sachen mit dem Fuß
beiseite und schmeißt eine vertrocknete Bananenschale in den Papierkorb. Dann räumt er
den Schreibtisch frei.

In seinem Magen sitzt ein kleines, hartes Gefühl, das kann er nicht erklären. Schließlich ist Karl

55 nur Karl. Einer aus seiner Klasse. Nicht anders als Hendrik. Ganz anders.

Als es klingelt, geht Karin an die Tür. Sie ist neugierig, sie will wissen, mit wem Niklas sich trifft.
Vielleicht müssen Mütter das.

Als sie Karl oben ins Zimmer führt, sieht Niklas die Verwirrung auf ihrem Gesicht.

„Hier ist es", sagt sie und hält Karl die Tür auf. Ihr Lächeln ist wie aus Porzellan. „Mein Gott, Niklas,

60 ich dachte, du hättest aufgeräumt."

Aber Niklas weiß, dass er jetzt nicht antworten muss. Nicht jetzt, wo Karl da ist.

„Soll ich euch was zu trinken bringen?", fragt Karin.

Niklas wartet, was Karl dazu sagt, aber Karl bleibt stumm. Dreht sich nicht um, um Karin anzusehen,
sagt nicht danke, ja gern. Lässt seine Blicke durchs Zimmer wandern, hält an auf Niklas' Gesicht.

65 „Wollen wir?", fragt er.

Als ob Karin nicht da wäre. Karin zieht die Tür zu und geht.

Und Karl ist klug. Karl ist einer von den Guten, davon hat Niklas in der Schule noch nichts gemerkt.
Karl versteht alles. Sagt Niklas, was er schreiben soll, zeichnet ein Diagramm.

„Warst du gut in deiner alten Schule?", fragt Niklas.

70 „Hast du keine Musik", sagt Karl.

Niklas schüttelt den Kopf. Der CD-Player steht hinten im Regal, staubig, weil Karin sich weigert
zu putzen, solange nicht aufgeräumt ist. Musik findet Niklas nicht so aufregend.

„Meine Schwester", sagt er. „Die hat Berge von CDs."

„Hol mal", sagt Karl ohne aufzusehen.

75 Als Niklas zurückkommt, lehnt Karl am Kleiderschrank und betrachtet das Zimmer.

„Spielst du noch Lego", sagt er und Niklas spürt, wie das Gefühl stärker wird, das Gefühl, das er
jedes Mal hat, wenn er mit Karl spricht.

Er schrumpft.

Die Inhaltsangabe schreiben

Du untersuchst den Textauszug aus dem Jugendbuch
„Nicht Chicago. Nicht hier." zunächst genauer.

2 In welcher Situation befindet sich Niklas am Anfang?
Schreibe ein oder zwei Sätze auf.

3 • Welchen Wunsch hat Niklas?
• Welches Hindernis steht Niklas im Weg? Schreibe es auf.

4 Niklas akzeptiert die Entscheidung der Lehrerin.
Wie reagiert er dann? Schreibe es auf.

5 Der Textauszug endet mit dem Satz „Er schrumpft." (Z. 81).
Erkläre, was damit gemeint ist.

6 Wie fühlt sich Niklas, wenn er über Karl nachdenkt oder mit ihm spricht?
Beschreibe Niklas' Gefühle in ein oder zwei Sätzen.

In einer Inhaltsangabe informierst du kurz über den Inhalt eines Textes.

7 Schreibe die Inhaltsangabe mit Hilfe der Arbeitstechnik.

> **Arbeitstechnik**
>
> **Eine Inhaltsangabe schreiben**
>
> **Beantworte diese Fragen**, um Inhalte von Texten zusammenzufassen:
> • **Was** ist das für ein **Text**? **Wer** ist die **Autorin** oder der **Autor**?
> • **Wann** spielt die Handlung? **Wo** spielt die Handlung?
> • **Wer** ist die **Hauptperson**? **Welche Personen** kommen noch vor?
> • **Was tun** die Personen? **Warum** tun sie es?
> • **Was denken und fühlen** die Personen?
> • **Wie endet** der Text?
> Verwende das **Präsens**. Schreibe in der **Er-Form**, nicht in der Ich-Form.
> Gib auch **wörtliche Rede in eigenen Worten** wieder.

Die Erklärung für den Versuch auf Seite 220:

Die Fasern von Papier liegen eng nebeneinander. Zwischen den Fasern gibt es beim Küchenpapier viele hohle Räume. Wenn so ein langgestreckter Hohlraum und Wasser aufeinandertreffen, tritt der so genannte „Kapillareffekt" auf. Das heißt, das Wasser steigt gegen die Schwerkraft nach oben. Das passiert im Küchenpapier an ganz vielen Stellen gleichzeitig. Nach und nach landet immer mehr Wasser im leeren Glas, bis das Wasser in beiden Gläser gleich hoch steht.

Die Erklärung für den Versuch auf Seite 222:

Wenn man eine kleine Menge Salz auf den Eiswürfel streut, schmilzt das Eis auf der Oberfläche des Eiswürfels und wird zu Wasser. Der Faden liegt also in einer kleinen Pfütze. Nach wenigen Sekunden friert die Oberfläche des Eiswürfels wieder zu und der Faden ist in den Eiswürfel eingefroren. So kann man ihn aus dem Glas angeln, ohne dass er hinunter fällt.

Alle Texte auf einen Blick

Textquellen

Ak'abal, Umberto (geb. 1952 in Momostenango / Guatemala): Wie es Tag wird (S. 131). Aus: Umberto Ak'abal. Trommel aus Stein. Gedichte. Hrsg. von Erich Hackl. Zürich (Unionsverlag) 1998, S. 11.

Boie, Kirsten (geb. 1950 in Hamburg): Skogland (S. 186-191). Aus: Skogland. Hamburg (Verlag Friedrich Oetinger) 2005, S. 49-50. - Alhambra (S. 186-187, 324-325). Aus: Alhambra. Hamburg (Verlag Friedrich Oetinger) 2007, (S. 53, 329-331). - Der Prinz und der Bottelknabe (S. 186-187). Aus: Der Prinz und der Bottelknabe. Hamburg (Verlag Friedrich Oetinger) 1997, S. 46. - Der Junge, der Gedanken lesen konnte. Ein Friedhofskrimi (S. 194-196). Aus: Der Junge, der Gedanken lesen konnte: Ein Friedhofskrimi. Hamburg (Verlag Friedrich Oetinger) 2012, S. 99-104. - Nicht Chicago. Nicht hier. (S. 326-327). Aus: Nicht Chicago. Nicht hier. Hamburg (Verlag Friedrich Oetinger) 1999.

Bydlinski, Georg (geb. 1956 in Graz / Österreich): Noch ein Morgenlied (S. 133). Aus: Der Mond heißt heute Michel. Gedichte für Kinder. Freiburg (Herder Verlag) 1995, S. 23.

Corrodi, August (geb. 1826 in Zürich / Schweiz, gest. 1885 in Hottingen / Schweiz): Der Spiegel (S. 60). Aus: Fünfzig Fabeln und Bilder aus der Jugendwelt. http://gedichte. xbib.de/Corrodi,+August_gedicht_031.+Der+Spiegel.htm [Stand: 29.01.2013].

Dörrzapf, Anke (geb. 1973 in München) und **Lieb, Claudia**: Die abenteuerlichen Reisen des Marco Polo (S. 156-161). Aus: Die wunderbaren Reisen des Marco Polo. Hildesheim (Gerstenberg) 2009, S. 16-17, 22-24, 31-35.

Doyle, Sir Arthur Conan (geb. 1859 in Edinburgh / Schottland, gest. 1930 in Crowborough / England): Der Hund von Baskerville (S. 168-171). Aus: Sherlock Holmes: Der Hund von Baskerville. München (cbj) 2005, 5. Auflage. S. 30-33, 34-37, 268-271.

Ernst, Otto (geb. 1862 in Ottensen / Hamburg, gest. 1926 in Groß Flottbek / Hamburg): Nis Randers (S. 144). Aus: Deutscher Balladenschatz. Hrsg. von Adalbert Baur. Blindlach (Gondrom Verlag) 1978, S. 199.

Frei, Frederike (geb. 1945 in Brandenburg / Havel): Selbstporträt (S. 49, 63). Aus: Losgelebt. Hamburg (Dölling & Galitz) 1987.

Fontane, Theodor (geb. 1819 in Neuruppin, gest. 1898 in Berlin): John Maynard (S. 141); Die Brück' am Tay (S. 148, 317). Aus: Das große deutsche Balladenbuch. Hrsg. von Beate Pinkerneil. Regensburg (Athenäum-Verlag) 1978, S. 436-437.

Gemähling, Heidrun (geb. 1943 in Rastenburg (heute Kętrzyn / Polen)): Igel im Spiegel (S. 60). Aus: Gurkensalat. Die Schülerzeitung der Grundschule Waldschule Nordhorn. Ausgabe 01/2011.

Goethe, Johann Wolfgang (geb. 1749 in Frankfurt/Main, gest. 1832 in Weimar): Erlkönig (S. 318). Aus: Echtermeyer - Deutsche Gedichte. Hrsg. v. Benno v. Wiese. Berlin (Cornelsen Verlag) 1993, S. 204f.

Heine, Heinrich (geb. 1797 in Düsseldorf, gest. 1856 in Paris / Frankreich): Untergang der Sonne (S. 139, 314). Aus: Heinrich Heine.

Sämtliche Gedichte. Hrsg. von Bernd Kortländer. Stuttgart (Reclam) 1990, S. 197f.

Holz, Arno (geb. 1863 in Rastenburg (heute Kętrzyn / Polen), gest. 1929 in Berlin): Mählich durchbrechende Sonne (S. 134). Aus: Die Sonne. Gedichte. Hrsg. von Andrea Wüstner. Stuttgart (Philipp Reclam jun.) 2006, S. 28-29.

Kurtz, Marianne (geb. 1937 in Rastenburg/ heute Polen): Die Klassensprecherin (S. 310). Aus: Die Klassensprecherin. Reutlingen (Ensslin und Laiblin) 1999, S. 9-11.

Levoy, Myron (geb. 1930 in Queens / USA): Joshua (S. 54). Aus: Drei Freunde. München (dtv) 1996, 11. Auflage, S. 5-6.

Liliencron, Detlev von (geb.1844 in Kiel, gest. 1909 in Alt-Rahlstedt): Heidebilder (S. 138, 314). Aus: Stolte, Heinz Hermann (Hrsg): Detlev von Liliencron. Leben und Werk. Husum (Husum Verlag) 1980, S. 82.

Pressler, Mirjam (geb. 1940 in Darmstadt): Eva (S. 52). Aus: Bitterschokolade. Weinheim und Basel (Beltz) 1986, S.45, 120-121.

Ritsos, Jannis (geb. 1909 in Monemvasia / Griechenland, gest. 1990 in Athen / Griechenland): Lobpreisung (S. 135). Aus: Die Sonne. Gedichte. Hrsg. von Andrea Wüstner. Stuttgart (Philipp Reclam jun.) 2006, S. 70.

Rosenstolz (Plate, Peter / R., AnNa / Sommer, Ulf): Gib mir Sonne (S. 136, 313). Aus: Die Suche geht weiter. Das Songbook. Berlin (Bosworth Music) 2009.

Schiller, Friedrich (geb. 1759 in Marbach, gest. 1805 in Weimar): Der Handschuh (S. 322). Aus: H. Laufhütte (Hg.): Deutsche Balladen. Stuttgart: Reclam 1991, S. 106f.

Springsteen, Bruce (geb. 1949 in Long Branch / USA): Waitin' on a Sunny Day (S. 137, 313). Aus: The rising (CD). München (Sony BMG Music Entertainment) 2002.

Storm, Theodor (geb. 1817 in Husum, gest. 1888 in Hanerau-Hademarschen): In der Frühe (S. 133, 313). Aus: Storms Werke. In zwei Bänden. Erster Band. Weimar (Volksverlag) 1962, S. 35.

Till, Jochen (geb. 1966 in Frankfurt am Main): Aufstehen! (S.16-17). Originalbeitrag.

Vogel, Maja von (geb. 1973 in Lingen / Ems): Die Handy-Falle (S. 172-174). Aus: Die drei !!!: Die Handy-Falle. Stuttgart (Kosmos) 2006. S. 54-55, 94-95.

Unbekannte und ungenannte Verfasser, Originalbeiträge:

- Streitgespräch (S. 14). Originalbeitrag.
- Sachlich diskutieren (S. 26). Originalbeitrag.
- Virtuelles Wasser (S. 35-36). Originalbeitrag.
- Der Wasserfußabdruck (S. 40). Originalbeitrag nach Informationen der VDG Vereinigung Deutscher Gewässerschutz e. V.
- Kleine Fußabdrücke - große Fußabdrücke (S. 41). Originalbeitrag nach Informationen der VDG Vereinigung Deutscher Gewässerschutz e. V.
- Eine glänzende Erfindung (S. 62). Originalbeitrag; Informationen nach: Spiegel. Zeig mir, wer ich bin. GEOlino Nr. 10/09, S. 24-25.
- Eva und Joshua (S. 64). Schülerarbeit.
- Raptext: Komm auf Tour (S. 70-78, 312). Aus: Bundeszentrale für gesundheitliche Aufklärung; Bundesagentur für Arbeit:

Komm auf Tour. Meine Stärken, meine Zukunft. www.komm-auf-tour.de [Stand: 29.01.2013].
- Drehleiter oder Nähnadel? - Du hast die Wahl! (S. 74-75). Originalbeitrag.
- Traumberuf: Gärtnerin (S. 84). Originalbeitrag.
- Berufsinterview: Altenpflegerin (S. 86-87). Originalbeitrag; Informationen nach: BERUF AKTUELL, Ausgabe 2010/2011, S. 35-36.
- Werbung mit Spinnen (S. 94). Stark gekürzt und verändert aus: www.express. de/regional/koeln/spinnen-angst-im...zoo [Stand: 14.11.2011].
- Der Zoo-Begleiter erzählt: Eine Vogelspinne als Haustier (S. 95). Originalbeitrag.
- Zeitschriftentexte: Wusstest du, ... (S. 96-97). Originalbeitrag.
- So erzeugt man ein gutes Klima im Terrarium (S. 101). Originalbeitrag.
- Arachne - Eine griechische Sage (S. 102). Nacherzählung.
- Ein gefährliches Reptil (S. 104). Originalbeitrag.
- Die Welt der giftigsten Tiere (S. 106). Originalbeitrag.
- Gefahr im Netz (S. 114-116). Stark gekürzt und verändert aus: http://www. kinderpolizei.at/kids/action/geschichten/ gefahr.html [Stand: 02.05.2011].
- Alles erlaubt? (S. 122). Aus: Constantin Wissmann: Du stehst auf blonde Frauen, oder? fluter. Magazin der Bundeszentrale für politische Bildung. Nr. 31 / Sommer 2009.
- Raus aus der Zeitfalle (S. 126). Originalbeitrag; Informationen nach: Welt der Wunder Youngster. Ausgabe 1/12, S. 17.
- Bildgedicht: Sonne (S. 130). Originalbeitrag.
- Hymne an die Sonne (S. 132). Himno al sol de los indios zuníes. Traditionelle Hymne des Volkes der Zuni. http://www.fbu.org/ site_espagnol/activi_dades/poemas.htm [Stand: 29.01.2013].
- Schiffsunglück im Morgengrauen (S. 150). Nacherzählung.
- John Maynard rettet viele Leben (S. 151). Nacherzählung.
- Marco Polo: Die Geschichte über den Kalifen von Bagdad (S. 162). Nacherzählung.
- Die Sage vom Baskerville Castle (S. 167). Originalbeitrag.
- Klappentext: Marco Sonnleitner: „Die drei ???" (S. 175). Originalbeitrag.
- Klappentext: Eoin Colfer: „Fletcher Moon - Privatdetektiv" (S. 175). http://www. amazon.de/Fletcher-Moon-Privatdetektiv-Eoin-Colfer/dp/3551554919 [Stand: 29.01.2013].
- Klappentext: Peter Abraham: „Was geschah in Echo Falls?" (S. 175). http:// www.amazon.de/geschah-Echo-Falls-Peter-Abrahams/dp/3833530806/ref=sr_1_1?s =books&ie=UTF8&qid=1359448939& sr=1-1 [Stand: 29.01.2013].
- Heiße Schokolade (S. 178-179). Originalbeitrag.
- Interview mit Kirsten Boie (S. 192-193). Interview für den Cornelsen Verlag.
- Papier - Ein wertvoller Alleskönner (S. 200-202). Originalbeitrag; Informationen nach: http://www.zdf.de/ZDFmediathek/beitrag/video/ 1496798/Papierrues-

tung-gegen-Eisenruestung#/beitrag/
video/1496798/Papierruestung-gegen-
Eisenruestung [Stand: 29.01.2013].
- Die Vorläufer des Papiers (S. 204).
Originalbeitrag; Informationen nach:
Ökoprojekt MobilSpiel e.V.: Wasser + Vom
Baum zum Papier. Papiergeschichte.
http://www.praxis-umweltbildung.de/
dwnl/h2o_papier/ papier_info_papier-
geschichte.pdf [Stand: 29.01.2013].
- Das Internet – ein vielseitiges Medium
(S. 206–208). Originalbeitrag; Informatio-
nen nach: Feierabend, Sabine/Rathgeb,
Thomas: Ergebnisse der JIM-Studie 2010.
Medienumgang Jugendlicher in
Deutschland (SWR Medienforschung /
Programmstrategie; Landesanstalt für

Kommunikation / Medienpädagogischer
Forschungsverband Südwest). Veröffent-
licht in: Media Perspektiven 6/2011,
S. 299–310.
- Eine Person beschreiben (S. 211).
Schülerarbeit.
- Kann Papier Wasser leiten? (S. 220–221,
312). Originalbeitrag; Informationen nach:
Kids and Science: Die geheimnisvolle
Wasserleitung. http://www.kids-and-
science.de/experimente-fuer-kinder/
detailansicht/datum/2009/11/13/
die-geheimnisvolle-wasserleitung.html
[Stand: 29.01.2013].
- Fit ins Praktikum (S. 253). Originalbeitrag.
- Ein erstaunliches Kunstwerk (S. 260).
Originalbeitrag.

- Heuernte (S. 262). Originalbeitrag.
- Ein Netz wie ein Zelt (S. 264).
Originalbeitrag.
- Musik mit Gemüse (S. 284).
Originalbeitrag; Informationen nach:
http://www.vegetableorchestra.org
[Stand: 29.01.2013].
- Instrumente aus Gemüse schnitzen
(S. 285). Originalbeitrag; Informationen
nach: http://www.vegetableorchestra.org
[Stand: 29.01.2013].
- Erlkönigs Tochter (S. 320).
Originalbeitrag.
- Texte zu Schillers Lebenslauf (S. 323).
Originalbeitrag.

Bildquellen

S. 12–15, 18, 20, 28, 30, 35, 44, 49, 50, 70–72, 74–76, 110–112, 119, 180, 182, 210, 211, 290, 292–293: Peter Wirtz, Dormagen; S. 26: Suzanne Collins, Die Tribute von Panem. Tödliche Spiele. Friedrich Oetinger Verlag GmbH, Hamburg 2009; Charlotte Kerner (Hrsg.), Die nächste GENeration. Beltz & Gelberg, Weinheim 2009; Wie man mit einem Schokoriegel die Lichtgeschwindigkeit misst … S. Fischer Verlag, Frankfurt/M 2009; Helen Vreeswijk, Chatroom-Falle. Loewe Verlag GmbH, Bindlach 2009; S. 30: © psdesign1 – Fotolia.com; S. 31: © Shutterstock/Edlar von Rabenstein, © Oleksandr Moroz – Fotolia.com, © poseidone/istockohoto.com; © vectomart, © rangizz, © Wichittra Srisunon, © psdesign1 – Fotolia.com; S. 32: © vectomart, © Wichittra Srisunon, © Desu Dekker, © rangizz, © Oleksandr Moroz – Fotolia.com; S. 33: © Zauberhut, © psdesign1, © higyou, © Nabee – Fotolia.com; S. 35 oben: © Gina Sanders – Fotolia.com; S. 36: © Desu Dekker, © Franz Pfuegl – Fotolia.com; S. 38: © seanoriordan, © poseidone/istockohoto.com; © PaTrixs – Fotolia.com; S. 39: © Oleksandr Moroz – Fotolia.com; S. 40: WWF Deutschland, Berlin (1), © Alexandr Blinov – Fotolia.com (2), © poseidone/istockohoto.com (3), © Henry Czauderna – Fotolia.com (4); S. 40: © safarbi – Fotolia.com; S. 41: © Ludmila Smite – Fotolia.com; S. 43: privat; S. 46: © Gina Sanders – Fotolia.com; Informationen für die Grafik nach: Persönliche Mitteilung 2007 des Bundesverbandes der deutschen Gas- und Wasserwirtschaft e. V.; S. 48, 50: © Julija Sapic – Fotolia.com; S. 49: © suzannmeer – Fotolia.com; S. 62 oben: © vvoet#54433341 – Fotolia.com; , unten, 304: IAM/akg; S. 63: IAM/akg; © suzannmeer – Fotolia.com; S. 68: RTL/B. Jaworek; S. 82: © 123rf.com/photo/Alexander Raths (1), © diemphoto – Fotolia.com (2), © choja/istockphoto.com (3), © Philip Lange/shutterstock (4); S. 84: © Eléonore H – Fotolia.com; S. 86 oben, Mitte: © Lisa F. Young, unten: © klickerminth – Fotolia.com; S. 90 links: ©CathyKeifer, rechts: © ivkuzmin/istockphoto.com, unten: © Radka Palenikova/shutterstock; S. 91 oben: © goldenangel - fotolia.com, unten: © zilli/istockphoto.com; S. 92: © Liaurinko, © rubysoho, © ysk hrsw i – Fotolia.com; S. 93: picture-alliance/dpa Grafik; S. 94: © Heiner H. Schmitt/Coop Presse, Basel; S. 95 oben: © zilli/istockphoto.com, unten: © goldenangel – Fotolia.com; S. 96 oben links: © goldenangel, oben rechts: © pixelgarten, unten links: Samuele Gallini – Fotolia.com, unten rechts: © D.Kucharski K.Kucharski/shutterstock; S. 97: © plazaccameraman – Fotolia.com; S. 98: © goldenangel – Fotolia.com; S. 100: © Eric Isselée – Fotolia.com; S. 103: http://www.latein-pagina.de/ovid/ovid_m6.htm; S. 104, 231: picture-alliance/ © Evolve/Photoshot; S. 106: © Iudex/istockphoto.com; S. 107 oben: © yang wenshuang, Mitte: © Jodi.Jacobson, unten: © kikkerdirk/istockphoto.com; S. 108 oben: © NTCo, unten: © fotolinchen/istockphoto.com; S. 110, 111, 114–116: © Beboy – Fotolia.com; S. 122: © Meddy Popcorn, © Bernd Jürgens, © helix, © M&M, © Ophi/Man, © artvista-werbeatelier, © Andi Pu – Fotolia.com; S. 124: © rikilo – Fotolia.com; S. 147: akg-imagesK; S. 149: bpk; S. 154: Ilustration: Klaus Steffens, Waghäusel/cbj München/Verlagsgruppe Random House GmbH; S. 155 oben: © samott – Fotolia.com, unten: Volkhard Binder, Berlin; S. 162: ahg/De Agostini Picture Lib.; S. 163: Roland Mueller, Die abenteuerliche Reise des Marco Polo. cbj /Verlagsgruppe Random House GmbH, München 2007; Marco Polo, Il Milione, Die Wunder der Welt. Manesse Bibliothek/Verlagsgruppe Random House GmbH, München 1983; Claudia Lieb, Marco Polo © 2009 Gerstenberg Verlag, Hildesheim; S. 164: The National Gallery, London/akg; S. 166: Arthur Conan Doyle, Der Hund der Baskervilles. © Franckh-Kosmos Verlags GmbH & Co. KG, Stuttgart 2011; S. 172: Die drei !!!. Die Handy-Falle. Deutscher Taschenbuch Verlag GmbH & Co. KG, München 2009; S. 175: Mit freundlicher Genehmigung des Kosmos-Verlags, entnommen aus: Blanck, Das geheime Buch © Franckh-Kosmos Verlags-GmbH & Co. KG, Stuttgart; Eoin Colfer, Fletcher Moon – Privatdetektiv. Carlsen Verlag GmbH, Hamburg 2008; Peter Abrahams, Was geschah in Echo Falls? Bloomsbury Verlag GmbH, Berlin 2011; S. 179, 185, 296: Thomas Schulz, Teupitz; S. 186 oben: © Reto Klar; S. 186: Kirsten Boie, Der Prinz und der Bottelknabe (1997); Alhambra (2007); S. 186, 289: Skogland (2005). Friedrich Oetinger Verlag GmbH, Hamburg; S. 189: Bernd Kissel, Überherrn-Berus; S. 192: © Paula Markert; S. 194, 294: Kisten Boie, Der Junge, der Gedanken lesen konnte. © Friedrich Oetinger Verlag GmbH, Hamburg 2012; S. 200, 289: http://microle.files.wordpress.com/2012/01/papierverteilung.jpg; S. 201 oben: Eva Kemme, Berlin, Mitte: © PRILL Mediendesign – Fotolia.com, unten: © Chepko/istockphoto.com; S. 202 oben: http://de.wikipedia.org/w/index.php?title=Datei:Schilfboot_Ra_II.jpg& filetimestamp=20100329220840, unten: © percy 1307 – Fotolia.com; S. 204: © davies – Fotolia.com; S. 220: Joachim Hecker, Hagen/Westf.; S. 230: © Gina Sanders – Fotolia.com; S. 232: © Michael Rosskothen/ shutterstock; S. 234: © Gerhard Seybert – Fotolia.com; S. 240, 300: © scol22 -. Fotolia.com; S. 242: © 0bonchan/shuttersock; S. 260: © pp – Fotolia.com; S. 264: © plazaccameraman – Fotolia.com; S. 265: © Annett Goebel – Fotolia.com; S. 269, 301: privat; S. 280: © M. Siegmund – Fotolia.com; S. 315: Volkhard Binder, Berlin; S. 318, 321: Heribert Braun, Berlin; S. 322: Sylvia Graupner, Annaberg; S. 323: Schiller Nationalmuseum, Marbach.

Illustrationen

Stefan Bachmann, Wiesbaden: S. 48–52, 54, 56, 58, 65, 294; **Thomas Binder**, Magdeburg: S. 91, 98–100, 156–158, 160, 163, 165, 223, 291; **Egbert Herfurth**, Leipzig: S. 2–10; **Naeko Ishida**, Heidelberg: S. 12–13, 16–17, 24–25, 176–177, 181, 191, 195–196, 294, 304; **Susanne Kuhlendahl**, Tönisvorst: S. 130–132, 134, 137–139; **Carsten Märtin**, Oldenburg: S. 30–33, 42, 198, 202, 214–215, 217, 268, 288; **Friederike Rave**, Wuppertal: S. 256–258, 262–263, 270, 272, 274–278, 281–285, 302, 305; **Chrissie Salz**, Köln: S. 61, 70, 73–74, 77–79, 81, 85, 88, 166–167, 169–170, 173–174, 295; **Dorinna Teßmann**, Berlin: S. 310; **Rüdiger Trebels**, Düsseldorf: S. 111–112, 114–116, 125–126, 128, 140, 144–145, 148–153, 222, 224, 228, 235–238, 243–246, 248–249, 251, 253–254, 266, 286–287, 290–291, 297, 299–300.

Der Kernlehrplan: Verteilung der Inhalte

Schriftliche Aufgabentypen	Aufgaben	Seite	Kapitel
1. Erzählendes Schreiben (von Erlebtem erzählen; auf der Basis von Materialien oder Mustern erzählen)	eine Geschichte zu Bildern erzählen	58, 61	Spieglein, Spieglein an der Wand ...
	eine Geschichte miterzählen	156–161	Die abenteuerlichen Reisen des Marco Polo
	eine Geschichte weiterschreiben	172–173	Knifflige Fälle – Detektivgeschichten
		191	Leseecke: Jugendbücher von Kirsten Boie
	über eine Figur und ihre Erlebnisse erzählen	161	Die abenteuerlichen Reisen des Marco Polo
	über Erlebnisse einen Blog schreiben	117	Ich und das Internet
	eine eigene Szene schreiben	184–185	Was für ein Theater!
2. Informierendes Schreiben (in einem funktionalen Zusammenhang sachlich berichten und beschreiben; auf der Basis von Materialien einen informativen Text verfassen)	eine Person beschreiben	53	Spieglein, Spieglein an der Wand ...
		68–69	Personen beschreiben
		154, 163	Die abenteuerlichen Reisen des Marco Polo
		164–165	Eine Person beschreiben und charakterisieren
		210–213	Texte überarbeiten: Eine Personenbeschreibung
	eine Anleitung schreiben	42–43	Wasser, das man nicht sieht
		100	Urzeittiere – unter uns
		268–269	Verben verwenden
	einen Versuch beschreiben	44–45	Wasser, das man nicht sieht
		220–223	Versuche beschreiben
	im Passiv Anleitungen schreiben und Versuche beschreiben	45	Wasser, das man nicht sieht
		268–269	Verben verwenden
	Tätigkeiten beschreiben	87	Berufe erkunden und vorstellen
	einen Beruf beschreiben	82–83	Komm auf Touren, du!
	eine Inhaltsangabe schreiben	152–153	Balladen zusammenfassen
		194–197	Die Inhaltsangabe
	eine Folie gestalten	38–39	Wasser, das man nicht sieht
		108	Ich stelle die giftigsten Tiere vor
	ein Plakat gestalten	19, 22–23	Los geht's: Miteinander reden
		57	Spieglein, Spieglein an der Wand ...
		88	Berufe erkunden und vorstellen
		205	Der Textknacker
3. Argumentierendes Schreiben (begründet Stellung nehmen; eine Argumentation zu einem Sachverhalt verfassen)	in einem Kommentar Stellung nehmen	119–120	Ich und das Internet
		128–129	Meinungen äußern und begründen
	im Internet Stellung nehmen	122–123	Ich und das Internet
	Meinungen äußern und begründen	126–127	Meinungen äußern und begründen
	Meinungen und Argumente unterscheiden	121	Ich und das Internet
	Pro- und Kontra-Argumente sammeln	27, 29	Argumentieren und diskutieren
		119	Ich und das Internet
		127	Meinungen äußern und begründen
	zustimmen und widersprechen	124–125	Ich und das Internet
4. Analysierendes Schreiben (einen Sachtext, medialen Text oder literarischen Text analysieren und interpretieren; fragen- und aufgabengeleitet aus kontinuierlichen und diskontinuierlichen Texten Informationen ermitteln und vergleichen, Textaussagen deuten und abschließend reflektieren und bewerten)	fragen- und aufgabengeleitet aus Sachtexten und Bildern Informationen entnehmen	34–37, 40	Wasser, das man nicht sieht
		74–76	Komm auf Touren, du!
		94–97	Urzeittiere – unter uns
		106–107	Ich stelle die giftigsten Tiere vor
		202–205	Der Textknacker
		206	Lesestrategie: Texte flüssig lesen und vorlesen
		208–211	Einen Text mit Grafiken lesen
	Grafiken erschließen	46–47	Eine Grafik erschließen
		93	Urzeittiere – unter uns
	fragen- und aufgabengeleitet literarische Texte (Erzählungen, Jugendbuchauszüge, Gedichte und Balladen) analysieren	16–17, 310	Los geht's: Miteinander reden
		52–55, 60	Spieglein, Spieglein an der Wand ...
		114–117	Ich und das Internet
		130–139, 313–314	Vom Lauf der Sonne
		140–149, 315–323	Geschichten in Gedichten: Balladen
		154–159	Die abenteuerlichen Reisen des Marco Polo
		166–175	Knifflige Fälle – Detektivgeschichten
		194–197, 328	Die Inhaltsangabe
	sprachliche Mittel erkennen	130–139, 313–314	Vom Lauf der Sonne
		140–149, 315–323	Geschichten in Gedichten: Balladen
	Vermutungen zum Text anstellen und überprüfen	34	Wasser, das man nicht sieht
		136	Vom Lauf der Sonne
		156	Die abenteuerlichen Reisen des Marco Polo
		173	Knifflige Fälle – Detektivgeschichten
		188	Leseecke: Jugendbücher von Kirsten Boie
		200	Der Textknacker
	Informationsquellen nutzen	38	Wasser, das man nicht sieht
		92, 95	Urzeittiere – unter uns
		108	Ich stelle die giftigsten Tiere vor
		155, 159	Die abenteuerlichen Reisen des Marco Polo
		192–193	Leseecke: Jugendbücher von Kirsten Boie
		203	Der Textknacker
	Arbeitsergebnisse mit Mindmaps und Clustern übersichtlich darstellen	18	Los geht's: Miteinander reden
		106	Ich stelle die giftigsten Tiere vor
		113	Ich und das Internet
	Informationen auf einem Lernplakat oder einer Wandzeitung zusammenfassen	163	Die abenteuerlichen Reisen des Marco Polo
		200–203	Der Textknacker
	in Texten Aspekte für die eigene Lebensplanung und -bewältigung identifizieren	50–57	Spieglein, Spieglein an der Wand ...
		72–83, 312	Komm auf Touren, du!
	Internetnutzung kritisch reflektieren	110–125	Ich und das Internet

334

Schriftliche Aufgabentypen	Aufgaben	Seite	Kapitel
	Klappentexten Informationen entnehmen	186	Leseecke: Jugendbücher von Kirsten Boie
	Merkmale von Gedichten untersuchen	130–139, 314	Vom Lauf der Sonne
	Merkmale von Balladen untersuchen	142–147, 315–323	Geschichten in Gedichten: Balladen
	Reimformen erkennen und untersuchen	133	Vom Lauf der Sonne
	Figuren charakterisieren	164–165	Eine Person beschreiben und charakterisieren
	eine Szene inhaltlich erarbeiten	176–185	Was für ein Theater!
5. Überarbeitendes Schreiben (einen Text überarbeiten und die vorgenommenen Textänderungen begründen)	Texte strategiegeleitet überarbeiten	64–67	Eine eigene Geschichte überarbeiten
		210–213	Texte überarbeiten: Eine Personenbeschreibung
	mit Checklisten überarbeiten	67	Eine eigene Geschichte überarbeiten
		129	Meinungen äußern und begründen
		153	Eine Ballade zusammenfassen
		219	Briefe schreiben und überarbeiten
	mit dem Rechtschreib-Check überarbeiten	246–253	Rechtschreiben: Die Arbeitstechniken
	in der Schreibkonferenz überarbeiten	210–213	Texte überarbeiten: Eine Personenbeschreibung
	eine Personenbeschreibung überarbeiten	210–213	Texte überarbeiten: Eine Personenbeschreibung
	eine Versuchsanleitung überarbeiten	222–223	Versuche beschreiben
	einen Kommentar überarbeiten	129	Meinungen äußern und begründen
	eine Inhaltsangabe überarbeiten	153	Eine Ballade zusammenfassen
	einen offiziellen Brief überarbeiten	218–219	Briefe schreiben und überarbeiten
	eine Geschichte überarbeiten	64–67	Eine eigene Geschichte überarbeiten
	eine Szene überarbeiten	184	Was für ein Theater!
6. Produktionsorientiertes Schreiben (Texte nach Textmustern verfassen, umschreiben oder fortsetzen; produktionsorientiert zu Texten schreiben)	zu Texten schreiben	52–56, 59	Spieglein, Spieglein an der Wand …
	eine Geschichte weiterschreiben	173	Knifflige Fälle – Detektivgeschichten
		191	Leseecke: Jugendbücher von Kirsten Boie
	einen Brief schreiben	56	Spieglein, Spieglein an der Wand …
		140	Geschichten in Gedichten: Balladen
		216–219	Briefe schreiben und überarbeiten
	eine eigene Szene schreiben	184–185	Was für ein Theater!
	ein Bildgedicht schreiben	130	Vom Lauf der Sonne
	ein Parallelgedicht schreiben	138	Vom Lauf der Sonne

Sonstige Leistungen	Aufgaben	Seite	Kapitel
1. mündliche Beiträge zum Unterricht (z. B. zum Unterrichtsgespräch, Kurzreferate, Präsentationen)	Diskutieren und Argumentieren	12–23	Los geht's: Miteinander reden
		26–29	Argumentieren und Diskutieren
		110–125	Ich und das Internet
		126–129	Meinungen äußern und begründen
	Gesprächsregeln beachten	12–14, 19–22	Los geht's: Miteinander reden
	Beiträge sprachlich angemessen formulieren	14, 19	Los geht's: Miteinander reden
	Ursachen für gestörte Kommunikation erkennen	14	Los geht's: Miteinander reden
	deutlich und artikuliert sprechen	176–185	Was für ein Theater!
		204–205	Lesestrategie: Texte flüssig lesen und vorlesen
	Gestik und Mimik untersuchen und funktional einsetzen	15	Los geht's: Miteinander reden
		176–185	Was für ein Theater!
	in einem Kurzvortrag über Sachverhalte und Arbeitsergebnisse informieren	81	Komm auf Touren, du!
		86–89	Berufe erkunden und vorstellen
		106–109	Ich stelle die giftigsten Tiere vor
		200–203	Der Textknacker
	ein Buch vorstellen	191	Leseecke: Jugendbücher von Kirsten Boie
	frei vortragen	89	Berufe erkunden und vorstellen
		192–193	Leseecke: Jugendbücher von Kirsten Boie
		204–205	Lesestrategie: Texte flüssig lesen und vorlesen
	eine Folie präsentieren	39	Wasser, das man nicht sieht
		109	Ich stelle die giftigsten Tiere vor
	zu Präsentationen kriteriengeleitet Stellung nehmen	89	Berufe erkunden und vorstellen
		109	Ich stelle die giftigsten Tiere vor
	ein Interview zur Berufserkundung führen	86–87	Berufe erkunden und vorstellen
	Gedichte und Balladen gestaltend vortragen	60	Spieglein, Spieglein an der Wand …
		130–139	Vom Lauf der Sonne
		143, 146	Geschichten in Gedichten: Balladen
	Dialoge gestaltend vortragen	178, 179, 181	Was für ein Theater!
	eine Geschichte mündlich nacherzählen	162	Die abenteuerlichen Reisen des Marco Polo
	eine Ballade mündlich nacherzählen	146	Geschichten in Gedichten: Balladen
	Informationen erzählend weitergeben	160–161	Die abenteuerlichen Reisen des Marco Polo
	eine Sage mündlich nacherzählen	102–103	Urzeittiere – unter uns
2. schriftliche Beiträge zum Unterricht	ein Portfolio zur Berufswahlorientierung anlegen	77–80	Komm auf Touren, du!
3. Beiträge im Rahmen eigenverantwortlichen, schüleraktiven Handelns, etwa bei Gruppen- und Projektarbeit	eine Diskussion selbstständig führen und leiten	18–23	Los geht's: Miteinander reden
	diskutieren im Klassenrat	23	Los geht's: Miteinander reden
	eine Umfrage durchführen	78	Komm auf Touren, du!
	Methode: Gruppenpuzzle	182	Was für ein Theater!
	Planungsübersichten erstellen	214–215	Selbstständig planen und arbeiten
4. fachspezifische Ergebnisse kreativer Gestaltungen	eine Wandzeitung gestalten	163	Die abenteuerlichen Reisen des Marco Polo
	ein Mut-Plakat gestalten	57	Spieglein, Spieglein an der Wand …
	eine Overhead-Folie gestalten	38–40	Wasser, das man nicht sieht
	eine Ballade szenisch umsetzen	144–145	Geschichten in Gedichten: Balladen
	eine eigene Theaterszene spielen	182–185	Was für ein Theater!
	ein Standbild bauen	15	Los geht's: Miteinander reden

Redaktion: Heike Tietz, Sarah Kriz, Marion Clausen, Eva Kemme, Grit Ellen Sellin
Bildrecherche: Sabine Kaehne

Umschlaggestaltung: Cornelsen Schulverlage Design/Klein & Halm Grafikdesign, Berlin
Umschlagfoto: Image Source/Corbis
Layout und technische Gestaltung: zweiband.media, Berlin

www.cornelsen.de

Die Webseiten Dritter, deren Internetadressen in diesem Lehrwerk angegeben sind, wurden vor Drucklegung sorgfältig geprüft. Der Verlag übernimmt keine Gewähr für die Aktualität und den Inhalt dieser Seiten oder solcher, die mit ihnen verlinkt sind.

Soweit in diesem Lehrwerk Personen fotografisch abgebildet sind und ihnen von der Redaktion fiktive Namen, Berufe, Dialoge und Ähnliches zugeordnet oder diese Personen in bestimmte Kontexte gesetzt werden, dienen diese Zuordnungen und Darstellungen ausschließlich der Veranschaulichung und dem besseren Verständnis des Inhalts.

1. Auflage, 4. Druck 2023

Alle Drucke dieser Auflage sind inhaltlich unverändert
und können im Unterricht nebeneinander verwendet werden.

Druck: Mohn Media Mohndruck, Gütersloh

ISBN 978-3-06-062335-8 (Schülerbuch)
ISBN 978-3-06-062335-8 (E-Book)

PEFC zertifiziert
Dieses Produkt stammt aus nachhaltig
bewirtschafteten Wäldern und kontrollierten
Quellen.

www.pefc.de

PEFC/04-31-1033